本书受到国家社会科学基金项目"我国城乡公共体育资源配置评估理论构建及实证研究"（09CTY003）资助、河南大学优秀学术著作出版基金资助

我国城乡公共体育资源配置公平性评估研究

张大超 李 敏 著

中国社会科学出版社

图书在版编目（CIP）数据

我国城乡公共体育资源配置公平性评估研究/张大超，李敏
著.—北京：中国社会科学出版社，2015.12
ISBN 978 - 7 - 5161 - 7018 - 2

Ⅰ.①我⋯　Ⅱ.①张⋯②李⋯　Ⅲ.①农村—群众体育—资源配置—研究—中国　Ⅳ.①G812.42

中国版本图书馆 CIP 数据核字（2015）第 262471 号

出 版 人	赵剑英
责任编辑	刘晓红
特约编辑	陆慧萍
责任校对	周晓东
责任印制	戴　宽

出　　版	中国社会科学出版社
社　　址	北京鼓楼西大街甲 158 号
邮　　编	100720
网　　址	http://www.csspw.cn
发 行 部	010 - 84083685
门 市 部	010 - 84029450
经　　销	新华书店及其他书店

印刷装订	三河市君旺印务有限公司
版　　次	2015 年 12 月第 1 版
印　　次	2015 年 12 月第 1 次印刷

开　　本	710×1000　1/16
印　　张	29
插　　页	2
字　　数	496 千字
定　　价	108.00 元

凡购买中国社会科学出版社图书，如有质量问题请与本社营销中心联系调换
电话：010 - 84083683

目　录

第一章 导论

第一节 研究背景与目的、意义

一 研究背景

当今，体育能够促进人与人、人与社会的和谐关系，改善国民体质，提高生产效率，减少社会医疗成本等是世界各国的共识。体育是每个公民的基本权利，促进社区各项体育活动的开展，以社区为最基本单位组织居民体育，在学校、工厂、社区配置体育设施等资源是发达国家建设公共体育服务的最基本理念与最基础内容。[①] 目前，在美国、英国、澳大利亚、加拿大等发达国家[②]，体育设施等公共体育资源的发展具有如下重要地位与作用：①支撑城市复兴，"城市重新发展'催化剂'"[③]，城市发展形象代表，使城市环境更具吸引力、更清洁、安全[④]；②支撑农村快速发展，有利于振兴农村经济，提升农村居民生活质量和幸福感；③有利于提升社会融合力和社区和谐；④提升人们的健康与幸福感；⑤促进社会可持续发展等；⑥提高人们体育活动参与率；⑦已成为一个城市或农村再发展的有效工具；⑧提升学校办学标准；⑨体育设施构成一个城市在 21 世纪

---

① United Nations Office on Sport for Development and Peace（UNOSDP），*Annual Report* 2011，http：//www. un. org/wcm/cont sport/home/resourcecenter/publications.

② 张大超、李敏：《我国公共体育设施发展水平评价指标体系研究》，《体育科学》2013 年第 4 期。

③ Sport England，Planning for Sport and Active Recreation Facilities Strategy（2008 - 2021），http：//www. sportengland. org/facilities_ _ planning. aspx.

④ Huntingdonshire District Council. Sports Facilities Standards Report（2007 - 2020），http：//www. huntingdonshire. gov. uk/SiteCollectionDocuments/HDCCMS/Documents/Planning.

生活质量成功的"公共设施"重要组成部分等。① Mark S. Rosentraub (2006) 在 *Sports Facilities and Urban Redevelopment: Private and Public Benefits and a Prescription for a Healthier Future* 研究中指出：体育设施资源的建设将大大促进城市的发展，有利于建设一个更加健康、向上的未来社会。Koger, Dale (2001) 在 *Expanding Sports Facilities* 中认为②，美国很多大学能通过改建或扩建他们的体育设施资源增强他们学校的地位。Liu, Y. D., Taylor, P., Shibli S. (2009) 在 *Sport Equity: Benchmarking the Performance of English Public Sport Facilities* 中，阐述了"体育公平"是英国公共体育设施资源配置取得成绩的主要标杆。爱尔兰体育部长也曾说："每个人都有平等的权利享有同等标准水平的体育设施资源。"并把体育设施资源环境建设作为提高当地人们幸福感的重要方面。

进入 21 世纪以来，我国正处于社会转型和经济结构调整的重要时期。其中，加强公共服务建设，提高公共服务水平被提到了前所未有的高度。体育的价值与地位得到高度的认可，已越来越成为我国政府公共服务的重要组成部分。在党的十五大报告中，首次提出了"逐步增加公共设施和社会福利设施"，显然也包括公共体育设施。十六大进一步提出"加强公共服务设施建设"。十七大报告分解更详尽，进一步强调"政府提供基本公共服务能力显著增强"和"扩大公共服务，完善社会管理，促进社会公平正义，推动建设和谐社会"。2012 年，党的十八大更加强调③"着力在城乡规划、基础设施、公共服务等方面推进一体化，促进城乡要素平等交换和公共资源均衡配置"，提出了"基本公共服务均等化总体实现"和"必须坚持维护社会公平正义，逐步建立以权利公平、机会公平、规则公平为主要内容的社会公平保障体系，努力营造公平的社会环境，保证人民平等参与、平等发展权利"。从历届党的大会报告看，以"公共服务"为主的基础设施建设越来越得到重视，并越来越具有可操作性。国务院及国务院主管部门，也多次出台了关于加强体育设施建设与发展的政策与法规条例，尤其是 2000 年以来，所制定的政策越来越具体，任务越来越明确，

---

① Nortoft Partnerships Ltd. , Birmingham Sports Facilites Strategy, www. nortoft. co. uk.

② Koger, Dale, *Expanding Sports Facilities*, American School & University, 2001, Vol. 73. No. 11. pp. 48 −51.

③ Yi - De liu, Peter Taylor & Simon Shibli. Sport Equity: Benchmarking the Performance of English Public Sport Facilities, European Sport Management Quarterly, 2009, 9 (1): 3 −21.

紧紧围绕"实现全面建成小康社会"的宏伟目标,提高公共服务体系与服务能力。

显然,"和谐发展"、"社会公平"和"公共服务均等化"等民生词汇已成为我国社会发展的关键词。近年来①,我国旨在构建和谐社会,致力于推进"社会公平"走向社会发展各个领域。社会公平正义是我国构建和谐社会的重要组成部分,体育作为构建和谐社会的一个重要内容和衡量指标,其公平发展是社会公平的重要组成部分,是社会公平在体育领域内的延伸和体现。② 然而,"城乡二元化"发展的矛盾在不断加剧,城乡"差距"有不断加大的趋势,如何改变城乡二元化发展向一体化发展,促进国家构建和谐社会进程,就成为我国高度关注的问题。③ 目前,我国群众体育的发展地位、体育观念、体育组织、体育场地、指导力量、参与比例等方面在城乡之间都存在较大差距。④ 肖林鹏等在对我国群众体育资源现状调查研究中认为:虽然群众体育人力、物力、财力等资源在存量、质量、结构等方面都有了不同程度的改善与提高,但资源数量匮乏、资源质量不高、资源配置不合理、资源利用率较低等问题仍普遍存在。⑤ 体育资源作为我国国民进行身体锻炼、增强体魄、丰富文化生活必不可少的基础与条件,在国际上倡导"健康面前人人享有平等条件"的理念下,我国城乡体育资源的配置也必须向公平配置的方向发展。⑥

那么,到底体育资源应包括哪些内容?我国城乡之间公共体育资源配置到底存在哪些差异?差异有多大?如何量化评价这些差异?如何建立正确的城乡公共体育资源配置"公平观"?这种体育资源配置的公平状况对社会发展、社会稳定、国民体质健康等是否有影响?如何开展全国性的城乡体育资源配置公平性调研?等等,均是亟待解决的课题,本研究正是基

---

① 胡锦涛:《在中国共产党第十八次全国代表大会上的报告》,http://www.xj. xinhua-net. com/2012/11/19/c_ 113722546. htm。

② 卢志成、郭惠平:《社会公平语境中我国城乡群众体育发展的差异与统筹》,《天津体育学院学报》2011 年第 2 期。

③ 张大超、孟建斌:《学校体育资源评估指标体系构建》,载《第 3 届中国体育博士高层论坛论文集》2010 年 8 月 25 日。

④ 苏妍欣:《我国城乡群众体育资源评估指标体系研究》,硕士学位论文,河南大学,2013年。

⑤ 同上。

⑥ 张大超、孟建斌:《学校体育资源评估指标体系构建》,载《第 3 届中国体育博士高层论坛论文集》2010 年 8 月 25 日。

于这些问题来设计研究工作的。查阅国内外相关研究成果，缺乏对体育资源概念的内涵与外延的有效界定及合理分类，还没有结合中国城乡国情设计相应的体育资源评估体系，没有形成有效的城乡体育资源公平配置的监测方案。为此，本书旨在对我国城乡群众公共体育资源、学校体育资源配置方式进行分析，借鉴国外体育资源配置的理论与实践，进一步完善体育资源配置与评估的相关基本理论，建立我国城乡群众公共体育资源配置水平与公平性评估指标体系、学校体育资源配置水平与公平性评估指标体系，并利用这两套评估体系对中部六省省会城市所辖城乡公共体育资源配置水平与公平性状况开展实证调研，探索我国城乡公共体育资源配置水平与公平性定量监测方案，为我国政府制定城乡体育协调发展政策与措施提供理论与实践依据。

二　研究目的与意义

本书从理论与实践两个方面来对体育资源基本理论、我国城乡群众公共体育资源和城乡学校体育资源配置状况进行研究，具有重要的理论与现实意义：

（1）首次对体育资源配置及评估的基本理论进行系统研究，对丰富体育管理学科理论体系具有重要作用。

（2）首次构建群众公共体育资源配置水平与公平性评估指标体系、学校体育资源配置水平与公平性评估指标体系，对今后的相关研究提供方法学基础。

（3）利用所建立的两个评估体系，采用洛伦兹（Lorenz）曲线、基尼（Gini）系数、泰尔指数及泰尔指数贡献率评价分析方法对我国中部六省城乡体育资源各项指标的配置水平与公平性进行分析。可以定量了解城乡体育资源配置的差异；对我国政府宏观调整城乡公共体育资源配置提供参考依据。

（4）结合国内外资源配置公平性指数的评价标准，审视当前我国城乡公共体育资源配置的社会公平情况，建立正确的"社会公平观"。

（5）初步建立了城乡体育资源水平与公平性评估监测方案，若能够付诸实施，能使政府部门及时、客观地了解我国城乡体育资源配置的公平性状况。

（6）体育资源配置监测数据也能够与当地国民体质健康状况、竞技体育水平、国民医疗费用水平等做相关性分析，进一步全方位了解体育资源配置对体育的促进、对当地社会发展各个方面的影响。

第二节 相关研究成果综述

一 国外相关研究现状

从查阅外文文献数据库（EBSCO 数据库、ProQuest 数据库、SCI-ENCEDIRECT 数据库、amazon. com、scholargoogle、MNCAT Article Discovery、onesearch 等）大量文献看，国外对体育资源的研究没有对"体育资源"相关基本理论开展系统的研究，多数研究主要集中在对体育相关资源的管理、配置及合理性分析。具体主要包括以下几个方面：

（一）关于体育资源相关基本理论方面的研究

从查阅国外发达国家相关文献看，国外目前对体育资源的基本理论问题鲜有探讨。已有的文献也仅从某个方面对体育资源的相关理论进行了分析。

从国外发达国家对体育资源的介绍看，更多的是把体育资源作为日常概念而使用，如美国体育资源相关网"www. sportsresource. net"、"www. sportsmanagementresources. com"等主要介绍体育信息、体育产品资讯、开展体育教学与训练的知识与指导等。从理论研究看，也缺乏对体育资源概念具体的定义或概念释义，理论研究主要对分类等进行了研究。Barney（1991）[1] 和 Mahoney Pandian（1992）曾把资源分为三类：实体资本资源（Physical capital resources）、人力资本资源（Human capital resources）、组织资本资源（Organizational capital resources）。并进一步指出，实体资本资源主要包括实体技术、设施、设备、所占地理土地、到达原材料的条件；人力资本资源主要包括培训、经验、判断力、智力、关系、管理者与员工的洞察力；组织资本资源主要包括组织报告结构、正式与非正式规划、系统的控制与合作、与其他组织或部门的关系等。D. L. Smart 和 R. A. Wolfe 也把体育资源分为相似类别：物质资源（Physical resources）、人力资源（Human resources）、组织资源（Organizational resources）。体育

---

① Jay Barney, "Firm Resources and Sustained Competitive Aavantage", *Journal of Management*, Vol. 12, No. 1, 1991, pp. 99 – 120.

物质资源主要包括场馆设施与设备、用房及管理硬件系统等；人力资源则是包括体育活动中人的知识、能力及关系等；组织资源主要包括体育组织的发展历史、结构关系、成员与管理信任、组织文化等。Okayasu 和 Nogawa 等[1]根据资源理论指出，体育休闲娱乐资源应主要包括：爱心（love）、状态（status）、信息（information）、服务（services）、产品（goods）和资金（money）。也有一些研究直接把体育资源界定为体育场馆设施，如 Paul A. Estabrooks 和 Rebecca E. Lee 等[2]就提出，体育资源主要包括体育公园（Park）、运动设施（sport facility）、健身俱乐部（fitness club）、社区中心（community center）、步道或自行车道（walking/biking trail）。加拿大学者 Hall, M. H. 等[3]研究认为，体育资源主要包括 5 个方面：人力资源（human resources）、财力资源（financial resources）、网络资源（network resources）、设施资源（infrastructure resources）和规划发展资源（planning and development）。Horch, H.[4] 把体育资源界定为三个方面：体育财力资源（sport monetary resources）、体育物力资源（sport material resources）、体育人力资源（sport personnel resources），并认为，体育人力资源是三类资源中最重要的资源。Pamela Wicker 等[5]提出了四类体育资源：体育人力资源（sport human resources）、体育财力资源（sport financial resources）、体育网络资源（sport network resources）、体育设施资源（sport infrastructure resources）。

① Okayasu, Isao; Nogawa, Haruo; Morais, Duarte B., "Operationalization of the Resource Investments Construct of Recreational Sport Event", *Event Management*, Vol. 12, No. 3 - 4, 2008, pp. 209 - 223.

② Paul A. Estabrooks, Rebecca E. Lee, Nancy C. Gyurcsik, "Resources for Physical Activity Participation: Does Availability and Accessibility Differ by Eighborhood Socioeconomic Status?" *Annals of Behavioral Medicine*, Volume 25, No. 2, 2003, pp. 100 - 104.

③ Hall, M. H., Andrukow, A., Barr, C., The Capacity to Serve: A Qualitative Study of the Challenges Facing Canada's Nonprofit and Voluntary Organizations, Toronto, ON: Canadian Centre for Philanthropy, 2003.

④ Horch, H. - D., "Resource Composition and Oligarchization: Evidence from German Sport Clubs", *European Journal for Sport Management*, Vol. 1, No. 2, 1994, pp. 52 - 67.

⑤ Pamela Wicker, Christoph Breuer, "Scarcity of Resources in German Non - profit Sport Clubs", *Sport Management Review*, Vol. 14, No. 2, 2011, pp. 188 - 201.

（二）关于对某类体育资源管理的研究

美国学者 Stephen W. Dittmore 博士[①]在其博士学位论文 *Examining Fairness Perceptions of Financial Resource Allocation in U. S Olympic Sport* 中，从程序公平配置、结果公平配置两个方面对美国奥林匹克委员会对不同运动项目财力资源的配置公平意识等进行了系统研究。Russell E. Brayley 和 Daniel D. McLean 以美国、加拿大体育与休闲服务业的人力资源管理为例，在成果 *Managing Financial Resources in Sport and Leisure Service Organizations* 中从资金预算、准备、实施及利润的获取等方面对体育财力资源开发提出了新思路。加拿大学者 Alison J. Doherty 在 *Managing Our Human Resources：A Review of Organisational Behaviour in Sport* 中强调，人力资源是体育组织机构最关键的资源。希腊学者 Alkistis Papaioannou 等在 *Human Resource Empowerment in Greek Sport Federations* 研究中，对希腊体育组织中的人力资源激励开发研究，重在对体育人力资源的高效管理研究。学者 T. Taylor 等的 *Exploring Human Resource Management Practices in Nonprofit Sport Organisations*、P. Chelladurai 的 *Human Resource Management in Sport And Recreation*、Barb Schimnowsky 的 *Human Resources Guide for Community Sport：Managing Employees* 专著中对体育与休闲娱乐人力资源的管理与开发进行了研究。

（三）关于对某类人群或领域的体育资源管理的研究

学者 Michael J. Paciorek 与 Jeffery A. Jones 等在 *Disability Sport and Recreation Resources*、苏格兰体育协会与残疾人体育协会共同编写的 *Scottish Disability Sport Resource Pack* 中等对残疾人体育资源的配置状况进行了研究。Gerrard B. 的论文 *A Resource – utilization Model of Organizational Efficiency in Professional Sports Teams* 从资源管理的角度对专业体育运动队资源管理模式进行了研究。Bevans, Katherine B. 和 Fitzpatrick, Leslie 等[②]在研究对学校体育资源的类别进行了研究，认为学校体育课资源主要包括体育

① Stephen W. Dittmore. Examining Fairness Perceptions of Financial Resource Allocation in U. S Olympic Sport, University of Louisville, Doctor Dissertation, 2007.

② Bevans, Katherine B., Fitzpatrick, Leslie – Anne, Sanchez, Betty M., Physical Education Resources, Class Management, and Student Physical Activity Levels：A Structure – Process – Outcome Approach to Evaluating Physical Education Effectiveness, *Journal of School Health*, Vol. 80, No. 12, 2010, pp. 573 – 580.

人力资源、体育课程资源及体育物力资源三类。Bull 的 *Sport Tourism Destination Resource Analysis* 对体育旅游资源进行了研究。Miot，Carolee 和 Ash，Lisa[①] 对美国北部的新罕布什尔州的三个小城镇的学校、公园与休闲场所的体育资源进行综合开发，达到了花小钱办大事的效果，给体育资源的综合利用开发提供了良好借鉴。

（四）从资源学视角对某项体育运动项目、体育领域相关问题及发展等的研究

学者 Fred H. Everest，Phillip B. Summers 等在 *The Sport Fishing Resource of the National Forests：Its Extent，Recreational Use and Value* 著作中，对体育竞技垂钓资源进行了系统研究。美国学者 Amis，J. 和 Pant，N. 等[②]从资源学的视角对体育赞助的开发与管理提出了新的发展模式。D. L. Smart 和 R. A. Wolfe 在 *Examining Sustainable Competitive Advantage in Intercollegiate Athletics：A resource - based view* 研究中，从资源学的视角对校际竞技体育的发展从人力资源与形态资源进行了分析，为体育资源分类提供了条件。Dahmann，Nicholas 和 Wolch，Jennifer 等[③]对南加州城市休闲体育运动资源在不同区域的配置公平性进行研究，结果认为在城市家庭收入较低、财政能力低、少数族裔人口及多户住房弱势群体区域体育休闲资源分布较其他富人区等明显不公平，建议政府今后加强相关弱势区域的体育休闲资源的配置。Courtney E. Walls、Tracy K. Richmond 等在 *The Influence of School Neighborhood Safety and Parks and Recreation Resources on Middle School Students' Physical Activity Levels* 研究中，分别根据学校所在 400 米、800 米和 1500 米的区域内的犯罪率、体育休闲资源配置率等，对学校周边的安全及体育休闲资源配置对学生的身体活动水平影响情况进行了研究。

---

① Miot，Carolee，Ash，Lisa，"Doing More with Less in New Hampshire：By Combining School，Park，and Recreation Resources，Three Small Towns Achieved Big - time Results"，*Parks & Recreation*，Vol. 46，No. 3，2011，p. 20.

② Amis，J.，Pant，N.，Slack，T.，"Achieving a Sustainable Competitive Advantage：A Resource - based View of Sport Sponsorship"，*Journal of Sport Management*，Vol. 11，No. 1，1997，pp. 80 - 96.

③ Dahmann，Nicholas，Wolch，Jennifer，Joassart - Marcelli，Pascale，"The Active City？Disparities in Provision of Urban Public Recreation Resources"，*Health and Place*，Vol. 16，No. 3，2010，pp. 431 - 445.

（五）体育资源配置方式的研究

Simon Rottenberg[1] 对职业运动队的外部资源配置、内部资源配置及资源开发与管理进行了分析与讨论，提出了优化运动队资源配置的基本策略等。Farmer 和 Pecorino[2] 通过对美国教育法第九条立法的研究，探讨了对男女体育运动资源配置的比例等，提出了质疑与发展建议。Stephen Dittmore 等学者[3]在其研究中探索了美国奥运国家竞技项目机构间财力资源配置的公平性问题，结果显示，多数认为应该是公平的，但实际却受机构预算大小、机构规模大小、机构奥运会获奖项金牌数等影响。Borghesi，Richard[4] 研究指出，在美国职业橄榄球联盟工资资源得到越低的球队可能失败的可能性越大，并分析了可能的原因。

（六）体育资源相关评估研究

John L. Heywood[5] 研究中，依据社会规范理论，运用结构与评价标准法，对体育公园和休闲体育资源的配置标准及评价标准开展了研究。D. Chirilă 和 M. Chirilă[6] 在 *A Simple Method for the Evaluation of Hunam Resources in Sport Organization* 研究中，对体育组织的人力资源评价进行研究，提出了包括对运动员、教练员、管理者等评价指标与具体方法。Caperchione，Cristina 和 Coulson，Fiona 等[7]开发了一个评估体育运动健康促进资源发展状况的工具，对今后人们进行健身体育资源评估提供了方法学

① Simon Rottenberg，"Resource Allocation and Income Distribution in Professional Team Sports"，*Journal of sports economics*，Vol. 1，No. 1，2000，pp. 11 –20.

② Farmer，Amy，Pecorino，Paul，"Title IX and the Allocation of Resources to Women's and Men's Sports"，*American Law and Economics Review*，Vol. 14，No. 1，2012，pp. 141 –164.

③ Andrew，Damon P. S，Dittmore，Stephen，Hums，Mary A.，"Examining Fairness Perceptions of Financial Resource Allocations in U. S. Olympic Sport"，*Journal of sport management*，Vol. 23，No. 4，2009，pp. 429 –456.

④ Borghesi，Richard，"Allocation of Scarce Resources：Insight from the NFL Salary Cap"，*Journal of economics and business*，Vol. 60，No. 6，2008，pp. 536 –550.

⑤ Heywood，J. L.，"Institutional Norms and Evaluative Standards for Parks and Recreation Resources Research，Planning，and Management"，*Leisure Sciences*，2011，v. 33，1 –9.

⑥ Daniel Chirilă，Mariana Chirilă，Eduard Bianu，"A Simple Method for the Evaluation of Hunam Resources in Sport Organization"，*Facultatea de Management Agricol*，Vol. 15，No. 2，2013，pp. 18 –23.

⑦ Caperchione，Cristina，Coulson，Fiona，"The Welling Tonne Challenge Toolkit：Using the RE – AIM Framework to Evaluate a Health Promotion Resource"，*Medicine & Science in Sports & Exercise*，Vol. 39（Supplement），2007，s. 192.

基础。Hutchinson，R 和 L. Haggar① 对严重多重残疾人多感官休闲资源开发与评估进行了研究。早在 1984 年，学者 Shechter，M. 和 Romer② 主要对室外休闲娱乐活动资源评估方法与具体运用模式进行了研究。Roeder，Melissa D. ③ 对美国纽约的体育休闲娱乐资源为残疾人参与评估发展进行了广泛研究，提出了体育休闲娱乐设施资源服务的对策与评估策略。韩国学者 Bae MinKi 和 Shin Won Sop④ 对韩国 6 个大的国家级体育休闲公园的体育资源的利用情况进行了研究。William E. Hammitt 等⑤开展了关于人们健身休闲对体育休闲资源的依附规律的比较研究，比较分析了评估体育休闲资源的三个不同模型，并确立了一种方便、经济、实用的评价模型。澳大利亚学者 David W. Marcouiller 等⑥在 *The Regional Supply of Outdoor Recreation Resources：Demonstrating the Use of Location Quotients as a Management Tool* 研究中，对户外体育休闲资源的供给状况评估进行了研究。另外，还有相关研究对体育资源中的某类资源的评估研究。如 Thomas H. Sawyer（1999）在 *Facilities Planning for Physical Activity and Sport：Guidelines for Development* 的专著中对如何为体育运动设计体育设施提出了具体的理念、原则、方法与步骤、评估等。

综上所述，从国外对体育资源相关的理论与实践看，国外运用"体育资源"（sport resources）概念多指体育信息、体育产品资讯、开展体育教学与训练的知识与指导等具体信息，是更倾向于体育资源库的概念。从

---

① Hutchinson，R. and L. Haggar，The Development and Evaluation of a Snoezelen leisure Resource for People with Severe Multiple Disability. Sensations and Disability：Sensory Environments for leisure，Snoezelen，Education and Therapy，1994，pp. 18 – 48.

② Shechter，M. and M. Romer，Recreation Resource Evaluation – methodology and its Application Under Different National Settings. Letemps libre et le loisir. Actes du Congrès Mondial de Recherche de Marly – le – Roi，1984. 9. 24 – 28.

③ Roeder，Melissa D.，*The Development and Evaluation of a Recreation Referral Service Protocol for Persons With Disabilities at the Inclusive Recreation Resource center*，State University of New York，2007.

④ MinKi，Bae，"An evaluation on Use Suitability of Recreation Resource in Natural Parks"，*Korean Journal of Environment and Ecology*，Vol. 17，No. 3，2003，pp. 285 – 294.

⑤ William E. Hammitt，Gerard T. Kyle，"Comparison of Place Bonding Models in Recreation Resource Management"，*Journal of Leisure Research*，Vol. 41，No. 1，2009，pp. 55 – 70.

⑥ David W. Marcouiller，Jeff Prey，Ian Scott，"The Regional Supply of Outdoor Recreation Resources：Demonstrating the Use of Location Quotients as a Management Tool"，*Journal of Park and Recreation Administration*，Vol. 27，No. 4，2009，pp. 92 – 107.

理论研究看，出现了"sport resource"、"recreation resource"、"physical education resource"等相关概念，并对体育资源的分类有所探索，主要包括体育人力资源、体育物力资源、体育财力资源、体育信息资源、体育组织资源等类别，并对这些类别资源的开发与管理有一定分析，涉及了竞技体育、学校体育等体育领域，且有评估探索，但都不系统、不深入。从实践层面看，国外所指体育资源有狭义与广义之分，广义指与体育有关的一切资源，而狭义仅指体育设施资源。且体育资源既包括物质层面的内涵，也含有非物质的要义。

二　国内相关研究现状

从中国知网、万方数据库、SCHOLARGOOGLE 等数据库检索结果看，我国对体育资源的研究无论从理论界定还是实践应用研究均比国际上其他国家要更加全面、系统。具体研究主要表现在以下几个方面：

（一）关于体育资源等相关概念内涵、外延、分类等基本理论研究

国内学者对体育资源概念的界定主要从经济学科的"资源学"中的"资源"概念进行引申或赋予体育领域的新内涵来界定"体育资源"。任海等研究把"体育资源"概念界定为：是指一个社会用于体育活动，以扩大参与体育活动的人口和提高竞技运动水平在物资、资本、人力、时间和信息等方面的投入。[①] 秦贺余、朱俊全[②]从经济学的角度把"体育资源"界定为：体育资源是投入到体育生产过程中的各种要素或者说是体育生产所利用或可利用的各类条件及要素。吴广宏等[③]认为，体育资源就是围绕体育活动展开的、一切可以利用于体育活动开展的物质和非物质要素的集合。梁金辉[④]在对公共体育资源配置的研究中将公共体育资源释义为：公共体育资源是指一个社会用于提供公共体育产品和服务所需要的各种条件和要素的总和，一般包括人力、物力、财力等有形资源（如体育管理人员、社会体育指导员、体育志愿者、体育场地设施、体育器材、体育经费等），还包括各种体育信息、科研、管理制度、政策法规等无形资

---

① 孟建斌：《学校体育资源评估指标体系构建及验证研究》，硕士学位论文，河南大学，2010 年。

② 同上。

③ 吴广宏、孔德银：《体育资源及基本理论问题的分析与研究》，《体育研究与教育》2011年第 4 期。

④ 梁金辉：《公共体育资源优化配置问题研究》，《体育文化导刊》2008 年第 1 期。

源。谢英[①]结合体育资源的特点以及其他领域资源研究的成果，界定了体育资源的内涵：主要是指凡能影响体育发展并能在参与体育发展中产生一定的社会、经济效应的物质和非物质形态的事物或现象。这里我们将体育资源概括地理解为与体育有关，为体育而用的各类资源的总和。它既包括物质形态的体育资源，也包括非物质形态的体育资源。从上述对体育资源内涵的分析与定义看，体育资源既包含有形资源，也包括无形资源。这也是本书考虑的两大方面。

　　分类（划分）是人们认识事物的深化、细化和具体化，是深入到事物的内部对事物的各个部分进行详细的分析研究，更加深化和细化对于该类事物的认识。为进一步揭示体育资源的内涵与外延，我国学者对"体育资源"所包含的类别进行归纳与划分，对进一步可操作化研究与分析体育资源具有重要价值。任海等[②]把体育资源分为人力资源、资金、体育设施、余暇时间、信息五大方面。刘可夫等[③]把体育资源分为两大类，即体育自然资源和体育社会资源。体育自然资源是指自然界存在的，可作为体育产品生产的物质要素及必需的环境条件。这类体育资源一般是有固定的物质形态，是有形体育资源。通常一种体育项目需具备特定的条件和在专门的场所才能开展，这些条件和场所即构成体育的自然资源。体育的社会资源，包括社会、经济、技术因素中可用于体育服务产品生产的各类要素，主要有体育科学理论、训练技术、体能、道德法规、风俗、经济条件等。谢英[④]在其博士论文研究中依据不同分类标准与原则，把体育资源分为不同的类别。其中，按单一性体育资源分为物质形态体育资源和非物质形态体育资源两大类，物质形态体育资源包括体育自然资源、体育场馆设施资源、体育人力资源、体育经费资源等；非物质形态的体育资源包括体育信息资源、体育传统资源、体育组织资源等。综合上述分类看，同体育资源定义的内涵是一致的，主要也是从有形资源（物质资源）与无形资源（社会资源）两大方面来划分的。

---

　　① 谢英：《区域体育资源研究》，博士学位论文，上海体育学院，2003 年。
　　② 任海、王凯珍、肖淑红等：《论体育资源配置模式——社会经济条件变革下的中国体育改革（一）》，《天津体育学院学报》2001 年第 2 期。
　　③ 刘可夫、刘晓光：《论体育资源的合理开发和配置》，《解放军体育学院学报》1999 年第 2 期。
　　④ 谢英：《区域体育资源研究》，博士学位论文，上海体育学院，2003 年。

另外，国内学者还对群众体育资源、竞技体育资源、学校体育资源等相关概念进行界定并分类。这些概念定义与分类基本同"体育资源"的释义类似。如余涛①、肖林鹏②、李荣等③分别对群众体育资源、竞技体育资源、学校体育资源等进行了界定。

（二）关于体育资源配置等相关概念内涵及体育资源配置方式等基本问题研究

体育资源配置、体育资源开发、体育资源管理是研究体育资源常用的概念。尤其，体育资源配置是研究公共体育资源相关问题的核心概念。了解体育资源配置的概念具有重要理论基础与前提作用。对"体育资源配置"概念的理解，我国学者已基本达成共识。任海、王凯珍等④将体育资源的配置界定为就是资源的合理利用，其配置的结果是体育有目标，按比例适应社会、满足市场的稳步发展。司荣贵⑤从经济学和社会学两个方面对体育资源配置进行了界定："从经济学意义上讲，体育资源合理配置是指将各种体育资源在不同的用途之间做出选择，使有限的资源投入能产出数量多、质量高、结构合理的体育产品或劳务，发挥出最大的经济效益。从社会学意义上讲，体育资源配置是指将体育资源在社会各部门之间进行分配，以满足社会政治、经济、文化发展的需要，使体育资源发挥出最大的社会效益。"刘可夫、张慧⑥认为体育资源的配置就是研究如何将短缺的体育资源合理分配到体育生产中去，使资源得到充分利用和合理利用，使人们的各种体育需求得到满足。

---

① 余涛：《群众体育资源配置系统构建的理论研究》，《北京体育大学学报》2009 年第 12 期。

② 肖林鹏：《中国竞技体育资源调控与可持续发展》，博士学位论文，北京体育大学，2003 年。

③ 李荣、杭子星：《论高校体育资源的合理配置与开发》，《南京体育学院学报》2001 年第 6 期。

④ 任海、王凯珍等：《体育资源利用的改革与体育资源配置改革的法规平台——论社会经济条件变革下的中国体育改革（四）》，《天津体育学院学报》2002 年第 2 期。

⑤ 司荣贵：《论体育资源合理配置的目标和原则》，《西安体育学院学报》2004 年第 3 期。

⑥ 刘可夫、张慧：《论体育资源的合理开发和配置》，《福建体育科技》1999 年第 5 期。

学者们也对体育资源配置的主要方式进行了深入研究。任海等①②③④、董新光⑤、陈勇军⑥、段冬旭等⑦、茅技峰等⑧、张鹏等⑨、司荣贵⑩等研究认为，体育资源配置的主要方式有三种机制：计划机制、市场机制、计划与市场结合机制。并回顾了我国体育资源配置方式的演变、存在的问题、主要原因、发展机制及法规平台等。并对我国群众体育资源配置、竞技体育资源配置、学校体育资源配置等的原则与策略等进行了系统研究。尤其值得提出的是，隋路⑪从理论与实践两个方面对中国体育资源配置的效益问题进行了详尽论述，提出了中国体育资源配置方式、方法、政策的优化。

（三）关于我国体育某类资源管理与开发的相关研究

体育资源按照内涵与外延界定，包括有形资源与无形资源两大类。近年来，我国学者也分别对体育资源中的某类资源的管理与开发展开研究，并取得丰硕成果。根据资源学的原理，人力资源被视为资源的核心资源，国内体育学者对体育人力资源从竞技体育、学校体育、农村体育、区域体育等不同方面进行探索。虞重干、肖林鹏、邓春菊、储龙霞等对我国竞技

---

① 任海、王凯珍、肖淑红等：《论体育资源配置模式——社会经济条件变革下的中国体育改革（一）》，《天津体育学院学报》2001 年第 2 期。

② 任海、王凯珍、肖淑红等：《我国体育资源配置中存在问题及其原因探讨——论社会经济条件变革下的中国体育改革（二）》，《天津体育学院学报》2001 年第 3 期。

③ 任海、王凯珍、肖淑红等：《体育资源配置方式的改革与体育资源的开发——论社会经济条件变革下的中国体育改革（三）》，《天津体育学院学报》2002 年第 1 期。

④ 任海、王凯珍、肖淑红等：《体育资源利用的改革与体育资源配置改革的法规平台——论社会经济条件变革下的中国体育改革（四）》，《天津体育学院学报》2002 年第 2 期。

⑤ 董新光：《论公共体育资源配置的不平衡及改革取向》，《体育文化导刊》2007 年第 3 期。

⑥ 陈勇军：《不同经济模式下体育资源的配置方式及评价》，《南京体育学院学报》2001 年第 6 期。

⑦ 段冬旭、周剑、胡友群：《基于供需理论的公共体育资源有效配置》，《沈阳体育学院学报》2011 年第 6 期。

⑧ 茅技峰、王伯华：《我国竞技体育资源配置理论与实践研究》，《安徽体育科技》2008 年第 1 期。

⑨ 张鹏、黄琳：《竞技体育资源有效配置的度量分析》，《安徽体育科技》2006 年第 2 期。

⑩ 司荣贵：《论体育资源合理配置的目标和原则》，《西安体育学院学报》2004 年第 3 期。

⑪ 隋路：《中国体育资源配置效率研究》，社会科学文献出版社 2011 年版。

体育人力资源的调控、配置、开发、可持续发展等进行了研讨①②③④。韩春利⑤、卢亮球等⑥、蔡旭东（2013）、吴姣姣（2013）等对学校体育人力资源的配置、开发与管理等展开研究。梁政东（2010）、杨敏（2009）、罗湘林（2009）、杨洪辉（2007）等对区域体育人力资源管理、人力资源管理方法、农村体育人力资源开发等进行了研究。

李晓天、王凯珍、毛振明等的《城市社区与学校体育设施资源共享研究的回顾与展望——中外对比》、武毅欣的《北京市公共体育设施资源配置与服务的研究》、罗筱的《甘肃省城乡中小学体育设施资源现状与合理配置研究》等对体育设施资源进行了调查研究。杨世木的《我国体育信息资源配置研究》、华音的《体育信息资源共享的现状、问题和措施》、辛丽的《江苏体育信息资源整合研究》等对体育信息资源的配置、共享等进行了研究。许月云等的《晋江民间体育组织资源现状研究》首次对体育组织资源进行研究。

（四）关于我国体育不同领域、不同区域、不同民族体育资源相关理论与实践研究

在我国，体育领域主要涉及群众体育、竞技体育、学校体育、体育产业、体育组织、民族体育等领域。从近年的研究成果分析，对各个领域均有一定程度的探索。姜玉红的《我国公共体育资源管理中的政府职能》、冉令华等的《泛资源背景下的社会体育资源协同观》、谢英的《我国大城市体育资源综合开发问题的研究》对群众体育资源、社会体育资源及相关基本理论问题进行了分析。李同彦等的《试论竞技体育资源开发》、戴健等的《论长江三角洲地区竞技体育资源配置与一体化开发的目标模式》、谢玉琴等的《竞技体育资源区域一体化开发与运行模式研究——西

---

① 虞重干、刘志民、丁海勇等：《竞技体育可持续发展的评价指标及其人力资源研究》，《西安体育学院学报》2001 年第 1 期。

② 肖林鹏：《中国竞技体育人力资源调控与可持续发展研究》，《广州体育学院学报》2005年第 25 期。

③ 邓春菊：《我国竞技体育人力资源配置模式研究》，硕士学位论文，湖南师范大学，2005年。

④ 储龙霞、洪国武、万一春等：《我国竞技体育人力资源管理研究》，《体育文化导刊》2013 年第 1 期。

⑤ 韩春利：《学校体育人力资源优化配置研究》，《西安体育学院学报》2005 年第 35 期。

⑥ 卢亮球、朱征宇、黄晓华等：《广东省高校体育人力资源的比较优势及与 2010 年广州亚运会的融合研究》，《广州体育学院学报》2010 年第 3 期。

北地区田径高水平后备人才基地建设的理论探索》等对竞技体育资源的开发、配置、区域整合等进行了调研分析。骆映的《论学校体育资源的社会共享》、李永华等的《试论我国高校体育资源共享的路径选择》、刘瑞峰的《高校体育资源社会化研究》、张在宁的《对高校体育与竞技体育资源整合与优化的研究——以北京地区高校为研究个案》、薛玉佩的《大学园区体育资源共享模式研究——以上海市松江大学园区为例》等主要对我国学校体育资源的开发、与社区共享、与区域竞技体育整合等进行了系统研究。刘军等的《我国西部民族体育资源开发问题与对策》、宋佳的《康定县少数民族传统体育资源开发研究》、杨得军的《西宁市藏族"锅庄舞"的体育资源开发研究》、杨霞的《云南省 15 个特有少数民族体育资源库研究》等对我国不同民族体育资源的开发与现代化等进行了初步探究。王天军的《新疆体育产业资源开发及利用》、徐茂卫等的《基于资源视角的我国体育产业资源整合的实施路径分析》、刘金波等的《武汉城市圈体育产业资源共享及体育产业一体化发展研究》、栾桂芝等的《大连体育产业资源开发的现状及发展对策》等从资源学的视角对区域体育产业资源、体育产业资源开发、体育产业资源整合等进行了探索性研究。

（五）关于我国城乡体育及体育资源配置的相关理论与实践研究

我国是农业大国，城乡如何协调发展是重要的研究命题。对体育来说，城乡体育如何协调发展是体育学课题研究的重要课题。近年来，我国围绕城乡体育发展的研究也凸显出来，研究主要集中在几个方面：一是对城乡体育发展策略、制度及路径等的研究。如胡祖荣等的《论城乡体育互动发展的路径选择》、杨小明等的《不同区域城乡群众体育统筹发展的比较研究》、王凯等的《城乡体育公共服务均等化的制度约束与创新》、刘红建等的《改革开放以来我国城乡体育政策法规的变迁与启示——兼谈政策法规视角下城乡体育一体化发展》、唐炎等的《城乡大众体育统筹发展的理念解析与措施》等分别从不同视角对城乡体育协调发展进行研究。二是对城乡体育资源状况进行研究，包括群众体育及学校体育两个主要领域。如刘兰等的《首都城乡一体化发展中的公共体育资源优先性配置研究》、景俊青的《"城乡一体化"进程中农村体育资源配置研究》、李蓉蓉的《教育公平视野下义务教育阶段城乡学校体育资源差异研究》、张世威的《渝东南城乡中小学校体育资源区域统筹研究》等对城乡群众体育资源、学校体育资源的差异性、统筹发展等展开了研究。

（六）关于城乡体育、体育资源评价的相关理论与实践研究

对事物的测量与评价是促进事物发展的前提与基础，也是进一步发展的指南针。我国学者从不同视角对城乡体育、城乡群众体育、相关体育资源的评估进行了不同层面的研究。

第一，主要集中在城乡一体化发展评估、农村体育发展评估和城市社区体育评估方面。骆秉全、郑飞[1]在对城乡体育发展一体化基本内涵进行了系统研究和探讨的基础上，主要从体育锻炼与活动、体育组织化程度、体育资源配置和体育政策与管理四大方面构建了城乡体育发展一体化评价指标体系，并利用层次分析法确定了各个指标的权重。赵峰、孙庆祝等[2]首先分析了城乡体育公共服务一体化的内涵、评价指标选取的原则和方法，从发展度、差异度和协调度三大方面构建了城乡体育公共服务一体化评估指标体系，并采用层次分析法确定了各指标的权重。董新光、晓敏等[3]按照社会指标理论与方法规范，提出了农村体育评价指标体系的设计原则、理论模型和目标模式，采用德尔菲法从农村体育生活质量、体育保障条件、体育效益效果和城乡体育协调四大方面构建了农村体育评价指标体系及其权重，与体育资源相关的评价指标根据不同形式被列入二级指标中。王国红、张文慧[4]依据社区体育、社会评价体系等理论，从上海市的实际出发，把经验选择法、德尔菲法和模糊统计分析法综合运用到城市社区体育指标及权重的确定上，以体育活动、组织领导、场地设施、经费保障和健身服务为主要内容构建了城市社区体育评价指标体系。苏妍欣[5]采用文献资料法、专家访谈法、德尔菲法、数理统计等研究方法，通过构建我国城乡群众体育资源评估指标体系，对我国城乡群众体育资源各方面的状况进行了实证剖析。

对城乡体育评估的研究中，主要是对城乡体育一体化整体发展水平、

---

① 骆秉全、郑飞：《首都城乡体育一体化发展指标体系与实证研究》，《体育科学》2010 年第 11 期。

② 赵峰、孙庆祝、刘红建：《城乡体育公共服务一体化评估指标体系的研究》，《吉林体育学院学报》2010 年第 6 期。

③ 董新光、晓敏、丁鹏等：《农村体育评价指标体系的研究》，《体育科学》2007 年第 10 期。

④ 王国红、张文慧：《城市社区体育评价指标体系的构建研究——以上海市为例》，《成都体育学院学报》2010 年第 2 期。

⑤ 苏妍欣：《我国城乡群众体育资源评估指标体系研究》，硕士学位论文，河南大学，2013年。

农村体育和城市社区体育单方面进行的评估，在这些评估指标中或多或少都包含有群众体育资源，但是在对其进行指标筛选时考虑的因素不全面。群众体育资源在城乡体育评估指标体系中的体现，间接地为本次研究中指标体系的确定提供了可借鉴的内容，而且这些研究中筛选评估指标的步骤、方法、原则，指标权重的确定方法等方面为本研究提供了依据和方法学基础。

第二，主要集中在群众体育综合发展水平和群众体育投入评估方面。骆秉全[①]对我国群众体育工作评估的目的、意义、评估指标内容、评估方法和手段等问题进行了理论分析研究，认为可以从群众体育的政策制定及执行情况、基础设施提供情况、组织和开展情况、科学研究情况、资金投入情况、管理考核机制、国民体质监测情况、经常参加体育活动的人群、城乡体育发展的均衡情况、学校体育发展工作、群众体育人才资源情况（社会体育指导员）、弱势群体体育工作开展情况、群众体育工作特色13个一级指标内容入手，对我国群众体育工作进行评估。余静、余涛[②]就我国群众体育发展评价指标体系目标模式、群众体育发展定义、指标的选取、指标体系构建原理及方法、评价方法等问题走访有关专家、学者，提出了我国群众体育发展评价指标体系的目标模式，从社会环境系统、投入系统、产出系统三个方面研究群众体育系统，并总结了群众体育资源要素系统与群众体育资源配置系统的关系，构建了我国群众体育发展评价指标体系。潘丽英[③]按照社会学研究规律，从群众体育现今存在的主要问题、发展内涵和目标出发，在社会组织管理、资源保障、活动参与、工作绩效和学校体育五个领域构建了我国全面建设小康社会时期群众体育发展评估指标体系，并采用对比排序、对数加权平均和层次分析法确定了体系中各个指标的权重。安儒亮等[④]对群众体育统计指标存在的问题、改革的必要性做了分析，对中国群众体育事业统计指标体系的指导思想、基本原则、预期目标等进行了专题研究，结合理论分析对群众体育监测与评价性指标

① 骆秉全：《我国群众体育工作评估问题思考》，《体育文化导刊》2010年第1期。

② 余静、余涛：《我国群众体育发展评价指标体系的研究》，《沈阳体育学院学报》2011年第5期。

③ 潘丽英：《全面建设小康社会时期我国群众体育评估指标体系的构建研究》，《成都体育学院学报》2010年第2期。

④ 安儒亮、张军、姜健：《中国群众体育事业统计指标体系研究》，《西安体育学院学报》2010年第6期。

体系和描述性统计指标体系的全面完善和修订进行了可行性探讨。孙文琦①结合我国群众体育投入的特点与群众体育事业的发展现状及趋势，对群众体育投入评价指标体系和评价模式进行研究。从政府体育投入、单位体育投入和个人体育投入构建了群众体育投入总体评价指标体系，二级指标又分别分为直接、间接和智力体育行为，采用层次分析法确定了各评价指标的权重系数，提出适用于群众体育投入的评价模式，建立了评价指标体系应用模型。

在对群众体育进行评估的研究中，主要是从群众体育整体发展和群众体育投入的角度出发，对群众体育的发展水平进行评估。虽没有完全针对城乡群众体育资源进行评估，但是群众体育资源作为群众体育发展的主要载体，在其指标体系中都有所体现，间接地为本次研究中指标体系的确定提供了可借鉴的内容，而且这些研究中在筛选评估指标的步骤、方法、原则，指标权重的确定方法，评估内容的确定思路等方面为本研究提供了依据和方法学基础。

第三，对体育资源的评估主要集中在群众体育资源、竞技体育资源、学校体育资源的配置、利用效率和开发评价上，对区域休闲体育资源的开发评价也做了相关研究，但是没有针对群众体育资源的评估研究。胡萍博士②从人力、物力、财力、科技与信息资源几个方面深入分析了中国竞技体育资源的配置现状，运用系统论的观点研究了我国竞技体育资源配置优化的目标、动力因素、影响因素、运行机制和实现机理。并紧紧围绕我国竞技体育资源配置优化的目标，利用 DEA 的有关理论和方法从综合效率、技术效率、规模效率三个方面建立具体的评价模型，对现阶段我国竞技体育资源配置状况进行了系统评价。唐晓辉、李洪波等③采用文献研究法、系统分析法、专家讨论法、专家咨询法等，构建包含 3 个一级指标、7 个二级指标、19 个三级指标的城市社区公共体育资源配置的政府绩效评价体系，并确立各级指标的权重以及各级指标的标准体系。

① 孙文琦：《我国群众体育投入评价指标体系的构建与评价模式研究》，《山东体育学院学报》2011 年第 5 期。
② 胡萍：《中国竞技体育资源配置评价与优化对策研究》，博士学位论文，哈尔滨工程大学，2009 年。
③ 唐晓辉、李洪波、孙庆祝：《城市社区公共体育资源配置的政府绩效评价体系研究》，《天津体育学院学报》2012 年第 5 期。

许月云、许红峰等①采用文献法、专家调查法、数理统计法、比较分析法等，构建了由人力资源、物力资源、财力资源、信息资源、组织管理资源5个领域层的二级指标和28个指标层的三级指标组成的区域社会体育资源比较优势评价指标体系。周杨和邓奎（2008）、臧连明（2001）分别研究了目前高校体育资源和休闲体育资源的配置和利用现状，对其利用效率、评价指标的选取和内涵以及评价进行了分析，以期能对我国高校体育资源改革和发展有参考意义。阳剑、邓罗平②在经验选择的基础上，运用德尔菲法，构建了包含自然资源、社会资源和环境资源三大方面的高校区域体育资源开发评价指标体系，并运用层次分析法确定了各指标的权重，为高校区域体育资源共享提供了评定指标。张大超、孟建斌③从学校体育资源的概念、分类、功能以及特征入手，构建了城乡学校体育资源评估指标理论体系。然后通过对多方面专家进行调研，从人力资源、财力资源、物力资源、信息资源和时间资源5大子系统，构建了我国城乡学校体育资源评估指标体系。

另外，我国学者还从体育资源配置的效率与公平性等方面进行了研究。如沈克印和王凤仙的《我国体育资源配置中效率与公平观的伦理分析》，从伦理学的视角，解析效率和公平的含义与伦理价值，阐述经济自由主义的效率优先论、国家干预主义的公平优先论、现代社会的效率与公平兼顾论等效率与公平观。钟武④应用基尼系数的思想及相应方法对湖南省群众体育发展所需要的人力、物质、经费、信息等资源配置的公平性进行实证分析。王良健等⑤利用全国31个省、市、区2005—2008年体育资源数据，测算省际体育资源的洛伦兹曲线、基尼系数、锡尔指数和加权变异系数，分析省际之间的体育资源配置公平性，并利用灰色关联方法测算各体育资源指标与竞技体育水平的关联度，为今后我国体育资源建设与管

①　许月云、许红峰、凌江等：《区域社会体育资源比较优势评价指标体系的构建与实证研究》，《成都体育学院学报》2012年第7期。

②　阳剑、邓罗平：《两型社会下长株潭高校区域体育资源开发评价指标体系的构建》，《首都体育学院学报》2009年第6期。

③　张大超、孟建斌：《我国城乡中小学体育资源评价指标体系研究》，《上海体育学院学报》2011年第5期。

④　钟武：《基于基尼系数的群众体育资源配置公平性研究》，《体育科学》2012年第12期。

⑤　王良健、弓文：《省际体育资源配置的公平性及其与竞技体育水平的灰色关联分析》，《北京体育大学学报》2010年第11期。

理提供很高的参考价值。

综上所述，我们发现已有研究从体育资源的不同层面、涉及的不同领域提出了有价值的思想与观点，对本研究具有重要的指导意义。

以往研究对本研究的主要贡献在于：①国外发达国家有关大众体育的制度规定、政府管理、配置方式等给我国体育的发展带来了很大启发；②我国对城乡体育、体育资源和城乡体育资源的研究中，涉及与我国城乡体育资源相关的含义、组成要素、评价依据等理论体系的研究，为本研究提供了理论依据；③在城乡体育和体育资源的相关评估研究中，涉及与城乡体育资源有关的部分评估内容，可以在筛选评估指标时作为参考；④多数评估研究中对评估指标权重系数的确定方法、指标筛选原则和方法等都做了详细的分析，为本研究提供了方法论和依据。

但已有研究仅从某个方面或某几个方面进行了理论上的探讨，所进行的定量分析也多以二手数据资料为主，缺乏进行全局性、战略性及深入系统地研究我国城乡体育资源配置与社会公平状况的探讨，主要体现在以下几个方面：

第一，虽对体育资源相关概念与分类有诸多分析，在概念释义方面有一定程度的共识，但从操作概念来讲还缺乏共识，并出现概念过于广义或过于狭窄，需要探索符合社会发展需求的合理内涵。第二，虽有学者对区域、公共体育资源或学校体育资源评估进行了一定程度上的指标体系构建，但由于缺乏指标体系构建的服务对象或学术立场，造成在指标筛选方面某类指标过多，而一些指标明显不够的情况。并缺乏从我国全局性、战略性及系统性的城乡协调发展视角来建立群众公共体育资源评估指标体系、学校体育资源评估指标体系。第三，虽有对个别地区的体育资源配置公平性调查，但缺乏更大范围的对城乡体育资源的配置及公平性开展更广泛的、更全面系统的、城乡对比分析的实证调查研究。第四，缺乏对体育资源配置公平观的理论分析，目前我国仍没有形成正确的城乡体育资源配置"公平观"。第五，还缺乏定期的、系统全面的城乡体育资源监测方案，不能纵向对比分析，缺乏有效监控。

本书就是基于上述文献分析的基础上，立足已有研究成果，从理论与实践两大方面对我国城乡体育配置评估理论及公平性开展系统研究。

第三节　研究对象、研究方法和技术路线

一　研究对象

主要以城乡公共体育资源评估理论与实践为研究对象。

二　研究方法

(一) 文献资料法

本书依据资源学、发展经济学、发展社会学、人口社会学、管理学、教育学、体育管理学、群众体育学、体育社会学、学校体育学、体育经济学等多门学科和专业的理论与实践知识，本着"古为今用"、"洋为中用"的研究指导思想，对国内外资源、体育资源、学校体育资源、群众体育休闲娱乐资源、竞技体育资源及城乡体育协调发展等方面的政策、专著、研究报告、发展规划、学术论文等进行查阅分析，分类整理，为本书的设计和构想提供理论支撑。

本书的主要文献来源如表 1 - 1 所示。

表 1 - 1　　　　　　　　　主要文献来源一览表

	主要数据库	主要网站
国外文献查阅	EBSCO (SPORTDiscus with Full Tex)	http：//web. ebscohost. com. ezp3. lib. umn. edu
	Sciencedirect	http：//www. sciencedirect. com
	Business Source Premier	http：//web. ebscohost. com. ezp3. lib. umn. edu
	Google scholar	http：//scholar. google. com
	One search	http：//firstsearch. oclc. org. ezp1. lib. umn. edu
	Academic Search Premier (EBSCO)	http：//proquest. umi. com/login
	Education Full Text (EBSCO)	http：//www. amazon. com
	Web of Science - Cross Search	http：//online. sagepub. com/search
	ERIC (CSA) (ProQuest XML)	
	Social Work Abstracts PLUS (Ovid)	
	Firstsearch	
	ProQuest	
	SAGE	

续表

	主要数据库	主要网站
国内文献查阅	中国知网社科总库（含有各类数据库） 中文科技期刊数据库/维普数据库（VIP） 万方数据知识服务平台（wanfangdata）	Http：//www. cnki. net http：//www. cqvip. com http：//www. wanfangdata. com. cn/ http：//www. baidu. com http：//www. google. hk. cn http：//www. sport. gov. cn http：//www. yahoo. com

（二）目的树分析法

主要是在构建城乡公共体育资源评估的指标体系时，根据目的树分析法的步骤，对我国城乡体育、城乡体育资源（包括城乡群众公共体育资源、学校体育资源）的发展目标进行全面系统考虑、分解，并在访谈相关专家的基础上构建城乡体育资源配置水平与公平性评价指标体系。具体为：首先确定城乡体育资源发展目标，然后将它分解为若干层次（系统），逐级发展、推导出体育资源发展的各级子目标，最后提出描述、表达目标的各项指标，即最后一层的具体指标。[①]

（三）调查法

1. 访谈法

为了使最终研究结果尽可能地贴近研究目标，本书主要就三大方面的问题，走访咨询了相关专家或相关人员。一是在构建城乡群众公共体育资源配置水平与公平性评价指标体系时就一级指标、二级指标的经验预选咨询了群众体育政府主管部门、资源学、群众体育学、体育管理学等相关专家与管理者（见表1-2），访谈提纲见附录1；二是在构建城乡学校体育资源配置水平与公平性评价指标体系时，走访了农村中小学主管校长、教体局主管领导或主管部门、资源学、学校体育学、中小学一线体育教师等相关专家或人员（见表1-3），访谈提纲见附录2；三是对今后我国城乡群众公共体育资源、城乡学校体育资源配置与发展策略与路径，咨询了上

---

① 张大超、李敏：《我国公共体育设施发展水平评价指标体系研究》，《体育科学》2013年第4期。

述两方面人员。

表1-2 构建城乡群众公共体育资源配置水平与公平性
指标体系访谈对象情况一览表①

学科或工作领域	人数	职称/职务	学历	平均从事相关 工作年限（年）
国家、省市体育局群体处 主管领导（省级及以上）	8	处级3；科级5	硕士4；本科4	8.3
体育管理学专家	5	教授3；副教授2	博士2；硕士3	13.4
资源配置、评估研究专家	3	教授2；副教授1	博士2；硕士1	11.7
城乡发展规划研究专家	2	教授2	博士2	26.4
群众体育研究专家	5	教授5	博士2；硕士3	22.9
合计	23			14.6

表1-3 构建城乡学校体育资源配置水平与公平性评价指标
体系访谈对象情况一览表

学科或工作领域	人数	职称/职务	学历	平均从事相关 工作年限（年）
省市教育厅（教体局）主 管领导	5	处级2；科级3	硕士3；本科2	12.8
体育管理学专家	3	教授2；副教授1	博士3	19.2
资源配置、评估研究专家	2	教授2	博士1；硕士1	17.5
学校体育研究专家	6	教授6	博士2；硕士4	23.2
城乡中小学校长和一线体 育高级教师	10	正、副校长4； 体育教师6	硕士3；本科7	13.9
合计	26			16.7

2. 德尔菲法

德尔菲法是社会科学研究中应用最广泛的预测与评价事物的方法之
一。为此，本研究组为对我国城乡公共体育资源配置水平与公平性状况进
行量化评价，运用德尔菲法对我国城乡群众公共体育、城乡学校体育资源

---

① 苏妍欣：《我国城乡群众体育资源评估指标体系研究》，硕士学位论文，河南大学，2013
年。

配置公平性评价指标体系开展研究。首先，在文献查阅、专家与主管领导访谈基础上，按照"目的树"分析法，初步构建了我国城乡群众体育、学校体育资源配置水平与公平性评价经验性初级指标体系（附录3、附录6）。分别分三轮来确立两个指标体系，具体如下：

（1）专家的筛选。在德尔菲研究方法中，专家选取的权威性、代表性和专业性决定着所解决和构建评价指标体系的科学性、有效性及可靠性。[①] 为此，本书依据权威性、代表性和专业领域分布的原则，并考虑专家数量与咨询实际操作难易之间的平衡，制定了专家的两个选取标准：一是从事群众体育、学校体育、体育管理、公共资源配置、资源评估、城乡发展等研究领域工作10年以上，熟悉体育资源相关内容，具有丰富实践经验的研究人员；二是在省级以上群众体育、学校体育主管部门负责相关工作5年以上，主要由省体育局主管局长、群众体育相关处长、国家体育总局相关部门负责人、省级教育主管部门负责人组成。[②]

城乡群众公共体育资源配置水平与公平性评估体系专家筛选：按照上述条件共选取25位专家组成"我国城乡群众体育资源配置水平与公平性评价指标体系"调查咨询的专家（见表1-4）。

表1-4   城乡群众体育资源配置水平与公平性评价指标体系
德尔菲法调查专家情况一览表

学科或工作领域	人数	职称/职务	学历	平均从事相关工作年限（年）
国家、省级体育局群体处主管领导（省级及以上）	6	厅级3；处级3	博士2；硕士3 本科1	9.4
体育管理学专家	5	教授5	博士3；硕士2	18.2
资源配置、评估研究专家	3	教授2；副教授1	博士2；硕士1	19.2
城乡发展规划研究专家	3	教授3	博士3	17.6
群众体育研究专家	8	教授6；副教授2	博士5；硕士3	20.3
合计	25			16.8

①　苏妍欣：《我国城乡群众体育资源评估指标体系研究》，硕士学位论文，河南大学，2013年。

②　张大超、李敏：《我国公共体育设施发展水平评价指标体系研究》，《体育科学》2013年第4期。

  城乡学校体育资源配置水平与公平性评估体系专家筛选：学校体育工作是我国长期开展的工作，情况比较复杂，并涉及方方面面，为了更全面地预选正式调查指标，我们在课题组查阅文献、初步访谈及经验思考的基础上，初步形成了调查问卷（附录6），然后选出本地区45位专家、基层教师等（其中41位有效完成了问卷的填写工作）（见表1-5）；根据41位专家老师的修改与完善意见，重新初步构建了"城乡学校体育资源配置水平与公平性评估经验性预选指标体系"，正式面向全国选出25位专家组成"我国城乡学校体育资源配置水平与公平性评价指标体系"调查咨询的专家（见表1-6），按照德尔菲法，调研后面的两轮正式调查。选出的调研对象均是我国相关领域的权威人员，如有北京体育大学管理系、天津体育学院社会体育与管理系、首都体育学院、沈阳体育学院等单位的学科带头人或知名教授，以及长期从事群众体育事业及实践工作的省市体育局主管副局长、群体司负责人及相关工作人员（如上海市体育局群众体育主管副局长、国家体育总局体育科学研究所群众体育研究中心主任、河南省体育局群众体育主管副局长等、河南省教育厅体卫艺处副处长等）。

表1-5　城乡学校体育资源配置水平与公平性评价指标体系经验指标的
专家与基层体育教师的预选性调查人员一览表

学科或工作领域	人数	职称/职务	学历
地市教体局主管领导	5	处级2；科级3	本科5
地方体育院校专家	15	教授8；副教授7	博士6；硕士9
城乡中小学校长和一线体育高级教师	25	校长5；体育教师20	硕士3；本科18；专科4
合计	45		

表1-6　　城乡学校体育资源配置水平与公平性评价指标体系
德尔菲法调查专家情况一览表

学科或工作领域	人数	职称/职务	学历	平均从事相关工作年限（年）
省市教育厅（教体局）主管领导	6	处级4；科级2	硕士4；本科2	11.7
体育管理学专家	5	教授5	博士3；硕士2	18.2
资源配置、评估研究专家	3	教授2；副教授1	博士2；硕士1	19.2

学科或工作领域	人数	职称/职务	学历	平均从事相关工作年限（年）
学校体育研究专家	5	教授 5	博士 4；硕士 1	21.9
城乡中小学校长和一线体育高级教师	6	校长 2；体育教师 4	硕士 1；本科 5	16.8
合计	25			17.1

（2）调查阶段划分。对"城乡群众公共体育资源配置水平与公平性评价指标体系"和"城乡学校体育资源配置水平与公平性评价指标体系"的构建，主要运用三轮专家问卷调查筛选与确立（城乡学校体育资源是采用一轮预选性调研，两轮正式调研）。

第一轮专家调查：主要对"两个评价指标体系"每项指标按"同意"、"不同意"及"建议指标"三个方面，进行专家第一次指标筛选；

第二轮专家调查：按照第一轮调查结果，对第一轮问卷进行修改与完善，根据李克特五分量表法对各个指标的重要性进行评价设计，即"非常重要"、"比较重要"、"一般重要"、"比较不重要"、"非常不重要"五个程度，让专家对各指标进一步评价。[1]

第三轮专家调查：按照第二轮专家及领导的调查结果，对各个指标进行筛选，确立"城乡群众公共体育资源配置水平与公平性评价指标体系"和"城乡学校体育资源配置水平与公平性评价指标体系"。把入选指标进一步设计成表格，按照层次分析法中两两重要程度进行比较，请专家填写，为后面各指标权重系数计算做准备。

（3）专家积极系数。专家积极系数是指专家对研究关心及合作程度，由调查回收率来表示，一般认为 50% 回收率是可以用来分析的最低比例，60% 回收率是好的，70% 回收率是非常好的结果。[2] 本书两个指标体系的三轮专家的积极系数（见表 1 - 7 和表 1 - 8），总回收率均在 80% 以上，反映了专家对本书的支持。

---

[1]　张大超、李敏：《我国公共体育设施发展水平评价指标体系研究》，《体育科学》2013 年第 4 期。

[2]　同上。

表 1-7 "城乡群众公共体育资源配置水平与
公平性评价"专家的积极系数

不同领域专家	发出调查表数量			回收有效调查表数量			回收率（%）		
	第一轮	第二轮	第三轮	第一轮	第二轮	第三轮	第一轮	第二轮	第三轮
国家、省级体育局群体处主管领导（省级及以上）	6	6	5	6	5	5	100	83.3	100
体育管理学专家	5	4	4	4	4	3	80.0	100	75.0
资源配置、评估研究专家	3	3	2	3	2	2	100	66.7	100
城乡发展规划研究专家	3	3	3	3	3	2	100	100	66.7
群众体育研究专家	8	7	6	7	6	5	87.5	85.7	83.3
合计	25	23	20	23	20	17	92.0	87.0	85.0

表 1-8 "城乡学校体育资源配置水平与公平性评价"专家的积极系数

不同领域专家	发出调查表数量			回收有效调查表数量			回收率（%）		
	不预调查	第一轮	第二轮	不预调查	第一轮	第二轮	不预调查	第一轮	第二轮
省市教育厅（教体局）主管领导	5	6	5	5	5	3	100	83.3	60.0
体育管理学专家	—	5	3	—	3	3	—	60.0	100
资源配置、评估研究专家	—	3	3	—	3	2	—	100	66.7
学校体育研究专家	15	5	5	13	5	4	86.7	100	80.0
城乡中小学校长和一线体育高级教师	25	6	5	23	5	5	92.0	83.3	100
合计	45	21	21	41	21	17	91.1	84.0	81.0

（4）专家的权威性。按照社会调查基本原理，专家权威性主要由专家判断系数和对咨询内容熟悉程度两个方面决定。具体由下面公式计算：

$$Cr = (Cs + Ca)/2$$

Ca 代表对条目的判断依据，按常规分为理论依据、实践经验、国内外资料、直觉四类，影响程度为大中小，分别赋值。

Cs 表示专家对条目熟悉程度，分为五个等级，分别赋值。

专家权威系数 Cr≥0.7 即认为咨询结果可靠，且 Cr 越大，权威程度越大。[①]

本研究在前两轮问卷中设计了专家判断取舍各个指标依据和对咨询内容熟悉程度的选项，二者对应的量化值如表 1−9 所示。

表 1−9　　　　专家权威系数计算的判断依据、熟悉程度量化表

判断依据	量化值	熟悉程度	量化值
理论分析	0.8	非常熟悉	1.0
实践经验	1.0	比较熟悉	0.8
国内外资料的了解	0.6	一般熟悉	0.6
自己直觉	0.4	比较不熟悉	0.4
		非常不熟悉	0.2

"城乡群众公共体育资源配置水平与公平性评价指标体系"专家判断系数与权威系数情况：第一轮咨询，专家判断系数和对咨询内容熟悉程度值为 0.826 和 0.856，权威系数为 0.841。第二轮咨询，专家的判断系数和对咨询内容的熟悉程度值为 0.883 和 0.869，权威系数为 0.876。

"城乡学校体育资源配置水平与公平性评价指标体系"专家判断系数与权威系数情况：第一轮咨询，专家判断系数和对咨询内容熟悉程度值为 0.872 和 0.907，权威系数为 0.890。第二轮咨询，专家的判断系数和对咨询内容的熟悉程度值为 0.911 和 0.923，权威系数为 0.917。

按照上述权威系数标准，本研究咨询的专家具有很好的权威性。

3. 分层整群抽样——实地调查法

为了进一步了解我国城乡群众公共体育资源、城乡学校体育资源配置水平与公平性现状，我们根据所建立的"城乡群众体育资源配置水平与公平性评价指标体系"和"城乡学校体育资源配置水平与公平性评价指标体系"，设计了城乡群众、城乡学校体育资源实地统计调查表（附录 9、

---

① 张大超、李敏：《我国公共体育设施发展水平评价指标体系研究》，《体育科学》2013 年第 4 期。

附录10），对具有典型城乡代表性的中部六省省会城市所在城乡区域进行了抽样实地调研。具体步骤如下：

（1）调查样本的选取（分层整群抽样）。中部六省是指山西、河南、安徽、江西、湖北、湖南六省，中部六省土地面积102万平方公里，占全国的10.7%；拥有3.61亿人口，占全国的28.1%；国内生产总值占全国的23%。中部六省的农业比重大，农村人口众多，形成了典型的城乡二元化区域代表，是中国城乡二元结构发展破解的关键，是中国承东启西的战略发展区域。① 因此，本研究选择中部六省作为典型调查的区域具有重要的代表性。

抽样标准与步骤：调查单位筛选主要以人均GDP值大小、区域位置（城市以主城区为代表）及社会发展程度（规模、影响及社会影响）为依据。本研究分别按照2011年人均GDP值大小，取人均GDP值最大值、中间值、最小值的三个区域，对中部六省省会城市郑州、太原、武汉、长沙、南昌、合肥六个地市所下辖的城区、县区进行了样本筛选（城区中的区、县或县级市是以传统的行政区划为准，不包括新设立的国家经济区、港区或刚建制的新区）。

群众体育资源抽样情况：

①城市：按人均GDP值大小，在6个省会城市下辖的"区"中，取人均GDP值最大值、中间值、最小值，分别选出3个区，以所选取的区数据为整群抽样对象。

②农村：按人均GDP值大小，在6个省会城市下辖的"县或县级市"中，取人均GDP值最大值、中间值、最小值，分别选出3个县或县级市，以所选取的全县（县级市）数据为整群抽样对象。

学校体育资源抽样情况：

由于本研究经费及时间等的局限，仅以九年义务教育中的"初中"学校为例。

①城市：按人均GDP值大小，在6个省会城市所辖城区中的"区"中，取人均GDP值最大值、中间值、最小值，选3个"区"中的初中学校为整群抽样对象。

① 《中国区域经济发展格局》，http：//news. xinhuanet. com/ziliao/2009 – 07/02/content_11639779_ 7. htm。

②农村：按人均 GDP 值大小，在 6 个省会城市所辖"县或县级市"中分别选出 3 个县或县级市；同样，在 3 个县或县级市中，取人均 GDP 值最大值、中间值、最小值，在每个县或县级市所下辖的乡镇中，选 3 个"乡或镇"中的初中学校为整群抽样对象。另外，县或县城所在地的初级中学也全部入选，共同组成该县或县级市农村初级中学代表。

6 个省会城市城乡群众、学校体育资源抽样情况（见表 1 - 10 至表 1 - 21）。

表 1 - 10　　河南省会城市郑州市下辖区、县或县级市人均 GDP
一览表及综合抽样情况

地区		常住人口 （人）	生产总值 （万元）	人均 GDP （元）	抽中 情况	抽中县下辖的乡或镇
市辖区	中原区	911413	2316326	25414.7	抽中	
	二七区	714983	3008915	42083.7	抽中	
	管城区	651141	1974982	30331.1		
	金水区	1601999	5877500	36688.5	抽中	
	上街区	132591	894617	67471.9		
	惠济区	271935	688259	25309.7		
县（市）区	中牟县	727817	2646387	36360.6	抽中	县城、白沙镇、黄培乡、大孟镇
	巩义市	808239	4193120	51879.7		
	荥阳市	613857	3587562	58443.0	抽中	市直、高山镇、乔楼镇、刘河镇
	新密市	797378	3992392	50069.0	抽中	市直、苟堂、曲梁、岳村
	新郑市	760279	3626568	47700.5		
	登封市	669157	3130280	46779.5		

注：①市辖区中人均 GDP 最高的为上街区，处于中间的是金水区和管城区，最小的为惠济区。但是从上街区和惠济区的地理位置考虑，上街区和惠济区位于郑州市县（市）区的郊区，非主城区，将其列为市辖区作为调查对象不具有代表性，故选取二七区和中原区作为经济发展最优和最差的调查对象。① ②以同样的抽样原则，抽取了抽中县或县级市的乡或镇。

① 陈海青：《郑州市城乡学校体育资源配置公平状况调研分析》，硕士学位论文，河南大学，2013 年。

表 1 - 11　　　　**河南省会城市郑州市下辖区、县或县级市（城乡）**

调查初级中学学校一览表

地区		抽中学校
市辖区（城市：主城区）	中原区（8）	郑州市 52 中（市直）、郑州市 80 中、郑州市 66 中、郑州市 70 中、郑州市 69 中、郑州市 73 中、郑州市 42 中（市直）、郑州市 68 中
	二七区（8）	郑州市 74 中、郑州市 62 中、郑州市 81 中、郑州市 89 中、郑州市 13 中、郑州市 22 中、郑州市 57 中、郑州市 82 中
	金水区（11）	郑州市 75 中、郑州市 60 中、郑州市 26 中、郑州市 77 中、郑州市 61 中、郑州市 71 中、郑州市 76 中、郑州八中、东校区（原 23 中）、郑州八中、金水一中
县（县级市）区（农村）	中牟县（7）	县一初、县二初、县三初、县四初、白沙一中、黄培乡中学（2 个校）、大孟镇初级中学
	荥阳市（7）	市直一中、市直二中、市直三中、高山镇一中、乔楼镇初级中学、刘河镇初级中学、荥阳四中
	新密市（8）	市一初中、市二初中、实验初中、苟堂中学、曲梁一中、曲梁二中、岳村一中、岳村二中

表 1 - 12　　　　**山西省会城市太原市下辖区、县或县级市人均 GDP**

一览表及综合抽样情况

地区		常住人口（人）	生产总值（万元）	人均 GDP（元）	抽中情况	抽中县下辖的乡或镇
市辖区	小店区	808467	4008866	49586	抽中	
	迎泽区	594495	3666016	61666		
	杏花岭区	645776	3315737	51345		
	尖草坪区	417449	2678065	64153	抽中	
	万柏林区	753470	3347294	44425	抽中	
	晋源区	222294	540865	24331		
县（市）区	清徐县	345000	1172622	33989	抽中	县城、集义乡、徐沟乡、王答乡
	阳曲县	120524	290596	24111		
	娄烦县	106297	132054	12423	抽中	县城、米峪镇、天池店、马家庄

续表

地区		常住人口（人）	生产总值（万元）	人均GDP（元）	抽中情况	抽中县下辖的乡或镇
县（市）区	古交市	206180	353806	17160	抽中	市直、俊峪乡、原相乡、常安乡

注：①市辖区中人均GDP最低的为晋源区，但晋源区为最小的区，成立时间晚，处在郊区位置，非主城区，将其列为市辖区作为调查对象不具有代表性，故选取万柏林区作为经济发展最差的调查对象。②以同样的抽样原则，抽取了抽中县或县级市的乡或镇。

表1–13 山西省会城市太原市下辖区、县或县级市（城乡）调查初级中学学校一览表

地区		抽中学校
市辖区（城市：主城区）	小店区（8）	51中（含小）、47中、32中、小店区三中、刘家堡一中、刘家堡二中、黄陵中学、晋阳街中学
	尖草坪区（10）	傅山中学、区五中、柏板乡中学、上兰街办初中、汇丰学校、实验中学、区二中、区六中、阳曲镇初级、区三中
	万柏林区（4）	十中、七中、一中、三中
县（县级市）区（农村）	清徐县（5）	县一中、县二中、集义乡中学、徐沟乡初中、王答二中
	娄烦县（5）	县二中、米峪镇初级中学、天池店中学、马家庄初中、第二初中
	古交市（5）	市二初中、市九中、俊峪乡八中、原相乡中学、常安乡中学

表1–14 湖北省会城市武汉市下辖区、县或县级市人均GDP一览表及综合抽样情况

地区			常住人口（人）	生产总值（万元）	人均GDP（元）	抽中情况	抽中县下辖的乡或镇
中心城区	汉口	江岸区	895635	5245600	58569		
		江汉区	683492	5800400	84864		
		硚口区	828644	3619300	43677	抽中	
	汉阳	汉阳区	584077	5226800	89488		
	武昌	武昌区	1199127	5390000	44949		
		青山区	485375	5357900	110387	抽中	
		洪山区	1049434	5384000	51304	抽中	

续表

地区		常住人口 （人）	生产总值 （万元）	人均GDP （元）	抽中 情况	抽中县下辖的 乡或镇
新城 区（农 村）	东西湖区	451880	2919800	64614	抽中	区政府所在地、吴家 山街、泾河街、柏泉 办事处
	汉南区	114970	719100	62547		
	蔡甸区	410888	2148300	52284	抽中	张湾、侏儒、永安、 大集、索河、桐湖
	江夏区	644835	3898600	60459		
	黄陂区	874938	3173600	36272		
	新洲区	848760	3129300	36869	抽中	旧街、邾城街、阳 逻街

注：①武汉市共有13个辖区，7个中心城区，6个新城区，没有下辖县或县级市，而6个新区分布在武汉中心城区的周边，实践上相当于其下辖的县或县级市。因此，本研究以7个中心城区为城市抽样对象，而六个新区作为县或县级市的乡村抽样对象。②按照人均GDP，应该选中江岸区而非洪山区，但考虑洪山区的整体代表性及地理位置，故选中洪山区。新洲区同样因代表性而被选中。

表 1-15   湖北省会城市武汉市下辖区、县或县级市（城乡）
调查初级中学学校一览表

地区		抽中学校
市辖区 （城市： 主城区）	青山区（15）	钢城二中、钢铁五中、钢铁六中、钢铁七中、钢铁八中、钢铁十中、十一中、十二中、十三中、49中、任家路中学、武东中学、红钢城中学、青山中学、钢花中学
	洪山区（8）	卓刀泉中学、和平中学、梨园中学、张家湾中学、珞珈山中学、鲁巷中学、洪山中学、英格中学
	硚口区（8）	62中、79中、十一滨江中学、17中、59中、64中、27中、博学中学
武汉新区 （农村）	东西湖区（5）	东方红中学、吴家山二中、柏泉中学、泾河中学、吴家山第五中学
	蔡甸区（16）	3541学校、柏林中学、成功中学、大集中学、高庙中学、横龙中学、莲花湖中学、索河中学、桐湖学校、五公中学、小集中学、新农中学、幸福路、永安中学、张湾中学、侏儒中学
	新洲区（6）	区一初、实验中学、邾城二中、挖沟中学、旧街中学、阳逻一中

表1-16　湖南省会城市长沙市下辖区、县或县级市人均GDP一览表

及综合抽样情况

地区		常住人口 （人）	生产总值 （万元）	人均GDP （元）	抽中 情况	抽中县下辖的乡或镇
市辖区	芙蓉区	523730	6983833	133348		
	天心区	475663	4646344	97681	抽中	
	岳麓区	801861	5466679	68175	抽中	
	开福区	567373	4724527	83270		
	雨花区	725353	10305509	142076	抽中	
	望城区	523489	3274267	62547		
县（市）区	长沙县	979665	7899458	80634	抽中	县城、干杉镇、安沙镇、北山镇
	宁乡县	1168056	6379462	54616	抽中	县城、沙田乡、城郊乡、菁华铺乡
	浏阳市	1278928	7021539	54902		

　　注：①对长沙市城市六区的样本筛选，主要考虑人均GDP、地理位置、代表性这三个因素，故选出表中三个区。②而对于长沙市下辖三个县或县级市，共有三个，选取了人均GDP最高和最低的两个，具有很好的代表性，并节约研究成本。

表1-17　　湖南省会城市长沙市下辖区、县或县级市（城乡）

调查初级中学学校一览表

地区		抽中学校
市辖区 （城市： 主城区）	天心区（6）	长征学校、建业学校、蓝天学校、明德天心中学、天心一中、铁道中学
	岳麓区（4）	19中、28中、湖南师大附中博才、湘仪中学
	雨花区（3）	雅礼雨花、明德洞井、井湾子中学
县（县级市）区 （农村）	长沙县（6）	星河中学、杨梓中学、松雅湖中学、石常中学、梨江中学、干杉中学
	宁乡县（7）	金海中学、沙田中学、城北中学、玉潭中学、城郊中学、桃林桥中学、实验中学

表1-18 江西省会城市南昌市下辖区、县或县级市人均GDP一览表
及综合抽样情况

地区		常住人口（人）	生产总值（万元）	人均GDP（元）	抽中情况	抽中县下辖的乡或镇
市辖区	西湖区	503822	3598373	71421	抽中	
	青云谱区	316723	2061733	65096		
	东湖区	575489	3000000	52129	抽中	
	湾里区	63963	316188	49433		
	青山湖区	897841	3617100	40287	抽中	
	红谷滩区	南昌市统计局未有统计信息				
县（市）区	南昌县	1018675	3843000	80634	抽中	县城、莲塘镇、塘南镇、广福乡
	新建县	795412	2172400	27312	抽中	县城、西山镇、金桥镇、石岗镇
	进贤县	690446	2072000	30001	抽中	南台乡、文港镇、罗溪镇
	安义县	180194	661900	36732		

注：红谷滩区未有官方的统计信息。

表1-19 江西省会城市南昌市下辖区、县或县级市（城乡）调查
初级中学学校一览表

地区		抽中学校
市辖区（城市：主城区）	西湖区（3）	二十四中、二十七中、二十九中
	东湖区（4）	二中、八一中学、二十八中、市三中
	青山湖区（0）	无初中
县（县级市）区（农村）	南昌县（8）	莲塘四中、莲塘五中、莲塘六中、莲塘七中、塘南二中、塘南中学、广福一中、广福二中
	新建县（5）	新建六中、新建五中、西山中学、金桥中学、石岗中学
	进贤县（3）	南台乡初级中学、文港镇初级中学、罗溪中学

表1-20 安徽省会城市合肥市下辖区、县或县级市人均GDP
一览表及综合抽样情况

地区		常住人口（人）	生产总值（万元）	人均GDP（元）	抽中情况	抽中县下辖的乡或镇
市辖区	庐阳区	609239	4019700	65979	抽中	
	包河区	817686	4859000	59424	抽中	

续表

地区		常住人口 （人）	生产总值 （万元）	人均GDP （元）	抽中 情况	抽中县下辖的乡或镇
市辖 区	瑶海区	902830	2900000	32121	抽中	
	蜀山区	1022321	3200000	31301		
县 （市） 区	肥西县	889000	3466000	38988	抽中	县城、铭传乡、上派镇、花岗镇
	长丰县	789900	2142500	27124		
	肥东县	1109000	2986400	26929	抽中	县城、店埠镇、响导乡、撮镇镇
	巢湖市	890000	1842000	20697		
	庐江县	974000	1383700	14206	抽中	县城、金牛镇、白湖镇、庐城镇、 矾山镇、盛桥镇

注：①瑶海区、蜀山区两区人均GDP基本相当，社会发展程度相似，但蜀山区人口更多，学校也多，为了便于统计和学校均衡，我们选择了瑶海区，而未选蜀山区。②庐江县包括的乡镇较多，且每个乡镇多为一所初中，因此，为更具代表性，选择五个乡镇。

表1-21 安徽省会城市合肥市下辖区、县或县级市（城乡）调查
初级中学学校一览表

地区		抽中学校
市辖区 （城市： 主城区）	庐阳区（4）	四十二中、四十五中、十九中、四十七中
	包河区（5）	六十五中、十八中滨湖校区、阳光中学、四十六中新校区、四十六中南校区
	瑶海区（4）	三十八中、三十九中、四十一中、五十五中
县（县 级市）区 （农村）	肥西县（7）	上派初级中学、洪桥初级中学、金牛初级中学、桃花初级中学、铭传初级中学、化岗镇孙集初级中学、董岗初级中学
	肥东县（8）	肥东三中、店埠西山驿中学、响导初级中学、撮镇长乐初级中学、肥东四中、玉铁初级中学、龙城初级中学、马集中学
	庐江县（9）	庐江四中、实验初中、金牛镇初级中学、白湖镇初级中学、白湖镇顺港初级中学、庐城镇迎松初中、盛桥镇许桥初级中学、矾山镇天桥初级中学、砖桥初级中学

（2）调查实施及数据整理、录入。成立调查小组：在2012年3—9月，研究团队成员（包括研究生）分别组成三个小组，每组4人，形成实地调查组。每个小组负责调研省份：第一组调研湖南长沙、湖北武汉；

第二组调研安徽合肥、江西南昌；第三组调研山西太原；全体调研人员共同参与调研河南郑州。完成第一轮调查，并于 2013 年 3—6 月，在第一轮调研基础上开展第二轮补充调查。

小组成员调研培训及调研实施：首先，由课题组组长对调研指标的内涵进行解释，并指出每一个指标的统计标准与统计方法；其次，带领课题组调研成员到所在地市教体局、县教体局、城乡学校分别根据调查表采集一份数据，作为预调查；再次，课题组组长带领全体调研人员共同到河南省郑州市对城乡群众、学校体育资源的现状进行调研，进一步处理调研中发现的问题与情况，研究共同的处理细则；最后，在完成郑州调查之后，各小组根据事先选好的省市及调查的样本对象奔赴调查地市开展实地调研。

数据汇总及数据补充：在 2013 年 6 月完成两轮的实地调查之后，于 7 月对数据进行分类整理，录入 Excel 表，并检查遗漏或不准确的数据。对于不准确或遗漏数据，再电话咨询相关部门或学校体育负责人，补充、订正相关数据，8 月全部完成数据的调研与整理，为后面分析做准备。

（四）层次分析法

主要根据德尔菲法确立指标体系及两两重要程度比较，通过层次分析法确立各层次指标权重及各具体指标权重，调查人员仍为表 1 - 4、表 1 - 5 中参与第三轮调查的专家与管理者。[①]

（五）统计学分析

数据采用 SPSS 19.0 进行统计处理，计算各指标重要性及可操作性的均数、标准差、变异系数、权重的分布中数，以及各级指标的协调系数 W 等[②]。

（六）公平系数计算法

主要采用洛伦兹（Lorenz）曲线、基尼（Gini）系数、泰尔指数（Theil）评价分析方法对城乡群众、学校体育资源各项指标的配置公平性进行分析。基尼系数介于 0—1，越接近 0 表示财富分配越公平；反之，基尼系数越接近 1，表示财富分配越不公平。资源配置的基尼系数与配置公平性之间的关系是参照经济学中人群收入分配公平性的基尼系数标准，基尼系数在 0.3 以下为最佳的平均状态，在 0.3—0.4 为正常状态，超过 0.4 为警戒状态，达到 0.6 以上则属高度不公平的危险状态。泰尔指数越

---

① 张大超、李敏：《我国公共体育设施发展水平评价指标体系研究》，《体育科学》2013 年第 4 期。

② 同上。

大，表明越不公平。[①]

三 研究技术路线

具体研究技术路线如图 1-1 所示。

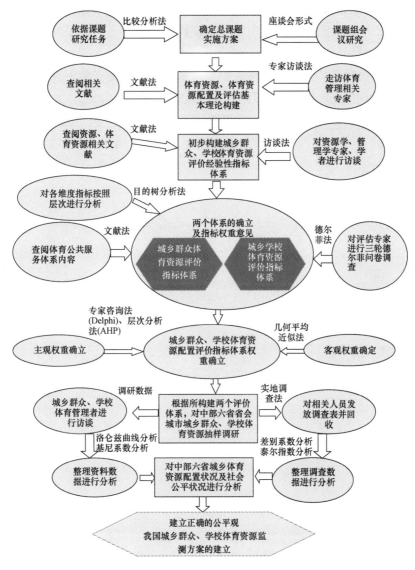

图1-1 研究基本技术路线

① 李晓惠：《社区卫生服务资源配置评价方法研究》，《中国卫生统计》2006 年第 3 期。

四 研究任务

1. 体育资源、体育资源配置及资源配置公平与效益建设相关基本理论。

2. 依据上述理论基础，构建《城乡群众公共体育资源配置水平与公平性状况评估体系》、《城乡中小学体育资源配置水平与公平性状况评估体系》。

3. 通过对最具城乡代表性的中部六省的城乡体育资源配置水平现状调研，分析中国城乡体育资源配置公平性现状。

4. 建立正确的城乡体育资源配置公平观。

5. 初步探讨中国城乡体育资源配置水平与公平性监测方案及运作模式。

第二章　城乡公共体育资源配置
评估理论体系的构建

第一节　城乡公共体育资源配置评估的基础理论

一　相关核心概念内涵与界定

核心概念的界定是课题研究的前提与基础，决定着课题研究的深度与广度。而概念的定义包括抽象性定义和操作性定义两种，尤其是核心概念的操作性定义更为重要，它是研究是否有价值的重要前提。本研究核心概念主要包括体育资源、公共体育资源、学校体育资源、群众体育资源、体育资源配置、公共体育资源配置、评估、城乡等，这些核心概念在以往的研究中已有十分明确的界定，在前面的文献综述部分，也已把相关概念研究做了详细的归纳与总结，不再详细赘述。给关键概念下操作性定义，这是任何一项课题研究的基础。通过下操作性定义，使概念的内涵变得清晰、具体，有利于课题研究的实施，也便于别人按照研究者规定的范围来理解研究的结果，评价该研究的合理性。

在本部分，为了后面评估指标体系的建立及实证研究，我们主要根据本研究的目的与视角，对这些核心概念做了操作性定义的界定（见表2－1）。

表2－1　　　　　　　　　核心概念的界定

核心概念	抽象性定义 （本研究认可定义）	本研究界定的 "操作性定义"
体育资源	体育资源是指一个社会用于体育活动，以扩大参与体育活动的人口和提高竞技运动水平在物质、资本、人力、时间和信息等方面的投入（任海等，2001）。 体育资源，一般是指人们从事体育生产或体育消费活动所利用或可资利用的各类条件及要素，即一个社会用于提供体育产品和服务的各种条件和要素的总和。既包括人力、物力、财力等有形资源，也包括体育信息、科研、管理制度、政策法规等无形资源（隋路，2011）	体育资源是指人们参与体育健身、体育竞赛、体育教学、运动休闲、体育资讯、体育欣赏等体育活动所需要的人力、物力、财力、时间、信息、组织及政策法规等资源。包括有形资源与无形资源两大方面

续表

核心概念	抽象性定义 （本研究认可定义）	本研究界定的 "操作性定义"
公共体育 资源	公共体育资源是指一个社会用于提供公共体育产品和服务所需要的各种条件和要素的总和，一般包括人力、物力、财力等有形资源（如体育管理人员、社会体育指导员、体育志愿者、体育场地设施、体育器材、体育经费等），还包括各种体育信息、科研、管理制度、政策法规等无形资源（梁金辉，2008）。[①] 政府公共体育资源是指政府体育行政部门拥有或掌控的具有公共物品性质的，用于进行体育事业社会管理和公共服务的人力、物力、财力和信息等要素的总称（董新光，2007）	公共体育资源是指由政府、社会团体或企业提供的用于公共体育产品和服务的、包括营利性和非营利性的所有人力、物力、财力、时间、信息、组织及政策法规等资源
学校体育 资源	学校体育资源体现在体育师资队伍、体育场地设施、体育教学信息、体育教育技术、时间和空间资源（钟明宝，2012）	学校体育资源既是学校教育资源的范畴，也是群众体育资源的范畴。本研究，就是把学校体育资源作为特殊领域内的群众体育资源，具体指基础教育阶段的学校体育资源。主要包括人力资源、物力资源、财力资源、信息资源等
群众体育 资源	群众体育资源主要是指能够满足群众体育发展需要的各种要素及条件，即一个社会用于群众体育活动，以扩大参与群众体育活动的人口和提高群众普及面，在物资、资本、人力、时间和信息等方面的投入，是群众体育发展的物质凭借与基础[②]（陈绍燕等，2005）。 群众体育资源是一种资源要素的集合，具有系统性特征。它包括群众体育人力、物力、财力、信息、制度、市场和文化资源要素七个方面（余涛，2009）	群众体育资源有广义与狭义之分。广义的群众体育资源就是指"公共体育资源"，主要包括"政府公共体育资源"、"社会公共体育资源"和"学校体育资源"。狭义的群众体育资源主要包括"政府公共体育资源"、"社会公共体育资源"。本研究主要是狭义的群众体育资源概念内涵

---

① 梁金辉：《公共体育资源优化配置问题研究》，《体育文化导刊》2008 年第 1 期。

② 陈绍燕、杨明、李爱玲等：《湖北省群众体育资源开发与经营的发展战略研究》，《武汉体育学院学报》2005 年第 6 期。

续表

核心概念	抽象性定义 （本研究认可定义）	本研究界定的 "操作性定义"
体育资源配置	体育资源配置就是指通过对体育资源在各种不同使用方面之间的分配，以最大限度满足体育发展需要的过程①（吴周礼，2007）。 体育资源配置：从经济学意义上讲，体育资源配置指将各种体育资源在不同用途之间做出选择，使有限资源投入能产出数量多、质量高、结构合理的体育产品或劳务，发挥出最大的经济效益。从社会学意义上讲，体育资源配置是指将体育资源在社会各部门之间进行分配，以满足社会政治、经济、文化发展的需要，使体育资源发挥出最大的社会效益②（司桂荣，2004）	本研究根据研究需要，对体育资源配置概念界定为：政府或政府引导下，对公共体育资源在不同区域、不同领域进行分配，满足不同群体的体育需求的过程。主要包括城乡群众体育资源配置、城乡学校体育资源配置两大类别
公共体育资源配置	公共体育资源配置就是对公共体育的人力资源、投资资源和场地设施资源的有效配置，即在尽可能满足公众体育需求的前提下，以实现经济、社会效益最大化为目标，把稀缺资源分配到公共体育产品和服务的生产和消费中（段冬旭，2011）	本研究中的"公共体育资源配置"就是指对城乡群众体育资源、城乡基础教育阶段学校体育资源的配置情况
城乡	城乡：国家统计局2006年发布的《关于统计上划分城乡的暂行规定》对"城乡"的划分做了以下界定："我国的地域划分为城镇和乡村。城镇包括城区和镇区。城区是指在市辖区和不设区的市中，主要包括：街道办事处所辖的居民委员会地域；城市公共设施、居住设施等连接到的其他居民委员会地域和村民委员会地域。镇区是指在城区以外的镇和其他区域中，主要包括：镇所辖的居民委员会地域；镇的公共设施、居住设施等连接到的村民委员会地域；常住人口在3000人以上独立的工矿区、开发区、科研单位、大专院校、农场、林场等特殊区域。乡村是指本规定划定的城镇以外的其他区域"③	本研究所界定的"城乡"："城"即城市，是指地级市及以上城市；而"乡"，指包括县城及乡、镇、村

①　陈海青：《郑州市城乡学校体育资源配置公平状况调研分析》，硕士学位论文，河南大学，2013年。

②　同上。

③　同上。

续表

核心概念	抽象性定义 （本研究认可定义）	本研究界定的 "操作性定义"
公共资源配置的公平性	多位专家提到公共资源配置公平的重要性与发展建议，但没有对"公共资源配置的公平性"概念做出具体界定	本研究主要界定"公共体育资源配置的公平性"，即国家和地方政府对公共体育资源的配置要确保每个区域国民能够机会均等地、权利一致地、规则统一地享用配置水平相同的公共体育资源
公共体育资源配置评估	没有具体的界定	公共体育资源配置评估：依据我国国情及中远期发展目标，以政府监测公共体育资源配置公平性状况为出发点，对城乡各类公共体育资源配置的数据进行调研，计算其基尼系数、差别系数、泰尔指数，绘制洛伦兹发展曲线，量化测量、评价发展的公平性现状，反馈评价结果，预估今后发展方向的过程

表 2 - 1 对本研究主要核心概念进行了界定，几个基本问题需要做进一步解释与说明：

第一，本研究的体育资源主要是"公共体育资源"，是政府配置或在政府政策引导与支持下有其他部门或成分配置的对公众开放的营利性或公益性体育资源。

第二，我们把"中小学校"的"体育资源"纳入到了城乡公共体育资源。主要基于两个方面考虑：其一，中小学生人数总数占我国总人口的比重很大，且他们占用群众体育资源。如 2012 年全国中小学生的比例达到总人口的 17.49%，且他们主要占用两个方面的体育资源，在上学期间主要占用学校体育资源，而非上学期间占用群众体育资源。其二，按照国家倡导与推行的"学校体育资源"应对社会开放要求，学校体育资源显然具有"公共体育资源"的性质。

第三，为了真正落实什么是"城市"和"乡村"，我们把县城及县城以下的乡镇、村均列为"农村"，而不是仅根据户口是否"城镇"户口。原因在于：县城是城乡联系的桥梁与纽带，县乡之间的差距更小，而县与地级市的差别却很大，且大多数县城所在地，是以农村乡镇为主，其学生也多以农村或县郊的孩子为主。因此，把县城列为农村区域更为符合我国实际情况。

二　研究视角、预期目标、目的与作用

（一）研究视角

不同学科研究，对研究视角有不同的界定。从社会学来看，所谓研究视角，是指从不同的角度、不同的方向看待和研究问题。选好视角是从事任何研究工作的前提和基本策略。从教育学科看，所谓研究视角就是观察、分析、解释一个事物或一种现象的特定角度，任何一个视角都意味着一套特定的"话语系统"，即一套从基本的范畴、命题的方法原则构成的理论的话语。[①]我们认为，研究视角还有一个内涵，就是研究最终为谁服务的问题，是研究成果到底让谁利用的问题。

就本研究而言，我们的研究视角就是研究站在公共体育资源配置均等化，让国民平等享有公共体育服务权利的角度。从工作角度来说，根据公共体育资源配置主要是由政府主导或引导下来完成实施的现实，因此，本研究就是站在政府部门工作的角度，根据国家公共体育资源配置的最终目标，研究、制定政府部门调研、分析、评估、检查其工作是否高效、公平的评估方案体系，为下一步完善工作服务。本研究是在理论探索的基础上的工作性研究，主要为政府决策提供参考与借鉴。

（二）预期目标、目的与作用

总体来讲，本研究的主要目标是在分析我国经济、社会及体育发展目标的基础上，构建我国城乡公共体育资源配置发展水平的评估基本理论与评估体系，并运用所建立的评估体系对中部六省省会城市城乡群众体育资源、学校体育资源配置的公平性进行实地调研分析，运用基尼系数、差别系数、泰尔指数和洛伦兹曲线详细计算与描绘我国城乡公共体育资源配置的公平性现状，揭示存在的主要问题与不足，给政府下一步的城乡体育资源配置提供参考与借鉴。

---

① 马和民：《新编教育社会学》，华东师范大学出版社 2009 年版。

归纳众多研究成果①②③，公共资源配置评估主要目的与作用如图 2 - 1 所示。

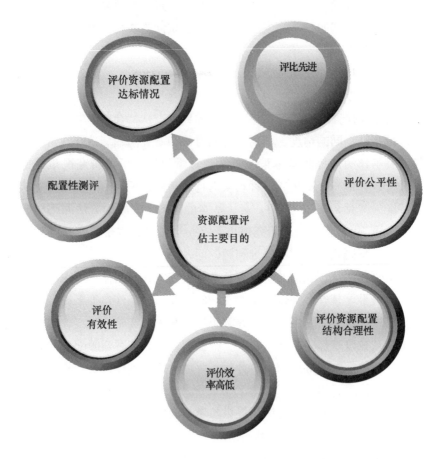

图 2 - 1　资源配置评估的主要目的

1. 评价资源配置的达标情况

主要依据国家已设立的标准，对当前的资源配置达到标准情况的调研，多为达标性检查。如我国教育部制定有中小学体育设施配备标准，按

---

① 杨洪涛：《基于 DEA 的科研机构科技资源配置效率评价》，《科技进步与对策》2009 年第 4 期。

② 潘小松：《内河海事站点资源配置评估》，《现代商贸工业》2011 年第 6 期。

③ 邓赞洲：《地方政府教育资源配置公众满意度测评研究》，硕士学位论文，湘潭大学，2010 年。

照这个标准进行检查，是检查办学条件的重要途径之一。

2. 评比先进

有资源配置标准或无标准，对资源配置水平的高低进行评价，对排在前面的区域或单位进行表彰，旨在促进资源配置。

3. 评价资源配置公平性

公平性评估是公共资源配置评估的核心内容。近年来，我国涌现了众多公共资源配置公平性评估研究成果。它主要通过一些资源配置的公平性指标，如基尼系数、差别系数、泰尔指数及洛伦兹曲线来计算和描绘资源在区域之间、城乡之间、部门之间、单位之间等配置的公平性状况。

4. 评价资源配置结构的合理性与有效性

目前，学术界比较一致地认为①②，反映资源配置水平的主要因素有资源配置数量、质量及资源结构的合理性三个方面。而各类资源之间的比例、质量高低、数量匹配合理性是资源配置效率最主要的反映。

5. 评价资源配置效率的高低

效率与公平是资源配置追求的两个重要目标维度。公平性的评估问题前面已经讨论，而对资源配置的效率评估问题，不同领域也有许多探索。常用数据包络分析法（DEA）、多指标综合评价法、生产函数法等。

6. 资源配置的配置性测评

主要通过调研、测评现有各类资源配置的水平，根据现有状况，对新的配置实现均衡发展，是诊断性评价的一种。

综合分析上述评估的目的与作用，本研究对城乡公共体育资源配置的评估，主要目的是评估我国城乡公共体育资源配置的达标情况、城乡公平性现状、资源配置结构的合理性及配置性评价，也可以用来作为评优。但本研究最重要的目的是研究评估城乡公共体育资源配置的公平性状况（见图 2-2）。

---

① 常淑芳、王卫东：《近年来我国义务教育师资发展与均衡配置的回顾与发展》，《江苏教育研究》2012 年第 1 期。

② 傅晓、欧阳华生：《我国省际间医疗卫生资源配置的公平性分析》，《卫生经济研究》2008 年第 11 期。

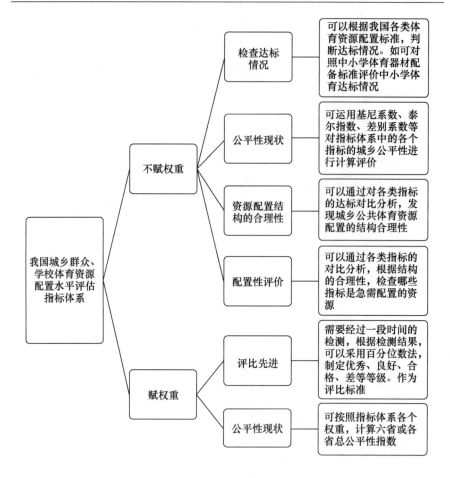

图 2 - 2   主要目的与作用

第二节   城乡公共体育资源配置评估
理论基础的现实依据

一   公共体育资源是"公共资源"

按照不同的分类标准，资源可以分为不同的类别。如依据资源所有权不同，可以分为国家资源、行政资源（公共部门资源）、公共资源、企业资源及私人资源；依据资源的来源，又可以分为自然资源、社会资源；依据资源的种类，可以分为人力资源、财力资源、物力资源、信息资源、组织资源等。

　　由于研究视角的不同,学者们常选取不同分类。其中,若立足于为政府工作服务的研究,通常按照所有权不同进行分类。而公共资源是目前社会研究中最受关注的课题,它是民生工程,涉及所有国民的利益,也引起国家高度的重视。公共资源是一个概括性定义,按照学者的一致看法,公共资源指属于社会的公有公用的生产或生活资料的来源。这一定义包括了两层含义:一是这些资源不是某个个人或企业、组织所拥有的;二是社会成员可以自由地利用。公共资源主要包括社会资源、自然资源和行政资源①,不同类型的公共资源又有不同的特征(见图2-3)。

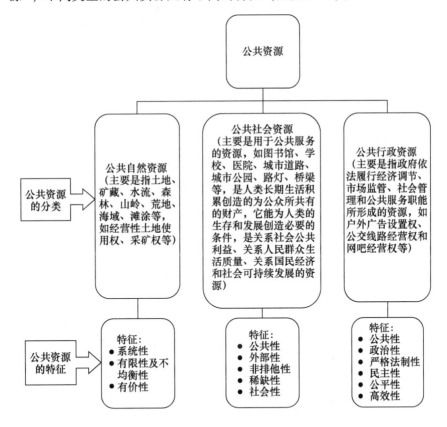

图2-3 公共资源的分类与特征

　　① 宁波市纪委课题组:《公共资源配置市场化规范与监控问题研究》,http://www. nb-dx. cn/Knowledge/newview-11624-131. html。

另有研究认为，公共资源又具体其他特殊性质：①公共资源是一种福利[①]；②公共资源是一种权利（人权）；③公共资源是一种投资；④公共资源是民生工程。

公共经济学著名专家、上海社会科学院博士生导师陈宪教授[②]则认为：公共资源与其他资源的共性，就是稀缺性。公共资源不同于其他资源的最大特点，就是其配置要追求社会价值（公共福利）的最大化。其看似追求经济价值的行为，背后也应当是追求广义的社会价值，即包括生态价值在内的社会价值。而一个社会最大的社会价值，就是公平公正。[③]

公共体育资源显然是"公共资源"的一种，更多的是公共社会资源部分，具有更多社会公共资源的特征，同时，更是一种福利、一种权利、一种投资，是民生工程的重要组成部分。因此，在设计公共体育资源评估时，要充分认识到"公共体育资源"的这些特殊性，要侧重于这些特殊性功能的评价。

二 新公共服务理论

新公共服务理论是以美国著名公共管理学家罗伯特·登哈特为代表的一批公共管理学者基于对新公共管理理论的反思，依据民主公民权理论、社区与公民社会的理论、组织人本主义与新公共行政、后现代公共行政，提出主张用一种基于公民权、民主和为公共利益服务的新公共服务模式。

该理论的核心思想主要包括：①政府的职能是服务，而不是掌舵；②公共利益是目标而非副产品；③在思想上要具有战略性，在行动上要具有民主性；④为公民服务，而不是为顾客服务；⑤责任并不简单；⑥重视人，而不只是重视生产率；⑦公民权比企业家精神更重要。[④]

新公共服务理论更加关注民主价值与公共利益，更加适合现代公共社会和公共管理实践需要的新的理论选择。新公共服务理论对我国

---

① 吴建峰、周伟林：《公共资源均等化助推中国城市社会福利提高》，《中国社会科学报》2013 年 5 月 13 日。

② 陈宪：《公共资源配置的效率与公平》，《文汇报》2007 年 8 月 26 日。

③ 同上。

④ ［美］珍妮·V. 登哈特（Janet V. Denhardt）、罗伯特·B. 登哈特（Robert B. Denhardt）著：《新公共服务——服务，而不是掌舵》，丁煌译，中国人民大学出版社 2004 年版。

公共体育服务及公共体育资源配置很有借鉴意义。我国公共体育服务与公共体育资源配置就存在很多不民主、不依国民需求而设计、供给体育产品与资源。就公共体育设施资源来讲，存在很多问题①②③④⑤⑥：①体育设施在国内各地市分布也十分不均衡；②体育设施布局结构呈"倒金字塔"状，很不合理；③从体育设施的位置分布看，城市设施过于集中或远离居民区；④从分布在乡村及城市居民区的体育设施看，"室外、简易、竞技类"场地设施为主，不符合居民实际需求；⑤缺乏残疾人体育设施及现有体育设施缺乏"残疾人"辅助设施或通道；⑥已有城乡公共体育设施不是民众喜欢的运动项目设施，造成设施不足，而又由于不受大家喜欢而闲置。

因此，新公共服务理论对今后我国体育公共服务产品的开发与公共体育资源的配置具有重要指导意义，更能体现政府为民服务的理念。具体对城乡公共体育资源配置评估规划设计的指导意义，在于评估要考虑民众对公共体育资源配置的种类、使用管理的满意度。

三　公共资源配置的公平理论与公平观

关于公平问题是从古至今，从国内到国外都一直关注的问题。不同的阶级、不同的国家、不同的视角，都会产生不同的公平观。"公平正义"是多数国家所追求的目标，也是企业发展、提高生产率的重要保障。尤其对于公共资源配置的"公平性"更是引起政府与学者们关注的命题。统观古今中外，涌现出了一批公共资源配置公平理论与公平观。通过比较分析，结合我国国情及我国公共资源配置所倡导的"公平正义"，有几个理论与公平观对我国公共资源配置具有重要参考价值，也是研究"城乡公共体育资源配置公平性"的重要理论基础。具体理论、其内涵与借鉴价

---

① 党磊：《保定城市社区公共体育设施发展现状与研究》，硕士学位论文，河北师范大学，2010年。

② 丁海亭：《昆明市四区（五华、官渡、西山、盘龙）城镇残疾人群众体育状况的调查研究》，硕士学位论文，云南师范大学，2008年。

③ 郭强：《农村公共体育设施现状与发展对策》，《浙江体育科学》2010年第6期。

④ 李世荣：《体育设施"放羊"责任在谁》，http://pinglun.eastday.com/eastday/pinglun/p/20121117。

⑤ 李岩：《我国农村体育场地设施供给问题及对策研究》，http://www.sport.gov.cn/n16/n1152/n2523/n377568/n377613/n377703/1656139.html。

⑥ 陆悦：《上海市普陀区公共体育设施资源现状调查与对策研究》，硕士学位论文，华东师范大学，2010年。

值如表 2 - 2 所示。

表 2 - 2　　　　　　主要公平理论、公平观及其内涵与借鉴价值

公平理论 与公平观	提出者 及国家	主要核心 思想与内容	对我国城乡公共体育 资源配置的借鉴价值
公平理论 （又称社会 比较理论）	约翰·斯塔 希·亚当斯 （John Stacey Adams） （美国）	1965 年提出。该理论是研究人的动机和知觉关系的一种激励理论，理论认为：人的工作积极性不仅与个人实际报酬多少有关，而且与人们对报酬的分配是否感到公平更为密切。 公平理论为组织管理者公平对待每一个职工提供一种分析处理问题方法，对于组织管理有较大启示意义	主要启示： （1）管理者应帮助城乡居民建立正确的"公平观"； （2）城乡公共体育资源配置应考虑类型、数量、质量、服务及地理位置等的公平性
弗雷德里 克森的社会 公平观	H. 乔治·弗 雷德里克森 （H. George Frederickson） （美国）	他认为"社会正义"是除了效率和经济之外的公共行政学的第三个规范性支柱，促使"社会公平成为公共行政的精神"。具体核心内容包括： （1）社会公平包含着对组织设计和管理形态在内的一系列价值取向的选择； （2）社会公平强调政府提供服务的平等性； （3）社会公平强调公共管理者在决策和组织推行过程中的责任与义务； （4）社会公平强调公共行政管理的变革； （5）社会公平强调对公众要求做出积极的回应而不是以追求行政组织自身满足需要为目的； （6）社会公平还强调在公共行政的教学与研究中更注重与其他学科的交叉以实现对解决相关问题的期待。 总之，倡导公共行政的社会公平是要推动政治权力以及社会福利转向社会中那些缺乏政治、经济资源支持，处于劣势境地的人们[①]	主要启示： （1）社会公平应成为公共体育资源配置管理部门的精神； （2）政府在公共体育资源配置时要做到平等性； （3）在公共体育资源配置时，要以满足国民对体育资源的需求为目的，而不是以满足部门或组织的发展目标为目的； （4）在公共体育资源配置时要充分考虑那些处于劣势境地的人们

---

① 陆斌：《实现社会公正，构建责任政府——读〈公共行政的精神〉一书》，《新学术》2007 年第 1 期。

续表

公平理论 与公平观	提出者 及国家	主要核心 思想与内容	对我国城乡公共体育 资源配置的借鉴价值
马克思 主义的 公平观	马克思、 恩格斯 （德国）	核心思想：首先，社会公平是历史的和相对的；其次，社会公平作为道德和法的观念，其性质和内容是由一定社会的物质生活条件即经济基础决定的；最后，真正的公平只有在共产主义的高级阶段才能彻底实现。 核心内容：包括商品交换的公平性，分配的公平性。认为在共产主义社会第一阶段，分配只能以"劳动"为尺度来进行，但是由于劳动者劳动能力存在差异，分配的结果事实上是不平等的，因此，要为全体社会成员提供公共产品和保险基金，为丧失劳动能力的人提供社会福利和社会救济，以实现社会公平。马克思的这一重要思想，既强调了劳动者应该各尽其能、各得其所，又强调了在社会公共产品和社会福利分配上社会成员应该共同建设、共同享有	主要启示： （1）要树立正确的公平观，公平不是平均主义；具体落实到我国城乡公共体育资源配置上，在社会主义初级阶段差异肯定会存在的。 （2）在再分配中，为全体社会成员提供公共产品，社会福利，以实现社会公平。这启示我们：公共体育资源配置实际上是社会收入的再分配，是福利，是公共产品，因此，为城乡提供平等的公共体育资源是政府和社会的责任
中国的社会 公平观	胡锦涛 （中国）	2010年提出，他指出：我们应该坚持社会公平正义，着力促进人人平等获得发展机会，逐步建立以权利公平、机会公平、规则公平、分配公平为主要内容的社会公平保障体系，不断消除人民参与经济发展、分享经济发展成果方面的障碍。 提出了"权利公平、机会公平、规则公平、分配公平"的公平观	主要启示：在城乡体育资源配置时要考虑国民都能有权利、机会均等地享用数量、质量相当的公共体育资源

续表

公平理论 与公平观	提出者 及国家	主要核心 思想与内容	对我国城乡公共体育 资源配置的借鉴价值
中国的效率 与公平观	党和政府 （中国）	2013 年 2 月 3 日，国务院批转的《发展改革委等部门关于深化收入分配制度改革若干意见的通知》中指出：我国发展要坚持注重效率、维护公平。初次分配和再分配都要兼顾效率和公平，初次分配要注重效率，创造机会公平的竞争环境，维护劳动收入的主体地位；再分配要更加注重公平，提高公共资源配置效率，缩小收入差距	主要启示：对我国处于社会主义初级阶段国情来说，目前，再分配要更加注重公平，提高公共资源配置效率是最有效手段。为此，在配置城乡公共体育资源时，要最大限度地确保城乡、区域之间的公平性，这是国家促进社会公平的最有效途径

四 公共资源配置公平性的评估理论

近年来，公共资源配置公平性已引起国家的高度重视，主要涉及公共资源在城乡之间、地区之间、不同人群之间等配置的公平性。如何科学、量化评价公共资源配置的公平性状况？国内外学者已广泛探索其评价的基本内容与方法。关于内容主要涉及具体的评价指标的筛选，方法主要是对公平性评价的数据分析方法。关于评价内容在后面的具体指标体系构建中进行分析，这里主要分析公平性评价的主要方法。目前，评价资源配置公平性的方法主要有洛伦兹曲线、基尼系数法、集中指数法、泰尔指数法、差别系数法等，这些方法对评价公平性来说，侧重点各有不同，本研究结合研究目的，主要选择洛伦兹曲线、基尼系数法、泰尔指数法，分别计算分析我国城乡体育资源配置的公平性现状（见表 2 - 3）。

表2-3　　　　　　　公共体育资源配置公平性评价方法及其评价原理

公平性评价方法	评价原理	评价侧重点	本研究应用研究设计
洛伦兹曲线	洛伦兹曲线，是美国统计学家洛伦兹（Max Otto Lorenz）在1907年发明的用来衡量社会收入分配平均程度曲线。其用以比较和分析一个国家在不同时代或者不同国家在同一时代的财富不平等，该曲线作为一个总结收入和财富分配信息的便利的图形方法得到广泛应用。通过洛伦兹曲线，可以直观地看到一个国家收入分配平等或不平等的状况[①]	图形显示公平状况，更直观	通常与基尼系数一同使用
基尼系数法	基尼系数（Gini coefficient），是20世纪初意大利经济学家基尼（Corrado Gini）根据洛伦兹曲线提出的判断分配平等程度的指标。设实际收入分配曲线和收入分配绝对平等曲线之间的面积为A，实际收入分配曲线右下方的面积为B。并以A除以（A+B）的商表示不平等程度。这个数值被称为基尼系数或称洛伦兹系数。如果A为零，基尼系数为零，表示收入分配完全平等；如果B为零则系数为1，收入分配绝对不平等。收入分配越是趋向平等，洛伦兹曲线的弧度越小，基尼系数也越小；反之，收入分配越是趋向不平等，洛伦兹曲线的弧度越大，那么基尼系数也越大[②]	是国际上用来综合考察居民内部收入分配差异状况的一个重要分析指标	主要对所构建城乡群众体育资源评估体系、城乡学校体育资源评估体系的各个指标按照基尼系数进行计算，既可以了解各个指标的公平状况，又可了解中部六省城乡体育资源配置每类及总体公平状况
泰尔指数法	也称为泰尔熵标准（Theil's entropy measure）或者泰尔指数（Theil index）。是由泰尔（Theil，1967）提出的，最初是经济学中用来衡量收入分布公平性的一种方法，主要通过考察人口和其相应的收入是否匹配来判断资源分布的公平性。如果每个人获得完全相同份额的收入，那意味着每个人的收入与均值的差值为0；如果每个人份额不一样，则可以通过测算个体与均值的差异大小来计算不公平系数，偏离均值越大，表明越不公平	泰尔指数和基尼系数之间具有一定的互补性。基尼系数主要反映总体的公平性状况。泰尔指数能够反映地区内和地区间的差异	本研究除运用基尼系数与洛伦兹曲线计算、描述六省省会城市城乡体育资源配置公平性状况，还主要通过泰尔指数计算各个省份之间的差异情况

①　陈海青：《郑州市城乡学校体育资源配置公平状况调研分析》，硕士学位论文，河南大学，2013年。

②　周家杰、李光金、赵慧：《中国汽车合资自主品牌发展模式的因素分析》，《经济管理》2010年第10期。

五 公共资源配置均等化的现实需求

自改革开放以来，我国政府逐渐在加强政府的公共服务能力，不断探索如何在地区之间、城乡之间和不同群体之间实现基本公共服务均等化。首先，中共十六届五中全会首次提出"按照公共服务均等化原则，加大对欠发达地区的支持力度，加快革命老区、民族地区、边疆地区和贫困地区经济社会发展"；中共十六届六中全会进一步提出"基本公共服务体系更加完备，政府管理和服务水平有较大提高"；2007 年 10 月召开的党的十七大，再次强调指出"缩小区域发展差距，必须注重实现基本公共服务均等化，引导生产要素跨区域合理流动；要围绕推进基本公共服务均等化和主体功能区建设，完善公共财政体系"；2012 年 11 月党的十八大报告中，明确提出"到 2020 年，基本公共服务均等化总体实现"。[1]

国家发改委经济研究所常务副所长常修泽研究认为[2]，现阶段我国实现基本公共服务均等化的主要原因有三个方面：从理论角度来分析，实行基本公共服务均等化是体现以人为本和弥补市场公共品供给失灵的重要制度安排；从实践角度来分析，实行基本公共服务均等化是缓解社会矛盾的现实需要；从国际角度来分析，基本公共服务均等化是当今世界大多数国家社会政策的发展趋势。中国（海南）改革发展研究院区域研究所所长夏锋研究指出[3]，"当前，各级政府逐步把推进基本公共服务均等化作为重要任务之一。而在推进制度统一的同时，如何推进基本公共资源配置的均等化，将是'十二五'基本公共服务均等化能否取得明显进展的前提条件和重要基础"，并认为"从现实情况看，基本公共资源配置不均衡是当前我国社会的普遍现象"。

综合上述我国发展的目标与任务，显然要实现基本公共服务均等化，必然要有可依托的均等化公共资源配置基础。因此，体育作为公共服务文化要实现在地区之间、城乡之间、不同群体之间均等化服务，也必然实现公共体育资源配置全国的均衡配置。

六 我国公共体育资源配置存在的主要问题

自 1995 年国务院颁布《全民健身计划纲要》以来，我国公共体育服

---

① 程岚：《实现我国基本公共服务均等化的公共财政研究》，博士学位论文，江西财经大学，2009 年。

② 常修泽：《逐步实现基本公共服务均等化》，《人民日报》2007 年 1 月 31 日第 9 版。

③ 夏锋：《推进基本公共服务均等化需关注公共资源配置均等化》，《中国经济导报》2011 年 6 月 18 日。

务发展取得显著成效，公共体育资源配置水平得到大幅度提高。如人均体育场地面积从 1996 年的 0.65 平方米增加到 2003 年的 1.03 平方米及 2010 年的 1.2 平方米，到 2015 年将达到 1.5 平方米。可以看出，我国公共体育资源的发展较快。但在现实中，我国公共体育资源的配置也存在诸多问题。刘佳、朱罗敬等①研究认为，我国政府在体育资源配置过程中存在对公共体育资源配置不力；在当前市场并未失灵的情况下政府过多介入非公共体育资源配置；相关体育法律法规已不适应新时期体育资源配置的要求。费瑛②对我国公共体育政策制定中存在的问题进行研究，发现有诸多利益失衡现象，主要包括经济体育与大众健身之间公共体育资源配置严重失衡；贫弱群体的体育利益被相对剥夺；公共体育政策制定过程中存在政府部门自利性问题等。俞丽萍③研究指出，我国体育公共服务发展呈现明显的非均等状态，主要表现在乡公共体育资源总量不足，城乡差异、区域差异、阶层性差异明显及弱势群体的权利被相对剥夺。另外，黄继珍④在对我国农村公共体育资源配置的研究中发现，当前我国农村公共体育资源配置主要存在资源配置不到位、公共体育资源配置存在非均衡性、公共体育资源由于配置不当闲置浪费三大问题。

课题组也曾对全国公共体育设施资源调查发现，我国公共体育设施资源建设存在数量上与发达国家有显著差距、省市之间分布十分不均衡、布局结构呈不合理性"倒金字塔"式、位置过于集中或远离居民区、多"室外、简易、竞技类"场地设施为主、缺乏残疾人体育设施等问题。

上述诸多问题直接影响着我国 2020 年实现全面建成小康社会的宏伟目标。因此，本研究在我国城乡公共体育资源评价思想、评价原则、评价指标等的确立与筛选中，将充分考虑上述这些问题，这是重要的现实依据。

---

① 刘佳、朱罗敬、谢飙：《我国体育资源配置中的政府行为研究》，《中南林业科技大学学报》（社会科学版）2010 年第 5 期。

② 费瑛：《我国公共体育政策制定中"利益失衡"现象及其解决方案研究》，《吉林体育学院学报》2012 年第 1 期。

③ 俞丽萍：《我国体育公共服务均等化问题的研究》，《武汉体育学院学报》2011 年第 7 期。

④ 黄继珍：《资本视角下的农村公共体育资源配置研究》，《首都体育学院学报》2010 年第 5 期。

七　城乡公共体育资源配置评估体系构建的基本指导思想

构建我国城乡公共体育资源配置评估体系的总指导思想：以实现党和国家提出的"公共服务均等化"、"公平正义"目标，构建应由政府主管部门或政府委托部门为主的评估主体，在政府或政府部门主导下对我国城市和农村公共体育资源配置水平状况进行公平性评估，能全面、准确、客观地反映城乡公共体育资源配置差距的具体内容与差距大小。

（一）所构建评估体系是为政府或政府委托部门监测我国城乡体育资源配置水平、公平性及配置性诊断服务

正如前文所述，确立明确的研究视角是做好城乡公共体育资源配置水平评估体系的前提与基础。本研究主要是为政府部门工作服务，所构建评估体系主要是让政府部门或政府委托部门运用它对政府部门自己对城市和乡村的公共体育资源配置公平性状况进行检查、监测。明确这个前提很重要，决定着评估指标筛选。由于是对政府部门或政府主导下配置的公共体育资源，那么在评估时只统计政府配置的资源，而由个人或非政府主导下的其他单位或企业、团体所配置的体育资源不统计在内，这是评估资源范围界定的主要依据。

（二）依据我国现阶段发展实际情况，在全面考虑公共体育资源配置的数量、质量及结构合理的基础上，侧重于对"数量"等客观性指标的评估

目前及今后相当时期内我国仍处于社会主义的初级阶段，生产力还不够发达，这就是我国的国情。因此，我国在短时期内不可能提供能够满足国民需求的各类体育服务产品，所提供的公共体育服务只能是相对的。公共体育服务产品的水平取决于其依赖的公共体育资源的数量、质量及类型结构等的水平状况，而质量、类型结构合理性等是一个不断变化、不断完善的过程，为此，我们在当前阶段在初步考虑公共体育资源的质量、类型等的基础上，重点以数量指标为主，此后再不断提高质量、改善其结构与类型的合理性。故在此次评估指标筛选时，主要考虑我国当前国情与量化评估的要求。

（三）本次评价侧重于对城乡体育资源配置水平及公平性评价，而不做体育资源配置效率评估

通常，在对公共资源评估时主要考虑两个方面的评估：一是效率；二是公平。效率，属于经济学的范畴，指资源的有效配置与有效使用，即资

源投入和生产产出的比率。公平，则有价值判断的含义，指人和人的利益关系及利益关系的原则、制度、做法、行为等都合乎社会发展的需要，包含收入分配的公平、财产分配的公平以及获得收入、利益与积累财产机会的公平等含义。追求效率，就是使有限的资源能够有最大的产出。追求公平，就是在收入、财产分配和获得收入、利益与积累财产机会上讲究公平合理，消灭剥削和两极分化，终极目标是最后实现共同富裕。从党的十四大第一次提出要"兼顾效率与公平"，十四届三中全会提出要"体现效率优先、兼顾公平的原则"。党的十五大和十六大都明确提出要坚持效率优先、兼顾公平。十六大报告还指出：初次分配注重效率，再分配注重公平。十七大报告指出："初次分配和再分配都要处理好效率和公平的关系，再分配更加注重公平。"十八大报告指出："初次分配和再分配都要兼顾效率和公平，再分配更加注重公平。"① 可以看出，我国一直在根据我国国情处理"效率与公平"的关系，目前，公平性问题更加重要。而城乡公共体育资源的配置是属于国家所提出的"再分配"范畴，更要注重公平性。因此，本评估体系构建主要是做城乡公共体育资源配置的公平性评价。

（四）本次评价侧重于对城乡公共体育资源整体的差距，在农村或城市只要存在的资源就列为评价对象

在我国城乡现实中，常会出现这样一些情况：城市有的公共体育资源而农村大部分没有（如室内体育场馆、塑胶体育场地、个别营利性公共体育设施多在城市区域，而农村没有）。那么针对这种情况，本研究也把这些体育资源纳入到了评估指标之中，因为评价的目的就是为了量化比较城乡之间公共体育资源配置差别的"量"有多大，因此，不管是农村还是城市，只要存在政府或政府主导配置有体育资源均列为评估比较内容。

八 城乡公共体育资源配置公平性评估体系构建的基本原则

建立一个可行的城乡公共体育资源配置公平性评估指标体系，首先需要明确指标体系的设计原则，即评估指标体系构建时必须遵循的准则和依据，这些原则是经过评价实践而总结出来的具有规律性的标准，在设计指

---

① 杜飞进：《继续发展中国特色社会主义的纲领性文献——略论十八大报告中的新思想、新论断、新要求、新部署》，《哈尔滨工业大学学报》（社会科学版）2012 年第 1 期。

标时依据这些原则可以提高评估指标体系的科学性和有效性。指标体系的设计原则不仅要满足理论上的要求，也应为实践考虑，在参考相关评价方面文献资料的基础上，城乡公共体育资源评估指标体系在构建过程中要遵循以下原则。①

（一）客观性与目的性相结合原则

城乡公共体育资源评估指标体系属于社会指标体系的范畴，具有很强的目的性，同时作为社会指标体系构建中最本质的客观性原则对指标体系的有效实施也起着决定性的作用。在设计选取城乡公共体育资源评估指标时理论依据要充分、应该符合研究目的及客观规律，要注意指标名称和含义的规范与准确，必须科学地选取评价指标、权重和采用科学合理的评价方法，保证城乡公共体育资源配置评估结果的真实性和客观性，所选取的指标能够科学客观地评价出我国城乡公共体育资源配置的基本情况，并由此探索提高我国城乡公共体育资源配置公平性的方法。

（二）系统性与全面性相结合原则

城乡公共体育资源评估指标体系必须能够全面地、多角度、多层次地反映城乡公共体育资源的信息，把城乡公共体育资源评估指标体系作为一个有机整体、一个系统，每一个单项指标反映的都只是总体的一部分。各个具体指标之间在含义、范围、计算方法、计算时间或空间上都必须是相互连接、相互关联的，必须统一服从于整个指标体系，不遗漏也不相互冲突，这样才能综合全面地认识体系的内在联系和内部规律。在设计每个指标时，不能只从指标本身来考虑问题，而是要把各个指标放在城乡群众体育资源总体中去，从整体的角度考虑这个指标与其他指标的关系，且要从不同层面上体现乡公共体育资源配置的综合水平以及公平状况。

（三）可比性与可操作性相结合原则

城乡公共体育资源评估指标体系必须具有广泛的适应性，所选用的指标要能获得可靠的数据来源，而且要考虑这些数据的可得性和易得性，能通过调查问卷、实地考察、有关部门统计资料整理等途径获得，可以进行实际的计算和评价，并且统计范围、口径以及计算方法要具有一致性，对于无稳定数据来源或无法计算的某些指标不考虑列入指标体系。当出现某

---

① 苏妍欣：《我国城乡群众体育资源评估指标体系研究》，硕士学位论文，河南大学，2013年。

个指标的可操作性不强却又非常重要的情况，可以找相近的指标代替。在选择指标时应当研究城乡公共体育资源配置的共性特征，达到同一指标在不同的时间和空间范围上要具有可比性，在地区之间进行比较时，还要注意社会指标的实际意义，这样才能保证评价的结果客观、合理。在选取评估指标时并不是指标越多越好，指标体系的大小要适宜，选取时应力求精简以减少评估工作的时间和成本。

（四）动态性和前瞻性相结合原则

城乡公共体育资源评估指标体系应具有动态性，随着我国公共体育的整体发展，可以根据城乡公共体育事业的发展特征以及公共体育资源的内容变化做出适当的调整，从而灵活运用于实践调查中。在动态性的基本上结合城乡公共体育发展内容的前瞻性，通过对事物发展规律的认识，发现当前我国公共体育资源中并不是十分重要，但随着公共体育事业的发展逐渐变得重要的指标，将动态性和前瞻性原则相结合，制定我国城乡公共体育资源的评估指标。

第三章 城乡群众公共体育资源配置
水平与公平性评估体系构建

按照前面城乡公共体育资源评估体系构建的理论基础、现实依据、指导思想及基本原则，本研究构建了我国城乡群众公共体育资源配置水平与公平性评估体系。

第一节 群众公共体育资源的分类与
涵盖内容分析

一 群众公共体育资源分类

体育资源的种类根据人们对事物认识的不同角度可以分为多种形式，关于体育资源分类的研究主要有：曹亚东[①]根据体育资源的性质，将体育资源分为有形资源和无形资源。骆秉全[②]根据不同的角度和依据，从几种基本的分类标准对体育资源进行分类（见图3-1）。肖林鹏[③]按体育系统构成要素来划分，将体育资源分为体育人才资源、体育场馆资源、体育资金资源、体育信息资源、体育科技资源、体育产业资源、体育体制资源等；按活动人群来划分，将体育资源分为竞技体育资源、群众体育资源、学校体育资源。张怀波[④]采用多种分类标准对体育资源进行了分类，其中按照体育资源存在形态的不同，将单一性体育资源分为物质形态体育资源和非物质形态体育资源两大类（物质形态体育资源包括体育场馆设施资源、体育人力资源、体育经费资源等；非物质形态体育资源包括体育信息

[①] 曹亚东：《体育经济学》，辽宁大学出版社2008年版。

[②] 骆秉全：《体育经济学概论》，中国人民大学出版社2006年版。

[③] 肖林鹏：《我国群众体育资源开发与配置对策研究》，《西安体育学院学报》2006年第1期。

[④] 张怀波：《体育资源的产生、分类及特性》，载华东政法大学人文学院编《人文社会科学新探》（第五辑），知识产权出版社2008年版。

资源、体育传统资源、体育组织资源等）。

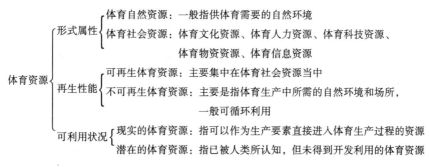

图 3 - 1　体育资源的分类

　　从参加体育活动的人群划分为主体，可以看出群众体育资源是体育资源的主要组成部分，它具有体育资源的一些基本特性，同时也可以根据体育资源的分类对群众体育资源进行分类，余涛①在对群众体育资源配置系统的理论研究中对群众体育资源的种类作了区分（见图 3 - 2）。总结以往研究中关于体育资源和群众体育资源的分类，可以认为群众体育资源的分类主要有以下几种：按群众体育资源的基本属性可以分为群众体育自然资源和群众体育社会资源；按群众体育资源的表现形态可以分为有形群众体育资源和无形群众体育资源；按群众体育资源是否可再生可以分为可再生群众体育资源和非再生群众体育资源；按群众体育资源的可利用状况可以分为现实群众体育资源和潜在群众体育资源；按群众体育资源作用的发挥形式可以分为直接群众体育资源和间接群众体育资源。

群众体育资源 {
1. 有形群众体育资源（人力、物力、财力等）；无形群众体育资源（体育信息、科研、管理制度、政策法规乃至社会舆论等）
2. 现实的群众体育资源（已经被人们所认识）；潜在的群众体育资源（即将被人们所认识）
3. 物质性群众体育资源；观念性群众体育资源
4. 直接群众体育资源（可以直接运用来发展群众体育）；间接群众体育资源（可通过一定条件转化并为群众体育提供支持）

图 3 - 2　群众公共体育资源的分类

---

①　余涛：《群众体育资源配置系统构建的理论研究》，《北京体育大学学报》2009 年第 12 期。

综合上述对群众体育资源的分类，结合研究的主要目的，立足于量化评价城乡体育资源配置的公平性，将本研究所指的群众体育资源概括为：主要属于社会资源，主要是有形、无形两大类群众体育资源，内容则是以有形资源为主、无形资源为辅，通过对有形和无形的人力资源、物力资源、财力资源、组织资源、信息资源等的研究，来评价城乡之间群众体育资源的公平性。

二　群众公共体育资源涵盖内容分析

目前针对我国群众体育资源的研究为数不多，对群众体育资源具体内容的研究更是少之又少，群众体育资源包括的内容可以从群众体育资源的分类中来研究。余涛认为群众体育资源包括群众体育人力、物力、财力、信息、制度、市场和文化资源七个方面，并对这七个方面的具体内容作了介绍和概括，涉及了群众体育资源要素的两大系统：由群众体育人力、财力、物力和信息四类资源要素构成的基础性核心群众体育资源要素系统，由群众体育市场、制度和文化三大资源要素构成的整体功能性群众体育资源要素系统。①

本研究在构建群众体育资源评估指标体系时主要以上述群众体育资源要素的内容为依据，从实际情况以及体系进行评估的可操作性等多方面考虑，选取人力资源、物力资源、财力资源、信息资源、制度资源五个要素来构建群众体育资源评估体系，市场和文化要素多属于无形资源，如果选取作为评估指标其可操作性不强，在实际调查中将非常困难，而且调查结果的表现作用不强，应选取能表现其作用的其他形式作为指标。群众体育社团是公民自愿组成的非营利社会组织，其形式多样包含的内容丰富，通过其组织情况及活动开展情况能从一定程度上反映群众体育文化要素的内容，因此，本研究在群众体育人力资源、物力资源、财力资源、信息资源、制度资源五个要素的基础上又增加了群众体育组织资源来构建群众体育资源评估指标体系。

群众体育人力资源泛指群众体育人才，是指具有一定体育学识水平或技能，并在群众体育实践活动中已经或可能做出创造性劳动的人们的总称。社会体育指导员是发展我国体育事业，增进公民身心健康，提高生活质量，建设社会主义精神文明的一支重要力量，是群众体育人力资源重要

---

① 余涛：《群众体育资源配置系统构建的理论研究》，《北京体育大学学报》2009 年第 12 期。

部分。群众体育人力资源还包括组织开展群众体育活动的各种工作人员、负责体育场馆及设施管理的工作人员及志愿为群众体育服务的人员。

从群众体育的活动地点看，我国城乡居民主要体育活动地点仍然是公园、社区、街区以及学校中的非营利体育场所，以公共体育设施为主。一些营利性的健身俱乐部、高尔夫球场、网球场、攀岩等活动场所，因价格过高加之居民对体育消费的意识相对淡薄而只能为少数群体服务，而且此类场所主要分布在城市，农村几乎没有。城乡居民在收入上有很大差距，部分城市居民对一些收费的营利性体育活动场所的热衷程度就很低，农村居民更甚之，对这些营利性的群众体育资源进行评估不具有代表性，不能准确反映城乡群众体育资源配置的不公平性。因此，在研究我国城乡群众体育资源评估指标中的物力资源时主要以除去学校以外的能为广大群众服务的公共体育场地、设施为主要内容。

群众体育财力资源，"财"即钱，是群众体育开展所需各项资金，主要用以建设场馆设施及维护、组织体育活动。主要来源是政府投入、社会赞助与集资、体育彩票的投入。

群众体育信息资源主要包括群众体育相关的文献资料（如论文、报纸、图书等）及通过各种媒介传播的群众体育信息（如电视报道、电脑新闻、手机新闻、宣传屏及板报宣传信息等），但是论文多是由科研人员撰写的，用于学术研究不能反映城乡之间的差别；报纸、图书虽说可以作为体育消费中的一种，但是其受到的影响因素较多而且由于在城乡之间明显存在差别，不能作为量化指标来评估城乡群众体育资源；电子信息是通过网络进行传播的，不以实体存在，而且就目前农村的经济发展状况而言，其明显不能作为评估指标。从传播群众体育信息的工具及可进行实际调查的角度出发，选取提供群众体育信息的报栏及电子屏作为评估群众体育信息资源的主要指标。

组织资源是从资源管理的角度来分析的，体育资源的使用需要通过一定的体育组织机构进行，体育组织的形态结构和运行机制决定了体育资源的利用率和效果。群众体育组织资源主要是以组织形式为主，包括群众体育组织团体及开展的群众体育活动等。[①] 群众体育制度资源是指政府所制定和实施的对发展群众体育有利的各种政策法规等要素的综合。

---

① 李万来：《体育经营管理概论》，人民体育出版社 2006 年版。

第二节　城乡群众公共体育资源配置水平与公平性评估指标体系构建方法与确立

一　城乡群众公共体育资源配置水平与公平性评估指标的经验性预选

城乡群众公共体育资源配置水平与公平性评估指标体系是从资源学的角度来评估城乡群众体育资源的水平与公平性状况。资源以及体育资源的分类和包含的内容有很多种，我们在此指的群众体育资源是以能够反映国家在城乡宏观配置上存在不公平的体育资源为主，主体为国家政策指导下城乡居民免费享有的群众体育资源，一些以少数人为对象、以营利为目的的群众体育资源不计入本次研究范围。经验性筛选主要是对现有的与研究内容有关联的指标进行分析，选取适合研究所需要的指标。在查阅文献、专家访问和经验借鉴的基础上，对我国当前关于群众体育评估体系的研究（如全国群众体育先进奖、进步奖指标体系，社会体育评估体系等）进行查找分析，从能够反映城乡群众体育资源评估公平性的关键内容入手，主要从人力资源、财力资源、物力资源等方面对群众体育资源评估指标进行了经验选择，初步形成了一个含 6 项一级指标，14 个二级指标和 28 个三级指标的城乡群众体育资源评估指标体系（见表 3－1）。

表 3－1　　　　　　　群众公共体育资源配置水平与
公平性评估指标体系经验性预选结果

一级指标	二级指标	三级指标
A1 人力资源	B11 体育管理工作人员	C11 群众体育管理人员总数占本地区总人口的比例
		C12 群众体育管理人员的学历
		C13 群众体育管理人员的行政级别
	B12 社会体育指导员	C21 社会体育指导员人数（个/万人）
		C22 社会体育指导员的学历结构
		C23 社会体育指导员的等级
	B13 群众体育辅助人员	C31 群众体育辅助人员总数占本地区总人口的比例
A2 物力资源	B21 群众体育场地面积	C41 人均室内公共体育场地的面积（平方米/人）
		C42 人均室外公共体育场地的面积（平方米/人）
	B22 群众体育场馆设施	C51 体育场馆数量（个/万人）
		C52 健身公园、晨晚练点数量（个/万人）
		C53 全民健身路径工程套数（套/万人）

续表

一级指标	二级指标	三级指标
A3 财力资源	B31 政府财政拨款	C61 近三年人均政府财政拨款群众体育专项资金数（元/人）
	B32 社会赞助与集资	C71 近三年人均拥有（群众体育）社会赞助与集资金额数（元/人）
	B33 体育彩票投入	C81 近三年人均吸纳（群众体育）体育彩票资金数（元/人）
A4 组织资源	B41 群众体育组织建设	C91 体育社会团体协会数量（个/万人） C92 群众体育指导站数量（个/万人） C93 群众体育行政组织机构个数（个/万人）
	B42 群众体育组织活动开展情况	C101 群众体育活动开展次数（次/年） C102 群众体育综合性运动会举办次数（次/年）
A5 信息资源	B51 体育信息设施建设	C111 享有体育宣传报栏的个数（次/万人） C112 享有体育宣传电子屏的个数（次/万人）
	B52 体育信息服务	C121 每年制作体育健身知识宣传栏的次数（次/万人） C122 每年开展体育科普与健身知识讲座次数（次/万人）
A6 制度资源	B61 群众体育政策法规建设	C131 群众体育相关政策、内容数量 C132 群众体育相关法规、条例数量
	B62 群众体育组织规章建设	C141 群众体育组织规章制度数量 C142 群众体育组织条例数量

二　城乡群众公共体育资源配置水平与公平性评估指标专家筛选结果与分析

（一）第一轮专家调查结果与分析

1. 一级指标调查结果与分析

初步建立的城乡群众公共体育资源评估指标体系，包括群众体育人力资源、物力资源、财力资源、组织资源、信息资源和制度资源六个一级指标。根据专家调查结果可知，有五项指标都得到了专家的高度肯定，只有"群众体育制度资源"被部分专家否定（见表3-2）。

表 3 - 2　　　　　　　　群众公共体育资源一级指标调查情况表

序号	名称	通过率（%）
1	群众体育人力资源	100
2	群众体育物力资源	100
3	群众体育财力资源	100
4	群众体育组织资源	100
5	群众体育信息资源	91.3
6	群众体育制度资源	52.2

专家对一级指标"群众体育制度资源"的建议主要为：有47.8%专家认为不合适，专家认为"群众体育制度资源"虽属于一种群众体育资源，但是多数政策在城乡之间的差别存在于制度的执行与力度上，其最终效果往往会受到诸多因素的干扰和制约，不能从资源的角度对其进行有效且可见的分析，因此对这项指标未予支持。综合专家的意见认为，"群众体育制度资源"作为一级指标缺乏说服性，其执行操作情况在调查中也存在不确定性，不能准确反映城乡群众体育资源存在的公平性和差异性，故本研究决定删除此项指标。

2. 二级指标调查结果与分析

初步建立的群众公共体育资源评估指标体系中共14个二级指标，包括体育管理工作人员、社会体育指导员、群众体育辅助人员、群众体育场地面积、群众体育场馆设施、政府财政拨款、社会赞助与集资、体育彩票投入、群众体育组织建设、群众体育组织活动开展情况、体育信息设施建设、体育服务信息、群众体育政策法规建设、群众体育组织规章建设。专家调查统计结果如表3-3所示。

表 3 - 3　　　　　　　　群众公共体育资源二级指标调查情况表

序号	名称	通过率（%）
1	体育管理工作人员	86.9
2	社会体育指导员	100
3	群众体育辅助人员	82.6
4	群众体育场地面积	100
5	群众体育场馆设施	100

序号	名称	通过率（%）
6	政府财政拨款	100
7	社会赞助与集资	91.3
8	体育彩票投入	100
9	群众体育组织建设	100
10	群众体育组织活动开展情况	86.9
11	体育信息设施建设	91.3
12	体育信息服务	91.3
13	群众体育政策法规建设	52.2
14	群众体育组织规章建设	52.2

由表 3 - 3 可知：一级指标"群众体育制度资源"中的二级指标"群众体育政策法规建设"和"群众体育组织规章建设"通过率相对较低，上文中综合专家意见"群众体育制度资源"不作为群众体育资源评估体系的指标，故二级指标"群众体育政策法规建设"和"群众体育组织规章建设"应予不选取。除了上述两个二级指标外，只有个别专家对一级指标"信息资源"中的二级指标"体育信息设施建设"和"体育信息服务"未予通过，本书仍保留这两项作为信息资源的二级指标。另有部分专家对一级指标"人力资源"、"财力资源"和"组织资源"中的二级指标"体育管理工作人员"、"群众体育辅助人员""社会赞助与集资"和"群众体育组织活动开展情况"也提出了疑问，除此之外，其他六项指标均得到全部肯定。

对于一级指标"人力资源"中的二级指标"体育管理工作人员"，有专家指出管理工作人员的概念过于宽泛指代不清，应具体到某一方面，根据实际情况以"体育行政管理工作人员"来代替"体育管理工作人员"；对于二级指标"群众体育辅助人员"，个别专家认为此处用群众体育辅助人员过于模糊，需要界定一个具体包含内容，保留这项指标并在下文指标含义里将其定义解释清楚。"社会赞助与集资"现已成为群众体育活动资金的一种普遍来源，在群众体育财力资源中占有较大比重，是我国群众体育发展的趋势，应保留此项指标。

3. 三级指标调查结果与分析

初步建立的群众体育资源评估指标体系的三级指标共计 24 项，考虑上述对一级指标制度资源及其二级指标的处理结果，其所属的 4 个三级指标将不计算在内。专家调查统计结果显示：有 50% 以上的专家不认可二级指标"群众体育组织建设"下的"群众体育行政组织机构个数"这项指标，认为现在群众体育组织多以社团、俱乐部、指导站的形式为主，而群众体育行政组织机构基本上只存在于体育局等相关政府部门中，以社区、企事业单位为主体发展的群众体育中基本没有此类组织，根据各专家意见，鉴于此项指标的通过率偏低，因此本书决定去掉。除去这项指标，部分专家对二级指标"群众体育信息资源"下的几项三级指标提出了质疑，个别专家对少部分指标提出内容上补充、语句词汇上完善之外，绝大部分指标都得到了专家的高度肯定。具体情况如下：①专家建议去掉二级指标"群众体育组织建设"的"群众体育行政组织机构个数"，认为其代表性不够，不能反映城乡群众体育组织机构的公平状况，故将其从评估指标中排除。②专家认为部分指标语言表述不准确或不清楚。如对于二级指标"体育行政管理人员"的三个三级指标，因为二级指标的变动都需要将体育管理人员改为体育行政管理人员；对于二级指标"群众体育场馆设施中"的"健身公园、晨晚练点数量"，有部分专家建议改写为"体育健身点数量"，公园中也有健身练点，两者部分重复，用体育健身点可以全部概括；对于群众体育财力资源下的三级指标，部分专家提出由于地区间经济的发展差异，以绝对值计算统计不合理，应以相对值统计为宜，个别专家认为"吸纳"不太合适，建议将其去掉改为"投入"，为此，分别调整为"近三年人均政府财政拨款群众体育专项资金数占人均 GDP%"、"近三年人均拥有群众体育社会赞助与集资金额数占本区域公共服务获取社会赞助与集资人均总金额%"、"近三年体育彩票投入群众体育人均资金占体育彩票总人均收益%"；对于二级指标"体育信息设施建设"中"享有体育宣传报栏的个数"、"享有体育宣传电子屏的个数"两项指标，有部分专家认为体育信息资源包括的不只有这两种，网络、报刊、电视节目等也是体育信息资源的内容，建议增加相关内容的指标，但是本研究是想通过量化指标来衡量城乡之间体育信息资源的差别，而网络、电视节目等资源是通过媒介进行传播的，不能直接对其进行统计分析，所以保留这两项指标。

（二）第二轮专家调查结果与分析

通过对第一轮专家调查结果的分析统计以及文献资料的再次查询，确定了群众体育资源评估指标体系的第二轮专家调查问卷，请专家分别对评价指标按照由高到低的层次，对每一项指标进行"很重要"、"重要"、"基本重要"、"不重要"和"很不重要"的选择，并分别赋予5、4、3、2、1分。然后通过数理统计方法，运用SPSS软件对第二轮指标体系的专家调查问卷结果进行描述统计量和非参数检验分析，根据指标间的关系定量地选取代表性指标。筛选指标的具体方法依据如下，即①指标的变异系数小于0.25，即各种变异指标的标准差与算数平均数之比；②专家的评价结果得到一致性检验，即 $P < 0.01$ 或 $P < 0.05$；③所选指标的平均得分在3.5分以上（达到总分的70%）。[①] 在评价指标筛选中，一般认为变异系数大于等于0.25时，则该指标的专家协调程度就达不到要求。本书将其作为第二轮指标筛选的一个条件。统计结果见表3-4至表3-9。

表3-4　　　　　　　　　一级指标统计分析参数表

一级指标	平均数	标准差	变异系数
人力资源	4.70	0.470	0.1000
物力资源	4.60	0.503	0.1093
财力资源	4.60	0.503	0.1093
组织资源	4.55	0.571	0.1255
信息资源	4.30	0.510	0.1186

表3-5　　　　　　　　　一级指标一致性检验统计表

轮次	一致性系数（Kendall's W）	卡方值（Chi-Square）	Asymp. Sig.
第二轮	0.125	10.000	0.040

从表3-4和表3-5中可以看出，所选出的五个一级指标的变异系数均在0.15以下。其中，人力资源的变异系数最小为0.1000，组织资源的变异系数最大为0.1255，说明评估指标具有很好的集中度。从评估指标的平均得分来看，所有指标的平均数都在4.30以上，一致性检验的P值为0.04小于0.05，则可以认为专家的评估意见结果可信。

---

① 余道明：《体育现代化理论及其指标体系研究——以首都体育现代化研究为例》，博士学位论文，福建师范大学，2007年。

表 3 – 6　　　　　　　　二级指标统计分析参数表

二级指标	平均数	标准差	变异系数
群众体育行政管理人员	4.55	0.686	0.1508
社会体育指导员	4.45	0.686	0.1542
群众体育辅助人员	4.00	0.459	0.1148
群众体育场地面积	4.65	0.587	0.1262
群众体育场馆设施	4.70	0.470	0.1000
政府财政拨款	4.70	0.470	0.1000
社会赞助与集资	4.40	0.598	0.1359
体育彩票投入	4.60	0.503	0.1093
群众体育组织建设	4.75	0.444	0.0935
群众体育组织活动开展情况	4.65	0.489	0.1052
体育信息设施建设	4.35	0.587	0.1349
体育信息服务	4.60	0.503	0.1093

表 3 – 7　　　　　　　　二级指标一致性检验统计表

轮次	一致性系数（Kendall's W）	卡方值（Chi – Square）	Asymp. Sig.
第二轮	0.186	40.887	0.000

表 3 – 8　　　　　　　　三级指标统计分析参数表

三级指标	平均数	标准差	变异系数
群众体育行政管理人员总数占本地区总人口的比例	4.45	0.605	0.1360
群众体育行政管理人员的学历	3.95	0.759	0.1922
群众体育行政管理人员的行政级别	4.10	0.718	0.1751
社会体育指导员人数	4.50	0.513	0.1140
社会体育指导员的学历结构	4.05	0.686	0.1694
社会体育指导员的等级	4.25	0.639	0.1504
群众体育辅助人员总数占本地区总人口的比例	3.95	0.759	0.1922
人均室内公共体育场地的面积	4.35	0.671	0.1543
人均室外公共体育场地的面积	4.40	0.598	0.1359
群众体育场馆数量	4.35	0.813	0.1869
体育健身点数量	4.60	0.598	0.1300
全民健身路径工程套数	4.45	0.686	0.1542

续表

三级指标	平均数	标准差	变异系数
近三年人均政府财政拨款 群众体育专项资金数占人均 GDP%	4.50	0.607	0.1349
近三年人均拥有群众体育社会赞助与集资金额数 占本区域公共服务获取社会赞助与集资人均总金额%	4.25	0.786	0.1849
近三年体育彩票投入群众 体育人均资金占体育彩票总人均收益%	4.45	0.486	0.1092
群众体育社会团体数量	4.60	0.503	0.1093
群众体育指导站数量	4.40	0.681	0.1548
群众体育单项活动开展次数	4.80	0.410	0.0854
群众体育综合性运动会举办次数	4.60	0.598	0.1300
享有体育宣传报栏的个数	4.00	0.649	0.1623
享有体育宣传电子屏的个数	4.05	0.605	0.1494
每年制作体育健身知识宣传栏的次数	4.15	0.587	0.1414
每年开展体育科普与健身知识讲座次数	4.40	0.681	0.1548

表 3-9　　　　　　　　　　三级指标一致性检验统计表

轮次	一致性系数（Kendall's W）	卡方值（Chi - Square）	Asymp. Sig.
第二轮	0.177	77.805	0.000

通过表 3-6 至表 3-9 二级指标和三级指标的调查结果可以看出，每个指标的变异系数均在 0.2 以下，所有评估指标的平均分均在 3.9 分以上，且只有 2 个指标的得分小于 4 分，二级和三级指标的一致性检验 P 值均小于 0.01，说明二级和三级评估指标的可行度好，得到了专家的一致认可。另外，一些专家对个别指标的表述方式提出进一步修改意见。如提出"C11 群众体育行政管理人员总数占本地区总人口的比例"等用"每万人群众体育行政管理人员数量"更好。根据上述指标筛选方法，查看第二轮的数据分析，最终确立城乡群众体育资源评估指标体系（见表 3-10）。

表 3 – 10 **最终确立的城乡群众公共体育**

资源配置水平与公平性评估指标体系

一级指标	二级指标	三级指标
A1 人力资源	B11 群众体育行政 管理工作人员	C11 每万人群众体育行政管理人员数（个/万人） C12 群众体育行政管理人员的学历 C13 群众体育行政管理人员的行政级别
	B12 社会体育指导员	C21 每万人社会体育指导员人数（个/万人） C22 社会体育指导员的学历结构 C23 社会体育指导员的等级
	B13 群众体育辅助人员	C31 每万人群众体育辅助人员数（个/万人）
A2 物力资源	B21 群众体育场地面积	C41 人均室内公共体育场地的面积（平方米/人） C42 人均室外公共体育场地的面积（平方米/人）
	B22 群众体育场馆设施	C51 每万人群众体育场馆数量（个/万人） C52 每万人体育健身站（点）数量（个/万人） C53 每万人全民健身路径（农民体育）工程套数 （套/万人）
A3 财力资源	B31 政府财政拨款	C61 近三年人均政府财政拨款群众体育专项资金数 占人均 GDP%
	B32 社会赞助与集资	C71 近三年人均拥有群众体育社会赞助与集资金额 数占本区域公共服务获取社会赞助与集资人均总 金额%
	B33 体育彩票投入	C81 近三年体育彩票投入群众体育人均资金占体育 彩票总人均收益%
A4 组织资源	B41 群众体育组织建设	C91 每万人群众体育社会团体数量（个/万人） C92 每万人群众体育指导站数量（个/万人）
	B42 群众体育组织活动开展 情况	C101 群众体育单项活动开展次数（次/年） C102 群众体育综合性运动会举办次数（次/年）
A5 信息资源	B51 体育信息设施建设	C111 每万人享有体育宣传报栏的个数（个/万人） C112 每万人享有体育宣传电子屏的个数（个/万人）
	B52 体育信息服务	C121 每年制作体育健身知识宣传栏的次数 C122 每年开展体育科普与健身知识讲座次数

三 城乡群众公共体育资源配置水平与公平性评估指标体系的具体释义

（一）群众体育人力资源

主要指能独立参加社会活动，对群众体育的发展起到直接推动作用的人员的总和，包括社会体育指导员、群众体育直接工作人员、对群众体育发展起辅助作用的工作人员等。在筛选指标时考虑到群众体育工作发展目前存在的现状，以及部分人力资源的实际统计难度，将指标缩小为便于操作的三个方面。

1. 群众体育行政管理工作人员

主要指体育行政部门中主管群众体育发展的工作人员，其主要负责本区域群众体育相关方面的工作部署和落实，以最佳手段获取群众体育发展的最大效果。①每万人群众体育行政管理人员数。操作化定义：以行政辖区为统计单位，每10000人居民配置体育行政管理工作人员总数。②群众体育行政管理人员的学历。操作化定义：所调查行政辖区内群众体育行政管理工作人员的最高学历。③群众体育行政管理人员的行政级别。操作化定义：所调查行政辖区内群众体育行政管理工作人员的职称级别。

2. 社会体育指导员

社会体育指导员是群众体育发展中重要的人力资源，他们运用自身拥有的专业体育知识，教授人们体育健身锻炼知识和技能，指导人们开展多种形式的体育活动，促使人们更加积极、科学地进行体育活动。①每万人社会体育指导员人数（个/万人）。操作化定义：所调查行政辖区内每10000人口拥有的通过国家考试已获得社会体育指导员资格的人员总数量。②社会体育指导员的学历结构。操作化定义：所调查行政辖区内的社会体育指导员的学历情况。③社会体育指导员的等级。操作化定义：所调查行政辖区内的社会体育指导员的技术等级。

3. 群众体育辅助人员

对群众体育发展起辅助作用的工作人员等（例如场馆管理工作人员、器材维修工作人员、群众体育信息传播者、志愿者等）。群众体育的发展是多个社会部门共同作用的结果，其中多数人的工作是辅助性的，但是又是群众体育发展中不可缺少的部分。用"每万人群众体育辅助人员数"指标表示。操作化定义：以行政辖区为统计单位，每10000居民配置的体育辅助工作人员的总数。

（二）群众体育物力资源

群众体育物力资源主要是指以物质形态为主要表现形式的各类群众体育物质资源，是人们进行体育活动锻炼的物质基础，主要包括：体育场地及设施、全民健身路径工程等。群众体育物力资源是有形社会资源中最显著的资源，通过对城乡物力资源的调查分析，反映城乡之间的差异。

1. 群众体育场地面积

体育场地是开展体育活动，进行体育锻炼的必要的物质基础。群众体育场地面积是指除去学校体育运动场地以外的，其他群众可以使用的、非私营的体育场地的面积。①人均室内公共体育场地的面积（平方米/人）。操作化定义：所调查行政辖区范围内平均每人拥有的室内公共体育场地面积。②人均室外公共体育场地的面积（平方米/人）。操作化定义：所调查行政辖区范围内平均每人拥有的室外公共体育场地面积。

2. 群众体育场馆设施

群众体育场馆设施是指除去学校体育运动场馆以外的，群众可以用于进行体育锻炼、健身的所有非私营的体育场馆设施，不仅仅包括政府部门投资兴建的，同时还包括企业、个人等兴建的体育运动场地。体育设施主要包括专项活动器材（篮球架、乒乓球台等）、健身路径，本书中的体育设施是以健身路径为主要对象的。

①每万人群众体育场馆数量（个/万人）。操作化定义：所调查行政辖区范围内每万人拥有的体育场馆的总数量。②每万人体育健身点数量（个/万人）。操作化定义：所调查行政辖区范围内每万人拥有供居民进行锻炼的体育健身点数量（包括健身活动中心、晨晚练点等）。③每万人全民健身路径（农民体育）工程套数（套/万人）。操作化定义：所调查行政辖区范围内每万人拥有的全民健身路径工程套数。农村地区则包含有所拥有的农民体育健身工程套数。

（三）群众体育财力资源

经费是体育发展的财政保障，群众体育财力资源主要指发展群众体育事业所需的各项经费，体育活动的资金来源主要是以国家投资为主，社会投资为辅，经费来源包括：国家财政拨款、社会赞助与集资、体育彩票投入等。需要指出的是作为体育场馆设施建设投入的经费不计入在内。

1. 政府财政拨款

主要指政府无偿拨付给群众体育事业发展需要的、具有明确用途的经费。主要用"近三年人均政府财政拨款群众体育专项资金数占人均GDP%"表示。操作化定义：指所调查行政辖区范围内，近三年平均每人拥有的群众体育政府财政投入经费数额占人均GDP的百分比。

2. 社会赞助与集资

社会力量在体育活动的组织中已经发挥着越来越重要的作用，各个层次的运动会或体育活动都有社会力量在其中活跃。社会赞助与集资指以企事业单位、个人、广告商等社会力量为主的赞助或集资，来发展群众体育事业的资金数。主要用"近三年人均拥有群众体育社会赞助与集资金额数占本区域公共服务获取社会赞助与集资人均总金额%"表示。操作化定义：指所调查行政辖区范围内，近三年平均每人拥有的群众体育社会赞助与集资经费数额占该区域三年中人均获得的公共服务社会募捐的总资金数的百分比。

3. 体育彩票投入

由各级体育彩票管理机构管理专项用于发展体育事业的中国体育彩票收益金中用于投入群众体育发展的资金数。用"近三年体育彩票投入群众体育人均资金占体育彩票总人均收益%"表示。操作化定义：指所调查行政辖区范围内，近三年投入到群众体育的人均体育彩票资金占本区域体育彩票人均总收益的百分比。

（四）群众体育组织资源

主要指政府或社会力量为群众体育服务所建立的一切组织机构的总和以及组织开展的体育活动等。主要包括群众体育管理机构或部门、群众体育协会、群众体育运动会的组织开展情况等。

1. 群众体育组织建设

群众体育组织是由各级体育局（或与委托挂靠单位）作为业务主管单位审批、管理的，经各级人民政府民政部门依法核准登记成立的一种非营利性的群众性的社会组织。群众体育组织建设是指为了满足群众体育爱好和达到强身健体的需求，人为组织或自发组织建设由各级体育总会批准并登记的体育社会团体、俱乐部等公益性群众体育组织。①每万人群众体育社会团体数量（个/万人）。操作化定义：指所调查行政辖区范围内，每万人拥有的群众体育社团、俱乐部等公益性组织的数量。②每万人群众体育指导站数量（个/万人）。操作化定义：指所调查行政辖区范围内，每万人拥有的群众体育指导活动站的数量。

2. 群众体育组织活动开展情况

指为了促进群众体育的发展，体育主管部门组织开展的、以广大群众为主要参与主体的各种群众性体育活动的情况。①群众体育单项活动开展次数（次/年）。操作化定义：指所调查行政辖区范围内一年共组织举办的群众体育单项活动的次数。②群众体育综合性运动会举办次数（次/年）。操作化定义：指所调查行政辖区范围内一年共组织举办的群众体育综合性运动会的次数。

（五）群众体育信息资源

主要指为群众了解体育基本常识与基本技能、体育文化及健身知识等的各种文字、数字、音像、图表、语言等一切信息资源的总称。群众体育信息资源要素包括各种有关群众体育的宣传、报刊、讲座等。

1. 体育信息设施建设

指为了促进群众体育的发展，为群众提供的可以了解体育各方面知识信息设施配备情况。①每万人享有体育宣传报栏的个数（个/万人）。操作化定义：指所调查行政辖区范围内每万人享有的体育宣传报栏的个数。②每万人享有体育宣传电子屏的个数（个/万人）。操作化定义：指所调查行政辖区范围内每万人享有的体育宣传电子屏的个数。

2. 体育信息服务

指为了群众能更多地了解体育的相关知识，体育行政部门、各街道办等提供的体育服务信息等。①每年制作体育健身知识宣传栏的次数。操作化定义：指所调查行政辖区范围内，一年内为居民制作的体育健身知识宣传报的次数。②每年开展体育科普与健身知识讲座次数。操作化定义：指所调查行政辖区范围内，一年内为居民开展的体育科普与健身知识讲座的次数。

第三节　城乡群众公共体育资源配置水平与公平性评估指标体系权重的确定

社会指标体系在进行综合评估时会用到多指标评价的方法，由于各指标在评估体系中的重要程度有所不同，就需要对每个指标确定一个权重系数来判断其相对重要程度。层次分析法（Analytic Hierarchy Process，

AHP）是将与决策总是有关的元素分解成目标、准则、方案等层次，在此基础之上进行定性和定量分析的决策方法。它是将一个复杂的多目标决策问题作为一个系统进行分析，将这一系统分解为多个目标或准则，进而分解为多个指标或准则、约束的若干层次，通过定性指标模糊量化方法算出层次单排序权数和总排序，以作为目标多指标、多方案优化决策的系统方法。

一　AHP 的原理与步骤

层次分析法将评价指标分层次进行两两对偶比较，排列出各项指标的重要程度，从而确定指标的权数值。层次分析法能客观地描述专家的经验认识和理性的分析，提高了权数的科学性，每层指标的设置都直接或间接影响到结果，对指标间的相对重要程度进行比较，得到量化的、清晰明确的对结果的影响程度，提高了权数集的有效性。层次分析法既不单纯追求高深数学计算，又不片面地注重行为、逻辑、推理，而是把定性方法与定量方法有机地结合起来，通过分层次比较降低来判断者在比较过程中的思维承受能力，提高了判断赋值的准确性。结合研究者现有研究情况和能力，本书将采用层次分析法确定城乡群众体育资源评估指标体系中的各个指标的权重，基本步骤如下：

第一，建立层次结构。首先通过分析，将总目标逐级进行分解形成不同的层次，构成递阶层次结构。

第二，构造两两判断矩阵。判断矩阵就是各层指标进行相对重要程度的两两比较，即在建立城乡群众体育资源评估指标的层次结构后，请专家分别对每个层次中的指标进行重要程度的两两对比，来逐层建立判断矩阵。重要性等级分为五类：同等重要、略微重要、基本重要、重要和绝对重要，分别用数字 1、3、5、7、9 表示。构建判断矩阵对应的比例标度如表 3－11 所示。

表 3－11　　　　　　　判断矩阵的元素采用的标度方法

标度	重要性含义
1	表示两指标相比，具有同样重要性
3	表示两指标相比，一个元素比另一个元素稍微重要
5	表示两指标相比，一个元素比另一个元素明显重要
7	表示两指标相比，一个元素比另一个元素强烈重要

标度	重要性含义
9	表示两指标相比，一个元素比另一个元素极端重要
2、4、6、8	表示两指标相比，介于两指标相邻判断的中值
上述数值的倒数	指标 i 与 j 比较得判断 C_{ij}，则指标 j 与 i 比较得判断 $C_{ji}=1/C_{ij}$

判断次数可以通过下列公式得出：

$$(n-1)+(n-2)+\cdots+2+1=\frac{n(n-1)}{2} \qquad (3-1)$$

即若某一目标层有 n 个指标，则第一个指标需要与其他的 $n-1$ 个指标作相对重要性的判断比较，第二个指标与剩下的 $n-2$ 个指标作判断比较，以此类推，完成这一目标层全部指标的两两比较。在进行矩阵设计

时，对于 n 个判断矩阵 $A=\begin{pmatrix} \frac{a_1}{a_1} & \frac{a_1}{a_2} & \cdots & \frac{a_1}{a_n} \\ \vdots & \vdots & \ddots & \vdots \\ \frac{a_n}{a_1} & \frac{a_n}{a_2} & \cdots & \frac{a_n}{a_n} \end{pmatrix}$ 只需要给出其上（或下）三

角的 $\frac{n(n-1)}{2}$ 个判断即可，剩下的值为其相对应的倒数。

表 3 - 12　　　　　　　　一级指标重要程度的两两指标比较表

指标	A1	A2	A3	A4	A5
A1	1	（　　）	（　　）	（　　）	（　　）
A2		1	（　　）	（　　）	（　　）
A3			1	（　　）	（　　）
A4				1	（　　）
A5					1

表 3 - 12 即本书设计的指标重要性的两两比较矩阵表，专家需在问卷斜上三角处给出具体标度数值，矩阵的下三角处根据专家给出的上三角的具体标度，按照"倒数"的原则进行相应的补充。为了避免部分专家对层次分析法的运用不熟悉，在设计问卷时将比例标度的意义加在每个判断矩阵的下方。

第三，层次单排序及其一致性检验。层次单排序即计算下级指标相对

其上级指标重要性的排序权值。为了判断矩阵是否具有一致性，在得出每一层各指标的权重值后，需对判断矩阵进行一致性检验。检验步骤如下：

①计算一致性指标 CI

$$CI = \frac{\lambda_{max} - n}{n - 1} \qquad (3-2)$$

当 CI = 0 时，对比矩阵具有完全一致性，CI 越大，一致性也就越差。

②对于 1—9 阶判断矩阵，平均随机一致性指标 RI 值如表 3 - 13 所示。

表 3 - 13　　　　　　　　　　矩阵阶数对应的 RI 值

矩阵阶数（n）	1	2	3	4	5	6	7	8	9
RI	0.00	0.00	0.58	0.90	1.12	1.24	1.32	1.41	1.45

③一致性比率 CR（CR. Consistency Ratio）

$$CR = \frac{CI}{RI} \qquad (3-3)$$

当 CR < 0.10 时，说明判断矩阵的一致性是可以接受的，否则应对判断矩阵作重新调整，直至具有满意的一致性。

第四，用层次单排序法得出各层指标相对其上级指标的权重后，用二级指标权重和其对应的一级指标权重进行组合加权，得出二级指标相对于总目标的权重系数，用三级指标权重和其对应的二级指标相对于总目标的权重进行组合加权，得出三级指标相对于总目标的权重系数。

二　城乡群众公共体育资源配置水平与公平性评估指标权重的计算结果

根据递阶层次结构的需求，将城乡群众体育资源评估指标体系分解为三个层次，图 3 - 3 即为所建立的城乡群众体育资源评估指标层次结构模型。

层次分析法中共发放 20 份专家调查问卷，专家按照上述要求对城乡群众体育资源评估指标进行两两矩阵比较，共回收 17 份，对这 17 份专家调查问卷进行数据分析，计算每个判断矩阵的指标权重，并进行一致性检验，其中所填数据有效且能够通过一致性检验的有效问卷共 16 份，所有判断矩阵的一致性比率 CR 均小于 0.1，表示有满意的一致性。下面以一名专家的问卷为例（如表 3-14 至表 3-27 所示），显示各判断矩阵的计算结果，其他专家数据分析等同。

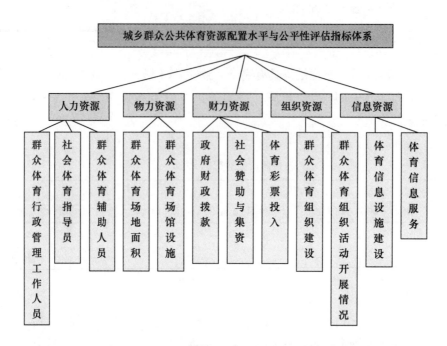

图 3-3 城乡群众公共体育资源配置水平与公平性评估指标层次结构模型

表 3-14 群众公共体育资源评估指标体系一级指标的判断矩阵表

	A1	A2	A3	A4	A5	权重 W
A1 人力资源	1	1	3	5	5	0.3523
A2 物力资源	1	1	3	5	5	0.3523
A3 财力资源	1/3	1/3	1	5	5	0.1822
A4 组织资源	1/5	1/5	1/5	1	1	0.0566
A5 信息资源	1/5	1/5	1/5	1	1	0.0566

注：W 为进行归一化处理后的权重值。$\lambda_{max} = 5.1958$，$CI = \lambda_{max} - n/(n-1) = 5.1958 - 5/(5-1) = 0.0489$，查表 RI = 1.12，得出 CR = CI/RI = 0.0437 < 0.10，因此，该对比矩阵通过一致性检验。

表 3 – 15   人力资源评估二级指标的判断矩阵表

A1—B	B11	B12	B13	权重 W
B11 群众体育行政管理工作人员	1	3	5	0.6483
B12 社会体育指导员	1/3	1	2	0.2297
B13 群众体育辅助人员	1/5	1/5	1	0.1220

注：$\lambda_{max} = 3.0037$，CR = 0.0036 < 0.10，该对比矩阵通过一致性检验。

表 3 – 16   物力资源评估二级指标的判断矩阵表

A2—B	B21	B22	权重 W
B21 群众体育场地面积	1	1/5	0.1667
B22 群众体育场馆设施	5	1	0.8333

注：$\lambda_{max} = 2$，CR = 0 < 0.10，该对比矩阵通过一致性检验。

表 3 – 17   财力资源评估二级指标的判断矩阵表

A3—B	B31	B32	B33	权重 W
B31 政府财政拨款	1	5	5	0.7143
B32 社会赞助与集资	1/5	1	1	0.1429
B33 体育彩票投入	1/5	1	1	0.1429

注：$\lambda_{max} = 3$，CR = 0 < 0.10，该对比矩阵通过一致性检验。

表 3 – 18   组织资源评估二级指标的判断矩阵表

A4—B	B41	B42	权重 W
B41 群众体育组织建设	1	5	0.8333
B42 群众体育组织活动开展情况	1/5	1	0.1667

注：$\lambda_{max} = 2$，CR = 0 < 0.10，该对比矩阵通过一致性检验。

表 3 – 19   信息资源评估二级指标的判断矩阵表

A5—B	B51	B52	权重 W
B51 体育信息设施建设	1	1	0.5
B52 体育信息服务	1	1	0.5

注：$\lambda_{max} = 2$，CR = 0 < 0.10，该对比矩阵通过一致性检验。

表 3 - 20　　　　　人力资源评估三级指标的判断矩阵表 （B11）

B11—C	C11	C12	C13	权重 W
C11 每万人群众体育行政管理人员数	1	1/5	1/3	0.1047
C12 群众体育行政管理人员的学历	5	1	3	0.6370
C13 群众体育行政管理人员的行政级别	3	1/3	1	0.2583

注：$\lambda_{max} = 3.0385$，CR = 0.0370 < 0.10，该对比矩阵通过一致性检验。

表 3 - 21　　　　　人力资源评估三级指标的判断矩阵表 （B12）

B12—C	C21	C22	C23	权重 W
C21 每万人社会体育指导员人数 （个/万人）	1	3	5	0.6586
C22 社会体育指导员的学历结构	1/3	1	1	0.1852
C23 社会体育指导员的等级	1/5	1	1	0.1562

注：$\lambda_{max} = 3.0290$，CR = 0.0279 < 0.10，该对比矩阵通过一致性检验。

表 3 - 22　　　　　物力资源评估三级指标的判断矩阵表 （B21）

B21—C	C41	C42	权重 W
C41 人均室内公共体育场地面积 （平方米/人）	1	1/3	0.25
C42 人均室外公共体育场地面积 （平方米/人）	3	1	0.75

注：$\lambda_{max} = 2$，CR = 0 < 0.10，该对比矩阵通过一致性检验。

表 3 - 23　　　　　物力资源评估三级指标的判断矩阵表 （B22）

B22—C	C51	C52	C53	权重 W
C51 每万人群众体育场馆数量 （个/万人）	1	1/5	1/5	0.0909
C52 每万人体育健身点数量 （个/万人）	5	1	1	0.4545
C53 每万人全民健身工程项目数量 （套/万人）	5	1	1	0.4545

注：$\lambda_{max} = 3$，CR = 0 < 0.10，该对比矩阵通过一致性检验。

表 3 - 24　　　　　组织资源评估三级指标的判断矩阵表 （B41）

B41—C	C91	C92	权重 W
C91 每万人群众体育社会团体数量 （个/万人）	1	1	0.5
C92 每万人群众体育指导站数量 （个/万人）	1	1	0.5

注：$\lambda_{max} = 2$，CR = 0 < 0.10，该对比矩阵通过一致性检验。

表 3-25 组织资源评估三级指标的判断矩阵表 （B42）

B42—C	C101	C102	权重 W
C101 群众体育单项活动开展次数（次/年）	1	5	0.8333
C102 群众体育综合性运动会举办次数（次/年）	1/5	1	0.1667

注：$\lambda_{max} = 2$，CR = 0 < 0.10，该对比矩阵通过一致性检验。

表 3-26 信息资源评估三级指标的判断矩阵表 （B51）

B51—C	C111	C112	权重 W
C111 每万人享有体育宣传报栏的个数（个/万人）	1	3	0.75
C112 每万人享有体育宣传电子屏的个数（个/万人）	1/3	1	0.25

注：$\lambda_{max} = 2$，CR = 0 < 0.10，该对比矩阵通过一致性检验。

表 3-27 信息资源评估三级指标的判断矩阵表 （B52）

B52—C	C121	C122	权重 W
C121 每年制度体育健身知识宣传栏的次数（次/年）	1	3	0.75
C122 每年开展体育科普与健身知识讲座的次数（次/年）	1/3	1	0.25

注：$\lambda_{max} = 2$，CR = 0 < 0.10，该对比矩阵通过一致性检验。

　　根据上述判断矩阵，计算出 16 位专家对体系中各个指标的权重值，由于专家之间的价值认知程度存在差异，彼此之间的权重值有所差别，但通过一致性检验后，问卷的信度可成立，视为有价值的权重值。求得 16 位专家的权重值后，以算术平均数的计算方式，统计得出各个指标的算术平均权重值，并按照各层级之间的比重进行进一步总排序计算，最后得出城乡群众体育资源评估指标体系权重表（见表 3-28）。研究结果分析表明：五项一级指标中"物力资源"所占权重较大，为 0.3974，"人力资源"的权重为 0.1898，"财力资源"的权重为 0.2595，"组织资源"的权重为 0.0834，"信息资源"的权重为 0.0699，可见物力资源指标是评价城乡群众体育资源公平性的重中之重。

表 3 - 28　城乡群众公共体育资源水平与公平性评估指标体系权重一览表

一级指标	二级指标			三级指标		
	指标	相对上级指标权重	相对总体指标权重	指标	相对上级指标权重	相对总体指标权重
A1 人力资源（0.1898）	B1 群众体育行政管理工作人员	0.4623	0.0877	C1 每万人群众体育行政管理人员数	0.4387	0.0385
				C2 群众体育行政管理人员的学历	0.2602	0.0228
				C3 群众体育行政管理人员的行政级别	0.3011	0.0264
	B2 社会体育指导员	0.3853	0.0732	C4 每万人社会体育指导员人数	0.5126	0.0375
				C5 社会体育指导员的学历结构	0.2371	0.0174
				C6 社会体育指导员的等级	0.2503	0.0183
	B3 群众体育辅助人员	0.1524	0.0289	C7 每万人群众体育辅助人员数	1.000	0.0289
A2 物力资源（0.3974）	B4 群众体育场地面积	0.4667	0.1855	C8 人均室内公共体育场地的面积	0.4007	0.0743
				C9 人均室外公共体育场地的面积	0.5993	0.1112
	B5 群众体育场馆设施	0.5333	0.2119	C10 每万人群众体育场馆数量	0.3838	0.0813
				C11 每万人体育健身站（点）数量	0.3255	0.0690
				C12 每万人全民健身路径（农民体育）工程套数	0.2907	0.0616
A3 财力资源（0.2595）	B6 政府财政拨款	0.5575	0.1447	C13 近三年人均政府财政拨款群众体育专项资金数占人均 GDP%	1.000	0.1447
	B7 社会赞助与集资	0.1842	0.0478	C14 近三年人均拥有群众体育社会赞助与集资金额数占本区域公共服务获取社会赞助与集资人均总金额%	1.000	0.0478

续表

一级指标	二级指标			三级指标		
	指标	相对上级指标权重	相对总体指标权重	指标	相对上级指标权重	相对总体指标权重
A3 财力资源（0.2595）	B8 体育彩票投入	0.2583	0.0670	C15 近三年体育彩票投入群众体育人均资金占体育彩票总人均收益%	1.000	0.0670
A4 组织资源（0.0834）	B9 群众体育组织建设	0.6287	0.0524	C16 每万人群众体育社会团体数量	0.4788	0.0251
				C17 每万人群众体育指导站数量	0.5212	0.0273
	B10 群众体育组织活动开展情况	0.3713	0.0310	C18 群众体育单项活动开展次数	0.6857	0.0213
				C19 群众体育综合性运动会举办次数	0.3143	0.0097
A5 信息资源（0.0699）	B11 体育信息设施建设	0.5778	0.0404	C20 每万人享有体育宣传报栏的个数	0.5975	0.0241
				C21 每万人享有体育宣传电子屏的个数	0.4025	0.0163
	B12 体育信息服务	0.4222	0.0295	C22 每年制作体育健身知识宣传栏的次数	0.5597	0.0165
				C23 每年开展体育科普与健身知识讲座次数	0.4403	0.0130

第四章　城乡学校体育资源配置水平与公平性评估指标体系构建

按照前面城乡公共体育资源评估体系构建的理论基础、现实依据、指导思想及基本原则，并依据学校体育资源的特殊性，本研究构建了我国城乡学校体育资源评估体系。

第一节　学校体育资源的主要功能、特征及分类

本研究学校体育资源的概念界定，为开展学校体育运动，增进学生体质健康过程中所需要的人力资源、物力资源、财力资源、信息资源、组织资源和时间资源的总和。学校体育资源除具有群众体育资源的特征外，还有不同于群众体育资源的功能与特点，在类别上也有特殊性。

一　学校体育资源功能

通过查阅资源、体育资源、学校体育资源功能的相关文献，对体育资源的功能进行整理。归纳出本研究学校体育资源的功能[1]：

（一）学校体育人力资源具有教育功能

体育教师是学校体育人力资源的核心，是教师不可缺少的组成部分。体育教师还是运动健身的指导者，体育教师不但能够传授健身的理论知识还能够传授运动技能，所以体育人力资源具有教育，传授健身理论，指导健身功能。

（二）学校体育物力资源是进行体育健身的物质基础

学校体育资源中的体育器材、体育场地可以供同学们参与各种体育活动。使同学们高兴地参与锻炼，达到强身健体之功能。

---

[1]　孟建斌：《学校体育资源评估指标体系构建及验证研究》，硕士学位论文，河南大学，2010 年。

（三）学校体育信息资源具有传播功能

学校体育信息资源通过图书报纸、杂志、互联网使外界的体育大事、体育新闻传播到学校，是同学们了解外界体育信息的主要途径。

（四）学校体育时间资源具有提供锻炼空间的功能

学校的早操、课间操、体育课、课外活动、体育训练、体育竞赛都是学生们参与体育锻炼的时间，在这段时间内，同学们可以自由参与运动。所以，学校体育资源具有提供锻炼空间的功能。

二　学校体育资源特征

学校体育资源主要有以下几个特征[1]：

（一）教育性特征

学校体育资源具有鲜明的教育性，都围绕着"育人"这一核心任务而展开。学校体育资源从各个方面不同程度都在"育人"。体育教师的教育、体育器材在健康方面的"教育"、体育信息在民族凝聚力方面的"教育"等。

（二）培养竞技型人才的特征

学校是培养运动员的基层组织，不但有丰富的教育资源还有很多有潜力的运动苗子，绝大多数优秀运动员是从基层学校训练后一级一级地向上推荐，最终达到竞技的顶峰。所以，学校体育资源具有培养竞技型人才的特征。

（三）健身、娱乐性特征

学生体质的增强，健康水平的提高，都需要最基础的学校体育资源。需要学校体育资源中的人力资源的指导、物力资源作为基础来保证的；学生在体育锻炼过程中被体育的娱乐性所吸引，才会有那么多的学生积极地投入体育锻炼中去。

三　学校体育资源分类

李荣、杭子星把学校体育资源分为有形资源和无形资源。有形资源是指客观存在的物资资源，泛指硬资源，包括体育场馆、体育器材、体育教学设施、设备、图书资料等。这些资源是高校体育活动赖以存在的物质基础。其价值是可度量的，价值量的大小说明高校体育拥有物资的多少和规模的大小。

程云峰把体育资源分为体育自然资源（地理环境资源、气候条件资

---

[1]　孟建斌：《学校体育资源评估指标体系构建及验证研究》，硕士学位论文，河南大学，2010年。

源）、体育社会资源（体质资源、科技资源、教育资源、经济资源、物质资源、民族资源、传统资源）。

卢闻君认为体育资源有广义和狭义之分，广义的体育资源是指与体育活动密切关联的各种教学场地、仪器、设备、建筑物、图书资料、教工数量、专业、业务、能力以及各项管理活动等所有人、财、物的总和。狭义的定义指体育场馆、体育教学设施、设备、体育经费等。

通过查阅相关文献，走访相关专家对学校体育资源的种类进行整合。把调查专家的意见进行整理后，学校体育资源分为五大类，即学校体育人力资源、学校体育财力资源、学校体育物力资源、学校体育信息资源和学校体育时间资源。

第二节　城乡中小学体育资源配置水平与公平性评估指标体系构建的主要依据

一　依据影响学校体育活动开展的主要因素

《学校体育工作条例》指出[1]：学校体育工作是指普通中小学校、农业中学、职业中学、中等专业学校、普通高等学校的体育课教学、课外体育活动、课余体育训练和体育竞赛。学校体育工作的基本任务是：增进学生身心健康、增强学生体质；使学生掌握体育基本知识，培养学生体育运动能力和习惯；提高学生运动技术水平，为国家培养体育后备人才；对学生进行品德教育，增强组织纪律性，培养学生的勇敢、顽强、进取精神。并进一步指出[2]：①学校应当在各级教育行政部门核定的教师总编制数内，按照教学计划中体育课授课时数所占的比例和开展课余体育活动的需要配备体育教师。②各级教育行政部门和学校应当有计划地安排体育教师进修培训。③按照国家有关规定，有关部门应当妥善解决体育教师的工作服装和粮食定量。④体育教师组织课间操（早操）、课外体育活动和课余训练、体育竞赛应当计算工作量。⑤学校的上级主管部门和学校应当按照国家或者地方制定的各类学校体育场地、器材、设备标准，有计划地逐步配齐。

---

① 《学校体育工作条例》。

② 同上。

学校体育器材应当纳入教学仪器供应计划。⑥学校应当制定体育场地、器材、设备的管理维修制度，并由专人负责管理。⑦各级教育行政部门和学校应当根据学校体育工作的实际需要，把学校体育经费纳入核定的年度教育经费预算内，予以妥善安排。地方各级人民政府在安排年度学校教育经费时，应当安排一定数额的体育经费，以保证学校体育工作的开展。⑧国家和地方各级体育行政部门在经费上应当尽可能对学校体育工作给予支持等。

《学校体育工作条例》中规定了开展体育活动的必备条件，即体育教师、体育管理者、体育经费、体育场地、器材及其进一步的提高、维护等。这也是构建学校体育资源评估体系的主要依据。

二 依据经济学、资源学对资源内涵的界定与外延

关于"资源"的概念，至今没有严格的、明确的、公认的定义，从词义上看，中文里的"资源"是指"资财的来源"。研究表明：所谓资源指的是一切可被人类开发和利用的物质、能量和信息的总称，它广泛地存在于自然界和人类社会中，是一种自然存在物或能够给人类带来财富的财富。或者说，资源就是指自然界和人类社会中一种可以用以创造物质财富和精神财富的具有一定量的积累的客观存在形态，如土地资源、矿产资源、森林资源、海洋资源、石油资源、人力资源、信息资源等。这也是本研究对资源所包括种类确定的依据。①

三 依据国际学校体育资源配置的主要趋势与已有经验

城乡教育资源的公平配置问题，是发达国家与发展中国家均面临的问题，但发达国家已经历了不同的发展阶段，对不同阶段所出现的问题已积累了比较丰富的、现实可行的应对方案。如美国，对农村的、偏远地区的、规模小的学校的教育（包括学校体育资源）资源配置问题就进行专门的研究，具体研究了学校体育资源配置问题：确定资源配置的主要影响因素；如何经济高效地确定资源配置；把整个学校的改革作为资源配置的潜在指南；小而差的农村学校体育资源配置的战略决策等。并对农村偏远地区的差而落后学校的资源配置提出了可行措施：①对现有资源进行创造性改进；②制定成功的学校整体改革模式；③开发非传统的资金来源和新的投资渠道。如包括教师质量工程投资、安全与药物安

---

① 赵健：《利用学习资源促进农村教师专业发展之行动研究》，硕士学位论文，西北师范大学，2005年。

全投资、地方体育投资等。又如，加拿大制定了《学校体育质量工程计划》，制定了对从幼儿园到 12 年级学生的体育教育改革方案，对体育教师的配置与继续教育、体育场地器材的配置、落后地区学校体育的发展等进行了系统的研究，并提出了具体措施：①倡导强制的体育教育政策；②把对体育教师进行质量培训作为最为核心的措施；③要把学校体育质量工程的任务报告给学校与学校委员会的每一位成员；④要对不同学校的体育资源配置进行合理的调配；⑤学校与社区等体育资源共享计划；⑥调动学生父母对体育质量工程的认识与支持等。这些措施与经验对我国学校体育资源配置提供了有益借鉴。

四　依据指标自身的特性与现实可行性

依据资源的内涵与分类，学校体育资源的类别与分支应包括许多内容，在选择指标时应重点考虑各指标的具体特点，并确定是否可行。我们主要是在大量阅读已有文献的基础上，对学校体育资源的概念、特点、类型、功能及评价体系有了更深入的了解，通过在资源、体育资源研究的基础上萌发对学校体育资源评价体系的一系列构想，对学校体育资源的概念、特点、类型和功能等进行整合，初步形成一系列的评价内容，从资源学的角度对各指标进行整理。然后以问卷的形式，请全国不同高校、不同领域的专家、学者对评估指标进行筛选。回收专家调查问卷、整理和统计得出新的评价指标体系。并在此基础上构建新的评价指标体系，对其中意见分歧比较大的指标，对专家进行电话访谈，对学校体育资源指标进行再次的论证，在完成以上工作的基础上对学校体育资源评价体系指标进行确定。

第三节　城乡学校体育资源配置水平与公平性评估指标体系构建方法与确立

一　城乡学校体育资源配置水平与公平性评估指标的经验性预选与预调查

在查阅国内外文献、专家访问和经验借鉴的基础上，初步形成了一个含 6 项一级指标，20 个二级指标和 61 个三级指标的城乡学校体育资源配置公平性评估指标体系（见表 4 - 1）。并把该预选性指标体系设计

表 4 – 1　　　　　　　　　城乡学校体育资源配置水平与

公平性评估指标体系经验性预选结果

一级指标	二级指标	三级指标
A1 人力资源	B1 体育教师	（C1）年龄结构；（C2）性别结构；（C3）学历结构；（C4）专业结构；（C5）职称结构；（C6）师生比；（C7）工作量；（C8）定期培训；（C9）服装配备；（C10）月收入
	B2 体育管理者	（C11）年龄结构；（C12）性别结构；（C13）学历结构；（C14）专业结构；（C15）职称结构
	B3 体育教辅人员	（C16）年龄结构；（C17）性别结构；（C18）学历结构；（C19）专业结构；（C20）职称结构
A2 物力资源	B4 体育场地	（C21）室内场地；（C22）室外场地；（C23）场地面积；（C24）场地质地；（C25）人均面积
	B5 体育器材	（C26）器材种类；（C27）器材数量；（C28）人均占有量
A3 财力资源	B6 政府投入	（C29）投入总金额；（C30）用于体育方面的比例；（C31）学生人均金额
	B7 社会捐助	（C32）捐助总金额；（C33）用于体育方面的比例；（C34）学生人均金额
	B8 学校创收	（C35）创收总金额；（C36）用于体育方面的比例；（C37）学生人均金额
A4 组织资源	B9 是否存在	（C38）存在；（C39）未设置
	B10 人员配置是否充足	（C40）充分；（C41）不充分
A5 信息资源	B11 体育报纸	（C42）种类；（C43）数量
	B12 体育杂志	（C44）种类；（C45）数量
	B13 体育图书	（C46）种类；（C47）数量
	B14 网络资源	（C48）网络一般查询资源；（C49）单位购买的文献数据库
A6 时间资源	B15 体育课	（C50）课时量是否达标；（C51）有无被占用情况
	B16 早操	（C52）是否存在；（C53）是否坚持
	B17 课间操	（C54）是否存在；（C55）是否坚持
	B18 课外体育活动	（C56）是否存在；（C57）是否坚持
	B19 课余训练	（C58）是否存在；（C59）是否坚持
	B20 体育竞赛	（C60）校内体育竞赛；（C61）校外体育竞赛

在问卷中，按照"完全合适"、"比较合适"、"一般"、"不太合适"、"不合适"设置五个评价等级和修改完善建议项（附录6），发放给本地区45位基层教体局主管领导、高校学校体育专家、中小学校长和体育教师。指标保留标准为，2/3（66.7%）以上专家认为"完全合适"、"比较合适"为入选标准。41位专家和老师有效填写，分析如下：

（一）学校体育资源一级指标的预筛选①

人力资源、财力资源、物力资源是资源学中的三大资源。在以往文献的研究中发现，所有的研究均把三者列为最主要的资源。②③ 通过整理专家调查问卷发现绝大多数专家都支持把学校体育人力资源、财力资源、物力资源三大资源作为学校体育资源评估体系的一级指标。

学校体育信息资源的预筛选。体育信息，是指反映体育事业这个特定事物特征及其发展变化情况的各种消息的总和。从广义上讲，指一切可以向体育事业提供信息的消息和资料。体育信息包括体育及其有关的消息、情报、指令、决策、图纸、数据、信号、资料等。体育信息资源是体育决策和规划的基础；体育信息是发展体育事业的依据；体育信息是学校体育系统与社会沟通的工具。④ 学校体育信息虽然没有体育信息那么广义，但是学校体育信息是学校体育信息的获取以及体育信息传播的中转站。秦贺全、朱俊全认为，学校体育资源可以分为自然资源和社会资源，社会资源可以分为体育人力资源、体育文化资源、体育科技资源、体育物资资源和体育信息资源⑤；卢闻君认为学校体育资源有广义和狭义之分，其中广义的就有图书方面的问题，这就牵扯到体育信息资源等。结合专家访谈意见，在设计调查问卷的时候，体育信息资源作为学校体育资源的一级指标进行设立。

学校体育时间资源的筛选。学校体育时间资源是学校师生进行体育技

---

① 孟建斌：《学校体育资源评估指标体系构建及验证研究》，硕士学位论文，河南大学，2010年。

② 李冬梅、李石柱、唐五湘：《我国区域科技资源配置效率情况评价》，《北京机械工业学报》2003年第1期。

③ 胡咏梅：《学校资源配置与学生成绩关系：基于西部农村的实证分析》，教育科学出版社2010年版。

④ 刘建中：《对我国体育信息资源问题的研究》，《上海体育学院学报》1991年第S1期。

⑤ 秦贺全、朱俊全：《对体育资源一些基本问题的探讨》，《首都体育学院学报》2004年第1期。

能学习、身体锻炼、体育活动最基本的时间保证。学校时间资源能为学生提供体育活动所必需的时间，同时也是学校各项体育活动顺利开展的时间保证。在进行问卷调查初期，通过走访基层体育工作者发现，有相当部分学校体育课被挤占；体育课数量不达标；课外活动要么是没有、要么是没人指导、要么是被其他学科占用等；缺乏体育活动开展必要的经费导致学校开展体育活动较少甚至没有体育活动；调查过程中发现在偏远农村这种现象存在比较严重。通过对基层体育工作者的调查及专家访谈，把时间资源作为学校体育资源评价指标体系的一级指标设计在专家调查问卷中。

表 4 - 2　　　　　学校体育资源评估体系一级指标预调查专家

认可情况（n = 41　人次%）

指标名称	完全合适	比较合适	一般	不太合适	不合适
人力资源	29（70.7）	9（21.9）	3（7.3）	0	0
财力资源	34（82.9）	7（17.1）	0	0	0
物力资源	34（82.9）	7（17.1）	0	0	0
信息资源	15（36.6）	15（36.6）	6（14.6）	3（7.3）	2（4.9）
组织资源	8（19.5）	18（43.9）	10（24.4）	3（7.3）	2（4.9）
时间资源	20（48.8）	16（39.0）	3（7.3）	2（4.9）	0

注：表中数据，括号外为此项的专家人数，括号内为专家的百分比（下同）。

从表 4 - 2 中可以看出接受调查的 41 位专家对在问卷中出现的学校体育资源评估体系的一级指标的评判情况：所有调查的 41 位专家对学校体育人力资源、财力资源、物力资源持比较合适以上态度的占 90%以上。因为人力资源、财力资源、物力资源是资源评估的三大主要指标。

学校体育信息资源指标专家评判情况：近 75%的专家认为比较合适或完全合适，还有 1/4 的专家认为一般、不太合适或不合适。通过对持否定态度专家的回访得知，他们认为在城市学校这个指标可行，而农村学校不要说体育信息资源，语文、数学等课程也没有信息资源，因此他们认为调查结果会出现城乡绝对的偏差。我们分析认为，学校体育信息资源在学校体育事业的发展中起着关键的作用，它直接影响着体育老师更新知识、开阔视野，尤其是了解国外学校体育教学的最有效窗口。因此，通过对专家的进一步回访，把信息资源作为学校体育资源评估体系的预选一级指标。

学校体育组织资源：在调查的41位专家、学者中，有近40%的被调查对象持反对态度。持反对态度者认为，虽然学校的体育组织机构的有无、级别高低是学校体育活动开展的组织保证，但这个指标是学校的主观性指标，学校自身是可以通过改善进行提高的。而学校体育资源的评估更应该考虑把那些由上级政府部门配置的资源作为主要指标，故在本研究中学校体育组织机构不作为学校体育资源评级体系的评价指标。

学校体育时间资源：在调查的41位专家、学者中有近一半的被调查对象持完全合适态度；有39.0%的专家、学者持比较合适态度；对学校体育组织机构作为学校体育资源评估体系的一级指标认为一般的专家、学者占7.3%。通过再次查阅文献、国家关于学校体育活动时间的相关文件并与其他学者进行交流，认为学校体育时间资源属于学校体育资源的范畴，故在本研究中学校体育时间作为学校体育资源的评价指标。

按照上述步骤，在查阅文献、专家访谈与专家问卷调查的基础上，本研究预选出了城乡学校体育资源评估的一级指标（见图4-1）。

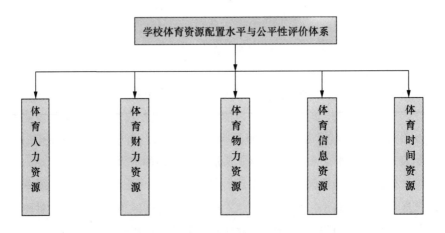

图4-1 预选调查所筛选的学校体育资源配置水平与公平性评估体系一级指标

（二）学校体育资源配置水平与公平性评估体系子指标的预筛选①②

1. 人力资源子指标的预筛选

从体育人力资源考虑，应包括所有参与体育事业的人员。主要包括体育教师、体育科研人员、体育管理者、体育教辅人员、教练员、运动员及体育比赛服务人员、拉拉队员等。本研究涉及学校体育人力资源主要有体育教师、体育科研人员、体育管理者、体育教辅人员等构成。在中小学校运动员不属于教育部门和政府部门配备对象，学校运动员一般都由学校内部学生中有体育潜能、有良好身体素质的人员组成。教练员分为校内教练员和校外教练员（主要为体校教练兼任），校内教练员在中学一般都由体育老师组成，兼职的很少甚至没有。鉴于以上情况，不把教练员指标列为学校体育人力资源的子指标。体育比赛的服务人员以及啦啦队成员都不属于政府以及教育部门配备的范围，故不作考虑。

表4-3　　学校体育人力资源二级指标预调查情况（n=41　人次%）

指标	完全合适	比较合适	一般	不太合适	不合适
体育教师	38（92.7）	3（7.3）	0	0	0
体育管理者	16（39.0）	15（36.6）	10（24.4）	0	0
体育教辅人员	10（24.4）	22（53.6）	7（17.1）	2（4.9）	0

从表4-3可以看出，把体育教师作为学校体育人力资源的二级指标持完全合适的占92.7%，比较合适的占7.3%，把体育教师作为核心的学校体育人力资源；对体育管理者作为学校体育人力资源的二级指标持完全合适的占39.0%，比较合适的占36.6%，一般的占24.4%；24.4%的专家对体育教辅人员作为学校体育人力资源的二级指标持完全合适，比较合适的占53.6%，一般的占17.1%。通过对那些选择一般选项的专家进行回访，那些对体育管理者作为学校体育人力资源二级指标有异议的，主要原因是本问卷没有说明体育管理者是哪一级的管理人员（副校长、体育

---

① 孟建斌：《学校体育资源评估指标体系构建及验证研究》，硕士学位论文，河南大学，2010年。

② 张大超、孟建斌：《我国城乡中小学体育资源评价指标体系研究》，《上海体育学院学报》2011年第5期。

组长、体育老师以及班主任等），后经过对专家的解释，说明体育管理人员是校级、教导主任、体育组长等体育管理者，专家认可该指标。一些专家认为在中学体育教辅人员几乎不存在，没有必要列为评价指标，在基层走访时发现城市比较好的学校的确存在教辅人员，通过把这一情况与专家进行交流，专家赞同把体育教辅人员作为人力资源评价指标。

综合以上预调查问卷分析，初步预选了学校体育人力资源的子指标体系（见图 4 - 2）。

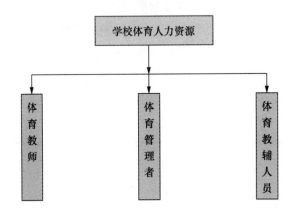

图 4 - 2 预调查后初步筛选的学校体育人力资源子指标

通过查阅文献和初步专家访谈，主要从学校体育人力资源的数量、质量、合理性、提高业务机会、待遇水平五大方面设计了相关指标（见表 4 - 4）。并把这些相关指标分别设计在问卷中，请预调查专家进行预筛选。

表 4 - 4 学校体育教师的子指标专家调查情况（n = 41 人次%）

指标		完全适合	比较适合	一般	不太适合	不适合
数量	师生比	18 (43.9)	20 (48.8)	2 (4.9)	1 (2.4)	0
	工作量	13 (31.7)	18 (43.9)	6 (14.7)	3 (7.3)	1 (2.4)
质量	学历结构	19 (46.3)	19 (46.3)	3 (7.4)	0	0
	专业结构	17 (41.5)	20 (48.8)	3 (7.3)	1 (2.4)	0
	职称结构	20 (48.8)	19 (46.3)	2 (4.9)	0	0

续表

指标		完全适合	比较适合	一般	不太适合	不适合
合理性	年龄结构	16 (39.0)	22 (53.7)	2 (4.9)	1 (2.4)	0
	性别结构	9 (22.0)	16 (39.0)	12 (29.3)	3 (7.3)	1 (2.4)
提高业务机会	接受培训机会	23 (56.1)	14 (34.1)	4 (9.8)	0	0
待遇水平	服装配备	15 (39.0)	18 (53.7)	6 (14.7)	2 (4.9)	0
	月收入	12 (29.3)	17 (41.5)	9 (20.0)	2 (4.9)	1 (2.4)

从表4-4可以看出，专家们对师生比、学历结构、专业结构、职称结构、年龄结构、接受培训机会等指标意见比较一致，均予以肯定。但专家对学校体育教师的工作量、性别结构、服装配备、月收入等指标存在较大分歧。我们对持不同意见的专家进行回访，并把基层调研情况向专家汇报。对于"工作量"指标，专家认为同"师生比"是一类指标，师生比小固然工作量也会小，另外，工作量也与学校的管理水平息息相关，不宜作为评价指标；性别结构也没有严格规定，虽然《学校体育工作条例》要求有条件的学校要实行男女分班教学，要配备一定数量的女体育教师，但在实际中大多数学校并没有男女分班教学，也与建立城乡体育资源评估体系的初衷不太一致；专家认为月收入指标很重要，但是很难统计。我们把基层学校的这个指标作为最重要的指标反馈给专家，该指标是教师最为关心的话题，关系到体育教师切身利益，所以在该评价体中应该有月收入；服装配备这一指标是教育部门规定体育教师专门的福利，在走访基层体育教师中服装配备大多数存在，个别学校教师没有，只是配备的标准差别较大，通过把走访情况向有关专家汇报后，专家一致认为该评价指标体系中服装配备应该列入。

通过对专家的访谈、问卷发放回收统计，预筛选了学校体育教师的评价指标：师生比、学历结构、专业结构、职称结构、年龄结构、接受培训机会、服装配备、月收入8个指标作为评价体育教师的子指标（见图4-3）。其中，在学历评价中最初考虑是否第一学历、是否统招学历、是否重点院校等一系列指标，但是通过实际走访体育教师、体育管理者意见一致认为第一学历重要，具体毕业院校是不是重点院校没有明显的区别，所以本评价体系的学历结构指标均指第一学历。

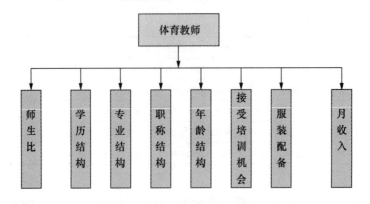

图 4 - 3　体育教师评价指标

专家对学校体育管理者、体育教辅人员评价指标的筛选，认为不能与教师的评价指标相同，原因在于体育教师是学校体育人力资源中最重要的评价指标，是直接工作在教学第一线的，对学校体育资源起重要的作用。对于体育教师评价指标的筛选，是严格按照教学过程中能够反映教师实际情况来筛选的。但管理者和教辅人员处于辅助地位，指标应主要能反映他们的数量与质量（业务能力）方面，按照这个思路，根据访谈与问卷统计结果（见表 4 - 5、表 4 - 6），我们预筛选了学校体育管理者和学校体育教辅人员的评估指标：学校体育管理者主要从数量进行评价，学校体育教辅人员主要从教辅人员与学生比、年龄结构进行评价（见图 4 - 4、图 4 - 5）。

表 4 - 5　　学校体育管理者子指标调查情况表（n = 41　人次%）

指标	完全合适	比较合适	一般	不太合适	不合适
人员数量	12 （29.3）	23 （56.1）	5 （12.2）	1 （2.4）	0
年龄结构	3 （7.4）	10 （24.4）	19 （46.3）	8 （19.5）	1 （2.4）
性别结构	1 （2.4）	8 （19.5）	21 （51.2）	9 （22.0）	2 （4.9）
学历结构	4 （9.8）	16 （39.0）	15 （36.6）	3 （7.3）	3 （7.3）
专业结构	1 （2.4）	12 （29.2）	22 （53.7）	4 （9.8）	2 （4.9）
职称结构	1 （2.4）	10 （24.5）	14 （34.1）	14 （34.1）	2 （4.9）

表4-6　　　学校体育教辅人员子指标调查情况表（n=41　人次%）

指标	完全合适	比较合适	一般	不太合适	不合适
教辅人员与学生比	17（41.4）	20（48.8）	4（9.8）	0	0
年龄结构	10（24.5）	18（43.9）	12（29.2）	1（2.4）	0
性别结构	1（2.4）	6（14.6）	19（46.4）	11（26.8）	4（9.8）
学历结构	4（9.8）	15（36.6）	11（26.8）	8（19.5）	3（7.3）
专业结构	6（14.6）	13（31.8）	17（41.4）	4（9.8）	1（2.4）
职称结构	9（22.0）	10（24.4）	16（39.0）	4（9.7）	2（4.9）

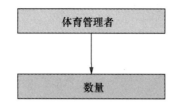

图4-4　体育管理者评价指标

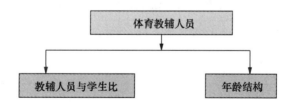

图4-5　体育教辅人员评价指标

经过上述二级、三级指标的预调查，初步筛选出了学校体育人力资源评估体系如图4-6所示。

2. 财力资源子指标的预筛选

查阅文献认为学校体育财力资源的子指标主要有政府和教育部门的投入。通过实地走访，教育部门的投资应归属于政府部门，知名学校存在社会捐助、学校创收等经济来源。

从表4-7中可以看出在访谈与问卷调查的41位专家中，其中6位专家认为政府投入不适合作为学校体育财力资源的二级指标，在回访这些专家时，专家主要谈到教育部门投资和政府投资二者属于什么关系？教育部门每年也对学校体育方面进行投资，在进一步解释说明以后，专家们认同

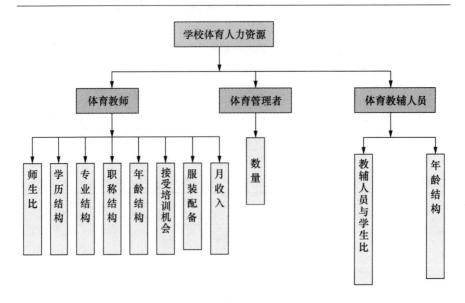

图 4 − 6　预调查预筛选出的学校体育人力资源评估指标体系

表 4 − 7　　学校体育财力资源二级指标预调查情况（n = 41　人次%）

指标	完全合适	比较合适	一般	不太合适	不合适
政府投入	23（56.1）	12（29.3）	3（7.3）	3（7.3）	0
社会捐助	11（26.8）	21（51.2）	2（4.9）	5（12.2）	2（4.9）
学校创收	6（14.6）	15（36.6）	10（24.4）	4（9.8）	6（14.6）

了这个指标及其内涵。社会捐助在现实中的确存在，有近21%的专家认为该指标一般、不太合适与不合适。通过回访，他们主要认为：课题主要研究的是教育公平问题，主要应是对政府的资源配置情况进行评估，而不应把社会其他途径资金作为评估指标。但我们在查阅美国、英国、加拿大等发达国家的教育资源配置及农村、偏远地区落后学校的应对对策时，主要途径除政府加大投资外，主要是鼓励社会赞助，也看作是外部资金的配置，因此，我们纳入了这个指标。通过查阅文献和走访相关专家发现，学校创收这一指标放在这里的确不合适，一是学校作为教书育人场所，学校的主要任务是教学，学校的场地和器材是供学校日常教学使用的，不可能用来搞创收；二是学校创收在一定感情色彩里，不应属于学校概念的范畴，不把学校创收这一指标作为学校体育财力资源的二级指标；三是即使

学校有体育创收，但在统计这个指标时学校往往不会如实填写。基于上述的调研结果与现实分析，本研究预筛选了学校体育财力资源子指标（见图4-7）。

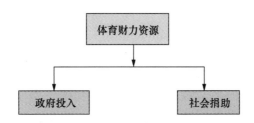

图4-7　体育财力资源预筛选子指标

通过查阅以往文献对政府投入和社会捐助子指标的分析，结合专家访谈结果，对政府投入和社会捐助的子指标进行问卷设计。把政府投入和社会捐助指标的子指标，即政府投入金额、用于体育方面的比例、学生人均金额设计在调查问卷中。

表4-8　　学校体育财力资源三级指标预调查情况（n=41　人次%）

指标	完全合适	比较合适	一般	不太合适	不合适
投入学校的总金额	4 (9.8)	11 (26.8)	14 (34.1)	10 (24.4)	2 (4.9)
用于体育方面经费的比例	5 (12.2)	16 (39.0)	12 (29.3)	6 (14.6)	2 (4.9)
学生人均体育经费金额	25 (61.0)	15 (36.6)	1 (2.4)	0	0

从表4-8中可以看出，专家对投入金额、用于体育方面的比例意见分歧较大，近一半的专家对投入学校的总金额、用于体育方面经费的比例两个指标持反对意见，他们认为，学生的人均体育经费就能够代表这些指标。绝大多数专家同意把学生人均体育经费金额作为学校体育财力资源的评估指标。不过，有几位专家指出，由于政府投入、社会捐助可能每年比例不同，可能今年这个学校多些，明年那个学校多些，建议改为"近三年学生人均体育经费金额"。根据上述调查结果与分析，确立了学校体育财力资源的三级指标：近三年学生人均体育经费金额（见图4-8）。

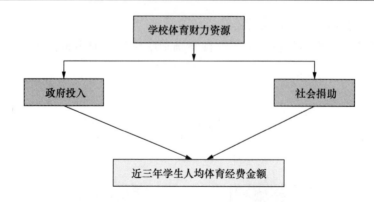

图 4 - 8　学校体育财力资源评估指标体系

3. 物力资源子指标的预筛选

通过对学校体育物力资源一级指标的预选，要考虑学校哪些指标能够反映学校体育物力资源指标。学校体育物力资源是指比较正规的体育场地、健身活动场所、体育器材等设施，是实现学校体育目的和任务的物质基础。通过查阅文献和走访专家，以及进一步的分析，把学校体育物力资源子指标设定为体育场地、体育器材两大类。

表 4 - 9　学校体育物力资源二级指标预调查情况（n = 41　人次％）

指标	完全合适	比较合适	一般	不太合适	不合适
体育场地	17 (41.5)	20 (48.8)	3 (7.3)	1 (2.4)	0
体育器材	15 (36.6)	18 (43.9)	5 (12.2)	2 (4.9)	1 (2.4)

从表 4 - 9 中可以看出，专家对学校体育物力资源的子指标体育场地、体育器材比较认同。对持不同意见的专家，通过查阅相关文献和对专家的回访，意见达成一致，形成学校体育物力资源指标体系（见图 4 - 9）。

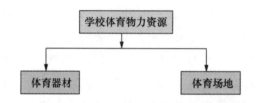

图 4 - 9　学校体育物力资源评价预调查预选子指标

　　通过调查基层体育教师，调查结果认为学校体育场地主要由田径场地、篮球场地、排球场地、足球场地、羽毛球场地、乒乓球场地组成；体育器材主要有篮球架、排球架、足球门、羽毛球架、跳高架、跳高横杆、乒乓球台、双杠、单杠、山羊、助跳板、发令枪、秒表、篮球、排球、软式排球、足球、乒乓球、羽毛球、拔河绳、长短跳绳、刀、枪、棍、体操垫、小体操垫、皮尺、实心球、铅球、垒球、标枪、铁饼、起跑器、羽毛球拍、乒乓球拍等器材。但是通过走访专家，专家们认为对学校体育场地的评价子指标还应该增加网球场地和器械健身区，还有室内各种体育场地；室内场地在农村学校最多是不规则的室内乒乓球场地，所以在第一次确定体育场地的指标时由于受调查对象（基层体育老师）所处的环境所致，没有对学校室内体育场地进行充分的考虑。被访谈的专家有8位提到学校室内体育场地应作为体育场地评价指标，有20位专家提到在体育场地子指标应增加室内体育场地和网球场地。因此，网球场地作为体育场地的子指标在专家调查问卷中出现。

表4-10　学校体育场地评价指标子指标预调查情况（n=41　人次%）

指标	完全合适	基本合适	一般	不太合适	不合适
室内场地	17 (41.5)	22 (53.6)	2 (4.9)	0	0
室外场地	17 (41.5)	22 (53.6)	2 (4.9)	0	0
场地面积	7 (17.1)	15 (36.5)	10 (24.4)	5 (12.2)	4 (9.8)
场地质地	14 (34.1)	16 (39.0)	9 (22.0)	2 (4.9)	0
生均面积	22 (53.6)	17 (41.5)	2 (4.9)	0	0

　　从表4-10中可以看出，专家对于学校体育场地子指标设置，专家对室内场地、室外场地、场地质地、生均面积几个指标比较认同，而认为场地面积与生均面积两个指标重复，建议去除场地面积。并且，有相当的专家指出，应用生均室内场地面积、生均室外场地面积来代表室内场地、室外场地等指标。对于场地质地这一指标，在调查过程中，有超过25%的专家认为这个指标不合适。但是，通过对城乡学校的实地调研，有些学校拥有上百万的人造塑胶场地，有些学校甚至连土质场地都没有，这些现状正是我们城乡学校体育资源研究的焦点问题。所以，通过和专家交换意见，场地质地作为学校体育场地资源的评价指标。

最后，综合上述预调研结果，我们预筛选了学校体育场地资源评估指标体系（见图4-10）。

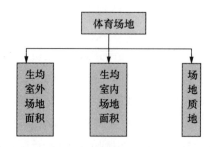

图4-10　体育物力资源体育场地评价指标子系统

表4-11　学校体育器材评价指标子指标调查情况（n=41　人次%）

指标	完全合适	比较合适	一般	不太合适	不合适
器材种类	14 (34.2)	24 (58.5)	2 (4.9)	1 (2.4)	0
器材数量	3 (7.3)	15 (36.6)	14 (34.1)	5 (12.2)	4 (9.8)
生均占有量	18 (43.9)	19 (46.3)	4 (9.8)	0	0

从表4-11中可以看出，专家对器材种类、生均占有量均持赞成意见，而最为突出的是器材数量这一指标有56.1%的专家认为一般、不太合适、不合适。他们认为器材的数量是满足体育教学的基础，学生锻炼的保证，但是可以通过生均占有量来反映。另外，有部分专家提出器材质量、器材使用率、自制器材这些指标也应作为体育器材的评价子指标的问题。我们研究学校体育资源是从宏观角度来研究的，器材利用率和质量作为微观层面的研究，不能列入指标体系中；自制器材是学校体育器材的一部分，但是我们研究的是国家对学校体育资源配备的问题，自制器材不属于国家对学校体育器材配备范围，不作为学校体育资源体育器材的子指标。最终与专家意见达成一致，预筛选了学校体育器材评价子指标（见图4-11）。

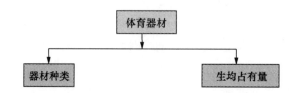

图4-11　体育物力资源体育器材预调查筛选指标子系统

通过访谈专家和实地考察，体育器材种类繁多在实际操作中带来不便统计。在第一次访谈中就有专家提出这样的建议：统计器材虽然是越详细越好，但是要考虑到实际操作过程中，是不是能够按照我们设计的意图去操作；还有一些专家提出：在器材评价这一内容上是不是能按照国家对学校体育配备的标准来对待呢？在整理专家意见的基础上，进行第二次调查问卷的设计，调查结果表明专家意见：按照易消耗体育器材不作为调查范围；把那些大架不易消耗的体育器材作为调查范围。因此，学校体育器材评价对象为：篮球架、排球架、足球门、羽毛球架、乒乓球台、双杠、单杠、山羊、助跳板、发令枪、秒表、跳高架、跳高横杆作为学校体育器材的子指标。最后预筛选了学校体育物力资源评价指标体系（见图4-12）。

4. 信息资源子指标的预筛选

通过查阅文献和走访基层体育教师发现，学校体育信息资源主要从报纸、杂志、图书、网络方面获取，我们把这些指标设计到专家问卷中。

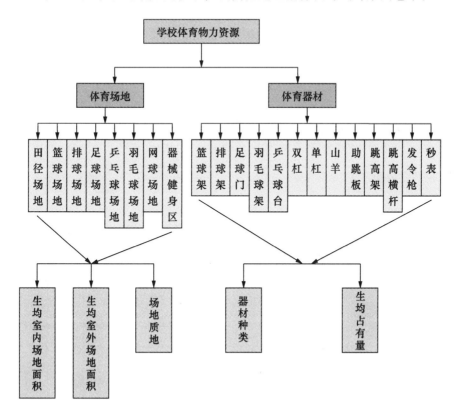

图4-12　学校体育物力资源评价体系

表4-12　学校体育信息资源二级指标预调查情况（n=41　人次%）

指标	完全合适	比较合适	一般	不太合适	不合适
报纸	15 (36.6)	18 (43.9)	5 (12.2)	3 (7.3)	0
杂志	15 (36.6)	18 (43.9)	6 (14.6)	2 (4.9)	0
图书	15 (36.6)	20 (48.7)	2 (4.9)	4 (9.8)	0
网络资源	18 (43.9)	19 (46.4)	3 (7.3)	1 (2.4)	0

从表4-12可以看出，对学校体育信息资源的二级指标报纸、杂志、图书、网络资源都有少数专家持不太合适意见。通过回访专家，把走访基层学校体育教师的情况和专家进行交流，在基层走访体育教师的时候，学校对于体育信息资源是很贫乏的，学校体育信息基本都是从报纸、杂志、图书以及网络资源（很少有网络资源）获取的，再把这些情况向专家介绍完以后，专家赞成把报纸、杂志、图书、网络资源指标作为学校信息资源的二级指标（见图4-13）。

通过对学校体育信息资源二级指标的确定，对于报纸、杂志、图书主要从种类、数量上来进行评价；网络资源主要考虑有没有计算机，计算机是不是具有网络资源和购买文献数据库来进行判断。

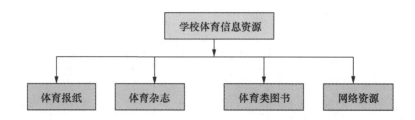

图4-13　体育信息资源预筛选子评价指标

表4-13　体育类报纸、杂志、图书指标调查情况（n=41　人次%）

指标	完全合适	比较合适	一般	不太合适	不合适
种类	17 (41.5)	16 (39.0)	7 (17.1)	1 (2.4)	0
数量	17 (41.5)	15 (36.6)	5 (12.2)	3 (7.3)	1 (2.4)

从表4-13中可以看出，专家对学校体育信息资源二级指标的子指标认可度很高，但是在问卷中反映出使用率、使用周期和频度的相关指标。这些指标在对学校体育信息资源评价上应属于微观评价，这一点与本研究

的研究角度不同。另外，有几位专家指出"数量"指标不够准确，建议改为"教师均占有量"。所以，通过专家交流以后，确立了体育类报纸、杂志和图书的评价指标：种类、体育教师均占有量（见图4－14）。

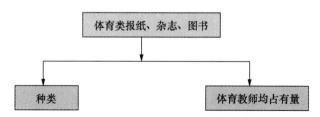

图4－14　体育信息资源评估预筛选指标子系统

表4－14　　　　　网络资源指标的预调查情况（n＝41　人次%）

指标	完全合适	比较合适	一般	不太合适	不合适
体育教师计算机均占有量	12（29.3）	27（65.9）	1（2.4）	1（2.4）	0
网络一般查询资源	10（24.4）	22（53.6）	7（17.1）	2（4.9）	0

从表4－14中可以看出专家对网络资源指标基本同意，其中对网络一般查询资源持有不同意见。通过回访不同意的专家，他们没有选择的主要原因是：一般网络资源与体育信息没有多大关系。其实学校体育资源的获得主要靠网络，通过互联网可以了解体育的各种信息，所以，网络资源是学校与外界沟通的主要工具。通过走访城市学校、乡村学校，结果在偏远的农村连计算机都不存在，就根本谈不上一般网络的查询资源。但是，在城市学校计算机以及一般的网络资源基本存在。所以，综合以上情况和专家回访意见，预筛选出体育教师计算机均占有量、网络一般查询资源作为网络资源指标的子指标（见图4－15）。

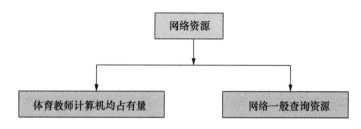

图4－15　体育网络资源预筛选指标子系统

通过对学校体育信息资源的研究，走访专家、体育管理者和基层体育教师，把走访结果进行整合并设计专家问卷。通过对调查问卷进行整理，对不同意见专家进行回访，最后预筛选出学校体育信息资源评价体系（见图4－16）。

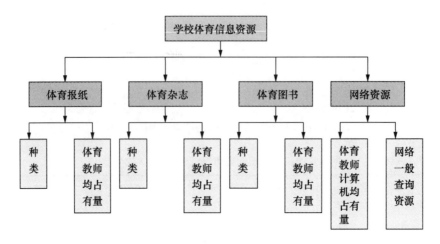

图4－16 学校体育信息资源预调查筛选评价指标体系

5. 时间资源子指标的预筛选

通过查阅资料并结合学校体育工作的特点和性质，体育时间资源主要包括体育课时间、课外体育活动时间、体育竞赛时间等一些指标。但通过对农村一些学校的实地调查，发现作为寄宿学校早操是学生进行体育锻炼的时间，学校课余训练也属于学校体育时间资源的范畴。为此，我们设计了相关问卷，主要包括表4－15中所列出的指标。

表4－15 学校体育时间资源二级指标预调查情况（n＝41 人次％）

指标	完全合适	比较合适	一般	不太合适	不合适
早操	12（29.3）	19（46.3）	7（17.1）	1（2.4）	2（4.9）
课间操	22（53.7）	14（34.1）	5（12.2）	0	0
体育课	38（92.7）	3（7.3）	0	0	0
课外体育活动	21（51.2）	13（31.7）	5（12.2）	2（4.9）	0
课余训练	8（19.5）	12（29.3）	11（26.8）	7（17.1）	3（7.3）
体育竞赛	10（24.4）	13（31.7）	13（31.7）	4（9.8）	1（2.4）

从表4－15中可以看出专家对时间资源二级指标体育课、课间操、课外体育活动一致认为完全合适与比较合适，而早操、课余训练和体育竞赛三个指标专家表示明显不同的意见。对认为不太合适的专家进行回访，他

们主要认为：早操仅在农村寄宿学校开展，课余训练仅涉及部分学生，体育竞赛开展仅是部分时间，还有个别学校就没有参加过体育竞赛，这种情况主要是在偏远的农村学校。中共中央、国务院《关于加强青少年体育增强少年体质的意见》明确提出：寄宿学校的学生必须早操。这一点对于城市学校是不同的，原因是城市学校的学生为走读生，没有早操。但是，本书研究的是城乡学校，这一指标我们如果舍弃，那么在评价乡镇学校体育时间资源时，就会缺少早操这一时间资源的指标。另外，专家指出，从可行性来看，应统计每周的每项体育活动的总时间，否则，统计可能会难以操作，因此，所有时间是以每周的总时间作为比较指标。最后，确立了学校体育时间资源评价指标体系（见图4－17）。

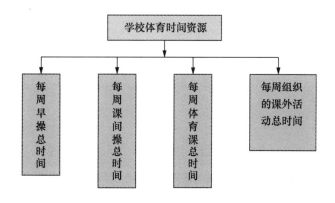

图4－17　体育时间资源子评价指标

综合以上预调查，预筛选出了学校体育资源评估指标体系（见图4－18）。

二　城乡学校体育资源配置水平与公平性评估指标专家正式筛选结果与分析[1]

在前面进行41位地方专家预调查分析的基础上，依照可操作性、今后数据处理的可行性及用词的准确性（如"体育器材"改为"体育设备"），我们又对图4－18所预筛选的5项一级指标、15项二级指标及42项三级指标进行了合并处理及调整，调整为5项一级指标、14项二级指标及25项三

---

[1]　陈海青：《郑州市城乡学校体育资源配置公平状况调研分析》，硕士学位论文，河南大学，2013年。

级指标。调整后所形成的正式调查指标体系见表 4 - 16。

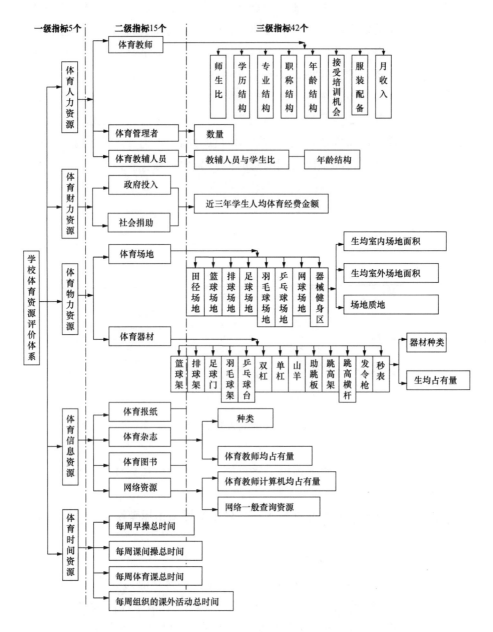

图 4 - 18　预调查筛选学校体育资源配置水平与公平性评估体系

表 4 – 16　　　　预调查筛选及重新调整后形成的正式调查学校体育
资源配置水平与公平性评估体系

一级指标	二级指标	三级指标
A1 学校体育人力资源	B1 体育教师	C1 年龄结构；C2 学历结构；C3 职称结构；C4 专业结构；C5 接受培训机会；C6 服装配备；C7 月收入；C8 师生比
	B2 体育管理者	C9 数量
	B3 体育教辅人员	C10 教辅人员与学生比；C11 年龄结构
A2 学校体育财力资源	B4 政府投入	C12 近三年政府投入生均体育经费金额
	B5 社会捐助	C13 近三年社会捐助生均体育经费金额
A3 学校体育物力资源	B6 体育场地	C14 生均室内场地面积；C15 生均室外场地面积；C16 生均标准场地面积；C17 生均非标准场地面积
	B7 体育设备	C18 每千人体育设备数量（篮球架、乒乓球台、排球网等）
A4 学校体育信息资源	B8 体育信息宣传设施建设	C19 每千人体育宣传栏、电子屏等数量
	B9 体育类读物（体育图书、报纸、杂志等）	C20 每千人体育读物数量
	B10 体育网络资源	C21 体育教师计算机均占有量
A5 学校体育时间资源	B11 体育课时间资源	C22 每周体育课总时间
	B12 早操时间资源	C23 每周早操总时间
	B13 课间操时间资源	C24 每周课间操总时间
	B14 课外体育活动时间资源	C25 每周组织的课外体育活动总时间

此后，把表 4 – 16 各级指标设计到正式专家调查问卷中，对每项指标采取两方面问题的作答：一是按照"同意"、"不同意"指标的入选进行选择，并提出"修改意见和建议"；二是按照"非常重要"、"比较重要"、"一般重要"、"比较不重要"和"非常不重要"五个等级对各个指标的重要程度进行评判，为指标的最终入选提供条件。

（一）按照同意指标入选与否专家筛选结果与分析

本轮调查主要对 5 个一级指标、14 个二级指标及 25 个三级指标分别设计"同意"、"不同意"与"需修改及修改建议"三个选项填，"同意"打"√"，"不同意"打"×"，专家还可以根据自己的知识与经验在"修改意见和建议"栏中填写具体意见。按照多数原则，"同意"通过率在 2/3 (66.7%) 以上作为第一轮指标入选标准。

1. 一级指标筛选结果与分析

分析调查问卷，从第一部分调查的总体结果来看（见表 4 – 17），专家对学校体育人力资源、学校体育物力资源、学校体育信息资源三个一级指标是完全赞同的，而对于"学校体育财力资源"，有个别专家认为其与"学校体育物力资源"通常是融合在一起的，认为建场馆费用、维护费等都是在一起，容易重复。另外，有专家认为学校体育财力资源指标难以统计。后分析发现，可能是由于表述不够准确，这里的学校体育财力资源主要指用于体育场馆维护、购买易耗体育器材、员工工资等。另外，近 60% 的专家认为，"学校体育时间资源"指标设置"没有必要"，他们认为："不管是城市学校还是农村学校国家对各个学校的课程时间是一致的，只是有些学校占用了体育时间或没有充分利用时间，这主要是学校内部的问题，与国家时间设置无关。"因此，本研究删除了该一级指标。

表 4 – 17　城乡学校体育资源一级指标筛选专家意见情况及处理结果

名称	通过率（%）	主要意见	处理结果
A1 学校体育人力资源	100		保留
A2 学校体育财力资源	90.5	与物力资源重复；难以统计	保留
A3 学校体育物力资源	100		保留
A4 学校体育信息资源	100		保留
A5 学校体育时间资源	42.9	没有必要；国家对城乡学校体育时间分配一样	删除

2. 二级指标筛选结果与分析

从表 4 – 18 专家调查结果看，专家对体育教师、体育教辅人员、政府投入、体育场地、体育设备、体育类读物 6 项二级指标基本没有异议，一致认可这些指标应纳入评估二级指标体系。而对"学校体育时间资源"下的 4 项二级指标与其一级指标一样，专家认为"没有必要"，与研究目标不一致，故删除该 4 项二级指标。有相当部分专家对"体育管理者"和"体育信息宣传设施建设"持否定意见，他们认为"体育管理者"主要还是由"体育教师"兼任，虽然有些学校有副校长主抓体育工作，但他主要职能不在体育工作，因此，"体育管理者"与"体育教师"在某种程度上是一种重复，因此删除该指标。而对于"体育信息宣传设施建设"指标，许多专家认为难以设计具体指标进行评价，且学校体育宣传途径多样，不需要有专门的宣传设施，可以借用学校任何有效宣传媒介，因此，删除该指标。也有部分专家认为，"社会捐助"不应列入评价体系，因为本书主要研究政府公共体育资源配置公平性状况，显然"社会捐助"不是政府行为。但我们分析认为，"社会捐助"多是在政府政策引导或政策支持影响下而实施的具体行为，与政府的支持多数是分不开的，虽不是直接由政府投入，但也是政府激励的结果，因此，仍然保留该指标。

表4-18　　城乡学校体育资源二级指标筛选专家意见及处理结果

名称	通过率（%）	主要意见	处理结果
B1 体育教师	100	B1 包含 B2	保留
B2 体育管理者	52.4	应合并	删除
B3 体育教辅人员	90.5		保留
B4 政府投入	100		保留
B5 社会捐助	85.7	可能与政府体育资源配置无关	保留
B6 体育场地	100		保留
B7 体育设备	100		保留
B8 体育信息宣传设施建设	52.4	难以设计具体评价指标	删除
B9 体育类读物（体育图书、报纸、杂志等）	100		保留
B10 体育网络资源	81.0		保留
B11 体育课时间资源	42.9	同上级指标，没有必要	删除
B12 早操时间资源	42.9	同上级指标，没有必要	删除
B13 课间操时间资源	42.9	同上级指标，没有必要	删除
B14 课外体育活动时间资源	42.9	同上级指标，没有必要	删除

3. 三级指标筛选结果与分析

对于三级指标的评价意见，专家们多数指标是一致认可的（见表4-19）。而对于"学校体育时间资源"对应的4项三级指标，专家们也多持否定态度，因此，在此予以删除。专家认为体育教师的"C6 服装配备"指标"不是研究重点"、"体育管理者数量"指标重复、"教辅人员年龄结构"不重要、"每千人体育宣传栏、电子屏等数量"在实地调查中难以统计等，因此，删除这些指标。如三级指标中体育教辅人员的"年龄结构"并不是衡量体育教辅人员配置公平的有力指标，重要的是拥有体育教辅人员数量即人员比。故将"人员比"选为体育教辅人员的三级指标。另外，有专家对体育教师年龄结构及体育教师计算机均占有量两个指标也有不太一致的看法，将根据后面分析结果进行综合评价。

表 4-19　城乡学校体育资源三级指标筛选专家意见情况及处理结果

名称	通过率（%）	主要意见	处理结果
C1 体育教师年龄结构	76.2	认为不太重要	保留
C2 学历结构	90.5		保留
C3 职称结构	100		保留
C4 专业结构	95.2		保留
C5 接受培训机会	85.7	可能难以统计	保留
C6 服装配备	61.9	不是研究重点	删除
C7 月收入	100		保留
C8 师生比	100		保留
C9 体育管理者数量	57.1	与上级指标相同，有重复	删除
C10 教辅人员与学生比	100		保留
C11 教辅人员年龄结构	57.1	不重要	删除
C12 近三年政府投入生均体育经费金额	100		保留
C13 近三年社会捐助生均体育经费金额	85.7		保留
C14 生均室内场地面积	100		保留
C15 生均室外场地面积	100		保留
C16 生均标准场地面积	100		保留
C17 生均非标准场地面积	100		保留
C18 每千人体育设备数量（篮球架、乒乓球台、排球网等）	100		保留
C19 每千人体育宣传栏、电子屏等数量	61.9	没有必要、难以统计	删除
C20 每千人体育读物数量	85.7		保留
C21 体育教师计算机均占有量	81.0	与网络可能不太一致	保留
C22 每周体育课总时间	42.9	同上级指标，没有必要	删除
C23 每周早操总时间	42.9	同上级指标，没有必要	删除

续表

名称	通过率（%）	主要意见	处理结果
C24 每周课间操总时间	42.9	同上级指标，没有必要	删除
C25 每周组织的课外体育活动总时间	42.9	同上级指标，没有必要	删除

根据表4-17、表4-18和表4-19第一部分专家调查结果分析，对整个指标体系的逻辑顺序进行认真梳理，对各个指标进行调整、合并等，并依据现实便于操作，整理出新的指标体系（见表4-20），用于同第二部分调查结果做综合分析。

表4-20　根据第一部分专家调查结果及进一步分析所构建的指标体系

一级指标	二级指标	三级指标
A1 学校体育人力资源	B1 体育教师	C1 年龄结构；C2 学历结构；C3 职称结构；C4 专业结构；C5 接受培训机会；C6 月收入；C7 师生比
	B2 体育教辅人员	C8 教辅人员与学生比
A2 学校体育财力资源	B3 政府投入	C9 近三年政府投入生均体育经费金额
	B4 社会捐助	C10 近三年社会捐助生均体育经费金额
A3 学校体育物力资源	B5 体育场地	C11 生均室内场地面积；C12 生均室外场地面积；C13 生均标准场地面积；C14 生均非标准场地面积
	B6 体育设备	C15 每千人体育设备数量（篮球架、乒乓球台、排球网等）
A4 学校体育信息资源	B7 体育类读物（体育图书、报纸、杂志等）	C16 每千人体育读物数量
	B8 体育网络资源	C17 体育教师计算机均占有量

（二）按照指标重要程度专家筛选结果与分析

对第二部分重要程度专家调查问卷分析，主要将各级评价指标按照"很重要"、"重要"、"一般"、"不重要"、"很不重要"分别赋予5、4、3、2、1的分值，并运用SPSS软件对第二部分的专家调查的数据给予统计分析，进行描述性分析计算出其标准差S、平均值$\overline{X}$，并计算出各个指标的变异系数 CV。变异系数的计算方法是 $CV = \dfrac{S}{X} \times 100\%$。在本部分统计分析中运用到的统计分析参数主要有变异系数、标准差、平均值、Kendall's W 协调系数（协调系数用 W 表示，W 值在 0—1 之间，W 值越大，表明专家的协调程度越高）和 Asymp. Sig. 即专家的一致性系数 P 值。

借鉴以往学者的研究，在筛选指标时的主要依据为：①指标的变异系数不能超过 0.25（变异系数越大，表明离散程度越大；变异系数越小，表明离散程度越小）；②专家的评价结果取得一致性检验。即 P 值小于 0.01 或 P 值小于 0.05；③所选指标的平均得分在 4 分以上（达到总分的 80%）。

另外，对第二部分专家调查数据，采用 SPSS19.0 软件经过描述性统计量和非参数检验的统计分析进行处理，得出各级相应的结果。

①一级指标重要程度专家调查结果与分析。根据第一部分的分析结构，删除了"学校体育时间资源"后，其他一级指标的变异系数均小于 0.25，其中体育信息资源最大，为 0.1328，说明专家对一级指标的评定有很好的集中度（见表 4-21）。随后运用 SPSS17.0 软件针对专家对一级指标的评价进行非参数检验，得出该级指标的一致性系数。专家对一级指标评价的协调系数为 0.363。经过一致性检验，P 值为 0.000 小于 0.01，则认为专家意见的评估或预测的可信度好，评价或预测结果可信（见表 4-22）。

表 4-21 一级指标描述统计分析参数表

一级指标	平均数 Mean	标准差 Std. Deviation	变异系 (CV)	结果
学校体育人力资源	4.75	0.444	0.0935	<0.25 保留
学校体育财力资源	4.80	0.410	0.0854	<0.25 保留
学校体育物力资源	4.80	0.410	0.0854	<0.25 保留
学校体育信息资源	4.30	0.571	0.1328	<0.25 保留

表 4-22 一级指标一致性系数检验统计表

协调系数 Kendall's W	0.363
卡方值 Chi-Square	21.769
df	3
(P) Asymp. Sig.	0.000

②二级指标重要程度专家调查结果与分析。经过第一部分专家的意见，

将"体育管理者"与"体育信息宣传设施建设"两个指标删除后进行统计
分析（见表4-23），二级指标中各个指标的变异系数均小于0.25，专家的
协调系数为0.394，且P值为0.000小于0.01，说明20位专家对二级指标
评价的可信度高（见表4-24）。从二级指标的平均数来看，最低分为4.00
且仅有一个指标，说明二级指标得到了专家的一致同意。并对一些指标内
涵与名称进行了调整。

表4-23　　　　　　　　二级指标描述统计分析参数表

二级指标	平均数 Mean	标准差 Std. Deviation	变异系数（CV）	结果
体育教师	4.85	0.366	0.0755	<0.25 保留
体育教辅人员	4.00	0.725	0.1813	<0.25 保留
政府投入	4.75	0.550	0.1158	<0.25 保留
社会捐助	4.15	0.813	0.1959	<0.25 保留
体育场地	4.80	0.523	0.1959	<0.25 保留
体育设备	4.70	0.571	0.1215	<0.25 保留
体育类读物	4.35	0.813	0.1869	<0.25 保留
体育网络资源	4.29	0.691	0.1611	<0.25 保留

表4-24　　　　　　　　二级指标一致性系数检验统计表

协调系数 Kendall's W	0.394
卡方值 Chi-Square	47.278
df	7
（P）Asymp. Sig.	0.000

③三级指标重要程度专家调查结果与分析。根据以上标准，变异系数
大于0.25及平均值小于4的指标删除，三级指标中需要删除和保留的指标
（见表4-25）。另外将符合标准的指标进行专家评价的一致性检验及指标的
非参数检验，P值为0.002小于0.01，表明专家对该级指标具有高度的一致
性（见表4-26）。

表4-25　　　　　　　三级指标描述统计分析参数表

三级指标	平均数 Mean	标准 Std. Deviation	变异系数（CV）	结果
年龄结构	3.45	1.146	0.3321	>0.25 删除
学历结构	4.30	1.031	0.2398	<0.25 保留
职称结构	4.55	0.759	0.1668	<0.25 保留
专业结构	4.40	0.821	0.1866	<0.25 保留
接受培训机会	4.20	0.894	0.2129	<0.25 保留
月收入	4.30	0.733	0.1705	<0.25 保留
师生比	4.15	0.813	0.1959	<0.25 保留
教辅人员与学生比	4.27	0.906	0.2122	<0.25 保留
近三年政府投入生均体育经费金额	4.70	0.571	0.1215	<0.25 保留
近三年社会捐助生均体育经费金额	4.35	0.745	0.1713	<0.25 保留
生均室内场地面积	4.30	0.865	0.2012	<0.25 保留
生均室外场地面积	4.45	0.826	0.1856	<0.25 保留
生均标准场地面积	4.15	0.933	0.2224	<0.25 保留
生均非标准场地面积	4.05	0.887	0.2190	<0.25 保留
每千人体育设备数量	4.40	0.681	0.1548	<0.25 保留
每千人体育读物数量	4.65	0.489	0.1052	<0.25 保留
体育教师计算机均占有量	4.10	0.788	0.1922	<0.25 保留

表4-26　　　　　　　三级指标一致性系数检验统计表

协调系数 Kendall's W	0.121
卡方值 Chi - Square	36.348
df	15
（P）Asymp. Sig.	0.002

（三）综合调查结果最终确立的城乡学校体育资源评估指标体系[1]

依据上述专家正式调查结果统计分析，结合以往学者的研究经验，并

---

[1] 陈海青：《郑州市城乡学校体育资源配置公平状况调研分析》，硕士学位论文，河南大学，2013年。

对文字表述进一步精练，最终确定城乡学校体育资源评价指标体系，包括 4 个一级指标、8 个二级指标和 16 个三级指标（见表 4-27）。

表 4-27　　　　　最终确立的城乡学校体育资源评价指标体系

一级指标	二级指标	三级指标
A1 学校体育人力资源	B1 体育教师	C1 学历结构；C2 职称结构；C3 专业结构；C4 接受培训机会；C5 月收入；C6 师生比
	B2 体育教辅人员	C7 教辅人员与学生比
A2 学校体育财力资源	B3 政府投入	C8 近三年政府投入生均体育经费金额
	B4 社会捐助	C9 近三年社会捐助生均体育经费金额
A3 学校体育物力资源	B5 体育场地	C10 生均室内场地面积；C11 生均室外场地面积；C12 生均标准场地面积；C13 生均非标准场地面积
	B6 体育设备	C14 每千人体育设备数量（篮球架、乒乓球台、排球网等）
A4 学校体育信息资源	B7 体育类读物（体育图书、报纸、杂志等）	C15 体育教师体育读物均占有量
	B8 体育网络资源	C16 体育教师计算机均占有量

第四节　城乡学校体育资源配置公平性评价指标权重系数的确定[①]

主要采用层次分析法来确定各评价指标的权重系数。层次分析法也称 AHP 法，是 20 世纪 70 年代初由美国运筹学家、匹兹堡大学教授 T. C. Saaty 提出的，是一种用于规划和决策的统计学方法，它是依据系统理论的思想，根据所要评价的目的将评价对象逐层连续分解，得到多层分目标，多层分目标的最终目的是要达到总目标，以最后分目标达到总目标程度作为衡量的评价指标，接下来依据评价指标算出一个综合评价指数，

① 陈海青：《郑州市城乡学校体育资源配置公平状况调研分析》，硕士学位论文，河南大学，2013 年。

根据这个评价指数确定评价对象的好坏程度。

一 主要原理与步骤

用层次分析法进行目标评价的过程大致分为以下几步:

第一步,建立具有分层结构的目标体系。大多数可分为二层或三层,最多可达到九层,每一层关系表现为同一层目标是上一层目标的细化或可以直接导致上一层目标的完成程度,同时又是下一层目标的总目标,各层之间有紧密的因果关系,一般最上层目标只有一个,是达到最后评价目的的总目标。

第二步,构造判断矩阵。因为第一层只有一个目标,所以判断矩阵开始于第二层,从第二层开始,同一层的各个目标两两比较其重要性,然后评分(见表 4 - 28),每一层的同层目标都需要构造判断矩阵并评分。

表 4 - 28   指标体系各层次评分标准

评分值	含义	两两比较重要程度
1	两个指标比较具有同等重要性	同等重要
3	前一指标比后一指标具有稍微重要性	稍微重要
5	前一指标比后一指标具有明显重要性	明显重要
7	前一指标比后一指标具有强烈重要性	强烈重要
9	前一指标比后一指标具有极其重要性	极其重要
2、4、6、8	两指标相比的重要程度居于两相邻等级之间	两相邻重要程度的中间
各值的倒数	前一指标没有后一指标重要的程度	重要程度的倒数

第三步,计算权重并做归一化处理。计算得出每个目标的初始权重,然后进行归一化处理,将每一目标的初始权重与所有同层目标的初始权重和做比值,得到各个目标的最终权重值。

第四步,一致性检验。此步骤是为验证权重系数是否符合逻辑。通常用一致性指标值来衡量符合程度,一般认为,CR < 0.1 时,无逻辑错误,符合要求,权重系数可以接受。计算值的公式为:$CI = \dfrac{\lambda_{max} - n}{n - 1}$; $\lambda_{max} = \sum\limits_{i=1}^{m} \lambda_i / n$; 其中 n 表示同层的目标个数,λ_{max} 表示最大特征值,λ_i 表示该层目标中两两比较后该矩阵的首选特征值。为了衡量不同层的判断矩阵是否有满意的一致性,还需要计算一致性比例指标 CR 值,CR 值的计算公式为:$CR = \dfrac{CI}{RI}$,其中 RI 值表示判断矩阵的平均随机一致性指标,RI 值的取值(见

表4－29）。对于具有一层和两层的指标体系，因为判断矩阵总具有完全一致性，所以RI值是0，当层数大于2时，只有CR＜0.10时，才能认为判断矩阵具有满意的一致性，权重系数可以接受；否则就需要重新调整判断矩阵，使之具有一致性，达到可以接受权重系数的目的。

表4－29　　　　　　　　　平均随机一致性指标取值表

层（n）	1	2	3	4	5	6	7	8	9
RI 值	0.00	0.00	0.58	0.90	1.12	1.24	1.32	1.41	1.45

第五步，计算各个评价指标的组合权重系数。用二级指标相对于一级指标的权重系数Wc对三级指标相对于各二级指标的权重系数进行组合加权，得到三级指标相对于一级指标的组合权重系数Wcd，再利用一级指标相对于总目标的权重系数Wb对三级指标相对于一级指标的权重进行组合加权，得出三级指标相对于总目标的总权重系数W＝（W1，W2，W3，…，Wn）。

二　城乡学校体育资源配置公平性评估指标权重的计算结果

本轮调查共发放问卷21份，回收问卷17份，回收率81.0%，而回收问卷中有1份问卷的一致性比例指标CR大于0.1，所以剔除，有效问卷共16份。根据16位专家对一级、二级、三级指标两两比较的判断矩阵的打分，利用方根法分别获得每一位专家以上各判断矩阵中各指标的权重W_i、特征根的平均值λ_{max}和一致性指数CR，所有判断矩阵的CR均小于0.1，表明有满意的一致性。现在以一位专家打分为例，显示各判断矩阵的结果（见表4－30至表4－36）。

表4－30　　城乡学校体育资源评价指标体系一级指标加判断矩阵表

学校体育资源的一级指标	A1 体育人力资源	A2 体育财力资源	A3 体育物力资源	A4 体育信息资源	归一化权重
A1 体育人力资源	1	3	5	7	0.577
A2 体育财力资源	0.3333	1	2	4	0.23
A3 体育物力资源	0.2	0.5	1	3	0.133
A4 体育信息资源	0.1429	0.25	0.3333	1	0.06

注：λ_{max} ＝4.067，CI＝0.022，CR＝0.025，通过一致检验。

表 4 - 31   人力资源评估二级指标的判断矩阵表

体育人力资源下的二级指标	B1 体育教师	B2 体育教辅人员	归一化权重
B1 体育教师	1	9	0.9
B2 体育教辅人员	0.1111	1	0.1

注：CR = 0.00，通过一致性检验。

表 4 - 32   财力资源评估二级指标的判断矩阵表

体育财力资源下的二级指标	B3 政府投入	B4 社会捐助	归一化权重
B3 政府投入	1	5	0.833
B4 社会捐助	0.2	1	0.167

注：CR = 0.00，通过一致性检验。

表 4 - 33   物力资源评估二级指标的判断矩阵表

体育物力资源下的二级指标	B5 体育场地	B6 体育设备	归一化权重
B5 体育场地	1	5	0.833
B6 体育设备	0.2	1	0.167

注：CR = 0.00，通过一致性检验。

表 4 - 34   信息资源评估二级指标的判断矩阵表

体育信息资源下二级指标	B7 体育类读物	B8 体育网络资源	归一化权重
B7 体育类读物（体育图书、报纸、杂志等）	1	5	0.833
B8 体育网络资源	0.2	1	0.167

注：$\lambda_{max} = $ ，CR = 0.00，通过一致性检验。

表 4 - 35   体育教师下三级指标的判断矩阵表

体育教师下的三级指标	C1 学历结构	C2 职称结构	C3 专业结构	C4 接受培训机会	C5 月收入	C6 师生比	归一化权重
C1 学历结构	1	0.25	2	1	0.25	1	0.112
C2 职称结构	4	1	2	1	1	4	0.281
C3 专业结构	0.5	0.5	1	1	1	1	0.125
C4 接受培训机会	1	1	1	1	1	1	0.158
C5 月收入	4	1	1	1	1	1	0.199
C6 师生比	1	0.25	1	1	1	1	0.125

注：$\lambda_{max} = 6.525$，CI = 0.105，CR = 0.085，通过一致性检验。

表 4-36　　　　　　　　体育场地下三级指标的判断矩阵表

体育场地下的三级指标	C10 生均室内场地面积	C11 生均室外场地面积	C12 生均标准场地面积	C13 生人均非标准场地面积	归一化权重
C10 生均室内场地面积	1	0.5	1	0.1667	0.111
C11 生均室外场地面积	2	1	3	1	0.323
C12 生均标准场地面积	1	0.3333	1	0.25	0.111
C13 生均非标准场地面积	6	1	4	1	0.456

注：$\lambda_{max} = 4.102$，$CI = 0.034$，$CR = 0.038$，通过一致性检验。

将所有专家赋予一级、二级、三级指标的权重进行算术平均，得出代表专家集中意见的各指标的综合权重，在此基础上计算出评价指标的组合权重系数表。对学校体育资源公平性评价指标权重分配问题，通过目前对学校体育资源相关文献的分析总结以及征询此领域内的专家意见，对以上指标体系各个指标之间的重要性进行评判，然后按照以上步骤计算每个指标的分权重和总权重，判断矩阵，权重系数及一致性检验，将16位专家对各级指标的权重系数统计，并采用权重算术平均法对16位专家的评判结果进行统计分析，得出各级指标的权重系数（见表4-37）。

表 4-37　　　　　　　城乡学校体育资源配置水平与
　　　　　　　　　　公平性评价指标体系权重分配情况

一级指标	二级指标	相对上级目标权重	相对总体目标权重	三级指标	相对上级目标权重	相对总体目标权重
A1 体育人力资源 (0.338)	B1 体育教师	0.8102	0.2738	C1 学历结构	0.243	0.067
				C2 职称结构	0.169	0.046
				C3 专业结构	0.134	0.037
				C4 接受培训机会	0.117	0.032
				C5 月收入	0.210	0.057
				C6 师生比	0.127	0.035
	B2 体育教辅人员	0.1898	0.0642	C7 教辅人员与学生比	1.000	0.064

续表

一级指标	二级指标	相对上级目标权重	相对总体目标权重	三级指标	相对上级目标权重	相对总体目标权重
A2 体育财力资源（0.233）	B3 政府投入	0.784	0.1827	C8 近三年政府投入生均体育经费	1.000	0.183
	B4 社会捐助	0.216	0.0503	C9 近三年社会捐助生均体育经费	1.000	0.050
A3 体育物力资源（0.297）	B5 体育场地	0.646	0.1919	C10 生均室内场地面积	0.249	0.048
				C11 生均室外场地面积	0.281	0.054
				C12 生均标准场地面积	0.272	0.052
				C13 生均非标准场地面积	0.198	0.038
	B6 体育设备	0.354	0.1051	C14 每千人体育设备数量	1.000	0.105
A4 体育信息资源（0.132）	B7 体育类读物（图书、报纸、杂志等）	0.581	0.0767	C15 体育教师体育读物均占有量	1.000	0.077
	B8 体育网络资源	0.419	0.0553	C16 体育教师计算机均占有量	1.000	0.055

注：层次总排序，计算各层指标的组合权重，计算指标层所有元素对于目标层相对重要性的排序权重，即在子系统的各自权重的基础上，将最后一层元素的权重依次乘以上一层受控元素的相对权重，从而形成各元素对于总目标的绝对权重。

结果表明：四项一级指标中"体育人力资源"所占权重为 0.338，"体育物力资源"为 0.297，"体育财力资源"为 0.233，"体育信息资源"所占的权重仅为 0.132，可见体育人力资源指标是评价学校体育资源配置公平性的重中之重。从表 4 - 37 中 8 个二级指标可以看出，体育教师（0.2738）、体育场地（0.1919）、政府投入（0.1827）三项指标是主要的二级指标。从三级指标看，近三年政府投入生均体育经费（0.183）、每

千人体育设备数量（0.105）、体育教师体育读物均占有量（0.077）是所
有 16 项三级指标中排名前三的指标，一方面，这些指标确实是重要指标，
如近三年政府投入生均体育经费；另一方面，可能是由于其同属上级指标
下指标太少，它代表一类指标，而显得相对大，如体育教师体育读物均占
有量。

第五章 中部六省省会城市城乡群众公共体育资源配置水平与公平性现状与分析

根据前面研究方法中的设计，主要用洛伦兹（Lorenz）曲线、基尼（Gini）系数与泰尔（Theil）指数三个指标来具体反映我国中部地区六个省会城市城乡群众公共体育资源配置公平性状况。

第一节 研究方法的计算原理

一 洛伦兹曲线绘制与基尼系数的计算

洛伦兹（Lorenz）曲线和基尼（Gini）系数是在反贫困工作中两项重要的统计工具，通过对我国大量调查数据进行图形绘制、制作曲线及计算结果，可以用来说明社会收入差距大小，贫富两极分化程度。

洛伦兹曲线和 OL 对角线之间的月牙形区域（图 5 – 1 中的斜线区）可以看成是贫富之间的差距。月牙形区域面积 S 大小，可以用来表征实际收入分配与理想境界的差距：这块月牙形区域面积 S 越大，洛伦兹曲线弯曲度越大，月牙弯得越大，它和对角线离开得越远，说明收入差距越大，贫富两极分化越严重。反之，这块月牙形区域面积 S 越小，洛伦兹曲线越平缓，月牙弯得越小，它和对角线靠得越近，说明社会收入差距越小，贫富两极分化越不明显。[①] 关于洛伦兹曲线的绘制方法，本研究主要运用 Excel 进行绘制。分别计算出不同人口比重与所占的百分比，使用面积图，先绘制绝对平均区域的对角线三角形面积图，并以某显著颜色图案着色。再绘制洛伦兹曲线，选择一个前景色着色，掩盖前者的一部分以后，就可

---

① 《Excel 做洛伦兹曲线》，http：//wenku. baidu. com/view/d162a24169eae009581bec70。

见到月牙形的曲边形，从而为基尼系数的计算做了准备。①

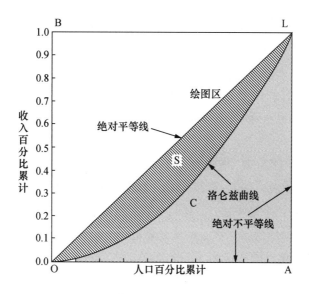

图 5 - 1　洛伦兹曲线绘制的示意图

基尼系数计算：

洛伦兹曲线常用来形象化地说明问题，它不可能用一个确切的数字来表示收入差异的总体水平，国际通用的衡量这种水平的最常用的是基尼系数。基尼系数是从洛伦兹曲线推导出来的，用以测定洛伦兹曲线背离完全均等状况的程度。基尼系数的计算是这样的：

设：洛伦兹曲线和对角线之间的那块区域（图 5 - 1 中斜线区域）面积为 S，绝对不均等折线和绝对均等对角线围成的三角形 OAL 区域的面积为 P，基尼系数 $G = S/P$。

具体计算公式如下：

$$G = \sum_{i=1}^{n} P_i Y_i + 2 \sum_{i=1}^{n-1} P_i (1 - V_i) - 1$$

式中：G 代表基尼系数；P_i 代表各地区人口数占人口总数的百分比；Y_i 代表各地区体育资源数占地区体育资源总数的百分比；V_i 为按人均体

---

① 张玉：《顾及地理和可达性的中国城市空间相互作用模型研究》，硕士学位论文，辽宁工程技术大学，2010 年。

育资源排序后 Y_i 从 $i=1$ 到 i 的累计数。[①]

用 Excel 的具体计算步骤如下：

曲边形 OALC 的面积则不能用初等数学的方式求得，可用定积分求曲线 OCL 下面积。为此，先要确定曲线 OCL 方程。由于统计数据不是连续曲线，事先也无确定方程，这些数据都是一些离散的点，因此，我们利用 Excel 作出它们的散点图（而不是前面的面积图），再使用添加趋势线的方式，求得这条拟合趋势线的方程，再利用定积分求得该曲线下面积。[②]

二　泰尔（Theil）指数的计算

泰尔指数包括 Theil – T 和 Theil – L 两个有代表性的指标。在收入分配公平性研究中有文献指出，Theil – T 指数对上层收入水平的变化敏感，Theil – L 指数对底层收入水平的变化敏感。[③] 鉴于基尼系数对低收入阶层的收入比重变化不敏感，为了与之互补，本研究选用 Theil – L 指数分析公共体育资源配置公平性。

泰尔指数既对资源配置效率具有高度的敏感性，又具有可分解性质，即可将总体差距分解为组间差距和组内差距，进而可以求出不同层次、不同组别的公平性，因此，泰尔指数无疑成为资源配置公平性问题研究中一个颇为理想的分析工具。本研究在对泰尔指数的具体使用上拟采用双变量的分析模式，即从"省际—区域"两个维度来考察我国中部地区基本公共体育资源配置公平化水平。具体设想是：首先，将中部地区的六个省级行政单位分成六个组，每个省独立为一组，计算出组间差距；其次，将每个省分成"城、乡"两个部分，分别计算出各省的城乡差距，再加权求得中部地区的组内差距；最后，求出中部地区基本公共卫生服务的总体差距，并揭示省际差距和城乡差距对中部地区基本公共体育资源配置的公平性水平的实际影响程度。

具体计算公式[④]：

---

①　戴建林：《基尼系数是如何计算的》，《浙江统计》2000 年第 3 期。

②　张玉：《顾及地理和可达性的中国城市空间相互作用模型研究》，硕士学位论文，辽宁工程技术大学，2010 年。

③　邓苏、张晓：《山东省区域经济差距的变动趋势与内部构成》，《东岳论丛》2006 年第 4 期。

④　张彦琦、唐贵立、王文昌等：《基尼系数和泰尔指数在卫生资源配置公平性研究中的应用》，《中国卫生统计》2008 年第 3 期。

$$T = \sum_{i=1}^{n} P_i \log \frac{P_i}{Y_i}$$

式中：T 代表泰尔指数；P_i 代表各地区人口数占人口总数的百分比；Y_i 代表各地区体育资源数占地区体育资源总数的百分比；V_i 为按人均体育资源排序后 Y_i 从 $i=1$ 到 i 的累计数。

泰尔指数可以分为不同的部分构成：

$$T = T_{组内} + T_{组间}$$

$$T_{组内} = \sum_{i=1}^{k} P_g \left(\sum_{j=1}^{n} p_{ij} \log \left(\frac{P_{ij}}{Y_{ij}} \right) \right)$$

$$T_{组间} = \sum_{g=1}^{k} P_g \log \frac{P_g}{Y_g}$$

以上各式中：$T_{组内}$ 为组内差异，本书中即为中部六省市市区、乡镇内部公共体育资源的差异；$T_{组间}$ 为组间差异，本书中即为中部六省市区、乡镇之间公共体育资源配置的差异；P_g 为六省省会城市市区或乡镇人口总数占六省总人口数的比重；Y_g 为六省会城市市区或乡镇公共体育资源数占六省市体育资源的总数的比重；P_{ij} 为六省市市区或乡镇分组中，各个省会城市市区或乡镇人口占其所在市区人口总数或乡镇人口总数的比重；Y_{ij} 为六省市市区或乡镇分组中，各个省会城市市区组或乡镇组体育资源占其所在市区组体育资源总数或乡镇组体育资源总数的比重；k 代表市区、乡镇分组数；n 代表每个市区组或乡镇组中省市个数。

对泰尔指数分解后，还可计算各部分差异对总体泰尔指数的贡献率。

组内差异贡献率 $= T_{组内}/T$

组间差异贡献率 $= T_{组间}/T$

三　总基尼系数与总泰尔指数的计算

用来反映我国城乡群众公共体育资源配置的总公平系数主要运用所构建我国城乡群众公共体育资源配置的指标体系，计算每一个指标的城乡公平系数，然后按照所构建的指标体系中每个指标权重的加权平均值的和，就是总基尼系数和总泰尔指数。

$$G = V_1 \times G_1 + V_2 \times G_2 + V_3 \times G_3 + \cdots + V_n \times G_n$$

$$T = V_1 \times T_1 + V_2 \times T_2 + V_3 \times T_3 + \cdots + V_n \times T_n$$

式中：G 为总基尼系数；T 为总泰尔指数；V_1、V_2、V_3，…，V_n 为每

个指标的权重；G_1，G_2，G_3，…，G_n 为每个指标的基尼系数；T_1，T_2，T_3，…，T_n 为每个指标的泰尔指数。

四 绘制洛伦兹曲线，计算基尼系数、泰尔指数运用参数

在经济学中，对公平系数的计算目前主要包括三个方面的公平性：人口分布公平性、地域面积分布公平性、经济发展水平分布公平性。从城乡来看，城市地域面积显然要小于乡镇的面积；从经济发展水平看，城市经济水平明显比乡镇要高。公共体育资源配置是反映社会综合发展水平的重要指标之一，从这三个指标看，人口分布是最符合我国发展需要的。因此，本书对我国城乡群众公共体育资源配置主要计算人口分布的公平性。

第二节　中部六省省会城市城乡群众公共体育人力资源配置水平与公平性现状

一 中部六省省会城市城乡群众公共体育人力资源配置的基本指标描述

2013 年通过对武汉、长沙、郑州、南昌、合肥、太原六个中部省会城市的公共体育资源配置的分层抽样调研，获取了其各自 2012 年的相关数据。

（一）中部六省省会城市城乡人口状况

按照分层整群抽样，依据人均 GDP 对中部省会城市分别抽取其下辖的市区三个区、农村三个县（县级市），获取其人口基本情况（见表 5 - 1）。除太原调研人口相对较少外（260 多万），其他五个省会城市城乡调研人口均在 400 万人以上。其中，郑州、合肥两个城市调研人口最多，在 500 万人以上，分别为 5367447 人和 5301755 人。并计算了调研城市市区、乡镇人口占调研人口的百分比和累计百分比，为后面洛伦兹曲线绘制、基尼系数计算及其他数据计算提供基础。从各个地域所占百分比看，除太原乡镇人口比重偏低、郑州市区和合肥乡镇相对较高外，其他区域比较接近。

表5-1　　　　中部六省省会城市调研地区人口分布一览表

调查地区			人口数（人）	各市城乡合计数（人）	占调研地区总人口百分比（%）	累计人口百分比（%）
郑州	市区	中原区	911413	3228395	12.41	12.41
		二七区	714983			
		金水区	1601999			
	乡镇	荥阳市	613857	2139052	8.22	20.63
		新密市	797378			
		中牟县	727817			
太原	市区	小店区	808467	1979386	7.61	28.24
		尖草坪区	417449			
		万柏林区	753470			
	乡镇	清徐县	345000	657477	2.53	30.77
		娄烦县	106297			
		古交市	206180			
武汉	市区	硚口区	828644	2363453	9.08	39.85
		青山区	485375			
		洪山区	1049434			
	乡镇	东西湖区	451880	1711528	6.58	46.43
		蔡甸区	410888			
		新洲区	848760			
长沙	市区	天心区	475663	2002877	7.7	54.13
		岳麓区	801861			
		雨花区	725353			
	乡镇	长沙县	979665	2147721	8.26	62.39
		宁乡县	1168056			
南昌	市区	西湖区	503822	1977652	7.6	69.99
		东湖区	575989			
		青山湖区	897841			
	乡镇	南昌县	1018675	2504533	9.63	79.62
		新建县	795412			
		进贤县	690446			

续表

调查地区			人口数 （人）	各市城乡 合计数（人）	占调研地区总 人口百分比（％）	累计人口 百分比（％）
合肥	市区	庐阳区	609239	2329755	8.96	88.58
		包河区	817686			
		瑶海区	902830			
	乡镇	肥西县	889000	2972000	11.42	100
		肥东县	1109000			
		庐江县	974000			

（二）中部六省省会城市城乡群众体育人力资源数量配置情况

前面研究已确立，城乡体育人力资源主要包括三大类：群众体育行政管理人员、社会体育指导员和体育辅助人员。本书调研统计了中部六省省会城市城乡各区（县）的三类人员配置数量的基本情况，并计算了每万人配置率现状（见表 5 - 2）。

表 5 - 2　中部六省省会城市调研地区公共体育人力资源配置一览表

调查地区			群众体育行 政管理人员 数（人）	每万人体 育行政管 理人员数 （人/万人）	社会体育 指导员数 （人）	每万人 体育指 导人员数 （人/万人）	体育辅助人 员数（人）	每万人体 育辅助 人员数 （人/万人）
郑州	市区	中原区	15	0.14	1357	14.52	29	0.29
		二七区	10		1043		21	
		金水区	21		2288		45	
	乡镇	荥阳市	14	0.19	1538	14.74	57	0.64
		新密市	12		863		60	
		中牟县	12		752		19	
太原	市区	小店区	14	0.18	2135	26.65	32	0.36
		尖草坪区	10		1204		17	
		万柏林区	12		1937		23	
	乡镇	清徐县	9	0.32	150	5.98	9	0.33
		娄烦县	5		101		4	
		古交市	7		142		8	

续表

调查地区		群众体育行政管理人员数（人）	每万人体育行政管理人员数（人/万人）	社会体育指导员数（人）	每万人体育指导人员数（人/万人）	体育辅助人员数（人）	每万人体育辅助人员数（人/万人）
武汉	市区 硚口区	16	0.26	4223	53.31	204	2.68
	青山区	20		2728		137	
	洪山区	26		5649		292	
	乡镇 东西湖区	9	0.39	549	10.82	129	2.97
	蔡甸区	27		787		293	
	新洲区	30		516		87	
长沙	市区 天心区	15	0.26	651	10.62	270	5.09
	岳麓区	22		763		407	
	雨花区	15		713		343	
	乡镇 长沙县	25	0.28	1028	7.09	537	3.49
	宁乡县	35		495		213	
南昌	市区 西湖区	12	0.18	906	18.60	18	0.40
	东湖区	12		1113		23	
	青山湖区	11		1659		38	
	乡镇 南昌县	3	0.06	409	3.61	17	0.19
	新建县	6		359		7	
	进贤县	5		136		23	
合肥	市区 庐阳区	11	0.15	1521	23.63	6	0.09
	包河区	12		1902		5	
	瑶海区	13		2083		10	
	乡镇 肥西县	7	0.07	514	5.69	7	0.07
	肥东县	9		568		2	
	庐江县	5		608		12	

注：表中"每万人体育行政管理人员数"、"每万人体育指导人员数"和"每万人体育辅助人员数"是各地市调研城市与乡镇合并后与其人口合计数比乘以10000计算的结果。

1. 体育行政管理人员

武汉乡镇、太原乡镇配置率排前两位，分别达到每万人 0.39 和 0.32；配置率最低的两位为南昌乡镇与合肥乡镇，仅为 0.06 和 0.07。

2. 社会体育指导人员

国家体育总局颁布的《社会体育指导人员发展规划（2011—2015年)》中明确指出①：到2015年，城市达到每千人至少拥有一名社会体育指导人员；农村达到每两千人至少拥有一名社会体育指导人员。从表5-2可以看出，中部六省省会城市城乡配置均达到较高的水平，六省省会城市市区均已达到国家标准，武汉市区与太原市区每千人分别达到5.3名和2.6名社会体育指导人员，远高于国家规定的标准；对于农村，除南昌农村乡镇每两千名社会体育指导人员（0.72）不足1名，其他省会城市乡镇均达到国家规定的最低标准，郑州、武汉的乡镇达到了每千人1.5名和1.1名社会体育指导人员，达到城市标准。总体来看，我国中部六省城乡社会体育指导人员配置达到较高水平。

3. 体育辅助人员

体育辅助人员是对群众体育发展起辅助作用的工作人员等（如场馆管理工作人员、器材维修工作人员、群众体育信息传播者、志愿者等）。从调研结果看，六个省省会城市体育辅助人员配置率较低，仅比群众体育行政管理人员配置水平稍高，且六省省会城市之间、城乡之间等均差别很大。长沙、武汉城乡配置水平最高，达到每万人5.09名、3.49名和2.68名、2.97名。

为便于后面洛伦兹曲线绘制、基尼系数与泰尔指数计算，对各类体育人力资源的地区百分比与累计百分比进行了计算（见表5-3至表5-5）。

表5-3 中部六省省会城市调研地区公共体育人力
资源中体育行政管理人员配置一览表

调查地区		群众体育行政管理人员数（人）	各市城乡合计数（人）	占调研地区群众体育行政人员总人口百分比（%）	累计人口百分比（%）
郑州	市区 中原区	15	46	9.56	9.56
	市区 二七区	13			
	市区 金水区	18			
	乡镇 荥阳市	14	40	8.32	17.88
	乡镇 新密市	14			
	乡镇 中牟县	12			

① 邓永兴、刘玉红：《我国体育公共服务资源配置的现状分析》，《体育成人教育学刊》2014年第3期。

续表

调查地区		群众体育行政管理人员数（人）	各市城乡合计数（人）	占调研地区群众体育行政人员总人口百分比（%）	累计人口百分比（%）
太原	市区 小店区	15	36	7.48	25.36
	尖草坪区	8			
	万柏林区	13			
	乡镇 清徐县	9	21	4.37	29.73
	娄烦县	5			
	古交市	7			
武汉	市区 硚口区	23	62	12.89	42.62
	青山区	11			
	洪山区	28			
	乡镇 东西湖区	9	66	11.64	54.26
	蔡甸区	27			
	新洲区	30			
长沙	市区 天心区	13	52	10.81	65.07
	岳麓区	21			
	雨花区	18			
	乡镇 长沙县	25	60	12.47	77.55
	宁乡县	35			
南昌	市区 西湖区	8	35	7.28	84.82
	东湖区	11			
	青山湖区	16			
	乡镇 南昌县	3	14	2.91	87.73
	新建县	6			
	进贤县	5			
合肥	市区 庐阳区	9	36	7.48	95.22
	包河区	12			
	瑶海区	15			
	乡镇 肥西县	7	21	4.78	100
	肥东县	9			
	庐江县	5			

表5－4　中部六省省会城市调研地区公共体育人力资源中社会体育指导员配置一览表

调查地区			社会体育指导员（人）	各市城乡合计数（人）	占调研地区社会体育指导员总人口百分比（％）	累计人口百分比（％）
郑州	市区	中原区	1357	4688	10.8	10.8
		二七区	1043			
		金水区	2288			
	乡镇	荥阳市	1538	3153	7.27	18.07
		新密市	863			
		中牟县	752			
太原	市区	小店区	2135	5276	12.16	30.23
		尖草坪区	1204			
		万柏林区	1937			
	乡镇	清徐县	150	393	0.91	31.14
		娄烦县	101			
		古交市	142			
武汉	市区	硚口区	4223	12600	29.04	60.18
		青山区	2728			
		洪山区	5649			
	乡镇	东西湖区	549	1852	4.27	64.45
		蔡甸区	787			
		新洲区	516			
长沙	市区	天心区	651	2127	4.9	69.35
		岳麓区	763			
		雨花区	713			
	乡镇	长沙县	1028	1523	3.51	72.86
		宁乡县	495			
南昌	市区	西湖区	906	3678	8.48	81.34
		东湖区	1113			
		青山湖区	1659			
	乡镇	南昌县	409	904	2.08	83.42
		新建县	359			
		进贤县	136			

续表

调查地区			社会体育指导员（人）	各市城乡合计数（人）	占调研地区社会体育指导员总人口百分比（%）	累计人口百分比（%）
合肥	市区	庐阳区	1521	5506	12.69	96.11
		包河区	1902			
		瑶海区	2083			
	乡镇	肥西县	514	1690	3.89	100
		肥东县	568			
		庐江县	608			

表 5 - 5　　　　　　中部六省省会城市调研地区公共体育

人力资源中体育辅助人员配置一览表

调查地区			群众体育辅助人员（人）	各市城乡合计数（人）	占调研地区群众体育辅助人员总人口百分比（%）	累计人口百分比（%）
郑州	市区	中原区	29	95	2.79	2.79
		二七区	21			
		金水区	45			
	乡镇	荥阳市	57	136	4	6.79
		新密市	60			
		中牟县	19			
太原	市区	小店区	32	72	2.11	8.9
		尖草坪区	17			
		万柏林区	23			
	乡镇	清徐县	9	21	0.62	9.52
		娄烦县	4			
		古交市	8			
武汉	市区	硚口区	204	633	18.6	28.12
		青山区	137			
		洪山区	292			
	乡镇	东西湖区	129	509	14.95	43.07
		蔡甸区	293			
		新洲区	87			

续表

调查地区			群众体育辅助人员（人）	各市城乡合计数（人）	占调研地区群众体育辅助人员总人口百分比（%）	累计人口百分比（%）
长沙	市区	天心区	270	1020	29.96	73.03
		岳麓区	407			
		雨花区	343			
	乡镇	长沙县	537	750	22.03	95.06
		宁乡县	213			
南昌	市区	西湖区	18	79	2.32	97.38
		东湖区	23			
		青山湖区	38			
	乡镇	南昌县	17	47	1.38	98.76
		新建县	7			
		进贤县	23			
合肥	市区	庐阳区	6	21	0.62	99.38
		包河区	5			
		瑶海区	10			
	乡镇	肥西县	7	21	0.62	100
		肥东县	2			
		庐江县	12			

（三）中部六省省会城市城乡群众体育人力资源质量配置情况

影响群众体育活动开展成效的人力资源因素不仅仅取决于数量，更取决于人力资源的质量。反映体育人力资源质量的因素主要包括年龄、学历、职称、行政级别、技术等级等。根据前面相关研究，结合群众体育不同工作岗位，行政管理人员主要从学历、行政级别来反映；社会体育指导员主要从其技术等级水平来表示，而体育辅助人员没有特殊的岗位技术标准要求。

1. 群众体育行政管理人员的质量基本情况

（1）学历情况。表5-6、图5-2至图5-4调查统计结果显示：总体来看，目前我国中部六省从事群众体育事务管理的人员学历水平低于全国公务员的平均水平。从图5-2可以看出，中部六省群众体育行政管理

人员 82% 为大专以上学历，有 53% 的群众体育行政管理人员具有本科和
研究生学历，还有 18% 的人员为大专以下学历。而我国全国公务员学历
水平 2007 年 86% 为大专以上水平①，2012 年大专学历以上公务员达到
92%②。我国群众体育行政管理人员的整体学历水平低于全国其他公务员
10 个百分点，有待进一步改善与提高。

表 5 - 6　　　　　中部六省省会城市调研地区公共体育
　　　　人力资源行政管理人员学历配置一览表　　　单位：人

调查地区		总数	研究生	本科	大专	其他
郑州	市区 中原区	15	2	10	3	0
	二七区	10	1	7	2	0
	金水区	21	3	13	5	0
	乡镇 荥阳市	14	0	1	6	7
	新密市	12	0	4	2	6
	中牟县	12	0	6	6	0
太原	市区 小店区	14	2	4	7	1
	尖草坪区	10	1	3	6	0
	万柏林区	12	2	3	7	0
	乡镇 清徐县	9	0	2	3	4
	娄烦县	5	0	0	4	1
	古交市	7	0	1	2	4
武汉	市区 硚口区	16	2	13	1	0
	青山区	20	2	16	2	0
	洪山区	26	3	19	4	0
	乡镇 东西湖区	9	0	8	1	0
	蔡甸区	27	5	20	2	0
	新洲区	30	1	22	7	0

① 《全国公务员 60% 在基层　86% 有大专以上学历》，http://news.qq.com/a/20090304/000491.htm。
② 《去年全国招近 19 万公务员　大专以上学历占 92%》，《南方日报》2013 年 1 月 9 日 A5 版。

续表

调查地区			总数	研究生	本科	大专	其他
长沙	市区	天心区	15	1	3	2	9
		岳麓区	22	2	5	3	12
		雨花区	15	1	4	1	9
	乡镇	长沙县	25	0	8	5	12
		宁乡县	35	0	6	8	21
南昌	市区	西湖区	12	2	4	6	0
		东湖区	12	1	3	8	0
		青山湖区	11	2	3	6	0
	乡镇	南昌县	3	0	3	0	0
		新建县	6	0	3	3	0
		进贤县	5	0	2	3	0
合肥	市区	庐阳区	11	1	3	7	0
		包河区	12	1	3	8	0
		瑶海区	13	2	4	7	0
	乡镇	肥西县	7	0	5	2	0
		肥东县	9	0	4	2	3
		庐江县	5	0	2	2	1
城乡 总计			487 (100%)	37 (7.60%)	217 (44.56%)	143 (29.36%)	90 (18.48%)
市区 总计			267 (100%)	31 (11.61%)	120 (44.94%)	85 (31.84%)	31 (11.61%)
乡镇 总计			220 (100%)	6 (2.73%)	97 (44.09%)	58 (26.36%)	59 (26.82%)

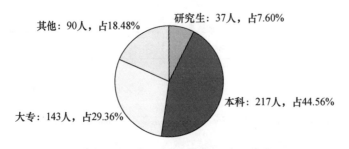

图5-2　中部六省省会城市城乡总体群众体育行政管理人员学历构成图

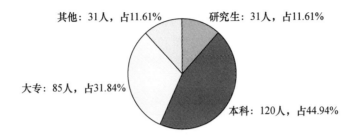

图5-3　中部六省省会城市市区群众体育行政管理人员学历构成图

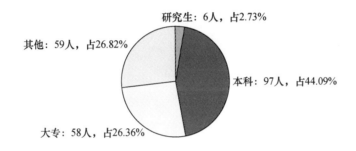

图5-4　中部六省省会城市乡镇群众体育行政管理人员学历构成图

从图5-3和图5-4来看，六省省会城市城乡群众体育行政管理人员的学历结构也存在明显差别。图5-3显示，市区88%以上人员拥有大专及以上学历，且本科生、研究生比例达到56%；而图5-4乡镇群众体育行政管理人员的学历水平则明显低于市区，其大专及以上学历人员仅占73%，低于市区15个百分点，农村还有27%的管理人员在大专以下学历。

从六省省会城市城乡调研结果分省来看（见图5-5至图5-16），武汉市城乡群众体育行政管理人员学历水平最高，市区与乡镇均100%为大专及以上学历，且本科及以上学历人员分别达到89%和85%，南昌市城乡也100%为大专及以上学历，但本科及以上学历低于武汉市城乡；而学历水平最低的是长沙市，其市区和乡镇群众体育行政管理人员大专及以上学历不到50%，分别为43%和45%，远低于其他省市水平。从同一省市城乡差别大小来看，郑州市与太原市城乡之间差别较大，如郑州市市区100%的群众体育行政管理人员为大专及以上学历，而其乡镇仅66%的人员为大专及以上学历；太原市市区97%为大专及以上学历，而乡镇大专及以上学历人员仅占57%。另外，还有一个比较特殊的现象，南昌市、合肥市乡镇本科以上学历人员配置高于市区。如南昌市乡镇群众体育行政管理人员57%为本科及以上学历，而其市区本科及以上人员仅占43%。合肥市也具有同样的情况，乡镇管理人员52%为本科及以上学历，而市区仅占39%。

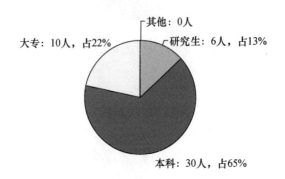

图5-5　郑州市市区群众体育行政管理人员学历构成图

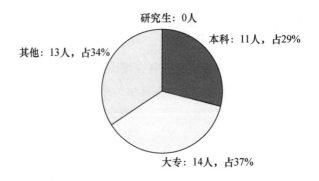

图5-6　郑州市乡镇群众体育行政管理人员学历构成图

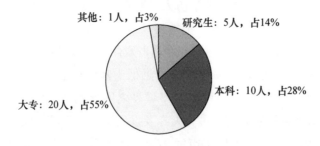

图5-7　太原市市区群众体育行政管理人员学历构成图

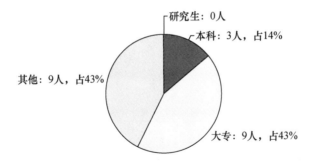

图5-8　太原市乡镇群众体育行政管理人员学历构成图

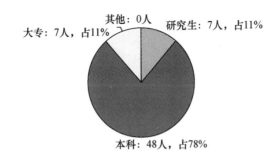

图5-9　武汉市市区群众体育行政管理人员学历构成图

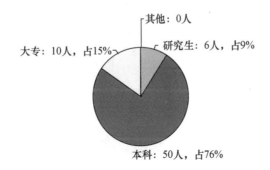

图5-10　武汉市乡镇群众体育行政管理人员学历构成图

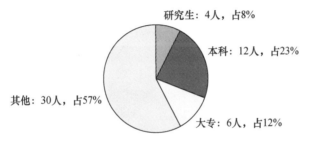

图5-11　长沙市市区群众体育行政管理人员学历构成图

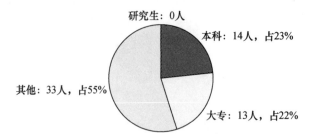

图 5 – 12　长沙市乡镇群众体育行政管理人员学历构成图

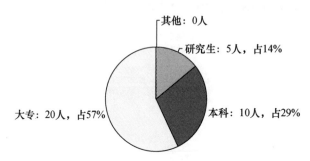

图 5 – 13　南昌市市区群众体育行政管理人员学历构成图

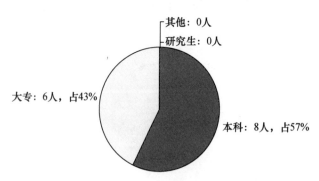

图 5 – 14　南昌市乡镇群众体育行政管理人员学历构成图

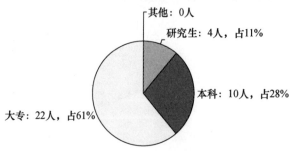

图 5 – 15　合肥市市区群众体育行政管理人员学历构成图

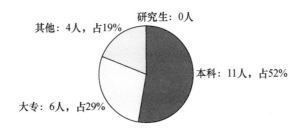

图 5-16　合肥市乡镇群众体育行政管理人员学历构成图

（2）行政级别情况。根据我国《公务员法》，行政级别划分对于地市及以下主要涉及处级、科级、科员及办事员。但在我国还常看到有"股级"干部，中国在县（市、区）一级，都存在股级科室和股级干部。因此，本书为了实事求是地反映我国基层群众体育行政管理人员的配置情况，特把"股级"作为行政级别列入。因此，本书对城乡群众体育行政管理人员行政级别设置为四级进行调研：处级、科级、股级、科员及以下。六省省会城市城乡群众体育行政管理人员配置总体状况如表 5-7、图 5-17 至图 5-19 所示。

表 5-7　　　中部六省省会城市调研地区公共体育人力资源

行政管理人员行政级别配置一览表　　　　　　　单位：人

调查地区			总数	处级	科级	股级	科员及以下
郑州	市区	中原区	15	1	5	0	9
		二七区	10	1	5	0	4
		金水区	21	1	7	0	13
	乡镇	荥阳市	14	0	1	2	11
		新密市	12	0	2	2	8
		中牟县	12	0	1	2	9
太原	市区	小店区	13	1	0	0	12
		尖草坪区	11	0	1	0	10
		万柏林区	12	0	1	0	11
	乡镇	清徐县	9	0	0	1	8
		娄烦县	5	0	0	1	4
		古交市	7	0	0	1	6

调查地区			总数	处级	科级	股级	科员及以下
武汉	市区	硚口区	16	1	7	0	8
		青山区	20	1	10	0	9
		洪山区	26	1	13	0	12
	乡镇	东西湖区	9	1	4	1	3
		蔡甸区	27	0	12	5	10
		新洲区	30	0	5	8	17
长沙	市区	天心区	15	0	1	1	13
		岳麓区	22	1	1	0	20
		雨花区	15	0	1	1	13
	乡镇	长沙县	25	0	2	10	13
		宁乡县	35	0	3	6	26
南昌	市区	西湖区	12	0	1	0	11
		东湖区	12	0	1	0	11
		青山湖区	11	0	1	0	10
	乡镇	南昌县	3	0	1	1	1
		新建县	6	0	3	2	1
		进贤县	5	0	2	2	1
合肥	市区	庐阳区	11	0	1	1	9
		包河区	12	1	0	1	10
		瑶海区	13	1	0	2	10
	乡镇	肥西县	7	0	2	1	4
		肥东县	9	0	5	2	2
		庐江县	5	0	3	1	1
城乡 总计			487 (100%)	11 (2.26%)	102 (20.94%)	54 (11.09%)	320 (65.71%)
市区 总计			267 (100%)	10 (3.75%)	56 (20.97%)	6 (2.25%)	195 (73.03%)
乡镇 总计			220 (100%)	1 (0.45%)	46 (20.91%)	48 (21.82%)	125 (56.82%)

从表 5 - 7、图 5 - 17 至图 5 - 19 可以看出，从城乡总体、城乡之间

在行政人员行政级别配置百分比看，基本相同。分析其原因，主要在于我国行政级别设置具有统一的等级设置标准。

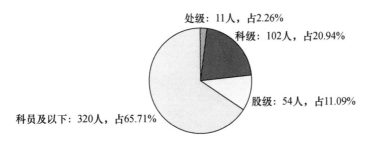

图 5 – 17　中部六省省会城市城乡总体群众体育行政管理人员行政级别构成图

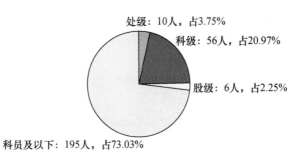

图 5 – 18　中部六省省会城市市区群众体育行政管理人员行政级别构成图

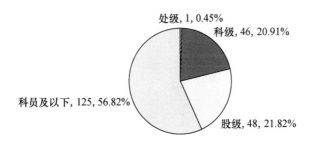

图 5 – 19　中部六省省会城市乡镇群众体育行政管理人员行政级别构成图

从图 5 – 20 至图 5 – 25 比较分析看，六省省会城市城乡群众体育行政管理人员在行政级别配置上既有地域差异，又有自己特有的特征。武汉、郑州市市区群众体育行政管理人员的整体行政级别高于其他城市市区，分别有 50% 以上和 40% 以上人员为科级以上。南昌市、合肥市乡镇有 40% 以上群众体育行政管理人员在科级以上，且呈现出乡镇管理人员配置行政级别优于市区的情况。

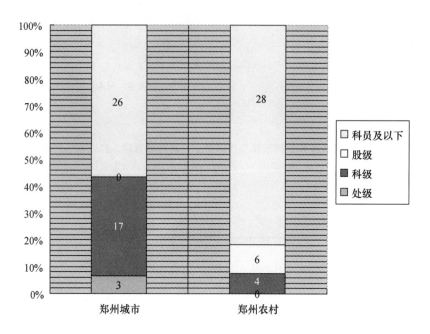

图 5－20　郑州市城乡群众体育行政管理人员行政级别构成对比图

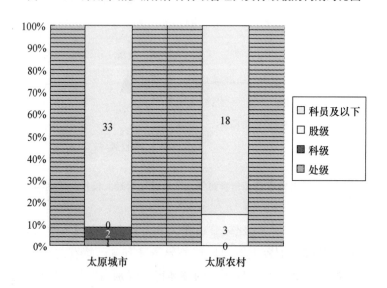

图 5－21　太原市城乡群众体育行政管理人员行政级别构成对比图

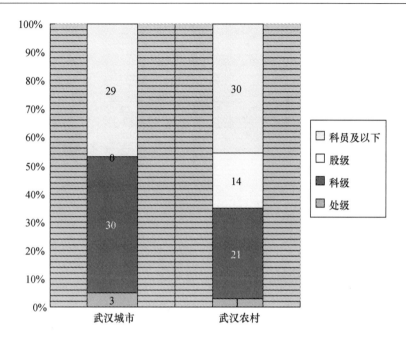

图 5-22　武汉市城乡群众体育行政管理人员行政级别构成对比图

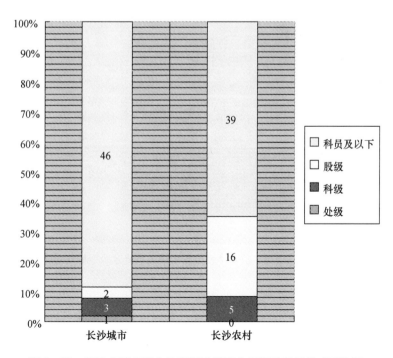

图 5-23　长沙市城乡群众体育行政管理人员行政级别构成对比图

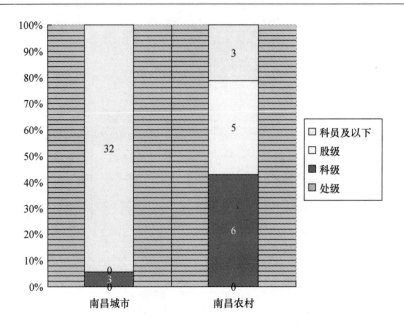

图 5 - 24　南昌市城乡群众体育行政管理人员行政级别构成对比图

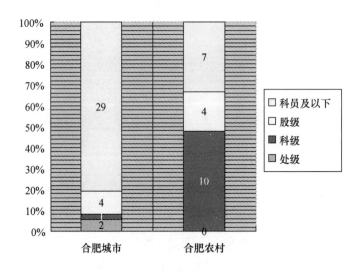

图 5 - 25　合肥市城乡群众体育行政管理人员行政级别构成对比图

2. 社会体育指导员等级分布情况

从表 5 - 8、图 5 - 26 至图 5 - 28 可以看出，总体上，中部六省省会城市城乡之间社会体育指导员等级配置百分比，市区配置的等级略高于乡镇。如市区二级以上等级社会体育指导员占 39.3%，而乡镇二级以上仅占 21.55%。

表5－8　　　　中部六省省会城市调研地区公共体育人力
资源社会体育指导员等级配置一览表

调查地区			总数（人）	国家级（人）	一级（人）	二级（人）	三级（人）
郑州	市区	中原区	1357	4	14	86	1253
		二七区	1043	3	11	65	964
		金水区	2288	5	17	118	2148
	乡镇	荥阳市	1538	2	15	24	1497
		新密市	863	1	2	300	560
		中牟县	752	0	0	20	732
太原	市区	小店区	2135	9	194	1419	513
		尖草坪区	1204	6	113	972	113
		万柏林区	1937	8	152	1214	563
	乡镇	清徐县	150	0	3	12	135
		娄烦县	101	0	2	10	89
		古交市	142	0	2	10	130
武汉	市区	硚口区	4223	4	291	486	3442
		青山区	2728	3	207	377	2141
		洪山区	5649	8	311	495	4835
	乡镇	东西湖区	549	2	11	35	501
		蔡甸区	787	3	28	58	698
		新洲区	516	1	10	120	385
长沙	市区	天心区	651	6	81	251	313
		岳麓区	763	6	112	310	335
		雨花区	713	8	107	240	358
	乡镇	长沙县	1028	0	8	270	750
		宁乡县	495	0	6	114	375
南昌	市区	西湖区	906	5	152	480	269
		东湖区	1113	7	202	562	342
		青山湖区	1659	11	233	468	947
	乡镇	南昌县	409	2	13	48	346
		新建县	359	1	18	40	300
		进贤县	136	3	10	25	98

续表

调查地区			总数 （人）	国家级 （人）	一级 （人）	二级 （人）	三级 （人）
合肥	市区	庐阳区	1521	13	239	751	518
		包河区	1902	17	272	847	766
		瑶海区	2083	18	338	985	742
	乡镇	肥西县	568	4	263	171	130
		肥东县	514	7	101	148	258
		庐江县	608	2	16	110	480
城乡 总计			43390 （100%）	169 （0.39%）	3554 （8.19%）	11641 （26.83%）	28026 （64.59%）
市区 总计			33875 （100%）	141 （0.42%）	3046 （8.99%）	10126 （29.89%）	20562 （60.70%）
乡镇 总计			9515 （100%）	28 （0.29%）	508 （5.34%）	1515 （15.92%）	7464 （78.45%）

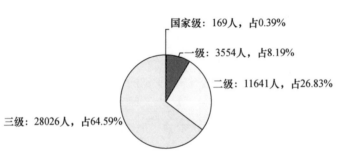

图 5 - 26　中部六省省会城市城乡社会体育指导员总体等级构成图

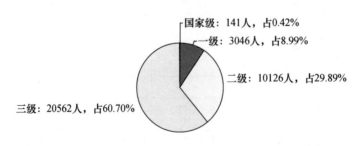

图 5 - 27　中部六省省会城市市区社会体育指导员等级构成图

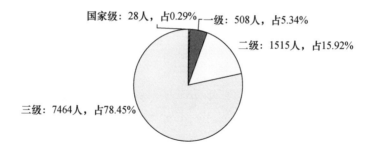

图5-28　中部六省省会城市乡镇社会体育指导员等级构成图

　　从图5-29至图5-34可以看出，太原、长沙、南昌和合肥城乡之间，市区社会体育指导员的等级水平总体上优于乡镇，如太原市区77%为二级以上等级，乡镇二级以上等级比例为10%；长沙市区52%以上为二级以上等级，乡镇二级以上等级比例为26%以上；南昌市区58%为二级以上等级，乡镇二级以上等级比例为17.5%；合肥市区64%为二级以上等级，乡镇二级以上等级比例为48%。而郑州、武汉城乡之间则出现相反现象，乡镇社会体育指导员在等级配置上略好于市区，郑州市区二级以上等级社会体育指导员为8.5%，而乡镇则达到10.5%；武汉市区为17.5%，而乡镇则达到28%。

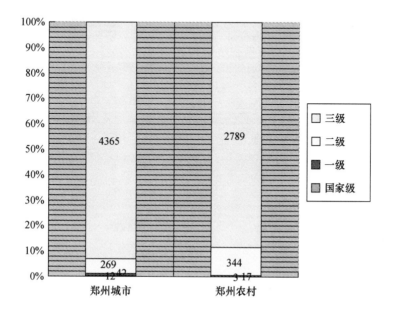

图5-29　郑州市城乡社会体育指导员等级构成对比图

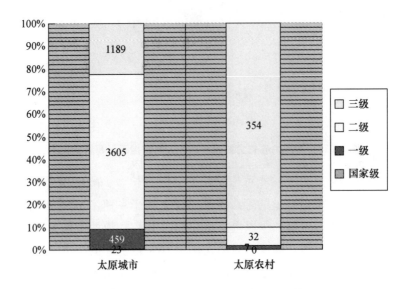

图 5 - 30　太原市城乡社会体育指导员等级构成对比图

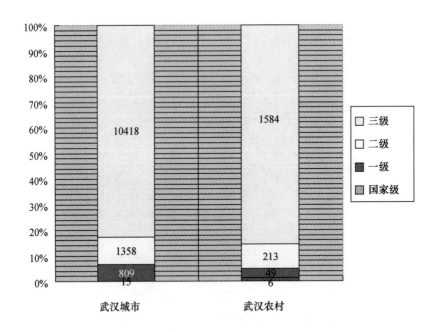

图 5 - 31　武汉市城乡社会体育指导员等级构成对比图

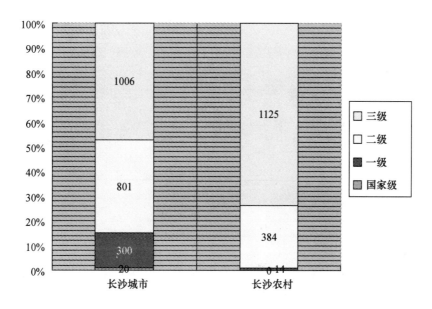

图 5 – 32　长沙市城乡社会体育指导员等级构成对比图

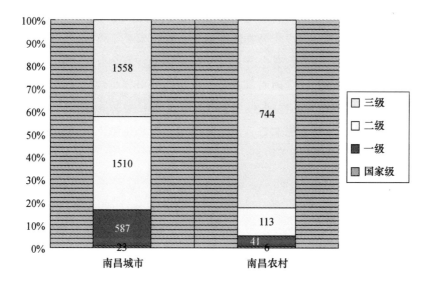

图 5 – 33　南昌市城乡社会体育指导员等级构成对比图

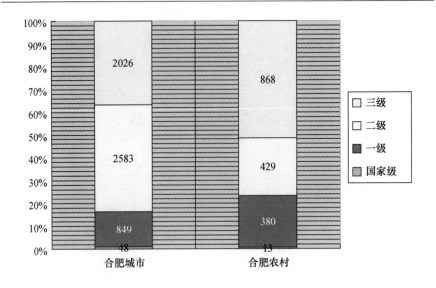

图 5 - 34　合肥市城乡社会体育指导员等级构成对比图

二　中部六省省会城市城乡群众公共体育人力资源配置公平性现状

按照前述方法与描述性指标，主要通过中部六省省会城市城乡总体之间、各省省会城市城乡之间洛伦兹曲线、基尼系数及泰尔指数计算，反映中部六省省会城市城乡群众公共体育人力资源配置公平性现状。

根据前面研究分析，对中部六省省会城市城乡群众公共体育人力资源主要计算群众体育行政管理人员数量、社会体育指导员数量及体育辅助人员的配置基尼系数、洛伦兹曲线及泰尔指数。并从总体、市区、乡镇三个方面分别计算与绘制基尼系数、洛伦兹曲线、泰尔指数。具体如下：

基尼系数计算公式：

$$G = \sum_{i=1}^{n} P_i Y_i + 2 \sum_{i=1}^{n-1} P_i (1 - V_i) - 1$$

泰尔指数计算公式：

总泰尔指数：$T = \sum_{i=1}^{n} P_i \log \dfrac{P_i}{Y_i}$

组内与组间泰尔指数：

$$T = T_{组内} + T_{组间}$$

$$T_{组内} = \sum_{i=1}^{k} P_g \Big[\sum_{j=1}^{n} P_{ij} \log \Big(\dfrac{P_{ij}}{Y_{ij}} \Big) \Big]$$

$$T_{\text{组间}} = \sum_{g=1}^{k} P_g \log \frac{P_g}{Y_g}$$

各个指标内涵前文已详细说明。表 5 – 9 至表 5 – 20 和图 5 – 35 至图 6 –43分别为计算中部六省省会城市城乡之间、市区之间及乡镇之间群众体育行政管理人员、社会体育指导员和体育辅助人员配置公平性的具体计算数据。

（一）群众体育行政管理人员配置公平性状况与分析

根据基尼系数标准：基尼系数在 0.3 以下为最佳的平均状态，在 0.3—0.4 为正常状态，超过 0.4 为警戒状态，达到 0.6 以上则属高度不公平的危险状态。目前，我国中部六省省会城市城乡之间在群众体育人力资源配置公平性状况中，群众体育行政管理人员、社会体育指导员在城乡之间的配置达到最佳或正常状态。从表 5 – 9 可以看到，六省省会城市城乡群众体育行政管理人员配置的基尼系数为 0.22，表 5 – 10 和表 5 – 11 按照市区、乡镇进一步分组进行基尼系数的计算，六省省会城市市区之间的基尼系数为 0.09 达到最佳公平配置状态，而乡镇之间为 0.31，也在正常状态。从这个结果看，中部六省省会城市乡镇之间，由于省份的差异，对群众体育管理人员配置的重视程度是不同的，武汉乡镇、太原乡镇配置水平相对很高，每万人口配置分别达到 0.3856 和 0.3194，而南昌乡镇、合肥乡镇仅为每万人口 0.0559 和 0.0707，前者最高是后者的 6.4 倍。

从表 5 – 12 中总泰尔指数（T）和其分解计算的市区、乡镇之间的组内、组间泰尔指数计算结果看，进一步印证了基尼系数反映的情况。总泰尔指数、组内和组间泰尔指数分别仅为 0.0606、0.0604 和 0.0002。从其贡献率看，组内贡献率达到 0.9969，而组间仅为 0.0031，再次佐证：中部六省省会城市城乡之间、市区之间及乡镇之间的差异，是由于省份不同造成的，而不是由于城乡二元结构造成的。

图 5 – 35 至图 5 – 37 城乡之间、市区之间、乡镇之间的洛伦兹曲线也比较直观地反映了配置的公平性状况。与基尼系数、泰尔指数反映结果基本一致。

从上述结果看，总体中部六省省会城市城乡之间、市区之间及乡镇之间群众体育行政管理人员配置是十分公平的。进一步分析，这个结果同我国行政管理体制中公务员或干部配置统一执行国家相关政策是一致的。我国公务员或干部配置是根据所设立的行政机构来确立，一个行政区设置一

表5-9 中部六省省会城市城乡群众体育行政管理人员配置公平性基尼系数（G）计算相关数据与计算过程表

六省省会城市	总人口（人）	每万人口体育行政管理人员数（人）	体育行政管理人员数（人）	累计人口数（人）	累计行政管理人员数（人）	人口数/总人口数（X）	行政管理人员/总行政管理人员（Y）	累计人口数/总人口数	累计行政管理人员/总行政人员数（V）	∑XY	∑X(1-V)	G
南昌乡镇	2504533	0.0559	14	2504533	14	0.0963	0.0287	0.0963	0.0287	0.0028	0.0935	
太原乡镇	657477	0.3194	21	3162010	35	0.0253	0.0431	0.1216	0.0719	0.0011	0.0235	
合肥乡镇	2972000	0.0707	21	6134010	56	0.1142	0.0431	0.2358	0.1150	0.0049	0.1011	
南昌市区	1977652	0.1770	35	8111662	91	0.0760	0.0719	0.3118	0.1869	0.0055	0.0618	
太原市区	1979386	0.1819	36	10091048	127	0.0761	0.0739	0.3879	0.2608	0.0056	0.0562	
合肥市区	2329755	0.1545	36	12420803	163	0.0896	0.0739	0.4775	0.3347	0.0066	0.0596	
郑州乡镇	2139052	0.1776	38	14559855	201	0.0822	0.0780	0.5597	0.4127	0.0064	0.0483	
郑州市区	3228395	0.1425	46	17788250	247	0.1241	0.0945	0.6838	0.5072	0.0117	0.0612	
长沙市区	2002877	0.2596	52	19791127	299	0.0770	0.1068	0.7608	0.6140	0.0082	0.0297	
长沙乡镇	2147721	0.2794	60	21938848	359	0.0826	0.1232	0.8434	0.7372	0.0102	0.0217	
武汉市区	2363453	0.2623	62	24302301	421	0.0909	0.1273	0.9342	0.8645	0.0116	0.0123	
武汉乡镇	1711528	0.3856	66	26013829	487	0.0658	0.1355	1.0000	1.0000	0.0089	0.0000	
										0.08	0.57	0.22

表 5 - 10　中部六省省会城市市区之间群众体育行政管理人员配置公平性基尼系数（G）计算相关数据与计算过程表

六省省会城市市区	总人口（人）	体育行政管理人员数（人）	每万人口体育行政管理人员数（人）	累计人口数（人）	累计体育行政管理人员数（人）	人口数/总人口数（X）	行政管理人员/总行政管理人员（Y）	累计人口数/总人口数	累计行政管理人员/总行政管理人员数（V）	$\sum XY$	$\sum X(1-V)$	G
南昌市区	1977652	35	0.1770	1977652	35	0.1425	0.1311	0.1425	0.1311	0.0187	0.1238	
太原市区	1979386	36	0.1819	3957038	71	0.1426	0.1348	0.2851	0.2659	0.0192	0.1047	
合肥市区	2329755	36	0.1545	6286793	107	0.1678	0.1348	0.4529	0.4007	0.0226	0.1006	
郑州市区	3228395	46	0.1425	9515188	153	0.2326	0.1723	0.6855	0.5730	0.0401	0.0993	
长沙市区	2002877	52	0.2596	11518065	205	0.1443	0.1948	0.8297	0.7678	0.0281	0.0335	
武汉市区	2363453	62	0.2623	13881518	267	0.1703	0.2322	1.0000	1.0000	0.0395	0.0000	
										0.17	0.46	0.09

表 5 - 11　中部六省省会城市乡镇之间群众体育行政管理人员配置公平性基尼系数（G）计算相关数据与计算过程表

六省省会城市乡镇	总人口（人）	体育行政管理人员数（人）	每万人口体育行政管理人员数（人）	累计人口数（人）	累计行政管理人员数（人）	人口数/总人口数（X）	行政管理人员/总行政管理人员（Y）	累计人口数/总人口数	累计行政管理人员/总行政管理人员数（V）	$\sum XY$	$\sum X(1-V)$	G
南昌乡镇	2504533	14	0.0559	2504533	14	0.2064	0.0636	0.2064	0.0636	0.0131	0.1933	
太原乡镇	657477	21	0.3194	3162010	35	0.0542	0.0955	0.2606	0.1591	0.0052	0.0456	
合肥乡镇	2972000	21	0.0707	6134010	56	0.2450	0.0955	0.5056	0.2545	0.0234	0.1826	
郑州乡镇	2139052	38	0.1776	8273062	94	0.1763	0.1727	0.6819	0.4273	0.0305	0.1010	
长沙乡镇	2147721	60	0.2794	10420783	154	0.1770	0.2727	0.8589	0.7000	0.0483	0.0531	
武汉乡镇	1711528	66	0.3856	12132311	220	0.1411	0.3000	1.0000	1.0000	0.0423	0.0000	
										0.1627	0.5756	0.31

表 5 - 12　中部六省省会城市城乡群众体育行政管理人员配置公平性泰尔指数（TI）计算相关数据与计算过程表

六省省会城市		总人口数（人）	体育行政管理人员数（人）	人口数/六省市调查总人口数 (P_i)	人口数/六省市市区或乡镇人口总数 (P_{ij})	行政管理人员数/六省市调查总行政管理人数 (Y_i)	行政管理人员数/六省市市区或乡镇总行政管理人数 (Y_{ij})	总泰尔指数（TI）			$T_{组内}$			$T_{组间}$	
								P_i/Y_i	$\log(P_i/Y_i,10)$	$P_i\times\log(P_i/Y_i,10)$	P_{ij}/Y_{ij}	$\log(P_{ij}/Y_{ij},10)$	$P_g\times\log(P_{ij}/Y_{ij},10)$	P_g 和 Y_g	$\log(P_g/Y_g)$
市区	南昌市区	1977652	35	0.0760	0.1425	0.0719	0.1311	1.06	0.02	0.0019	1.086816265	0.036156129	0.0052		
	太原市区	1979386	36	0.0761	0.1426	0.0739	0.1348	1.03	0.01	0.0010	1.057553372	0.024302294	0.0035		
	合肥市区	2329755	36	0.0896	0.1678	0.0739	0.1348	1.21	0.08	0.0075	1.244749764	0.095082052	0.0160	市区 $P_g=0.5336$ $Y_g=0.5483$	-0.0118
	郑州市区	3228395	46	0.1241	0.2326	0.0945	0.1723	1.31	0.12	0.0147	1.34990478	0.130303135	0.0303		
	长沙市区	2002877	52	0.0770	0.1443	0.1068	0.1948	0.72	-0.14	-0.0109	0.740841388	-0.130274763	-0.0188		
	武汉市区	2363453	62	0.0909	0.1703	0.1273	0.2322	0.71	-0.15	-0.0133	0.733212029	-0.134770418	-0.0229		
												市区合计: 0.0131			
乡镇	南昌乡镇	2504533	14	0.0963	0.2064	0.0287	0.0636	3.35	0.52	0.0505	3.243977767	0.511077869	0.1055		
	太原乡镇	657477	21	0.0253	0.0542	0.0431	0.0955	0.59	-0.23	-0.0059	0.567728134	-0.245859584	-0.0133		
	合肥乡镇	2972000	21	0.1142	0.2450	0.0431	0.0955	2.65	0.42	0.0483	2.566307284	0.409308657	0.1003	乡镇 $P_g=0.4664$ $Y_g=0.4517$	0.0138
	郑州乡镇	2139052	38	0.0822	0.1763	0.0780	0.1727	1.05	0.02	0.0019	1.020744132	0.008916892	0.0016		
	长沙乡镇	2147721	60	0.0826	0.1770	0.1232	0.2727	0.67	-0.17	-0.0144	0.649091257	-0.18769424	-0.0332		
	武汉乡镇	1711528	66	0.0658	0.1411	0.1355	0.3000	0.49	-0.31	-0.0206	0.470239622	-0.327680781	-0.0462		
												乡镇合计: 0.1146			
										T=0.0606		$T_{组内}=0.0604$		$T_{组间}=0.0002$	
											$T_{组内贡献率}=0.9969$			$T_{组间贡献率}=0.0031$	

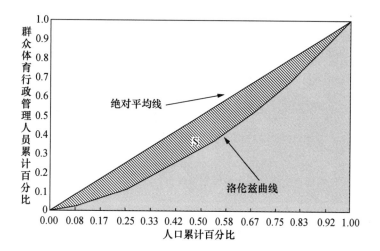

图5-35　中部六省省会城市城乡群众体育行政管理人员配置洛伦兹曲线图

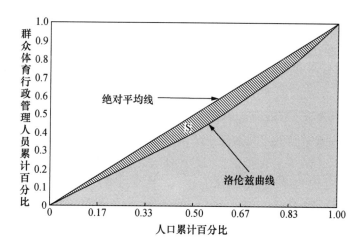

图5-36　中部六省省会城市市区群众体育行政管理人员配置洛伦兹曲线图

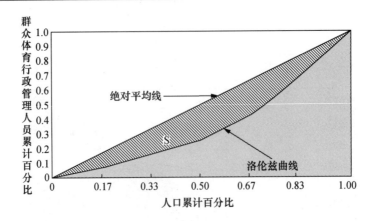

图5-37　中部六省省会城市乡镇群众体育行政管理人员配置洛伦兹曲线图

套政府机构，每一个机构又设置相同的岗位与行政级别。因此，六省省会城市之间群众体育行政管理人员数量的配置基本是相似的。从每万人口群众体育行政管理人员配置比又常出现差异，甚至出现一个地区是另一个地区的6.4倍，分析其原因可能是由每个行政区的人口数量所决定的，因为一个行政区仅设置一套政府机构，人员配置虽然根据行政区大小有一定不同，但总体来讲，行政区人口越大，越易出现每万人口配置比率越低的情况。表5-9中，所调研的太原3个乡镇总人口为657477人，每万人口群众体育行政管理人员配置率为0.3194；武汉乡镇合计1711528人，每万人口配置率为0.3856。而人口是太原乡镇人口的4.9倍、武汉乡镇人口的1.9倍的郑州市区，其每万人口配置率仅为0.1425，不足武汉乡镇的40%（36.96%）、不足太原乡镇的50%（44.61%）。

（二）社会体育指导员配置公平性状况与分析

表5-13、表5-14和表5-15计算统计结果显示：中部六省省会城市城乡社会体育指导员配置总体上处于正常与超警戒线的临界状态，基尼系数（Gini）达到0.39。而表5-14和表5-15市区之间、乡镇之间的基尼系数分别为0.27和0.24，处在最佳状态。此种情况说明：在社会体育指导员配置上，存在明显的城乡差异，市区配置明显优于乡镇。六个省会各市区之间、乡镇内部之间没有明显不公平现象。

表5-16泰尔指数的计算结果也显示：城乡社会体育指导员配置的总泰尔指数 T 为0.1206，处于较高水平，而 $T_{组内}$ 和 $T_{组间}$ 系数较小，分别为

表5-13　中部六省省会城市城乡社会体育指导员配置公平性基尼系数（G）计算相关数据与计算过程表

六省省会城市	总人口（人）	社会体育指导员数量（人）	每万人口社会体育指导员数量（人）	累计人口数（人）	累计社会体育指导员数（人）	人口数/总人口数（X）	社会体育指导员/总社会体育指导员（Y）	累计人口数/总人口数	累计社会体育指导员/总社会体育指导员数（V）	∑XY	∑X(1-V)	G
太原乡镇	657477	393	5.9774	657477	393	0.0253	0.0091	0.0253	0.0091	0.0002	0.0250	
南昌乡镇	2504533	904	3.6095	3162010	1297	0.0963	0.0208	0.1216	0.0299	0.0020	0.0934	
长沙乡镇	2147721	1523	7.0912	5309731	2820	0.0826	0.0351	0.2041	0.0650	0.0029	0.0772	
合肥乡镇	2972000	1690	5.6864	8281731	4510	0.1142	0.0389	0.3184	0.1039	0.0044	0.1024*	
武汉乡镇	1711528	1852	10.8207	9993259	6362	0.0658	0.0427	0.3842	0.1466	0.0028	0.0561	
长沙市区	2002877	2127	10.6197	11996136	8489	0.0770	0.0490	0.4611	0.1956	0.0038	0.0619	
郑州乡镇	2139052	3153	14.7402	14135188	11642	0.0822	0.0727	0.5434	0.2683	0.0060	0.0602	
南昌市区	1977652	3678	18.5978	16112840	15320	0.0760	0.0848	0.6194	0.3531	0.0064	0.0492	
郑州市区	3228395	4688	14.5211	19341235	20008	0.1241	0.1080	0.7435	0.4611	0.0134	0.0669	
太原市区	1979386	5276	26.6547	21320621	25284	0.0761	0.1216	0.8196	0.5827	0.0093	0.0318	
合肥市区	2329755	5506	23.6634	23650376	30790	0.0896	0.1269	0.9091	0.7096	0.0114	0.0260	
武汉市区	2363453	12600	53.3118	26013829	43390	0.0909	0.2904	1.0000	1.0000	0.0264	0.0000	
										0.09	0.65	0.39

表5-14　中部六省省会城市市区之间社会体育指导员配置公平性基尼系数（G）计算相关数据与计算过程表

六省省会城市市区	总人口（人）	社会体育指导员数量（人）	每万人口社会体育指导员数量（人）	累计人口数（人）	累计社会体育指导员数（人）	人口数/总人口数（X）	社会体育指导员/总社会体育指导员（Y）	累计人口数/总人口数（V）	累计社会体育指导员/总指导员数（V）	$\sum XY$	$\sum X(1-V)$	G
长沙市区	2002877	2127	10.6197	2002877	2127	0.1443	0.0628	0.1443	0.06289668	0.0091	0.1352	
南昌市区	1977652	3678	18.5978	3980529	5805	0.1425	0.1086	0.2868	0.1714	0.0155	0.1181	
郑州市区	3228395	4688	14.5211	7208924	10493	0.2326	0.1384	0.5193	0.3098	0.0322	0.1605	
太原市区	1979386	5276	26.6547	9188310	15769	0.1426	0.1557	0.6619	0.4655	0.0222	0.0762	
合肥市区	2329755	5506	23.6334	11518065	21275	0.1678	0.1625	0.8297	0.6280	0.0273	0.0624	
武汉市区	2363453	12600	53.3118	13881518	33875	0.1703	0.3720	1.0000	1.0000	0.0633	0.0000	
										0.17	0.55	0.27

表5-15　中部六省省会城市乡镇之间社会体育指导员配置公平性基尼系数（G）计算相关数据与计算过程表

六省省会城市乡镇	总人口（人）	社会体育指导员数量（人）	每万人口社会体育指导员数量（人）	累计人口数（人）	累计社会体育指导员数（人）	人口数/总人口数（X）	社会体育指导员/总社会体育指导员（Y）	累计人口数/总人口数（V）	累计社会体育指导员/总指导员数（V）	$\sum XY$	$\sum X(1-V)$	G
太原乡镇	657477	393	5.9774	657477	393	0.0542	0.0413	0.0542	0.0413	0.0022	0.0520	
南昌乡镇	2504533	904	3.6095	3162010	1297	0.2064	0.0950	0.2606	0.1363	0.0196	0.1783	
长沙乡镇	2147721	1523	7.0912	5309731	2820	0.1770	0.1601	0.4377	0.2964	0.0283	0.1246	
合肥乡镇	2972000	1690	5.6864	8281731	4510	0.2450	0.1776	0.6826	0.4740	0.0435	0.1289	
武汉乡镇	1711528	1852	10.8207	9993259	6362	0.1411	0.1946	0.8237	0.6686	0.0275	0.0467	
郑州乡镇	2139052	3153	14.7402	12132311	9515	0.1763	0.3314	1.0000	1.0000	0.0584	0.0000	
										0.1796	0.5304	0.24

表5－16　中部六省省会城市城乡社会体育指导员配置公平性泰尔指数（TI）计算相关数据与计算过程表

六省省会城市	总人口数（人）	社会体育指导员数量（人）	人口数/六省市调查总人口数 (P_i)	人口数/六省市区或乡镇人口总数 (P_{ij})	社会体育指导员/六省市调查总指导员人数 (Y_i)	社会体育指导员数/六省市区或乡镇总指导员人数 (Y_{ij})	P_i/Y_i	$\log(P_i/Y_i,10)$	$P_i\times\log(P_i/Y_i,10)$	P_{ij}/Y_{ij}	$\log(P_{ij}/Y_{ij},10)$	$P_{ij}\times\log(P_{ij}/Y_{ij},10)$	P_g 和 Y_g	$\log(P_g/Y_g)$
长沙市区	2002877	2127	0.0770	0.1443	0.0490	0.0628	2.79	0.45	0.0113	1.312058722	0.117953273	0.0064		
南昌市区	1977652	3678	0.0760	0.1425	0.0848	0.1086	4.62	0.66	0.0640	2.172819179	0.337023586	0.0696		
郑州市区	3228395	4688	0.1241	0.2326	0.1080	0.1384	2.35	0.37	0.0307	1.105969673	0.043743218	0.0077	市区 $P_g=0.5336$ $Y_g=0.7807$	−0.1653
太原市区	1979386	5276	0.0761	0.1426	0.1216	0.1557	2.93	0.47	0.0534	1.37920035	0.139627359	0.0342		
合肥市区	2329755	5506	0.0896	0.1678	0.1269	0.1625	1.54	0.19	0.0124	0.724783477	−0.139791716	−0.0197		
武汉市区	2363453	12600	0.0909	0.1703	0.2904	0.3720	1.13	0.05	0.0044	0.532062474	−0.27403737	−0.0483		
											市区合计：0.0605			
太原乡镇	657477	393	0.0253	0.0542	0.0091	0.0413	3.35	0.52	0.0505	3.243977767	0.511077869	0.1055		
南昌乡镇	2504533	904	0.0963	0.2064	0.0208	0.0950	0.59	−0.23	−0.0059	0.567728134	−0.245859584	−0.0133		
长沙乡镇	2147721	1523	0.0826	0.1770	0.0351	0.1601	2.65	0.42	0.0483	2.566307284	0.409308657	0.1003	乡镇 $P_g=0.4664$ $Y_g=0.2193$	0.3277
合肥乡镇	2972000	1690	0.1142	0.2450	0.0389	0.1776	1.05	0.02	0.0019	1.020744132	0.008916892	0.0016		
武汉乡镇	1711528	1852	0.0658	0.1411	0.0427	0.1946	0.67	−0.17	−0.0144	0.649091257	−0.18769424	−0.0332		
郑州乡镇	2139052	3153	0.0822	0.1763	0.0727	0.3314	0.49	−0.31	−0.0206	0.470239622	−0.327680781	−0.0462		
											乡镇合计：0.0499			
							T=0.1206				T组内=0.0555		T组间=0.0647	
									T组内贡献率＝0.4620				T组间贡献率＝0.5680	

0.0555 和 0.0647。$T_{组内}$ 和 $T_{组间}$ 对总泰尔指数 T 的贡献率，二者也基本相当，分别为 0.4620 和 0.5680，进一步说明中部六省省会城市城乡之间在社会体育指导员配置上存在明显的"城乡"结构性差异，这种差异与省份、区域没有关系。

图 5 – 38 至图 5 – 40 的洛伦兹曲线也形象地显示了中部六省省会城市社会体育指导员配置在城乡之间、市区之间和乡镇之间的公平性状况。图 5 – 38 中 S 区面积显然较大，而图 5 – 39 和图 5 – 40 的 S 区却相对较小，再次反映出城乡配置之间的差异。

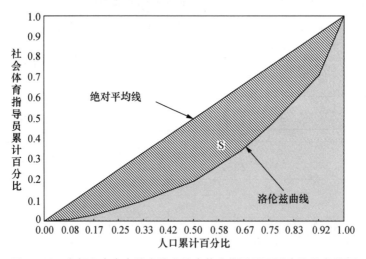

图 5 – 38　中部六省省会城市城乡社会体育指导员配置洛伦兹曲线图

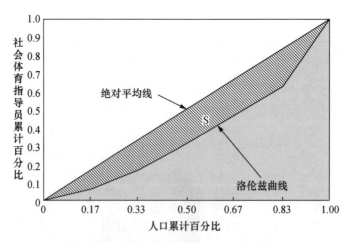

图 5 – 39　中部六省省会城市市区社会体育指导员配置洛伦兹曲线图

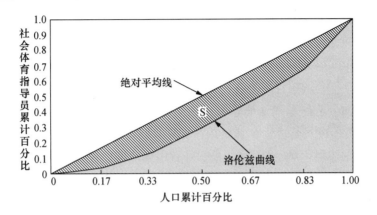

图 5 - 40　中部六省省会城市乡镇社会体育指导员配置洛伦兹曲线图

从上述结果看，城乡社会体育指导员配置总体上处于比较公平的状态，没有出现明显的城乡二元结构影响，但这种影响的趋势还是比较明显的。另外，结合前面对社会体育指导员城乡的等级配置水平看，明显市区要优于乡镇。分析其原因，主要与我国社会体育指导员配置的国家要求息息相关。国家体育总局关于印发《社会体育指导员发展规划（2011—2015）》中明确指出："到 2015 年，获得社会体育指导员技术等级证书的人员注册数从目前的 65 万人增加到 100 万以上。城市达到每千人至少拥有 1 名社会体育指导员；农村达到每两千人至少拥有 1 名社会体育指导员。"因此，各地市也通常按照这个配置对社会体育指导员进行培训。但从本研究组访谈调查了解到，虽然各地拥有社会体育指导员证书的人数在不断增多，但真正能够参加到实际社会体育服务指导的人员比例却很低。目前，能拿到社会体育指导员证书的人员：二级以上通常是高校体育专业学生、体育教师和部分体育管理者，这些人员很少走入社区、俱乐部等进行社会体育指导。而对于三级社会体育指导员，则主要是那些在社会或乡村有文体爱好的人员被简单培训后，颁发三级社会体育指导员证书。因此，事实上我国社会体育指导员队伍建设任务远达不到社会的实际需求。

（三）体育辅助人员配置公平性状况与分析

体育辅助人员是工作在体育工作一线的直接服务人员，他们主要为体育活动的开展提供条件保障与服务工作。体育辅助人员的配置没有国家的统一标准，也没有行业标准，仅是各地根据本地公共体育服务实际及重视程度，自发地设置相关岗位与聘用相关岗位人员。体育辅助人员在某种程度上更能真实反映各地体育工作开展积极程度与配置水平的指标。

从表 5－17 的统计结果看，当前中部六省省会城市城乡在体育辅助人员配置方面公平性系数基尼系数达到 0.60，城乡配置处在高度的不公平状态。表 5－18 和表 5－19 显示，六省省会城市市区之间、乡镇之间的基尼系数分别达到 0.60 和 0.58，表明各省市区之间、乡镇之间体育辅助人员配置也存在明显的警戒状态和高度不公平状态。这些现象说明：城乡二元结构、省份地域差异均影响到了各地群众体育辅助人员的配置水平。

从表 5－20 的泰尔指数（TI）结果看，T、$T_{组内}$ 和 $T_{组间}$ 分别为 0.4009、0.4001 和 0.0008。总泰尔指数高达 0.4009 说明城乡之间体育辅助人员配置处于高度不公平状态。$T_{组内}$ 达到 0.4001，其贡献率达到了 0.9980，说明六省省会城市城乡之间体育辅助人员配置的不公平，主要是由于各省份之间配置的不公平，取决于当地发展水平和政府。图 5－41 至图 5－43 也直观显示了这种配置的不公平程度。

从表 5－17 数据进一步比较看，长沙、武汉、郑州城乡体育辅助人员配置水平明显高于其他三个省市。这与各个省会城市的综合发展程度是比较一致的。北京国际城市发展研究院历时 5 年，从城市生活质量、城市品牌价值和城市综合竞争力，对 286 个地级以上城市"十一五"期间的发展状况进行评估与分析，并对其城市价值进行综合排名，发布了《2006—2010 中国城市价值报告》。报告中评出了 50 个中国最具价值城市。中部六省省会城市排名：长沙（16）、郑州（26）、武汉（28）、合肥（37）、南昌（40）和太原（47）[①]。而表 5－17 显示的各省市体育辅助人员市区与乡镇排名基本与这个排名一致。此现象说明，城市综合发展水平在某种程度上直接影响着以市场配置为主的体育辅助人员数量。

中部六省省会城市群众体育人力资源配置公平性总体较公平。尤其是群众体育行政管理人员和社会体育指导员，在政府行政区公务员配置政策引导下及国家体育总局社会体育指导员发展目标指引下，二者配置公平性

---

① 北京国际城市发展研究院：《"十一五"期间中国最具价值城市排行》，http：//news. enorth. com. cn/system/2010/10/30/005297597. shtml。

表5-17　中部六省省会城市城乡体育辅助人员配置公平性基尼系数（G）计算相关数据与计算过程表

六省省会城市	总人口（人）	体育辅助人员数量（人）	每万人口体育辅助人员数量（人）	累计人口数（人）	累计体育辅助人员数（人）	人口数/总人口数（X）	体育辅助人员/总体育辅助人员（Y）	累计人口数/总人口数（累计人口数/总人口数）	累计体育辅助人员/总辅助人员数（V）	$\sum XY$	$\sum X(1-V)$	G
太原乡镇	657477	21	0.3194	657477	21	0.0253	0.0062	0.0253	0.0062	0.0002	0.0251	
合肥市区	2329755	21	0.0901	2987232	42	0.0896	0.0062	0.1148	0.0123	0.0006	0.0885	
合肥乡镇	2972000	21	0.0707	5959232	63	0.1142	0.0062	0.2291	0.0185	0.0007	0.1121	
南昌乡镇	2504533	47	0.1877	8463765	110	0.0963	0.0138	0.3254	0.0323	0.0013	0.0932	
太原市区	1979386	72	0.3637	10443151	182	0.0761	0.0212	0.4014	0.0535	0.0016	0.0720	
南昌市区	1977652	79	0.3995	12420803	261	0.0760	0.0232	0.4775	0.0767	0.0018	0.0702	
郑州市区	3228395	95	0.2943	15649198	356	0.1241	0.0279	0.6016	0.1046	0.0035	0.1111	
郑州乡镇	2139052	136	0.6358	17788250	492	0.0822	0.0400	0.6838	0.1445	0.0033	0.0703	
武汉乡镇	1711528	509	2.9740	19499778	1001	0.0658	0.1495	0.7496	0.2941	0.0098	0.0464	
武汉市区	2363453	633	2.6783	21863231	1634	0.0909	0.1860	0.8404	0.4800	0.0169	0.0472	
长沙乡镇	2147721	750	3.4921	24010952	2384	0.0826	0.2203	0.9230	0.7004	0.0182	0.0247	
长沙市区	2002877	1020	5.0927	26013829	3404	0.0770	0.2996	1.0000	1.0000	0.0231	0.0000	
										0.08	0.76	0.60

表5-18 中部六省省会城市市区之间体育辅助人员配置公平性基尼系数（G）计算相关数据与计算过程表

六省会城市市区	总人口（人）	体育辅助人员数量（人）	每万人口体育辅助人员数量（人）	累计人口数（人）	累计体育辅助人员数（人）	人口数/总人口数（X）	体育辅助人员/总体育辅助人员（Y）	累计人口数/总人口数（X）	累计体育辅助人员/总体育辅助人员数（V）	$\sum$ XY	$\sum$ X (1−V)	G
合肥市区	2329755	21	0.0901	2329755	21	0.0896	0.0062	0.1678	0.0109	0.0018	0.1660	
太原市区	1979396	72	0.3637	4309151	93	0.0761	0.0212	0.3104	0.0484	0.0053	0.1357	
南昌市区	1977452	79	0.3995	6286603	172	0.0760	0.0232	0.4529	0.0896	0.0059	0.1297	
郑州市区	3228395	95	0.2943	9514998	267	0.1241	0.0279	0.6855	0.1391	0.0115	0.2002	
武汉市区	2363453	633	2.6783	11878451	900	0.0909	0.1860	0.8557	0.4688	0.0561	0.0905	
长沙市区	2002877	1020	5.0927	13881328	1920	0.0770	0.2996	1.0000	1.0000	0.0767	0.0000	
										0.16	0.72	0.60

表5-19 中部六省省会城市乡镇之间体育辅助人员配置公平性基尼系数（G）计算相关数据与计算过程表

六省会城市乡镇	总人口（人）	体育辅助人员数量（人）	每万人口体育辅助人员数量（人）	累计人口数（人）	累计体育辅助人员数（人）	人口数/总人口数（X）	体育辅助人员/总体育辅助人员（Y）	累计人口数/总人口数（X）	累计体育辅助人员/总体育辅助人员数（V）	$\sum$ XY	$\sum$ X (1−V)	G
太原乡镇	657477	21	0.3194	657477	21	0.0542	0.0142	0.0542	0.0142	0.0008	0.0534	
合肥乡镇	2972000	21	0.0707	3629477	42	0.2450	0.0142	0.2992	0.0283	0.0035	0.2380	
南昌乡镇	2504533	47	0.1877	6134010	89	0.2064	0.0317	0.5056	0.0600	0.0065	0.1941	
郑州乡镇	2139052	136	0.6358	8273062	225	0.1763	0.0916	0.6819	0.1516	0.0162	0.1496	
武汉乡镇	1711528	509	2.9740	9984590	734	0.1411	0.3430	0.8230	0.4946	0.0484	0.0713	
长沙乡镇	2147721	750	3.4921	12132311	1484	0.1770	0.5054	1.0000	1.0000	0.0895	0.0000	
										0.1648	0.7064	0.58

表5-20　中部六省省会城市城乡体育辅助人员配置公平性泰尔指数（TI）计算相关数据与计算过程表

六省省会城市	总人口（人）	体育辅助人员数量（人）	人口数/六省市调查总人口总数 (P_i)	人口数/六省市区或乡镇人口总数 (P_{ij})	体育辅助人员/六省市调查总辅助人员数 (Y_i)	体育辅助人员数/六省市区或乡镇总辅助人员数 (Y_{ij})	总泰尔指数（TI）			$T_{组内}$			$T_{组间}$	
							P_i/Y_i	$\log(P_i/Y_i,10)$	$P_i \times \log(P_i/Y_i,10)$	P_{ij}/Y_{ij}	$\log(P_{ij}/Y_{ij},10)$	$P_g \times \log(P_{ij}/Y_{ij},10)$	P_g 和 Y_g	$\log(P_g/Y_g)$
市区 合肥市区	2329755	21	0.0896	0.1678	0.0062	0.0109	14.52	1.16	0.1041	15.34479781	1.18596117	0.1990		
太原市区	1979396	72	0.0761	0.1426	0.0212	0.0375	3.60	0.56	0.0423	3.802510346	0.580070404	0.0827	市区	-0.0241
南昌市区	1977452	79	0.0760	0.1425	0.0232	0.0411	3.28	0.52	0.0392	3.462175443	0.539349072	0.0768	$P_g=0.5336$	
郑州市区	3228395	95	0.1241	0.2326	0.0279	0.0495	4.45	0.65	0.0804	4.700383285	0.672133273	0.1563	$Y_g=0.5640$	
武汉市区	2363453	633	0.0909	0.1703	0.1860	0.3297	0.49	-0.31	-0.0283	0.51643239	-0.286986527	-0.0489		
长沙市区	2002877	1020	0.0770	0.1443	0.2996	0.5313	0.26	-0.59	-0.0454	0.271596594	-0.56607568	-0.0817		
										市区合计：0.3844				
乡镇 太原乡镇	657477	21	0.0253	0.0542	0.0062	0.0142	4.10	0.61	0.0155	3.829584322	0.583151637	0.0316		
合肥乡镇	2972000	21	0.1142	0.2450	0.0062	0.0142	18.52	1.27	0.1448	17.31090914	1.238319877	0.3033	乡镇	0.0293
南昌乡镇	2504533	47	0.0963	0.2064	0.0138	0.0317	6.97	0.84	0.0812	6.518073702	0.814119267	0.1681	$P_g=0.4664$	
郑州乡镇	2139052	136	0.0822	0.1763	0.0400	0.0916	2.06	0.31	0.0258	1.923857056	0.2841728	0.0501	$Y_g=0.4360$	
武汉乡镇	1711528	509	0.0658	0.1411	0.1495	0.3430	0.44	-0.36	-0.0235	0.411297995	-0.385843407	-0.0544		
长沙乡镇	2147721	750	0.0826	0.1770	0.2203	0.5054	0.37	-0.43	-0.0352	0.350273246	-0.455593033	-0.0807		
										乡镇合计：0.4180				
									T=0.4009	$T_{组内}$=0.4001			$T_{组间}$=0.0008	
										$T_{组内}$贡献率=0.9980			$T_{组间}$贡献率=0.0020	

处于最佳或正常公平状态。而取决于城市发展综合水平的体育辅助人员以市场配置为主,城乡之间配置显然处于高度的不公平状态。

由此可以得出:以政策性很强的群众体育人力资源配置,城乡之间的公平性相对较好;而以城市综合发展水平和市场配置为主的群众体育人力资源配置,城乡之间就越容易出现不公平现象,越易受城乡二元结构的影响。

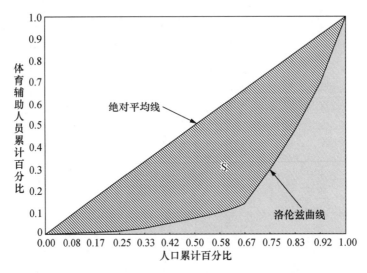

图 5 –41   中部六省省会城市城乡体育辅助人员配置洛伦兹曲线图

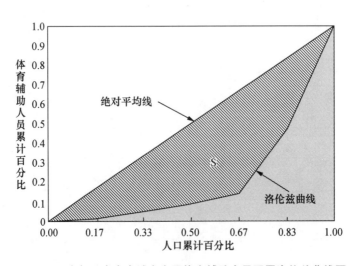

图 5 –42   中部六省省会城市市区体育辅助人员配置洛伦兹曲线图

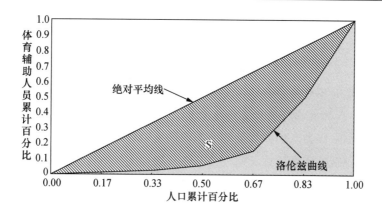

图 5-43 中部六省省会城市乡镇体育辅助人员配置洛伦兹曲线图

第三节 中部六省省会城市城乡群众公共体育物力资源配置水平与公平性现状

一 中部六省省会城市城乡群众公共体育物力资源配置的基本指标描述

城乡群众公共体育物力资源主要由"群众公共体育场地面积"和"群众公共体育设施数量"两大类指标反映。"群众公共体育场地面积"则由"人均室外公共体育场地面积"和"人均室内公共体育场地面积"组成;"群众公共体育设施数量"由"每万人口公共体育场馆数量"、"每万人口体育健身路径(农民体育健身)工程套数"和"每万人口体育健身站(点)"共同反映。表 5-21 至表 5-25 是上述五项指标各省省会城市市区及乡镇配置具体情况。

(一)人均室外公共体育场地面积

该指标是反映群众公共体育物力资源的主要指标,也是国际最常用指标。我国这个指标更是主要指标,因为我国体育场地面积主要为室外,而室内部分很少。我国《全民健身计划 2011—2015》明确提出我国人均体育场地面积为 1.50 平方米。表 5-21 调查结果显示,六省省会城市市区除长沙、南昌外,其他四个城市人均室外体育场地面积均在 1.50 平方米以上,武汉市区、太原市区分别达到了 1.69 平方米和 1.64 平方米,反映出近年来我国人均体育场地面积得到了快速发展。六省省会城市城乡对比看,乡镇人均体育场地面积明显低于市区部分,除太原乡镇、郑州乡镇人均分别达到 1.11 平方米、1.07 平方米以外，其他四个省会城市的乡镇人均室外体育场地面积均低于 1.0 平方米，合肥乡镇仅为 0.65 平方米，南昌乡镇仅为 0.79 平方米。可见，六省省会城市城乡人均室外体育场地面积存在明显的城乡差异。

（二）人均室内公共体育场地面积

该指标除作为人均体育场地面积的数量指标外，还多被用作群众拥有体育场地设施的质量指标。室内公共体育场地面积所占比重大，则往往认为本地区人们拥有较高质量的公共体育设施。表 5-22 是六省省会城市城乡人均室内公共体育场地面积统计与计算结果，目前我国还没有开展相关室内人均体育场地面积的具体统计，所以没有相应的常模评价标准。但从结果看，远远低于表 5-21 所显示的人均室外体育场地面积，六省省会城市城乡人均室内体育场地面积均低于 0.1 平方米，配置最好的武汉市区仅为 0.092 平方米，而乡镇地区室内体育场地面积配置水平更低，仅武汉（0.023 平方米）、长沙（0.021 平方米）乡镇配置水平在 0.02 平方米以上，其他四省会城市乡镇均很低，南昌乡镇、郑州乡镇、合肥乡镇人均竟仅有 0.008 平方米、0.005 平方米和 0.003 平方米。与国外发达国家相比，我国室内人均体育场地面积明显偏少，而农村地区相对于市区来说更少。如英国萨尼特（Thanet District）① 仅室内羽毛球场地就达到人均 0.028 平方米，室内人均标准游泳池水面面积 0.0049 平方米。

（三）每万人口公共体育场馆数量

公共体育场馆数量在某种程度上既能反映人们拥有体育设施的多少，也能侧面反映体育场馆的分布均衡情况。通常每万人口公共体育场馆数量越多，说明人们可以利用的公共体育场馆越多，并且这些场馆显然不会集中在一起，会分布在不同的地域，因此，"每万人口公共体育场馆数量"指标在反映公共体育场馆分布的均衡性方面有一定代表性。从表 5-23 调查结果可以看出，武汉市区、长沙市区、郑州市区"每万人口公共体育场馆数量"分别达到了 2.92 个、2.63 个和 2.62 个；而六省市乡镇，除长沙乡镇、武汉乡镇分别为 0.65 个和 0.64 个外，其他四个省会城市乡镇每万人口则均低于 0.5 个，合肥最低仅 0.14 个。该统计指标基本与人均

---

① Thanet District Council, Quantity: Indoor Sports Facilities, https://thanet. gov. uk/publications/parks – and – open – spaces/open – space – sport – and – recreation – report/indoor – sports – provision/.

室内公共体育场地面积现状一致，说明"每万人口公共体育场馆数量"
的多少也直接影响着人均室内公共体育场地面积大小。

（四）每万人口全民健身路径（农民体育健身）工程套数

全民健身路径工程和农民体育健身工程是国家实施的两个快速、简易、
实用为社区居民和乡镇村民提供公共体育设施的工程，该工程是我国其他
类型体育设施的重要补充，尤其在城市社区和农村村庄成为国民主要的体
育设施，也是目前国家和各级政府主要关注的民生工程，是我国群众体育
事业发展过渡时期的重要形式。从媒体报道和本书组的调查结果看，在一
些省市已实现了全民健身路径工程和农民体育健身工程社区和自然村全覆
盖。表5-24是所调查的六省省会城市城乡居民两个工程建设的具体情况统
计结果，从结果看我国近年来对两个工程建设投入了很大资金，城市市区
和乡镇均建设了大量全民健身路径和农民体育健身工程。表5-24显示，所
调查六省省会城市中有一半多的城乡每万人口两个工程的数量达到了5套
以上，尤其是太原市乡镇竟高达12.03套/万人。分析原因，主要是山西省
近年来投入大量资金建设公共体育设施，提前3年完成了国家到2015年人
均体育场地面积1.5平方米的目标，并且山西省基本上每个自然村均实现了
两个工程中的一个或两个，而该省的自然村人口相对较少，因此，成为每
万人口拥有全民健身路径和农民体育健身工程套数最多的地区。从其他乡
镇看，也均在3套/万人以上，最低的合肥乡镇也达到了3.15套/万人。

（五）每万人口全民健身站（点）数量

全民健身站（点）主要包括体育指导站、晨晚练点等。全民健身站
（点）被认为是体育组织机构的组成部分，是体育的组织机构。本书分析
认为，虽然从形式上看它是体育组织，具有体育组织的功能，但从它担负
的实际功能看更多的是为居民提供了体育健身、休闲的场所，是人们赖以
从事体育锻炼的现实场地基础。因此，我们把该指标列为群众公共体育物
力资源之中。正是由于全民健身站（点）具有体育组织机构、体育健身
场所的双重属性，它也因此对居民更有吸引力、凝聚力，成为我国社区居
民、乡镇村民更喜欢去参与的组织与场所。从表5-25的调研统计结果
看，除山西太原外，其他五个省会城市市区在全民健身站（点）建设上明
显优于乡镇，太原乡镇高达7.53个/万人，高于其他所有的市区和乡镇，分
析其原因与前面每万人口体育场馆数量指标相似：一是太原市加大了农村
体育工作，取得显著成效；二是太原乡镇的自然村人口相对于其他省份明

显偏少。另外，按照常规分析看，市区或乡镇村组"每万人口体育健身站点数量"应该明显高于"每万人口体育场馆数量"，因为全民健身站点的建设要比体育场馆建设更容易、更灵活。我们通过表5–25与表5–23数据相比看，基本反映了这一规律，但郑州市市区、长沙市市区情况却相反，郑州市市区"每万人口体育健身站点数量"（1.24个/万人）却不到"每万人口体育场馆数量"（2.62个/万人）的50%；"每万人口体育健身站点数量"为2.18个/万人，略低于其2.63个/万人的"每万人口体育场馆数量"。分析其原因，可能主要有三个：一是市区人口偏大或设置街道少，造成相对比例低；二是其辖区内体育场馆的数量开放程度及布局的便利程度；三是体育场馆的类型可能与居民的喜爱项目布局不一致。

总体来看，近年来我国中部六省省会城市在体育场馆等设施资源配置上比2003年第五次全国体育场地普查时有显著提高，设施类型更多样化，乡镇的群众公共体育物力资源建设取得了更为显著的提高，这是一个突出的变化。

表5–21　　中部六省省会城市调研地区群众室外公共体育场地资源配置一览表

调查地区			人口（人）	市区或乡镇人口合计（人）	室外公共体育场地面积（平方米）	市区或乡镇室外公共体育场地面积合计（平方米）	人均室外公共体育场地面积（平方米/人）
郑州	市区	中原区	911413	3228395	1394462	5089322	1.57
		二七区	714983		1179722		
		金水区	1601999		2515138		
	乡镇	荥阳市	613857	2139052	1028618	2280674	1.07
		新密市	797378		626134		
		中牟县	727817		625923		
太原	市区	小店区	808467	1979386	1414817	3249089	1.64
		尖草坪区	417449		613650		
		万柏林区	753470		1220622		
	乡镇	清徐县	345000	657477	400200	730427	1.11
		娄烦县	106297		113738		
		古交市	206180		216489		

续表

调查地区			人口（人）	市区或乡镇人口合计（人）	室外公共体育场地面积（平方米）	市区或乡镇室外公共体育场地面积合计（平方米）	人均室外公共体育场地面积（平方米/人）
武汉	市区	硚口区	828644	2363453	1400408	3996596	1.69
		青山区	485375		791161		
		洪山区	1049434		1805027		
	乡镇	东西湖区	451880	1711528	506106	1681417	0.98
		蔡甸区	410888		394452		
		新洲区	848760		780859		
长沙	市区	天心区	475663	2002877	699225	2731184	1.36
		岳麓区	801861		1074494		
		雨花区	725353		957466		
	乡镇	长沙县	979665	2147721	969868	2056160	0.96
		宁乡县	1168056		1086292		
南昌	市区	西湖区	503822	1977652	685198	2856134	1.44
		东湖区	575989		887023		
		青山湖区	897841		1283913		
	乡镇	南昌县	1018675	2504533	896434	1969401	0.79
		新建县	795412		596559		
		进贤县	690446		476408		
合肥	市区	庐阳区	609239	2329755	932136	3552091	1.52
		包河区	817686		1283767		
		瑶海区	902830		1336188		
	乡镇	肥西县	889000	2972000	755650	1938620	0.65
		肥东县	1109000		676490		
		庐江县	974000		506480		

表 5－22　中部六省省会城市调研地区群众室内公共体育场地资源配置一览表

调查地区			人口（人）	市区或乡镇人口合计（人）	室内公共体育场地面积（平方米）	市区或乡镇室内公共体育场地面积合计（平方米）	人均室内公共体育场地面积（平方米/人）
郑州	市区	中原区	911413	3228395	50706	226163	0.070
		二七区	714983		55125		
		金水区	1601999		120332		

续表

调查地区			人口（人）	市区或乡镇人口合计（人）	室内公共体育场地面积（平方米）	市区或乡镇室内公共体育场地面积合计（平方米）	人均室内公共体育场地面积（平方米/人）
郑州	乡镇	荥阳市	613857	2139052	4500	10720	0.005
		新密市	797378		3420		
		中牟县	727817		2800		
太原	市区	小店区	808467	1979386	72767	121268	0.061
		尖草坪区	417449		7870		
		万柏林区	753470		40631		
	乡镇	清徐县	345000	657477	3419	7476	0.011
		娄烦县	106297		1742		
		古交市	206180		2315		
武汉	市区	硚口区	828644	2363453	44100	217350	0.092
		青山区	485375		34965		
		洪山区	1049434		138285		
	乡镇	东西湖区	451880	1711528	18324	39439	0.023
		蔡甸区	410888		14615		
		新洲区	848760		6500		
长沙	市区	天心区	475663	2002877	42210	165690	0.083
		岳麓区	801861		51660		
		雨花区	725353		71820		
	乡镇	长沙县	979665	2147721	34335	44095	0.021
		宁乡县	1168056		9760		
南昌	市区	西湖区	503822	1977652	27090	110250	0.056
		东湖区	575989		49140		
		青山湖区	897841		34020		
	乡镇	南昌县	1018675	2504533	16380	21272	0.008
		新建县	795412		1112		
		进贤县	690446		3780		
合肥	市区	庐阳区	609239	2329755	50085	134820	0.058
		包河区	817686		46620		
		瑶海区	902830		38115		
	乡镇	肥西县	889000	2972000	4030	9504	0.003
		肥东县	1109000		3260		
		庐江县	974000		2214		

表5－23　中部六省省会城市调研地区群众公共体育场馆数量一览表

调查地区		人口（人）	市区或乡镇人口合计（人）	公共体育场馆数量（个）	市区或乡镇公共体育场馆数量合计（个）	每万人口公共体育场馆数量（个/万人）
郑州	市区 中原区	911413	3228395	161	845	2.62
	二七区	714983		175		
	金水区	1601999		509		
	乡镇 荥阳市	613857	2139052	26	69	0.32
	新密市	797378		24		
	中牟县	727817		19		
太原	市区 小店区	808467	1979386	231	385	1.95
	尖草坪区	417449		25		
	万柏林区	753470		129		
	乡镇 清徐县	345000	657477	8	15	0.23
	娄烦县	106297		3		
	古交市	206180		4		
武汉	市区 硚口区	828644	2363453	140	690	2.92
	青山区	485375		111		
	洪山区	1049434		439		
	乡镇 东西湖区	451880	1711528	64	109	0.64
	蔡甸区	410888		23		
	新洲区	848760		22		
长沙	市区 天心区	475663	2002877	134	526	2.63
	岳麓区	801861		164		
	雨花区	725353		228		
	乡镇 长沙县	979665	2147721	109	140	0.65
	宁乡县	1168056		31		
南昌	市区 西湖区	503822	1977652	86	350	1.77
	东湖区	575989		156		
	青山湖区	897841		108		
	乡镇 南昌县	1018675	2504533	52	101	0.40
	新建县	795412		37		
	进贤县	690446		12		

续表

调查地区			人口（人）	市区或乡镇人口合计（人）	公共体育场馆数量（个）	市区或乡镇公共体育场馆数量合计(个)	每万人口公共体育场馆数量（个/万人）
合肥	市区	庐阳区	609239	2329755	159	428	1.84
		包河区	817686		148		
		瑶海区	902830		121		
	乡镇	肥西县	889000	2972000	16	42	0.14
		肥东县	1109000		15		
		庐江县	974000		11		

注：本表"体育场馆数量"是指相对独立的一处体育健身、休闲与娱乐场所，而不是指具有多少块标准或非标准体育场地。一所体育场馆可能包括多个标准或非标准运动场地。此表"体育场馆数量"不同于全国体育场地普查中的"体育场馆数量"，全国普查是指每一块独立的场地，如一块网球场、一块篮球场等。

表5－24　　中部六省省会城市调研地区全民健身路径工程（农民体育健身工程）数量一览表

调查地区			人口（人）	市区或乡镇人口合计（人）	全民健身路径（农民体育健身）工程（套）	市区或乡镇全民健身路径（农民体育健身）工程数量合计（套）	每万人口全民健身路径（农民体育健身）工程数量（套/万人）
郑州	市区	中原区	911413	3228395	381	1737	5.38
		二七区	714983		367		
		金水区	1601999		989		
	乡镇	荥阳市	613857	2139052	526	1345	6.29
		新密市	797378		332		
		中牟县	727817		487		
	市区	小店区	808467	1979386	436	1337	6.75
太原		尖草坪区	417449		382		
		万柏林区	753470		519		
	乡镇	清徐县	345000	657477	165	791	12.03
		娄烦县	106297		178		
		古交市	206180		448		

续表

调查地区		人口（人）	市区或乡镇人口合计（人）	全民健身路径（农民体育健身）工程（套）	市区或乡镇全民健身路径（农民体育健身）工程数量合计（套）	每万人口全民健身路径（农民体育健身）工程数量（套/万人）
武汉	市区	硚口区 828644	2363453	416	1450	6.14
		青山区 485375		365		
		洪山区 1049434		669		
	乡镇	东西湖区 451880	1711528	987	987	5.77
		蔡甸区 410888		344		
		新洲区 848760		427		
长沙	市区	天心区 475663	2002877	233	971	4.85
		岳麓区 801861		423		
		雨花区 725353		315		
	乡镇	长沙县 979665	2147721	271	678	3.16
		宁乡县 1168056		407		
南昌	市区	西湖区 503822	1977652	326	1112	5.62
		东湖区 575989		339		
		青山湖区 897841		437		
	乡镇	长沙县 979665	2147721	271	678	3.16
		宁乡县 1168056		407		
合肥	市区	庐阳区 609239	2329755	291	1071	4.60
		包河区 817686		377		
		瑶海区 902830		405		
	乡镇	肥西县 889000	2972000	326	937	3.15
		肥东县 1109000		375		
		庐江县 974000		236		

注：本表中相关体育设施工程是本行政区"全民健身路径工程"和"农民体育健身工程"的合计数。

表 5 – 25　　中部六省省会城市调研地区群众体育健身站（点）数量一览表

调查地区			人口（人）	市区或乡镇人口合计（人）	体育健身站或点（个）	市区或乡镇体育健身站(点)数量合计（个）	每万人口体育健身站(点)数量（个/万人）
郑州	市区	中原区	911413	3228395	126	401	1. 24
		二七区	714983		106		
		金水区	1601999		169		
	乡镇	荥阳市	613857	2139052	129	209	0. 98
		新密市	797378		50		
		中牟县	727817		30		
太原	市区	小店区	808467	1979386	362	922	4. 65
		尖草坪区	417449		237		
		万柏林区	753470		323		
	乡镇	清徐县	345000	657477	188	495	7. 53
		娄烦县	106297		142		
		古交市	206180		165		
武汉	市区	硚口区	828644	2363453	395	1041	4. 40
		青山区	485375		214		
		洪山区	1049434		432		
	乡镇	东西湖区	451880	1711528	124	333	1. 95
		蔡甸区	410888		131		
		新洲区	848760		78		
长沙	市区	天心区	475663	2002877	144	436	2. 18
		岳麓区	801861		119		
		雨花区	725353		173		
	乡镇	长沙县	979665	2147721	135	263	1. 22
		宁乡县	1168056		128		
南昌	市区	西湖区	503822	1977652	101	420	2. 12
		东湖区	575989		147		
		青山湖区	897841		172		
	乡镇	南昌县	1018675	2504533	34	150	0. 60
		新建县	795412		56		
		进贤县	690446		60		

续表

调查地区		人口（人）	市区或乡镇人口合计（人）	体育健身站或点（个）	市区或乡镇体育健身站(点)数量合计（个）	每万人口体育健身站(点)数量（个/万人）
合肥	市区 庐阳区	609239	2329755	122	474	2.03
	市区 包河区	817686		155		
	市区 瑶海区	902830		197		
	乡镇 肥西县	889000	2972000	26	207	0.70
	乡镇 肥东县	1109000		87		
	乡镇 庐江县	974000		94		

二　中部六省省会城市城乡群众公共体育物力资源配置公平性现状

六省省会城市城乡群众公共体育物力资源配置公平性指数基尼系数（Gini）、泰尔指数（Theil）和洛伦兹曲线分别计算、绘制如下。

（一）室外公共体育场地面积配置公平性现状与分析

从表5－26至表5－29计算结果看，所调查中部六省省会城市城乡之间的配置公平性总体是比较好的，总基尼系数为0.13，达到了最佳状态。另外，市区之间、乡镇之间的基尼系数仅为0.03和0.00，也是非常理想的状态，说明近10年来"三农"问题、公共服务均等化等得到了较为理想的改变。表5－29也显示，总泰尔指数、组间泰尔指数及组内泰尔指数均处于较低值，进一步印证了我国中部六省省城乡公共室外体育场地面积处于相对比较公平的状态。从表5－29中组内泰尔指数、组间泰尔指数的贡献率分别为0.1169和0.8831可以看出，目前中部六省城乡公共室外体育场地面积配置存在的差异，主要是由于城乡二元结构造成的差异，而不是地区之间的差异。

另外，从图5－44至图5－46的室外体育场地面积配置城乡之间、市区之间、乡镇之间的洛伦兹曲线也同样可以看出，阴影部分的面积占较小的比例，同样印证了表5－26至表5－29的公平性指数的结果。

表5-26 中部六省省会城市城乡群众室外公共体育场地面积配置公平性基尼系数（G）计算相关数据与计算过程表

六省省会城市	总人口（人）	室外体育场场地面积（平方米）	人均室外体育场地面积（平方米/人）	累计人口数（人）	累计室外体育场地面积（平方米）	人口数/总人口数（X）	室外体育场地面积/总室外体育场地面积（Y）	累计人口数/总人口数	累计室外体育场地面积/总室外体育场地面积（V）	$\sum XY$	$\sum X(1-V)$	G
太原乡镇	657477	730427	1.1110	657477	730427	0.0253	0.0223	0.0253	0.0223	0.0006	0.0247	
武汉乡镇	1711528	1681417	0.9824	2369005	2411844	0.0658	0.0512	0.0911	0.0735	0.0034	0.0610	
南昌乡镇	2504533	1969401	0.7863	4873538	4381245	0.0963	0.0600	0.1873	0.1335	0.0058	0.0834	
长沙乡镇	2147721	2056160	0.9574	7021259	6437405	0.0826	0.0626	0.2699	0.1961	0.0052	0.0664	
郑州乡镇	2139052	2280674	1.0662	9160311	8718079	0.0822	0.0695	0.3521	0.2656	0.0057	0.0604	
合肥乡镇	2972000	2630240	0.8850	12132311	11348319	0.1142	0.0801	0.4664	0.3457	0.0092	0.0747	
长沙市区	2002877	2731184	1.3636	14135188	14079503	0.0770	0.0832	0.5434	0.4290	0.0064	0.0440	
南昌市区	1977652	2856134	1.4442	16112840	16935637	0.0760	0.0870	0.6194	0.5160	0.0066	0.0368	
太原市区	1979386	3249089	1.6415	18092226	20184726	0.0761	0.0990	0.6955	0.6150	0.0075	0.0293	
合肥市区	2329755	3552091	1.5247	20421981	23736817	0.0896	0.1082	0.7850	0.7232	0.0097	0.0248	
武汉市区	2363453	3996596	1.6910	22785434	27733413	0.0909	0.1218	0.8759	0.8449	0.0111	0.0141	
郑州市区	3229395	5089322	1.5759	26014829	32822735	0.1241	0.1551	1.0000	1.0000	0.0192	0.0000	
										0.09	0.52	0.13

表5-27 中部六省省会城市市区之间群众室外体育场地面积配置公平性基尼系数（G）计算相关数据与计算过程表

六省省会城市市区	总人口（人）	室外体育场地面积（平方米）	人均室外体育场地面积（平方米/人）	累计人口数（人）	累计室外体育场地面积（平方米）	人口数/总人口数（X）	室外体育场地面积/总室外体育场地面积（Y）	累计人口数/总人口数	累计室外体育场地面积/总室外体育场地面积（V）	$\sum$ XY	$\sum$ X（1-V）	G
长沙市区	2002877	2731184	1.3636	2002877	2731184	0.1443	0.1272	0.1443	0.12718156	0.0183	0.1259	
南昌市区	1977652	2856134	1.4442	3980529	5587318	0.1425	0.1330	0.2867	0.2602	0.0189	0.1054	
太原市区	1979386	3249089	1.6415	5959915	8836407	0.1426	0.1513	0.4293	0.4115	0.0216	0.0839	
合肥市区	2329755	3552091	1.5247	8289670	12388498	0.1678	0.1654	0.5971	0.5769	0.0278	0.0710	
武汉市区	2363453	3996596	1.6910	10653123	16385094	0.1702	0.1861	0.7674	0.7630	0.0317	0.0403	
郑州市区	3229395	5089322	1.5759	13882518	21474416	0.2326	0.2370	1.0000	1.0000	0.0551	0.0000	
										0.17	0.43	0.03

表 5－28　中部六省省会城市乡镇之间群众室外体育场地面积配置公平性基尼系数（G）计算相关数据与计算过程表

六省省会城市乡镇	总人口（人）	室外体育场地面积（平方米）	人均室外体育场地面积（平方米/人）	累计人口数（人）	累计室外体育场地面积（平方米）	人口数/总人口数（X）	室外体育场地面积/总室外体育场地面积（Y）	累计人口数/总人口数	累计室外体育场地面积/总室外体育场地面积（V）	∑XY	∑X(1−V)	G
太原乡镇	657477	730427	1.1110	657477	730427	0.0542	0.0644	0.0542	0.0644	0.0035	0.0507	
武汉乡镇	1711528	1681417	0.9824	2369005	2411844	0.1411	0.1482	0.1953	0.2125	0.0209	0.1111	
南昌乡镇	2504533	1969401	0.7863	4873538	4381245	0.2064	0.1735	0.4017	0.3861	0.0358	0.1267	
长沙乡镇	2147721	2056160	0.9574	7021259	6437405	0.1770	0.1812	0.5787	0.5673	0.0321	0.0766	
郑州乡镇	2139052	2280674	1.0662	9160311	8718079	0.1763	0.2010	0.7550	0.7682	0.0354	0.0409	
合肥乡镇	2972000	2630240	0.8850	12132311	11348319	0.2450	0.2318	1.0000	1.0000	0.0568	0.0000	
										0.1845	0.4060	0.00

表5-29　中部六省省会城市城乡群众室外体育场地面积配置公平性泰尔指数（TI）计算相关数据与计算过程表

六省会城市	总人口（人）	室外体育场地面积（平方米）	人口数/六省市区调查总人口数 (P_i)	人口数/六省市区或乡镇总人口数 (P_{ij})	室外体育场地面积/六省市区调查总室外体育场地面积 (Y_i)	室外体育场地面积/六省市区或乡镇总室外场地面积 (Y_{ij})	总泰尔指数（TI） P_i/Y_i	$\log(P_i/Y_i,10)$	$P_i \times \log(P_i/Y_i,10)$	T组内 P_{ij}/Y_{ij}	$\log(P_{ij}/Y_{ij},10)$	$P_g \times \log(P_{ij}/Y_{ij},10)$	T组间 P_g 和 Y_g	$\log(P_g/Y_g)$
市区 长沙市区	2002877	2731184	0.0847	0.1443	0.0832	0.1272	1.02	0.01	0.0007	1.13437445	0.05475643	0.0079		
南昌市区	1977652	2856134	0.0836	0.1425	0.0870	0.1330	0.96	-0.02	-0.001	1.07108616	0.02982441	0.0042		
太原市区	1979386	3249089	0.0837	0.1426	0.0990	0.1513	0.85	-0.07	-0.006	0.94237119	-0.0257779	-0.0037	市区 $P_g=0.5336$ $Y_g=0.6543$	-0.0885
合肥市区	2329755	3552091	0.0985	0.1678	0.1082	0.1654	0.91	-0.04	-0.004	1.01456362	0.00627928	0.0011		
武汉市区	2363453	3996596	0.1000	0.1702	0.1218	0.1861	0.82	-0.09	-0.008	0.91476562	-0.0386901	-0.0066		
郑州市区	3229395	5089322	0.1366	0.2326	0.1551	0.2370	0.88	-0.06	-0.007	0.98155435	-0.0080856	-0.0019		
											市区合计：0.0011			
乡镇 太原乡镇	657477	730427	0.0253	0.0542	0.0223	0.0644	0.93	-0.03	-0.002	1.13437445	0.05475643	0.0079		
武汉乡镇	1711528	1681417	0.0658	0.1411	0.0512	0.1482	0.87	-0.06	-0.004	1.07108616	0.02982441	0.0042		
南昌乡镇	2504533	1969401	0.0963	0.2064	0.0600	0.1735	0.77	-0.11	-0.008	0.94237119	-0.0257779	-0.0037	乡镇 $P_g=0.4664$ $Y_g=0.3457$	0.1300
长沙乡镇	2147721	2056160	0.0826	0.1770	0.0626	0.1812	0.83	-0.08	-0.007	1.01456362	0.00627928	0.0011		
郑州乡镇	2139052	2280674	0.0822	0.1763	0.0695	0.2010	0.75	-0.13	-0.011	0.91476562	-0.0386901	-0.0066		
合肥乡镇	2972000	2630240	0.1142	0.2450	0.0801	0.2318	0.80	-0.10	-0.012	0.98155435	-0.0080856	-0.0019		
											乡镇合计：0.0026			
									T = 0.0152		T组内 = 0.0018 组内贡献率 = 0.1169		T组间 = 0.0134 T组间贡献率 = 0.8831	

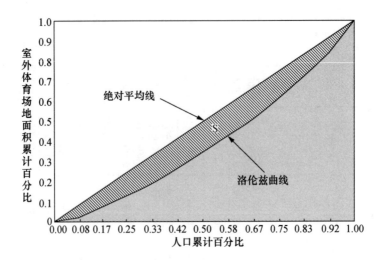

图 5-44　中部六省省会城市城乡群众室外体育场地面积配置洛伦兹曲线图

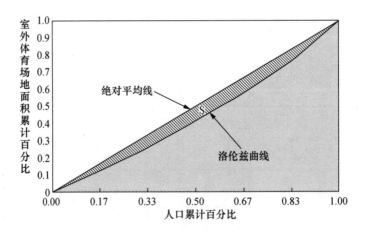

图 5-45　中部六省省会城市市区群众室外体育场地面积配置洛伦兹曲线图

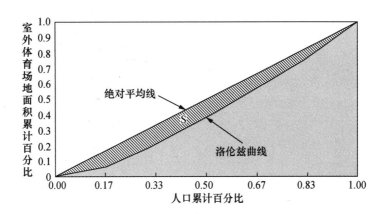

图5-46 中部六省省会城市乡镇群众室外体育场地面积配置洛伦兹曲线图

（二）室内公共体育场地面积配置公平性现状与分析

表5-30调查计算结果显示，中部六省省会城市城乡室内公共体育场地面积存在明显的城乡差异，其基尼系数（Gini）达到了0.40，处于城乡配置不公的警戒线水平。表5-31和表5-32显示，六省省会城市市区之间、乡镇之间的配置公平性均在正常范围，但市区之间达到很好配置公平性，而乡镇之间则存在一定的差异性。而表5-33的城乡总泰尔指数（T）为0.2183，处于不太高的水平。但从组内贡献率和组间贡献率来看，组间贡献率达到了0.7311，说明中部六省省会城市城乡室内体育场地面积配置存在显著差异，而这种差异主要是由城乡的二元结构造成的。图5-47至图5-49也反映了这种差异。该结果提示政府主管部门应该看到城乡室内体育场地配置农村明显劣于市区，今后配置要向农村地区倾斜。

（三）公共体育场馆数量配置公平性现状与分析

从表5-34至表5-37和图5-50至图5-52的统计结果与绘图看，中部六省省会城市公共体育场馆数量的配置公平性状况与室内公共体育场地面积指标比较相似，城乡之间的基尼系数（Gini）也达到了0.40的警戒线，从泰尔指数及组内贡献率、组间的贡献率可以看出，造成城乡差异的原因仍然是城乡二元结构的划分。

表5-30 中部六省省会城市城乡群众室内公共体育场地面积配置公平性基尼系数(G)计算相关数据与计算过程表

六省省会城市	总人口(人)	室内体育场地面积(平方米)	人均室内体育场地面积(平方米/人)	累计人口数(人)	累计室内体育场地面积(平方米)	人口数/总人口数(X)	室内体育场地面积/总室内体育场地面积(Y)	累计人口数/总人口数	累计室内体育场地面积/总室内体育场地面积(V)	∑XY	∑X(1-V)	G
太原乡镇	657477	7476	0.0114	657477	7476	0.0253	0.0067	0.0253	0.0067	0.0002	0.0251	
合肥乡镇	2972000	9504	0.0032	3629477	16980	0.1142	0.0086	0.1395	0.0153	0.0010	0.1125	
郑州乡镇	2139052	10720	0.0050	5768529	27700	0.0822	0.0097	0.2217	0.0250	0.0008	0.0802	
南昌乡镇	2504533	21272	0.0085	8273062	48972	0.0963	0.0192	0.3180	0.0442	0.0018	0.0920	
武汉乡镇	1711528	39439	0.0230	9984590	88411	0.0658	0.0356	0.3838	0.0798	0.0023	0.0605	
长沙乡镇	2147721	44095	0.0205	12132311	132506	0.0826	0.0398	0.4664	0.1196	0.0033	0.0727	
南昌市区	1977652	110250	0.0557	14109963	242756	0.0760	0.0995	0.5424	0.2191	0.0076	0.0594	
太原市区	1979386	121268	0.0613	16089349	364024	0.0761	0.1094	0.6185	0.3285	0.0083	0.0511	
合肥市区	2329755	134820	0.0579	18419104	498844	0.0896	0.1217	0.7081	0.4502	0.0109	0.0492	
长沙市区	2002877	165690	0.0827	20421981	664534	0.0770	0.1495	0.7850	0.5997	0.0115	0.0308	
武汉市区	2363453	217350	0.0920	22785434	881884	0.0909	0.1962	0.8759	0.7959	0.0178	0.0185	
郑州市区	3228395	226163	0.0701	26013829	1108047	0.1241	0.2041	1.0000	1.0000	0.0253	0.0000	
										0.09	0.65	0.40

表 5－31　　中部六省省会城市市区之间群众室内体育场地面积配置公平性基尼系数（G）计算相关数据与计算过程表

六省省会城市市区	总人口（人）	室内体育场地面积（平方米）	人均室内体育场地面积（平方米/人）	累计人口数（人）	累计室内体育场地面积（平方米）	人口数/总人口数（X）	室内体育场地面积/总室内体育场地面积（Y）	累计人口数/总人口数	累计室内体育场地面积/总室内体育场地面积（V）	$\sum$ XY	$\sum$ X（1－V）	G
南昌市区	1977652	110250	0.0557	1977652	110250	0.1425	0.1130	0.1425	0.1130	0.0161	0.1264	
太原市区	1979386	121268	0.0613	3957038	231518	0.1426	0.1243	0.2851	0.2373	0.0177	0.1088	
合肥市区	2329755	134820	0.0579	6286793	366338	0.1678	0.1382	0.4529	0.3755	0.0232	0.1048	
长沙市区	2002877	165690	0.0827	8289670	532028	0.1443	0.1698	0.5972	0.5454	0.0245	0.0656	
武汉市区	2363453	217350	0.0920	10653123	749378	0.1703	0.2228	0.7674	0.7682	0.0379	0.0395	
郑州市区	3228395	226163	0.0701	13881518	975541	0.2326	0.2318	1.0000	1.0000	0.0539	0.0000	
										0.17	0.44	0.06

表5-32 中部六省省会城市乡镇之间群众室内体育场地面积配置公平性基尼系数（G）计算相关数据与计算过程表

六省省会城市乡镇	总人口（人）	室内体育场地面积（平方米）	人均室内体育场地面积（平方米/人）	累计人口数（人）	累计室内体育场地面积（平方米）	人口数/总人口数（X）	室内体育场地面积/总室内体育场地面积（Y）	累计人口数/总人口数	累计室内体育场地面积/总室内体育场地面积（V）	∑ XY	∑ X（1-V）	G
太原乡镇	657477	7476	0.0114	657477	7476	0.0542	0.0564	0.0542	0.0564	0.0031	0.0511	
合肥乡镇	2972000	9504	0.0032	3629477	16980	0.2450	0.0717	0.2992	0.1281	0.0176	0.2136	
郑州乡镇	2139052	10720	0.0050	5768529	27700	0.1763	0.0809	0.4755	0.2090	0.0143	0.1395	
南昌乡镇	2504533	21272	0.0085	8273062	48972	0.2064	0.1605	0.6819	0.3696	0.0331	0.1301	
武汉乡镇	1711528	39439	0.0230	9984590	88411	0.1411	0.2976	0.8230	0.6672	0.0420	0.0469	
长沙乡镇	2147721	44095	0.0205	12132311	132506	0.1770	0.3328	1.0000	1.0000	0.0589	0.0000	
										0.1869	0.5812	0.33

表5-33　中部六省省会城市城乡群众室内体育场地面积配置公平性泰尔指数（TI）计算相关数据与计算过程表

六省省会城市	总人口（人）	室内体育场地面积（平方米）	人口数/六省市调查总人口数 (P_i)	人口数/六省市市区或乡镇人口总数 (P_{ij})	室内体育场地面积/六省市调查总室内体育场地面积 (Y_i)	室内体育场地面积/六省市区或乡镇室内场总面积 (Y_{ij})	总泰尔指数（TI） P_i/Y_i	$\log(P_i/Y_i,10)$	$P_i \times \log(P_i/Y_i,10)$	P_{ij}/Y_{ij}	T组内 $\log(P_{ij}/Y_{ij},10)$	$P_g \times \log(P_{ij}/Y_{ij},10)$	T组间 P_g 和 Y_g	$\log(P_g/Y_g)$
市区 南昌市区	1977652	110250	0.0760	0.1425	0.0995	0.1130	0.76	-0.12	-0.0089	1.2606	0.1006	0.0143		
大原市区	1979386	121268	0.0761	0.1426	0.1094	0.1243	0.70	-0.16	-0.0120	1.1471	0.0596	0.0085		
合肥市区	2329755	134820	0.0896	0.1678	0.1217	0.1382	0.74	-0.13	-0.0119	1.2144	0.0844	0.0142	市区 $P_g=0.5336$	-0.2175
长沙市区	2002877	165690	0.0770	0.1443	0.1495	0.1698	0.51	-0.29	-0.0222	0.8495	-0.0708	-0.0102	$Y_g=0.8804$	
武汉市区	2363453	217350	0.0909	0.1703	0.1962	0.2228	0.46	-0.33	-0.0304	0.7642	-0.1168	-0.0199		
郑州市区	3228395	226163	0.1241	0.2326	0.2041	0.2318	0.61	-0.22	-0.0268	1.0032	0.0014	0.0003		
											市区合计：0.0072			
乡镇 太原乡镇	657477	7476	0.0253	0.0542	0.0067	0.0564	3.75	0.57	0.0145	0.9605	-0.0175	-0.0009		
合肥乡镇	2972000	9504	0.1142	0.2450	0.0086	0.0717	13.32	1.12	0.1285	3.4153	0.5334	0.1307	乡镇 $P_g=0.4664$	0.5911
郑州乡镇	2139052	10720	0.0822	0.1763	0.0097	0.0809	8.50	0.93	0.0764	2.1793	0.3383	0.0596	$Y_g=0.1196$	
南昌乡镇	2504533	21272	0.0963	0.2064	0.0192	0.1605	5.02	0.70	0.0674	1.2859	0.1092	0.0225		
武汉乡镇	1711528	39439	0.0658	0.1411	0.0356	0.2976	1.85	0.27	0.0176	0.4740	-0.3242	-0.0457		
长沙乡镇	2147721	44095	0.0826	0.1770	0.0398	0.3328	2.07	0.32	0.0262	0.5320	-0.2741	-0.0485		
											乡镇合计：0.1177			
								T=0.2183			T组内=0.0587		T组间=0.1596	
								T组内贡献率=0.2689					T组间贡献率=0.7311	

表 5 - 34　中部六省省会城市城乡群众公共体育场馆数量配置公平性基尼系数（G）计算相关数据与计算过程表

六省省会城市	总人口（人）	公共体育场馆数量（个）	每万人口公共体育场馆数量（个/万人）	累计人口数（人）	累计公共体育馆数量（个）	人口数/总人口数（X）	公共场馆数量/总体育场馆数量（Y）	累计人口数/总人口数	累计场馆数量/总体育场馆数量（V）	$\sum XY$	$\sum X(1-V)$	G
太原乡镇	657477	15	0.2281	657477	15	0.0253	0.0041	0.0253	0.0041	0.0001	0.0252	
合肥乡镇	2972000	42	0.1413	3629477	57	0.1142	0.0114	0.1395	0.0154	0.0013	0.1125	
郑州乡镇	2139052	69	0.3226	5768529	126	0.0822	0.0186	0.2217	0.0341	0.0015	0.0794	
南昌乡镇	2504533	101	0.4033	8273062	227	0.0963	0.0273	0.3180	0.0614	0.0026	0.0904	
武汉乡镇	1711528	109	0.6369	9984590	336	0.0658	0.0295	0.3838	0.0908	0.0019	0.0598	
长沙乡镇	2147721	140	0.6519	12132311	476	0.0826	0.0378	0.4664	0.1286	0.0031	0.0719	
南昌市区	1977652	350	1.7698	14109963	826	0.0760	0.0946	0.5424	0.2232	0.0072	0.0591	
太原市区	1979386	385	1.9450	16089349	1211	0.0761	0.1041	0.6185	0.3273	0.0079	0.0512	
合肥市区	2329755	428	1.8371	18419104	1639	0.0896	0.1157	0.7081	0.4430	0.0104	0.0499	
长沙市区	2002877	526	2.6262	20421981	2165	0.0770	0.1422	0.7850	0.5851	0.0109	0.0319	
武汉市区	2363453	690	2.9195	22785434	2855	0.0909	0.1865	0.8759	0.7716	0.0169	0.0207	
郑州市区	3228395	845	2.6174	26013829	3700	0.1241	0.2284	1.0000	1.0000	0.0283	0.0000	
										0.09	0.65	0.40

表 5-35　中部六省省会城市市区之间公共体育场馆数量配置公平性基尼系数（G）计算相关数据与计算过程表

六省省会城市市区	总人口（人）	公共体育场馆数量（个）	每万人口公共体育场馆数量（个/万人）	累计人口数（人）	累计公共体育场馆数量（个）	人口数/总人口数（X）	公共场馆数量/总体育场馆数量（Y）	累计人口数/总人口数	累计场馆数量/总体育场馆数量（V）	∑XY	∑X(1-V)	G
南昌市区	1977652	350	1.7698	1977652	350	0.1425	0.1086	0.1425	0.1086	0.0155	0.1270	
太原市区	1979386	385	1.9450	3957038	735	0.1426	0.1194	0.2851	0.2280	0.0170	0.1101	
合肥市区	2329755	428	1.8371	6286793	1163	0.1678	0.1328	0.4529	0.3607	0.0223	0.1073	
长沙市区	2002877	526	2.6262	8289670	1689	0.1443	0.1632	0.5972	0.5239	0.0235	0.0687	
武汉市区	2363453	690	2.9195	10653123	2379	0.1703	0.2140	0.7674	0.7379	0.0364	0.0446	
郑州市区	3228395	845	2.6174	13881518	3224	0.2326	0.2621	1.0000	1.0000	0.0610	0.0000	
										0.18	0.46	0.09

表 5-36　中部六省省会城市乡镇之间公共体育场馆数量配置公平性基尼系数（G）计算相关数据与计算过程表

六省省会城市乡镇	总人口（人）	公共体育场馆数量（个）	每万人口公共体育场馆数量（个/万人）	累计人口数（人）	累计公共体育场馆数量（个）	人口数/总人口数（X）	公共场馆数量/总体育场馆数量（Y）	累计人口数/总人口数	累计场馆数量/总体育场馆数量（V）	∑XY	∑X(1-V)	G
太原乡镇	657477	15	0.2281	657477	15	0.0542	0.0315	0.0542	0.0315	0.0017	0.0525	
合肥乡镇	2972000	42	0.1413	3629477	57	0.2450	0.0882	0.2992	0.1197	0.0216	0.2156	
郑州乡镇	2139052	69	0.3226	5768529	126	0.1763	0.1450	0.4755	0.2647	0.0256	0.1296	
南昌乡镇	2504533	101	0.4033	8273062	227	0.2064	0.2122	0.6819	0.4769	0.0438	0.1080	
武汉乡镇	1711528	109	0.6369	9984590	336	0.1411	0.2290	0.8230	0.7059	0.0323	0.0415	
长沙乡镇	2147721	140	0.6519	12132311	476	0.1770	0.2941	1.0000	1.0000	0.0521	0.0000	
										0.1771	0.5472	0.27

表5-37　中部六省省会城市城乡公共体育场馆数量配置公平性泰尔指数（TI）计算相关数据与计算过程表

六省省会城市	公共体育场馆数量（个）	总人口（人）	人口数/六省市调查总人口数（P_i）	公共体育场馆数/六省市调查总体育场馆数（Y_i）	人口数/六省市区或乡镇人口总数（P_{ij}）	公共体育场馆数/六省市区或乡镇总体育场馆数（Y_{ij}）	总泰尔指数（TI）P_i/Y_i	$\log(P_i/Y_i, 10)$	$P_i \times \log(P_i/Y_i, 10)$	T组内 P_{ij}/Y_{ij}	$\log(P_{ij}/Y_{ij}, 10)$	$P_g \times \log(P_{ij}/Y_{ij}, 10)$	T组间 P_g 和 Y_g	$\log(P_g/Y_g)$
南昌市区	350	1977652	0.0760	0.0946	0.1425	0.1086	0.80	-0.09	-0.0072	1.3123	0.1180	0.0168		
太原市区	385	1979386	0.0761	0.1041	0.1426	0.1194	0.73	-0.14	-0.0103	1.1941	0.0770	0.0110		
合肥市区	428	2329755	0.0896	0.1157	0.1678	0.1328	0.77	-0.11	-0.0100	1.2642	0.1018	0.0171		-0.2130
长沙市区	526	2002877	0.0770	0.1422	0.1443	0.1632	0.54	-0.27	-0.0205	0.8844	-0.0534	-0.0077	市区 $P_g=0.5336$ $Y_g=0.8714$	
武汉市区	690	2363453	0.0909	0.1865	0.1703	0.2140	0.49	-0.31	-0.0284	0.7955	-0.0993	-0.0169		
郑州市区	845	3228395	0.1241	0.2284	0.2326	0.2621	0.54	-0.26	-0.0329	0.8873	-0.0519	-0.0121		
太原乡镇	15	657477	0.0253	0.0041	0.0542	0.0315	6.23	0.79	0.0201	1.7197	0.2355	0.0128		
合肥乡镇	42	2972000	0.1142	0.0114	0.2450	0.0882	10.06	1.00	0.1146	2.7763	0.4435	0.1086		0.5593
郑州乡镇	69	2139052	0.0822	0.0186	0.1763	0.1450	4.41	0.64	0.0530	1.2163	0.0850	0.0150	乡镇 $P_g=0.4664$ $Y_g=0.1286$	
南昌乡镇	101	2504533	0.0963	0.0273	0.2064	0.2122	3.53	0.55	0.0527	0.9729	-0.0119	-0.0025		
武汉乡镇	109	1711528	0.0658	0.0295	0.1411	0.2290	2.23	0.35	0.0230	0.6161	-0.2104	-0.0297		
长沙乡镇	140	2147721	0.0826	0.0378	0.1770	0.2941	2.18	0.34	0.0280	0.6019	-0.2205	-0.0390		

市区合计: 0.0082　乡镇合计: 0.0652

T = 0.1820

T组内 = 0.0348　T组内贡献率 = 0.1911

T组间 = 0.1472　T组间贡献率 = 0.8089

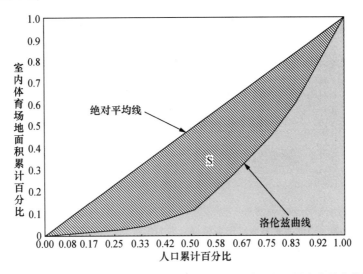

图5－47　中部六省省会城市城乡群众室内体育场地面积配置洛伦兹曲线图

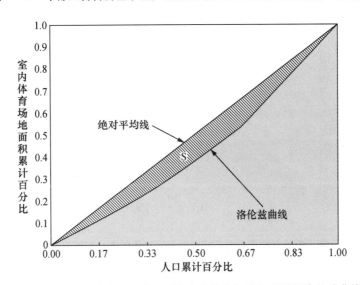

图5－48　中部六省省会城市市区群众室内体育场地面积配置洛伦兹曲线图

（四）全民健身路径工程（农民体育健身工程）数量配置公平性现状
与分析

表5－38至表5－41和图5－53至图5－55的统计计算结果显示，中
部六省省会城市城乡、市区、乡镇之间的全民健身路径工程（农民体育
健身工程）在数量配置上处于最佳的公平性配置状态，其基尼系数均在
0.10以下。另外，从表5－41中贡献率看，组内贡献率高达0.9108，说

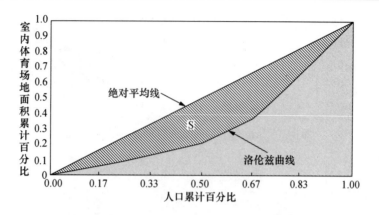

图5-49 中部六省省会城市乡镇群众室内体育场地面积配置洛伦兹曲线图

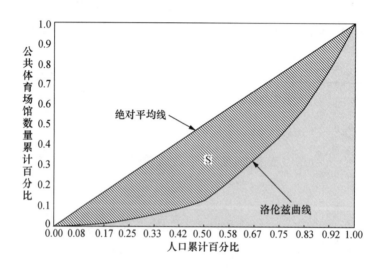

图5-50 中部六省省会城市城乡公共体育场馆数量配置洛伦兹曲线图

明目前乡镇之间、市区之间的配置差异性主要是由所在地域不同而造成的，与城乡二元结构无关。分析中部六省省会城市城乡全民健身路径工程（农民体育健身工程）配置达到这么良好的公平配置，其原因可能主要有两大方面：一是这两个工程是国家体育总局大力推进并提供资金资助的工程，并每年度进行申请和考核。如全民健身路径工程从1997年开始实施，截止到2013年年底全国已达到16万余条；2006年，开始实施"农民体育健身工程"，在多数省市农村行政村已实现全覆盖，正向所有自然村推

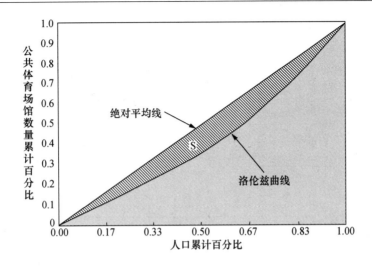

图5-51　中部六省省会城市市区公共体育场馆数量配置洛伦兹曲线图

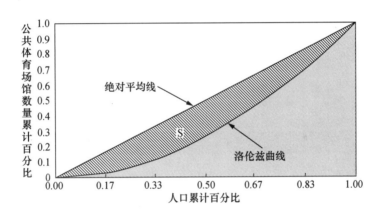

图5-52　中部六省省会城市乡镇公共体育场馆数量配置洛伦兹曲线图

进。因此，取得了很好成效。二是与国家和地方政府按照行政单位配置这两个工程有关。农村行政村和自然村绝对人口较少，居住分散，但往往一些行政村和自然村是按照行政村或自然村的数量配置全民健身路径工程或农民体育健身工程的，而市区社区通常人口绝对值大，居住集聚，虽然建设的全民健身路径工程密度比较大，但相对人口计算结果则同乡镇可能比较接近。因此，在现实中，总体感觉全民健身路径或农民体育健身工程农村明显少于市区，就是上述原因造成的。

表5-38 中部六省省会城市城乡全民健身路径工程（农民体育健身工程）配置公平性基尼系数（G）计算相关数据与计算过程表

六省省会城市	总人口（人）	健身工程（个）	每万人口健身工程（个/万人）	累计人口数（人）	累计健身工程（个）	人口数/总人口数（X）	健身工程/总健身工程数（Y）	累计人口数/总人口数（V）	累计健身工程/总健身工程数量（V）	∑XY	∑X(1-V)	G
长沙乡镇	2147721	678	3.1568	2147721	678	0.0826	0.0512	0.0826	0.0512	0.0042	0.0783	
太原乡镇	657477	791	12.0308	2805198	1469	0.0253	0.0597	0.1078	0.1109	0.0015	0.0225	
南昌乡镇	2504533	828	3.3060	5309731	2297	0.0963	0.0625	0.2041	0.1734	0.0060	0.0796	
合肥乡镇	2972000	937	3.1528	8281731	3234	0.1142	0.0707	0.3184	0.2442	0.0081	0.0863	
长沙市区	2002877	971	4.8480	10284608	4205	0.0770	0.0733	0.3954	0.3175	0.0056	0.0525	
武汉乡镇	1711528	987	5.7668	11996136	5192	0.0658	0.0745	0.4611	0.3920	0.0049	0.0400	
合肥市区	2329755	1071	4.5970	14325891	6263	0.0896	0.0809	0.5507	0.4729	0.0072	0.0472	
南昌市区	1977652	1112	5.6228	16303543	7375	0.0760	0.0840	0.6267	0.5569	0.0064	0.0337	
太原市区	1979386	1337	6.7546	18282929	8712	0.0761	0.1010	0.7028	0.6578	0.0077	0.0260	
郑州乡镇	2139052	1345	6.2878	20421981	10057	0.0822	0.1016	0.7850	0.7594	0.0084	0.0198	
武汉市区	2363453	1450	6.1351	22785434	11507	0.0909	0.1095	0.8759	0.8688	0.0099	0.0119	
郑州市区	3228395	1737	5.3804	26013829	13244	0.1241	0.1312	1.0000	1.0000	0.0163	0.0000	
										0.09	0.50	0.09

注：为便于制表，在表中"全民健身路径工程（农民体育健身工程）"简写为"健身工程"。下表同。

表 5—39　中部六省省会城市市区之间全民健身路径工程（农民体育健身工程）配置公平性
基尼系数（G）计算相关数据与计算过程表

六省省会城市市区	总人口（人）	健身工程（个）	每万人口健身工程（个/万人）	累计人口数（人）	累计健身工程(个)	人口数/总人口数（X）	健身工程/总健身工程数（Y）	累计人口数/总人口数	累计健身工程/总健身工程数量（V）	∑XY	∑X(1-V)	G
长沙市区	2002877	971	4.5970	2002877	971	0.1443	0.1265	0.1443	0.1265	0.0182	0.1260	
合肥市区	2329755	1071	5.6228	4332632	2042	0.1678	0.1395	0.3121	0.2660	0.0234	0.1232	
南昌市区	1977652	1112	6.7546	6310284	3154	0.1425	0.1448	0.4546	0.4108	0.0206	0.0839	
太原市区	1979386	1337	6.2878	8289670	4491	0.1426	0.1741	0.5972	0.5849	0.0248	0.0592	
武汉市区	2363453	1450	6.1351	10653123	5941	0.1703	0.1889	0.7674	0.7738	0.0322	0.0385	
郑州市区	3228395	1737	5.3804	13881518	7678	0.2326	0.2262	1.0000	1.0000	0.0526	0.0000	
										0.17	0.43	0.03

表 5-40　中部六省省会城市乡镇之间全民健身路径工程（农民体育健身工程）配置公平性基尼系数（G）计算相关数据与计算过程表

六省省会城市乡镇	总人口（人）	健身工程（个）	每万人口健身工程（个/万人）	累计人口数（人）	累计健身工程（个）	人口数/总人口数（X）	健身工程/总健身工程数（Y）	累计人口数/总人口数	累计健身工程/总健身工程数量（V）	∑XY	∑X（1-V）	G
长沙乡镇	2147721	678	3.1568	2147721	678	0.1770	0.1218	0.1770	0.1218	0.0216	0.1555	
太原乡镇	657477	791	12.0308	2805198	1469	0.0542	0.1421	0.2312	0.2639	0.0077	0.0399	
南昌乡镇	2504533	828	3.3060	5309731	2297	0.2064	0.1488	0.4377	0.4127	0.0307	0.1212	
合肥乡镇	2972000	937	3.1528	8281731	3234	0.2450	0.1683	0.6826	0.5810	0.0412	0.1026	
武汉乡镇	1711528	987	4.8480	9993259	4221	0.1411	0.1773	0.8237	0.7584	0.0250	0.0341	
郑州乡镇	2139052	1345	5.7668	12132311	5566	0.1763	0.2416	1.0000	1.0000	0.0426	0.0000	
										0.1688	0.4533	0.08

表5-41　中部六省省会城市城乡全民健身路径工程（农民体育健身工程）配置公平性泰尔指数（TI）计算相关数据与计算过程表

	六省省会城市	总人口（人）	健身工程数（个）	人口数/六省市调查总人口数 (P_i)	人口数/六省市区或乡镇人口总数 (P_{ij})	健身工程数/六省市区调查总健身工程数 (Y_i)	健身工程数/六省市区或乡镇总健身工程数 (Y_{ij})	总泰尔指数（TI） P_i/Y_i	log$(P_i/Y_i,10)$	$P_i \times \log(P_i/Y_i,10)$	$T_{组内}$ P_{ij}/Y_{ij}	log$(P_{ij}/Y_{ij},10)$	$P_g \times \log(P_{ij}/Y_{ij},10)$	$T_{组间}$ P_g 和 Y_g	log(P_g/Y_g)
市区	长沙市区	2002877	971	0.0770	0.1443	0.0733	0.1265	1.05	0.02	0.0016	1.1409	0.0572	0.0083		
	合肥市区	2329755	1071	0.0896	0.1678	0.0809	0.1395	1.11	0.04	0.0040	1.2032	0.0803	0.0135		
	南昌市区	1977652	1112	0.0760	0.1425	0.0840	0.1448	0.91	-0.04	-0.0033	0.9837	-0.0071	-0.0010	$P_g=0.5336$ $Y_g=0.5797$	-0.036
	太原市区	1979386	1337	0.0761	0.1426	0.1010	0.1741	0.75	-0.12	-0.0093	0.8189	-0.0868	-0.0124		
	武汉市区	2363453	1450	0.0909	0.1703	0.1095	0.1889	0.83	-0.08	-0.0074	0.9016	-0.0450	-0.0077		
	郑州市区	3228395	1737	0.1241	0.2326	0.1312	0.2262	0.95	-0.02	-0.0030	1.0280	0.0120	0.0028		
												市区合计：0.0035			
乡镇	长沙乡镇	2147721	678	0.0826	0.1770	0.0512	0.1218	1.61	0.21	0.0171	1.4533	0.1623	0.0287		
	太原乡镇	657477	791	0.0253	0.0542	0.0597	0.1421	0.42	-0.37	-0.0094	0.3813	-0.4187	-0.0227	$P_g=0.4664$ $Y_g=0.4203$	0.0452
	南昌乡镇	2504533	828	0.0963	0.2064	0.0625	0.1488	1.54	0.19	0.0181	1.3877	0.1423	0.0294		
	合肥乡镇	2972000	937	0.1142	0.2450	0.0707	0.1683	1.61	0.21	0.0238	1.4552	0.1629	0.0399		
	武汉乡镇	1711528	987	0.0658	0.1411	0.0745	0.1773	0.88	-0.05	-0.0036	0.7955	-0.0993	-0.0140		
	郑州乡镇	2139052	1345	0.0822	0.1763	0.1016	0.2416	0.81	-0.09	-0.0075	0.7296	-0.1369	-0.0241		
												乡镇合计：0.0372			
										T=0.0211			$T_{组内}$=0.0192	$T_{组间}$=0.0019	
										$T_{组内}$贡献率=0.9108				$T_{组间}$贡献率=0.0892	

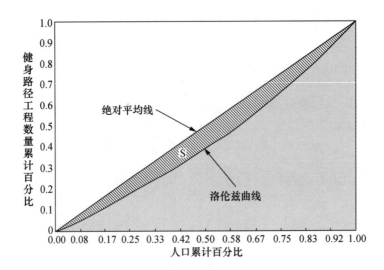

图 5－53　中部六省省会城市城乡全民健身路径工程

（农民体育健身工程）配置洛伦兹曲线图

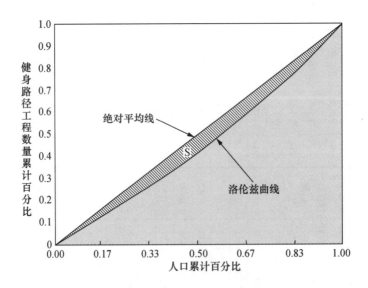

图 5－54　中部六省省会城市市区全民健身路径工程

（农民体育健身工程）配置洛伦兹曲线图

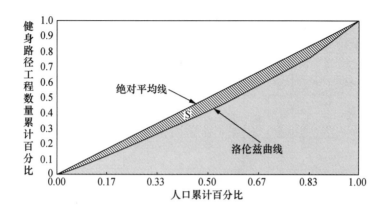

图 5 - 55 中部六省省会城市乡镇全民健身路径工程
（农民体育健身工程）配置洛伦兹曲线图

（五）体育健身站（点）数量配置公平性现状与分析

表 5 - 42 的数据表明，目前中部六省省会城市城乡之间体育健身站
（点）配置公平基尼系数（Gini）为 0.36，处于正常的范围之内。表
5 - 43 的结果显示，六省省会城市市区之间公平基尼系数为 0.25，处于
最佳状态；而表 5 - 44 显示六省会城市乡镇之间的基尼系数为 0.40，
已达到了配置公平性的警戒状态。表 5 - 45 的总泰尔指数、组内泰尔指
数、组间泰尔指数处于较低的值，而组内贡献率则为 0.7793，说明市
区、乡镇之间的差异不是由于城乡的结构划分而导致的，主要是由于各
省市之间发展的区域差异所产生的。图 5 - 56 至图 5 - 58 更直观表现了
中部六省省会城市城乡、市区及乡镇之间的体育健身站（点）公平性
状况，图中阴影部分的面积显然相对较小，说明配置总体上处于正常的
公平状态。

表5－42　中部六省省会城市城乡体育健身站（点）配置公平性基尼系数（G）计算相关数据与计算过程表

六省会城市	总人口（人）	体育健身站（个）	每万人口体育健身站（个/万人）	累计人口数（人）	累计体育健身站（个）	人口数/总人口数（X）	体育健身站/总健身站数（Y）	累计人口数/总人口数	累计健身站/总健身站数（V）	∑XY	∑X(1-V)	G
南昌乡镇	2504533	150	0.5989	2504533	150	0.0963	0.0280	0.0963	0.0280	0.0027	0.0936	
合肥乡镇	2972000	207	0.6965	5476533	357	0.1142	0.0387	0.2105	0.0667	0.0044	0.1066	
郑州乡镇	2139052	209	0.9771	7615585	566	0.0822	0.0391	0.2928	0.1058	0.0032	0.0735	
长沙乡镇	2147721	263	1.2246	9763306	829	0.0826	0.0491	0.3753	0.1549	0.0041	0.0698	
武汉乡镇	1711528	333	1.9456	11474834	1162	0.0658	0.0622	0.4411	0.2172	0.0041	0.0515	
郑州市区	3228395	401	1.2421	14703229	1563	0.1241	0.0749	0.5652	0.2921	0.0093	0.0879	
南昌市区	1977652	420	2.1237	16680881	1983	0.0760	0.0785	0.6412	0.3706	0.0060	0.0479	
长沙市区	2002877	436	2.1769	18683758	2419	0.0770	0.0815	0.7182	0.4521	0.0063	0.0422	
合肥市区	2329755	474	2.0345	21013513	2893	0.0896	0.0886	0.8078	0.5406	0.0079	0.0411	
太原乡镇	657477	495	7.5288	21670990	3388	0.0253	0.0925	0.8331	0.6332	0.0023	0.0093	
太原市区	1979386	922	4.6580	23650376	4310	0.0761	0.1723	0.9091	0.8055	0.0131	0.0148	
武汉市区	2363453	1041	4.4046	26013829	5351	0.0909	0.1945	1.0000	1.0000	0.0177	0.0000	
										0.08	0.64	0.36

注：为便于制表，在表中"体育健身站（点）"简写为"健身站"。下表同。

表5-43　中部六省省会城市市区之间体育健身站（点）配置公平性基尼系数（G）计算相关数据与计算过程表

六省会城市市区	总人口（人）	体育健身站（个）	每万人口体育健身站（个/万人）	累计人口数（人）	累计体育健身站（个）	人口数/总人口数（X）	体育健身站/总健身站数（Y）	累计人口数/总人口数（X）	累计健身站/总健身站数（V）	$\sum$ XY	$\sum$ X（1−V）	G
郑州市区	3228395	401	1.2421	3228395	401	0.2326	0.1086	0.2326	0.1086	0.0252	0.2073	
南昌市区	1977652	420	2.1237	5206047	821	0.1425	0.1137	0.3750	0.2223	0.0162	0.1108	
长沙市区	2002877	436	2.1769	7208924	1257	0.1443	0.1180	0.5193	0.3403	0.0170	0.0952	
合肥市区	2329755	474	2.0345	9538679	1731	0.1678	0.1283	0.6871	0.4686	0.0215	0.0892	
太原市区	1979386	922	4.6580	11518065	2653	0.1426	0.2496	0.8297	0.7182	0.0356	0.0402	
武汉市区	2363453	1041	4.4046	13881518	3694	0.1703	0.2818	1.0000	1.0000	0.0480	0.0000	
										0.16	0.54	0.25

表5-44　中部六省省会城市乡镇之间体育健身站（点）配置公平性基尼系数（G）计算相关数据与计算过程表

六省会城市乡镇	总人口（人）	体育健身站（个）	每万人口体育健身站（个/万人）	累计人口数（人）	累计体育健身站（个）	人口数/总人口数（X）	体育健身站/总健身站数（Y）	累计人口数/总人口数（X）	累计健身站/总健身站数（V）	$\sum$ XY	$\sum$ X（1−V）	G
南昌乡镇	2504533	150	0.5989	2504533	150	0.2064	0.0905	0.2064	0.0905	0.0187	0.1877	
合肥乡镇	2972000	207	0.6965	5476533	357	0.2450	0.1249	0.4514	0.2154	0.0306	0.1922	
郑州乡镇	2139052	209	0.9771	7615585	566	0.1763	0.1261	0.6277	0.3416	0.0222	0.1161	
长沙乡镇	2147721	263	1.2246	9763306	829	0.1770	0.1587	0.8047	0.5003	0.0281	0.0885	
武汉乡镇	1711528	333	1.9456	11474834	1162	0.1411	0.2010	0.9458	0.7013	0.0284	0.0421	
太原乡镇	657477	495	1.2421	12132311	1657	0.0542	0.2987	1.0000	1.0000	0.0162	0.0000	
										0.1442	0.6266	0.40

表5-45 中部六省省会城市城乡体育健身站（点）配置公平性泰尔指数（TI）计算相关数据与计算过程表

六省省会城市	总人口（人）	体育健身站数（个）	六省市调查总人口数/六省市区或乡镇人口总数 (P_i)	人口数/人口数六省市区或乡镇人口总数 (P_{ij})	六省市区或省市区或乡镇调查总健身站数 (Y_i)	健身站数/健身站数市市区或乡镇总健身站数 (Y_{ij})	总泰尔指数（TI） P_i/Y_i	$\log(P_i/Y_i,10)$	$P_i\times\log(P_i/Y_i,10)$	P_{ij}/Y_{ij}	$\log(P_{ij}/Y_{ij},10)$	$P_{ij}\times\log(P_{ij}/Y_{ij},10)$	P_g 和 Y_g	$\log(P_g/Y_g)$
郑州市区	3228395	401	0.1241	0.2326	0.0749	0.1086	1.66	0.22	0.0272	2.1424	0.3309	0.0770		
南昌市区	1977652	420	0.0760	0.1425	0.0785	0.1137	0.97	-0.01	-0.0011	1.2530	0.0980	0.0140		
长沙市区	2002877	436	0.0770	0.1443	0.0815	0.1180	0.94	-0.02	-0.0019	1.2224	0.0872	0.0126	市区 $P_g=0.5336$ $Y_g=0.6903$	-0.1118
合肥市区	2329755	474	0.0896	0.1678	0.0886	0.1283	1.01	0.00	0.0004	1.3080	0.1166	0.0196		
太原市区	1979386	922	0.0761	0.1426	0.1723	0.2496	0.44	-0.35	-0.0270	0.5713	-0.2431	-0.0347		
武汉市区	2363453	1041	0.0909	0.1703	0.1945	0.2818	0.47	-0.33	-0.0300	0.6042	-0.2188	-0.0373		
											市区合计：0.0511			
南昌乡镇	2504533	150	0.0963	0.2064	0.0280	0.0905	3.43	0.54	0.0516	2.2804	0.3580	0.0739		
合肥乡镇	2972000	207	0.1142	0.2450	0.0387	0.1249	2.95	0.47	0.0537	1.9609	0.2925	0.0716	乡镇 $P_g=0.4664$ $Y_g=0.3097$	0.1779
郑州乡镇	2139052	209	0.0822	0.1763	0.0391	0.1261	2.11	0.32	0.0266	1.3978	0.1455	0.0256		
长沙乡镇	2147721	263	0.0826	0.1770	0.0491	0.1587	1.68	0.23	0.0186	1.1153	0.0474	0.0084		
武汉乡镇	1711528	333	0.0658	0.1411	0.0622	0.2010	1.06	0.02	0.0016	0.7020	-0.1537	-0.0217		
太原乡镇	657477	495	0.0253	0.0542	0.0925	0.2987	0.27	-0.56	-0.0142	0.1814	-0.7413	-0.0402		
											乡镇合计：0.1177			
							T=0.1055				T组内合计：0.0822		T组间=0.0233	
							T组内贡献率=0.7793						T组间贡献率=0.2207	

注：市区段与乡镇段分别归类于"市区""乡镇"。

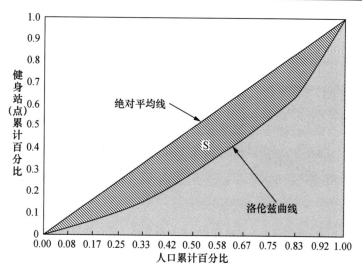

图 5－56　中部六省省会城市城乡体育健身站（点）配置洛伦兹曲线图

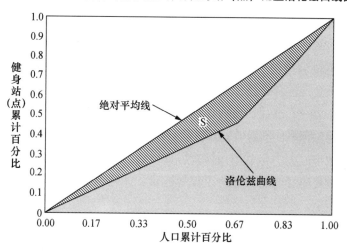

图 5－57　中部六省省会城市市区体育健身站（点）配置洛伦兹曲线图

第四节　中部六省省会城市城乡群众公共体育财力资源配置水平与公平性现状

一　中部六省省会城市城乡群众公共体育财力资源配置的基本指标描述

根据表 3－28 "城乡群众公共体育资源水平与公平性评估指标体系权

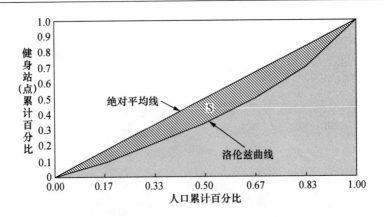

图 5 - 58　中部六省省会城市乡镇体育健身站（点）配置洛伦兹曲线图

重一览表"，城乡群众公共体育财力资源主要由"政府财政拨款"、"社会赞助与集资"和"体育彩票投入"三大类指标组成，并分别由三个对应的具体指标反映："近三年人均政府财政拨款群众体育专项资金数占人均GDP%"、"近三年人均拥有群众体育社会赞助与集资金额数占本区域公共服务获取社会赞助与集资人均总金额%"和"近三年体育彩票投入群众体育人均资金占体育彩票总人均受益%"。显然，财力资源是非常重要的群众体育资源之一，然而，我们在调查过程中，这个数据的获取却是最艰难的，很多单位都不能准确地划分三部分款项。因此，本研究根据实际情况，仅统计各地市过去一年总用作体育方面资金，主要包括小型体育设施、设备建设；健身路径与农民体育工程等建设；体育事业管理、运行、维护及其他相关资金。

　　从表 5 - 46 统计计算结果可以看出，所调查各地市近年来确实在群众体育方面投入了大量资金，群众体育经费有大幅度上涨。尤其可以看到，太原市城乡群众体育资金更是大幅度上涨，市区、乡镇人均在 2012 年分别达到了38. 19 元和 57. 28 元。其他省市市区多数在人均 5 元以上，而乡镇还有一半地区在 5 元以下，长沙乡镇人均体育经费仅 0. 27 元，武汉也低至 1. 14 元。显然，在体育经费配置方面城乡明显有差距，总体看市区优于乡镇。

　　二　中部六省省会城市城乡群众公共体育财力资源配置公平性现状

　　六省省会城市城乡群众公共体育财力资源配置公平性指数基尼系数（Gini）、泰尔指数（Theil）和洛伦兹曲线分别计算、绘制如表 5 - 47 至表 5 - 50 和图 5 - 59 至图 5 - 61 所示。

表5-46　中部六省省会城市调研地区群众体育财力资源配置一览表

调查地区			人口（人）	市区或乡镇人口合计（人）	近三年平均配置资金总数（万元）	市区或乡镇资金合计（万元）	人均群众体育资金（元/人）
郑州	市区	中原区	911413	3228395	456（彩票225）	1648	5.10
		二七区	714983		405（彩票320）		
		金水区	1601999		687（彩票390）		
	乡镇	荥阳市	613857	2139052	170（彩票38）	725	3.39
		新密市	797378		78（彩票54）		
		中牟县	727817		477（彩票100）		
太原	市区	小店区	808467	1979386	3209（彩票260）	7560	38.19
		尖草坪区	417449		1814（彩票175）		
		万柏林区	753470		2537（彩票138）		
	乡镇	清徐县	345000	657477	3570（彩票50）	3766	57.28
		娄烦县	106297		31（彩票15）		
		古交市	206180		165（彩票49）		
武汉	市区	硚口区	828644	2363453	376（彩票130）	1150	4.87
		青山区	485375		291（彩票162）		
		洪山区	1049434		483（彩票208）		
	乡镇	东西湖区	451880	1711528	30（彩票15）	195	1.14
		蔡甸区	410888		87（彩25，赞10）		
		新洲区	848760		78（彩47，赞20）		
长沙	市区	天心区	475663	2002877	283（彩票170）	1020	5.09
		岳麓区	801861		415（彩票205）		
		雨花区	725353		322（彩票225）		
	乡镇	长沙县	979665	2147721	32（彩12，赞5）	57	0.27
		宁乡县	1168056		25（彩10，赞5）		
南昌	市区	西湖区	503822	1977652	336（彩票45）	1220	6.17
		东湖区	575989		385（彩票178）		
		青山湖区	897841		499（彩票159）		
	乡镇	南昌县	1018675	2504533	1100（彩票200）	1581	6.31
		新建县	795412		331（彩票112）		
		进贤县	690446		150（彩50，赞10）		

续表

调查地区			人口（人）	市区或乡镇人口合计（人）	近三年平均配置资金总数（万元）	市区或乡镇资金合计（万元）	人均群众体育资金（元/人）
合肥	市区	庐阳区	609239	2329755	390（彩票137）	1425	6.12
		包河区	817686		462（彩票89）		
		瑶海区	902830		573（彩票203）		
	乡镇	肥西县	889000	2972000	350（彩票100）	1583	5.33
		肥东县	1109000		655（彩票112）		
		庐江县	974000		578（彩票72）		

注：①表中数据是政府财政拨款、赞助或集资、体育彩票投入的合计总数；②金额总数中标注的"赞"指"赞助或集资金额"；"彩票"、"彩"指"彩票资金投入金额"。

表5-47六省省会城市城乡之间群众体育财力资源配置的公平基尼系数为0.49，超过了0.40的公平警戒线；表5-50中的总泰尔指数也达到了0.2667，处于较高水平；图5-59中阴影部分的面积也接近50%。综合三个公平指数可以明显看出，目前中部六省市城乡群众体育经费配置存在明显的不公平状况，且达到了警戒线水平。

表5-48和表5-49分别是六省省会市区之间、乡镇之间的公平配置公平系数，其基尼系数分别达到了0.40和0.59的水平，说明市区之间和乡镇之间也存在明显的不公平状况。尤其是乡镇之间高达0.59，接近0.60的高度不公平的危险状态。说明各地市之间乡镇差距极大。图5-60和图5-61也更直观地展示了市区之间、城乡之间的不公平状况。

表5-50中组内泰尔指数达到0.2558，对总泰尔指数贡献率高达0.9594；而组间泰尔指数仅为0.0108，贡献率仅为0.0406，说明目前中部六省省会城市市区之间、城乡之间出现的群众体育经费配置不公平问题，主要是由各省市之间的发展水平差异造成的，与城乡的结构划分没有直接关系。造成这个方面的原因主要有两个：一是各地经济整体发展水平确实差异很大；二是各地政府部门对群众体育工作的重视程度、投入力度和治理水平存在差异。

当然，在此次调查中群众体育经费统计的数据来源及标准可能各地市很难区分，也可能造成数据口径不同，有偏差。但不管怎样，在过去的某个时间内其对群众体育的经费投入可以"窥一斑而知全身"，也大致能反映我国群众体育经费的配置情况。

表5-47　中部六省省会城市城乡群众公共体育经费配置公平性基尼系数（G）计算相关数据与计算过程表

六省省会城市	总人口（人）	体育经费（元）	人均体育经费（元/人）	累计人口数（人）	累计体育经费（元）	人口数/总人口数（X）	体育经费/总体育经费（Y）	累计人口数/总人口数	累计体育经费/总体育经费（V）	$\sum XY$	$\sum X(1-V)$	G
长沙乡镇	2147721	570000	0.2654	2147721	570000	0.0826	0.0026	0.0826	0.0026	0.0002	0.0823	
武汉乡镇	1711528	1950000	1.1393	3859249	2520000	0.0658	0.0089	0.1484	0.0115	0.0006	0.0650	
郑州乡镇	2139052	7250000	3.3894	5998301	9770000	0.0822	0.0332	0.2306	0.0448	0.0027	0.0785	
长沙市区	2002877	10200000	5.0927	8001178	19970000	0.0770	0.0467	0.3076	0.0915	0.0036	0.0699	
武汉市区	2363453	11500000	4.8658	10364631	31470000	0.0909	0.0527	0.3984	0.1442	0.0048	0.0778	
南昌市区	1977652	12200000	6.1689	12342283	43670000	0.0760	0.0559	0.4745	0.2001	0.0042	0.0608	
合肥市区	2329755	14250000	6.1165	14672038	57920000	0.0896	0.0653	0.5640	0.2654	0.0058	0.0658	
南昌乡镇	2504533	14810000	5.9133	17176571	72730000	0.0963	0.0679	0.6603	0.3333	0.0065	0.0642	
合肥乡镇	2972000	15830000	5.3264	20148571	88560000	0.1142	0.0725	0.7745	0.4058	0.0083	0.0679	
郑州市区	3228395	16480000	5.1047	23376966	105040000	0.1241	0.0755	0.8986	0.4813	0.0094	0.0644	
太原乡镇	657477	37600000	57.1883	24034443	142640000	0.0253	0.1723	0.9239	0.6536	0.0044	0.0088	
太原市区	1979386	75600000	38.1937	26013829	218240000	0.0761	0.3464	1.0000	1.0000	0.0264	0.0000	
										0.08	0.71	0.49

表 5-48　中部六省省会城市市区之间群众体育经费配置公平性基尼系数 (G) 计算相关数据与计算过程表

六省省会城市市区	总人口 (人)	体育经费 (元)	人均体育经费 (元/人)	累计人口数 (人)	累计体育经费 (元)	人口数/总人口数 (X)	体育经费/总体育经费 (Y)	累计人口数/总人口数 (X)	累计体育经费/总体育经费 (V)	$\sum XY$	$\sum X(1-V)$	G
长沙市区	2002877	10200000	5.0927	2002877	10200000	0.1443	0.0727	0.1443	0.0727	0.0105	0.1338	
武汉市区	2363453	11500000	4.8658	4366330	21700000	0.1703	0.0820	0.3145	0.1547	0.0140	0.1439	
南昌市区	1977652	12200000	6.1689	6343982	33900000	0.1425	0.0870	0.4570	0.2417	0.0124	0.1080	
合肥市区	2329755	14250000	6.1165	8673737	48150000	0.1678	0.1016	0.6248	0.3434	0.0171	0.1102	
郑州市区	3228395	16480000	5.1047	11902132	64630000	0.2326	0.1175	0.8574	0.4609	0.0273	0.1254	
太原市区	1979386	75600000	38.1937	13881518	140230000	0.1426	0.5391	1.0000	1.0000	0.0769	0.0000	
										0.16	0.62	0.40

表 5-49　中部六省省会城乡乡镇之间群众体育经费配置公平性基尼系数 (G) 计算相关数据与计算过程表

六省省会城市乡镇	总人口 (人)	体育经费 (元)	人均体育经费 (元/人)	累计人口数 (人)	累计体育经费 (元)	人口数/总人口数 (X)	体育经费/总体育经费 (Y)	累计人口数/总人口数 (X)	累计体育经费/总体育经费 (V)	$\sum XY$	$\sum X(1-V)$	G
长沙乡镇	2147721	570000	0.2654	2147721	570000	0.1770	0.0073	0.1770	0.0073	0.0013	0.1757	
武汉乡镇	1711528	1950000	1.1393	3859249	2520000	0.1411	0.0250	0.3181	0.0323	0.0035	0.1365	
郑州乡镇	2139052	7250000	3.3894	5998301	9770000	0.1763	0.0929	0.4944	0.1252	0.0164	0.1542	
南昌乡镇	2504533	14810000	5.9133	8502834	24580000	0.2064	0.1898	0.7008	0.3151	0.0392	0.1414	
合肥乡镇	2972000	15830000	5.3264	11474834	40410000	0.2450	0.2029	0.9458	0.5180	0.0497	0.1181	
太原乡镇	657477	37600000	57.1883	12132311	78010000	0.0542	0.4820	1.0000	1.0000	0.0261	0.0000	
										0.1362	0.7259	0.59

表5—50　中部六省省会城市城乡群众公共体育经费配置公平性泰尔指数（TI）计算相关数据与计算过程表

六省省会城市	总人口（人）	体育经费（元）	六省市市调查总人口数（P_i）	六省市市区或乡镇人口总数（P_{ij}）	六省市市区调查总体育经费（Y_i）	六省市市区或乡镇总体育经费（Y_{ij}）	P_i/Y_i	$\log(P_i/Y_i,10)$	$P_i \times \log(P_i/Y_i,10)$	P_{ij}/Y_{ij}	$\log(P_{ij}/Y_{ij},10)$	$P_g \times \log(P_{ij}/Y_{ij},10)$	P_g 和 Y_g	$\log(P_g/Y_g)$
长沙市区	2002877	10200000	0.0770	0.1443	0.0467	0.0727	1.65	0.22	0.0167	1.9836	0.2975	0.0429		
武汉市区	2363453	11500000	0.0909	0.1703	0.0527	0.0820	1.72	0.24	0.0215	2.0761	0.3173	0.0540		-0.0807
南昌市区	1977652	12200000	0.0760	0.1425	0.0559	0.0870	1.36	0.13	0.0102	1.6375	0.2142	0.0305	市区 $P_g=0.5336$ $Y_g=0.6425$	
合肥市区	2329755	14250000	0.0896	0.1678	0.0653	0.1016	1.37	0.14	0.0123	1.6516	0.2179	0.0366		
郑州市区	3228395	16480000	0.1241	0.2326	0.0755	0.1175	1.64	0.22	0.0268	1.9789	0.2964	0.0689		
太原市区	1979386	75600000	0.0761	0.1426	0.3464	0.5391	0.22	-0.66	-0.0501	0.2644	-0.57759	-0.0824		
												市区合计：0.0072		
长沙乡镇	2147721	570000	0.0826	0.1770	0.0026	0.0073	31.61	1.50	0.1238	24.2276	1.38431	0.2451		
武汉乡镇	1711528	1950000	0.0658	0.1411	0.0089	0.0250	7.36	0.87	0.0570	5.6436	0.7516	0.1060	乡镇 $P_g=0.4664$ $Y_g=0.3575$	0.1155
郑州乡镇	2139052	7250000	0.0822	0.1763	0.0332	0.0929	2.48	0.39	0.0324	1.8971	0.2781	0.0490		
南昌乡镇	2504533	14810000	0.0963	0.2064	0.0679	0.1898	1.42	0.15	0.0146	1.0874	0.0364	0.0075		
合肥乡镇	2972000	15830000	0.1142	0.2450	0.0725	0.2029	1.58	0.20	0.0225	1.2072	0.0818	0.0200		
太原乡镇	657477	37600000	0.0253	0.0542	0.1723	0.4820	0.15	-0.83	-0.0211	0.1124	-0.9491	-0.0514		
												乡镇合计：0.1177		
									T = 0.2667			T组内合计：0.2558	T组间 = 0.0108	
									T组内贡献率 = 0.9594			T组间贡献率 = 0.0406		

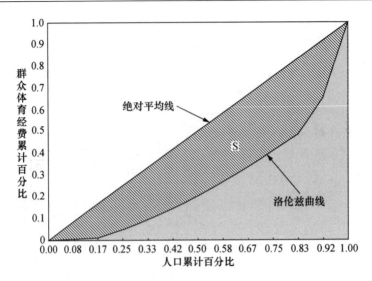

图 5 – 59　中部六省省会城市城乡群众体育经费配置洛伦兹曲线图

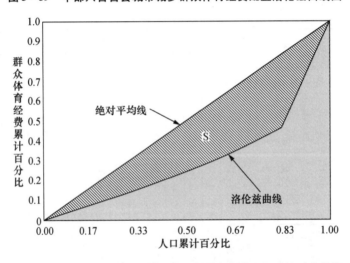

图 5 – 60　中部六省省会城市市区群众体育经费配置洛伦兹曲线图

第五节　中部六省省会城市城乡群众体育组织资源配置水平与公平性现状

一　中部六省省会城市城乡群众体育组织资源配置的基本指标描述

群众体育组织资源主要从两大类 3 项指标具体反映：一是群众体育组织建设。主要由"每万人群众体育社会团体数量"反映。二是群众体育

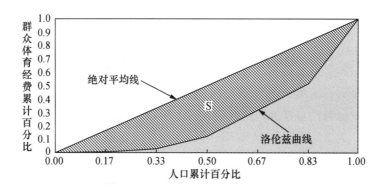

图 5-61　中部六省省会城市乡镇群众体育经费配置洛伦兹曲线图

组织活动开展情况。主要由"群众体育单项活动开展次数"和"群众体育综合性运动会举办次数"两个指标代表。另外，群众体育社会团体主要包括各级各类群众体育协会、群众体育俱乐部等，而群众体育指导站则主要包括体育指导中心、体育指导站等，这些指导站在现实中也是主要的体育健身站点、晨晚练点。因此，把这些内容统计在前面体育物力资源建设的"体育健身站（点）"中。

（一）每万人群众体育社会团体建设情况

群众体育社会团体（简称群体社团）是一种非营利性、民间的社会互益组织，是组织群众体育活动，增强成员归属感及提高群众体育参与的民办或政府部门建立的社会组织。在我国群众体育活动中，各个单项体育协会或体育兴趣协会吸引了大量爱好者参与，是我国群众体育开展的重要平台。近年来，我国群众体育社团发展迅速，取得了明显成效。社团已成为国际社会"小政府，大社会"的主要组织形式，推行社团是国际大趋势，在我国社团是党和政府联系人民群众的纽带。目前，国际发达国家每万人社团数量远高于我国：法国每万人 110.45 个、日本每万人 97.17 个、美国每万人 51.79 个、德国每万人 26.20 个①。而我国在 2012 年时全国每万人仅 3.63 个②。我国群众体育社团在国家倡导"建立'政府主导、社会参与、全民共享'的机制"指导下，已建立了众多群众体育社团，

① 邓伟志：《中国社团发展的八大趋势》，http：//www.cssn.cn/st/st_styj/201401/t20140113_942585.shtml。

② 丁林：《安徽拥有社会组织 1.94 万家　每万人拥有组织数低于全国》，http：//www.chinanpo.gov.cn。

并被视为"公共体育服务的'主角'"。江苏常州市每万人体育社团高达
1个以上，真正实现了让体育社团成为公共体育服务主角。表5－51对中
部六省省会城市城乡群众体育社团的调查结果显示，我国群众体育社团快
速发展的事实，有近一半的省市区域群众体育社团达到每万人0.6个以
上，乡镇地区有明显增加。但从表5－51中数据对比分析看，也存在明显
省份差异，如太原市区高达0.79个，而合肥市区仅0.38个，不及其一
半；太原乡镇高达0.70个，而长沙乡镇仅0.07个，仅为其10%。同样，
城乡差异也十分明显，如长沙市区每万人达到0.41个，而其所辖乡镇仅
0.07个，差距悬殊。

（二）群众体育活动开展情况（含单项和综合性体育运动会）

如果说群众体育组织机构建设是硬件建设的话，那么群众体育活动开
展则是组织产生的成效。各种群众体育协会、俱乐部及健身指导站等开展
的单项体育竞赛、综合性运动会、健身宣传活动、健身知识讲座等相关活
动则是反映这些群众体育组织效果好坏的标准。目前，对体育组织需要举
办多少体育活动还没有统一标准，应该说开展得越多、动员的参与者越多越
广则效率就越高。本次调查，课题组仅根据各省会城市相关主管部门和网络
工作报告查询，统计了相关信息，见表5－52和表5－53。表5－52显示，各
地市乡镇近年来举办了大量单项体育活动，多数区或乡镇举办相关活动10次
以上，有的高达189次（太原小店区）。但表5－52也显示，各地区市区之间
或乡镇之间举办次数也存在显著差异，太原市区举办次数达到432次，占总次
数的24.66%，而南昌市区仅90次，占5.14%；郑州乡镇228次，占总数的
13.01%，而南昌乡镇仅21次，仅占总数的1.20%，存在悬殊差别。

另外，在表5－52中，本研究组还融合了表5－51中各省市区的体育
社团情况，计算了每个体育社团年开展体育活动的次数。从表5－52可以
看出，各地市社团年均开展活动差异很大，有的平均每个社团年开展活动
近5次（郑州乡镇年开展4.85次/年），而有的不足0.5次（南昌乡镇年
开展0.48次/年），说明各地市的体育社团在工作中的效率与积极性调动
明显存在差异。

表5－53是综合性运动会开展情况的统计，多数省会城市乡镇均开展
有综合性运动会，但有的四年一次、三年一次、两年一次，也有其他举办
学生、社区、老年等不同类型的综合性运动会。总体来看，是有固定的综
合运动会举办届次。但我们通过走访发现，这些运动会对一般居民或村民

影响不大，因为这些运动会虽然是挂名群众或农民运动会，但实际上各地为夺取好成绩而聘请专业选手代替居民或村民参加。这一现象值得关注。

表5-51　中部六省省会城市调研地区群众体育社会团体组织资源配置一览表

调查地区			人口（人）	市区或乡镇人口合计（人）	群众体育社会团体数（个）	市区或乡镇群众体育社会团体合计（个）	每万人口群众体育社会团体数（个/万人）
郑州	市区	中原区	911413	3228395	66	204	0.63
		二七区	714983		53		
		金水区	1601999		85		
	乡镇	荥阳市	613857	2139052	22	47	0.22
		新密市	797378		16		
		中牟县	727817		9		
太原	市区	小店区	808467	1979386	62	156	0.79
		尖草坪区	417449		41		
		万柏林区	753470		53		
	乡镇	清徐县	345000	657477	19	46	0.70
		娄烦县	106297		10		
		古交市	206180		17		
武汉	市区	硚口区	828644	2363453	51	169	0.72
		青山区	485375		36		
		洪山区	1049434		82		
	乡镇	东西湖区	451880	1711528	24	41	0.24
		蔡甸区	410888		11		
		新洲区	848760		6		
长沙	市区	天心区	475663	2002877	16	82	0.41
		岳麓区	801861		35		
		雨花区	725353		31		
	乡镇	长沙县	979665	2147721	8	14	0.07
		宁乡县	1168056		6		
南昌	市区	西湖区	503822	1977652	19	67	0.34
		东湖区	575989		16		
		青山湖区	897841		32		

调查地区		人口（人）	市区或乡镇人口合计（人）	群众体育社会团体数（个）	市区或乡镇群众体育社会团体合计（个）	每万人口群众体育社会团体数（个/万人）
南昌	乡镇	南昌县 1018675	2504533	16	44	0.18
		新建县 795412		12		
		进贤县 690446		16		
合肥	市区	庐阳区 609239	2329755	22	89	0.38
		包河区 817686		29		
		瑶海区 902830		38		
	乡镇	肥西县 889000	2972000	8	33	0.11
		肥东县 1109000		11		
		庐江县 974000		14		

表5-52 中部六省省会城市调研地区群众体育社会团体开展单项体育活动一览表

调查地区		人口（人）	市区或乡镇人口合计（人）	年单项体育活动次数（次）	城乡单项体育活动次数（次）	占总单项体育活动的比例（%）	群众体育社团数（个）	社团年均体育活动次数（次/年）
郑州	市区	中原区 911413	3228395	87	317	18.09	204	1.55
		二七区 714983		94				
		金水区 1601999		136				
	乡镇	荥阳市 613857	2139052	98	228	13.01	47	4.85
		新密市 797378		44				
		中牟县 727817		86				
太原	市区	小店区 808467	1979386	189	432	24.66	156	2.77
		尖草坪区 417449		92				
		万柏林区 753470		151				
	乡镇	清徐县 345000	657477	35	77	4.39	46	1.67
		娄烦县 106297		22				
		古交市 206180		20				

续表

调查地区			人口（人）	市区或乡镇人口合计（人）	年单项体育活动次数（次）	城乡单项体育活动次数（次）	占总单项体育活动的比例（%）	群众体育社团数（个）	社团年均体育活动次数（次/年）
武汉	市区	硚口区	828644	2363453	41	127	7.25	169	0.75
		青山区	485375		35				
		洪山区	1049434		51				
	乡镇	东西湖区	451880	1711528	20	83	4.74	41	2.02
		蔡甸区	410888		42				
		新洲区	848760		21				
长沙	市区	天心区	475663	2002877	45	200	11.99	82	2.44
		岳麓区	801861		86				
		雨花区	725353		69				
	乡镇	长沙县	979665	2147721	28	66	3.77	14	4.71
		宁乡县	1168056		38				
南昌	市区	西湖区	503822	1977652	22	90	5.14	77	1.17
		东湖区	575989		27				
		青山湖区	897841		41				
	乡镇	南昌县	1018675	2504533	8	21	1.20	44	0.48
		新建县	795412		3				
		进贤县	690446		10				
合肥	市区	庐阳区	609239	2329755	29	92	5.25	89	1.03
		包河区	817686		29				
		瑶海区	902830		34				
	乡镇	肥西县	889000	2972000	19	50	2.85	33	1.51
		肥东县	1109000		15				
		庐江县	974000		16				

表5－53　中部六省省会城市调研地区群众体育综合性运动会开展情况一览表

调查地区			人口（人）	市区或乡镇人口合计（人）	年综合性群众运动会（次数）
郑州	市区	中原区	911413	3228395	1—2
		二七区	714983		
		金水区	1601999		
	乡镇	荥阳市	613857	2139025	
		新密市	797378		四年一次
		中牟县	727817		四年一次
太原	市区	小店区	808467	1979386	两年一次
		尖草坪区	417449		
		万柏林区	753470		
	乡镇	清徐县	345000	657477	四年一次
		娄烦县	106297		三年一次
		古交市	206180		两年一次
武汉	市区	硚口区	828644	2363453	17
		青山区	485375		
		洪山区	1049434		
	乡镇	东西湖区	451880	1711528	3
		蔡甸区	410888		
		新洲区	848760		
长沙	市区	天心区	475663	2002877	10
		岳麓区	801861		
		雨花区	725353		
	乡镇	长沙县	979665	2147721	1
		宁乡县	1168056		
南昌	市区	西湖区	503822	1977652	4
		东湖区	575989		
		青山湖区	897841		
	乡镇	南昌县	1018675	2504533	1
		新建县	795412		2
		进贤县	690446		2

续表

调查地区		人口（人）	市区或乡镇人口合计（人）	年综合性群众运动会（次数）
合肥	市区 庐阳区	609239	2329755	四年一次
	市区 包河区	817686		
	市区 瑶海区	902830		
	乡镇 肥西县	889000	2972000	三年一次
	乡镇 肥东县	1109000		四年一次
	乡镇 庐江县	974000		四年一次

二　中部六省省会城市城乡群众体育组织资源配置公平性现状

课题组主要计算了"群众体育社会团体"和"群众单项体育活动开展"两个方面的群众公共体育组织建设的代表指标。

（一）群众体育社会团体配置公平性现状与分析

从表 5-54 至表 5-57 计算结果看，所调查中部六省省会城市城乡之间群众体育社团配置的公平性总体较好，总基尼系数为 0.32。表 5-55 和表 5-56 市区之间、乡镇之间的配置公平系数均小于 0.30，处于最佳状态。表 5-57 的总泰尔指数、组间泰尔指数、组内泰尔指数均处于较低值，且组间贡献率、组内贡献率基本相近，说明六省省会城市城乡、乡镇、市区之间群众体育社团配置比较均衡、公平。图 5-62 至图 5-64 的洛伦兹曲线也印证了这一结论。

（二）群众单项体育活动开展公平性现状与分析

表 5-58 数据显示，中部六省省会城市城乡之间在开展单项体育活动方面，存在明显的城乡差别，其总基尼系数达到 0.39，接近警戒线状态。说明六省会城市市区开展相关体育活动明显多于乡镇。表 5-59 和表 5-60 数据显示，中部六省省会城市市区之间、乡镇之间基尼系数分别达到 0.31 和 0.43，乡镇之间开展的单项体育活动明显存在省份之间的差异，且超过 0.40 的警戒线状态。表 5-61 中，组内泰尔指数的贡献率达到了 0.8061，说明配置不公平不是由于城乡结构差异，而是主要由于省份和地区的差异。图 5-65 至图 5-67 的洛伦兹曲线也直观显示了差异的大小。

表 5 - 54　中部六省省会城市城乡群众体育社会团体数量配置公平性基尼系数（G）计算相关数据与计算过程表

六省省会城市	总人口（人）	群众体育社团（个）	每万人口体育社团（个/万人）	累计人口数（人）	累计体育社团数量（个）	人口数/总人口数（X）	体育社团数/总体育社团数量（Y）	累计人口数/总人口数（V）	累计体育社团/总体育社团数量（V）	∑XY	∑ X(1-V)	G
长沙乡镇	2147721	14	0.0652	2147721	14	0.0826	0.0140	0.0826	0.0140	0.0012	0.0814	
合肥乡镇	2972000	33	0.1110	5119721	47	0.1142	0.0329	0.1968	0.0469	0.0038	0.1089	
武汉乡镇	1711528	41	0.2396	6831249	88	0.0658	0.0409	0.2626	0.0878	0.0027	0.0600	
南昌乡镇	2504533	44	0.1757	9335782	132	0.0963	0.0439	0.3589	0.1317	0.0042	0.0836	
太原乡镇	657477	46	0.6996	9993259	178	0.0253	0.0459	0.3842	0.1776	0.0012	0.0208	
郑州乡镇	2139052	47	0.2197	12132311	225	0.0822	0.0469	0.4664	0.2246	0.0039	0.0638	
南昌市区	1977652	77	0.3894	14109963	302	0.0760	0.0768	0.5424	0.3014	0.0058	0.0531	
长沙市区	2002877	82	0.4094	16112840	384	0.0770	0.0818	0.6194	0.3832	0.0063	0.0475	
合肥市区	2329755	89	0.3820	18442595	473	0.0896	0.0888	0.7090	0.4721	0.0080	0.0473	
太原市区	1979386	156	0.7881	20421981	629	0.0761	0.1557	0.7850	0.6277	0.0118	0.0283	
武汉市区	2363453	169	0.7151	22785434	798	0.0909	0.1687	0.8759	0.7964	0.0153	0.0185	
郑州市区	3228395	204	0.6319	26013829	1002	0.1241	0.2036	1.0000	1.0000	0.0253	0.0000	
										0.09	0.61	0.32

表5-55　中部六省省会城市市区之间群众体育社团配置公平性基尼系数（G）计算相关数据与计算过程表

六省省会城市市区	总人口（人）	群众体育社团（个）	每万人口体育社团（个/万人）	累计人口数（人）	累计体育社团数量（个）	人口数/总人口数（X）	体育社团数/总体育社团数量（Y）	累计人口数/总人口数（V）	累计体育社团数量/总体育社团数量（V）	$\sum XY$	$\sum X(1-V)$	G
南昌市区	1977652	77	0.3894	1977652	77	0.1425	0.0991	0.1425	0.0991	0.0141	0.1283	
长沙市区	2002877	82	0.4094	3980529	159	0.1443	0.1055	0.2868	0.2046	0.0152	0.1148	
合肥市区	2329755	89	0.3820	6310284	248	0.1678	0.1145	0.4546	0.3192	0.0192	0.1143	
太原市区	1979386	156	0.7881	8289670	404	0.1426	0.2008	0.5972	0.5199	0.0286	0.0685	
武汉市区	2363453	169	0.7151	10653123	573	0.1703	0.2175	0.7674	0.7375	0.0370	0.0447	
郑州市区	3228395	204	0.6319	13881518	777	0.2326	0.2625	1.0000	1.0000	0.0611	0.0000	
										0.18	0.47	0.12

表5-56　中部六省省会城市乡镇之间群众体育社团配置公平性基尼系数（G）计算相关数据与计算过程表

六省省会城市乡镇	总人口（人）	群众体育社团（个）	每万人口体育社团（个/万人）	累计人口数（人）	累计体育社团数量（个）	人口数/总人口数（X）	体育社团数/总体育社团数量（Y）	累计人口数/总人口数（V）	累计体育社团数量/总体育社团数量（V）	$\sum XY$	$\sum X(1-V)$	G
长沙乡镇	2147721	14	0.0652	2147721	14	0.1770	0.0622	0.1770	0.0622	0.0110	0.1660	
合肥乡镇	2972000	33	0.1110	5119721	47	0.2450	0.1467	0.4220	0.2089	0.0359	0.1938	
武汉乡镇	1711528	41	0.2396	6831249	88	0.1411	0.1822	0.5631	0.3911	0.0257	0.0859	
南昌乡镇	2504533	44	0.1757	9335782	132	0.2064	0.1956	0.7695	0.5867	0.0404	0.0853	
太原乡镇	657477	46	0.6996	9993259	178	0.0542	0.2044	0.8237	0.7911	0.0111	0.0113	
郑州乡镇	2139052	47	0.2197	12132311	225	0.1763	0.2089	1.0000	1.0000	0.0368	0.0000	
										0.1609	0.5423	0.25

表5-57 中部六省省会城市城乡群众体育社团配置公平性评估泰尔指数（TI）计算相关数据与计算过程表

六省省会城市		总人口（人）	群众体育社团数量（个）	人口数/六省市市区调查总人口数或乡镇调查总人口数（P_i）	人口数/六省市市区或乡镇体育社团总人口数（P_{ij}）	体育社团数/六省市市区或乡镇总体育社团数（Y_i）	体育社团数/六省市市区或乡镇体育社团数（Y_{ij}）	总泰尔指数（TI）			T组内			T组间	
								P_i/Y_i	$\log(P_i/Y_i,10)$	$P_i \times \log(P_i/Y_i,10)$	P_{ij}/Y_{ij}	$\log(P_{ij}/Y_{ij},10)$	$P_{ij} \times \log(P_{ij}/Y_{ij},10)$	P_g和Y_g	$\log(P_g/Y_g)$
市区	南昌市区	1977652	77	0.0760	0.1425	0.0768	0.0991	0.99	0.00	-0.0004	1.4376	0.1576	0.0225		
	长沙市区	2002877	82	0.0770	0.1443	0.0818	0.1055	0.94	-0.03	-0.0020	1.3672	0.1358	0.0196		
	合肥市区	2329755	89	0.0896	0.1678	0.0888	0.1145	1.01	0.00	0.0003	1.4652	0.1659	0.0278	市区 P_g=0.5336 Y_g=0.7754	-0.1623
	太原市区	1979386	156	0.0761	0.1426	0.1557	0.2008	0.49	-0.31	-0.0237	0.7102	-0.1486	-0.0212		
	武汉市区	2363453	169	0.0909	0.1703	0.1687	0.2175	0.54	-0.27	-0.0244	0.7828	-0.1064	-0.0181		
	郑州市区	3228395	204	0.1241	0.2326	0.2036	0.2625	0.61	-0.21	-0.0267	0.8858	-0.0527	-0.0122		
											市区合计：0.0184				
乡镇	长沙乡镇	2147721	14	0.0826	0.1770	0.0140	0.0622	5.91	0.77	0.0637	2.8450	0.4541	0.0804		
	合肥乡镇	2972000	33	0.1142	0.2450	0.0329	0.1467	3.47	0.54	0.0617	1.6702	0.2228	0.0546	乡镇 P_g=0.4664 Y_g=0.2246	0.3174
	武汉乡镇	1711528	41	0.0658	0.1411	0.0409	0.1822	1.61	0.21	0.0136	0.7742	-0.1112	-0.0157		
	南昌乡镇	2504533	44	0.0963	0.2064	0.0439	0.1956	2.19	0.34	0.0328	1.0556	0.0235	0.0049		
	太原乡镇	657477	46	0.0253	0.0542	0.0459	0.2044	0.55	-0.26	-0.0066	0.2651	-0.5766	-0.0312		
	郑州乡镇	2139052	47	0.0822	0.1763	0.0469	0.2089	1.75	0.24	0.0200	0.8440	-0.0736	-0.0130		
											乡镇合计：0.0799				
								T=0.1085			T组内=0.0471			T组间=0.0614	
											T组内贡献率=0.4338			T组间贡献率=0.5662	

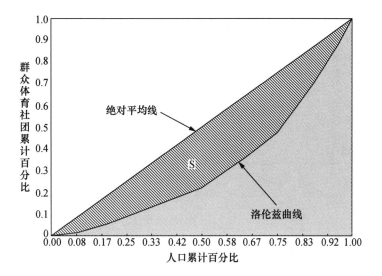

图 5-62　中部六省省会城市城乡群众体育社团配置洛伦兹曲线图

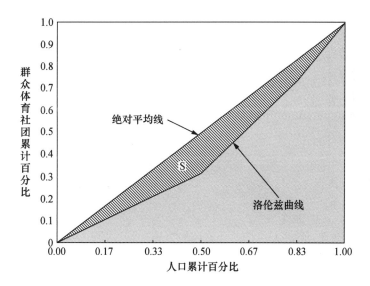

图 5-63　中部六省省会城市市区群众体育社团配置洛伦兹曲线图

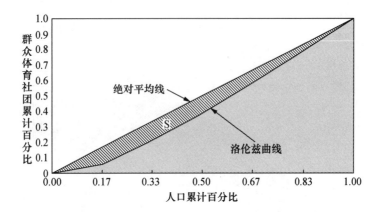

图5-64　中部六省省会城市乡镇群众体育社团配置洛伦兹曲线图

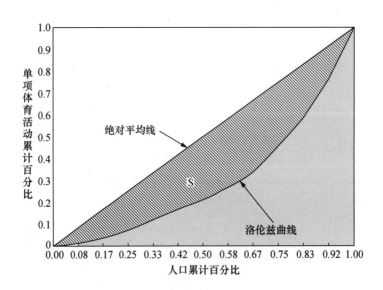

图5-65　中部六省省会城市城乡群众单项体育活动开展洛伦兹曲线图

表5-58　中部六省省会城市城乡群众单项体育活动开展配置公平性基尼系数（G）计算相关数据与计算过程表

六省省会城市	总人口（人）	群众单项体育活动（次数）	累计人口数（人）	累计单项体育活动（次数）	人口数/总人口数（X）	单项体育活动/总体育活动数量（Y）	累计人口数/总人口数	累计体育活动/总体育活动数量（V）	∑XY	∑X(1-V)	G
南昌乡镇	2504533	21	2504533	21	0.0963	0.0117	0.0963	0.0117	0.0011	0.0951	
合肥乡镇	2972000	50	5476533	71	0.1142	0.0279	0.2105	0.0396	0.0032	0.1097	
长沙乡镇	2147721	66	7624254	137	0.0826	0.0368	0.2931	0.0764	0.0030	0.0763	
太原乡镇	657477	77	8281731	214	0.0253	0.0429	0.3184	0.1194	0.0011	0.0223	
武汉乡镇	1711528	83	9993259	297	0.0658	0.0463	0.3842	0.1656	0.0030	0.0549	
南昌市区	1977652	90	11970911	387	0.0760	0.0502	0.4602	0.2158	0.0038	0.0596	
合肥市区	2329755	92	14300666	479	0.0896	0.0513	0.5497	0.2672	0.0046	0.0656	
武汉市区	2363453	127	16664119	606	0.0909	0.0708	0.6406	0.3380	0.0064	0.0601	
长沙市区	2002877	210	18666996	816	0.0770	0.1171	～0.7176	0.4551	0.0090	0.0420	
郑州乡镇	2139052	228	20806048	1044	0.0822	0.1272	0.7998	0.5823	0.0105	0.0343	
郑州市区	3228395	317	24034443	1361	0.1241	0.1768	0.9239	0.7591	0.0219	0.0299	
太原市区	1979386	432	26013829	1793	0.0761	0.2409	1.0000	1.0000	0.0183	0.0000	
									0.09	0.65	0.39

表 5 - 59　中部六省省会城市市区之间群众单项体育活动开展配置公平性基尼系数（G）计算相关数据与计算过程表

六省省会城市市区	总人口（人）	群众单项体育活动（次数）	累计人口数（人）	累计单项体育活动（次数）	人口数/总人口数（X）	单项体育活动/总体育活动数（Y）	累计人口数/总人口数	累计体育活动/总体育活动数（V）	$\sum$ XY	$\sum$ X（1 - V）	G
南昌市区	1977652	90	1977652	90	0.1425	0.0710	0.1425	0.0710	0.0101	0.1324	
合肥市区	2329755	92	4307407	182	0.1678	0.0726	0.3103	0.1435	0.0122	0.1437	
武汉市区	2363453	127	6670860	309	0.1703	0.1002	0.4806	0.2437	0.0171	0.1288	
长沙市区	2002877	210	8673737	519	0.1443	0.1656	0.6248	0.4093	0.0239	0.0852	
郑州市区	3228395	317	11902132	836	0.2326	0.2500	0.8574	0.6593	0.0581	0.0792	
太原市区	1979386	432	13881518	1268	0.1426	0.3407	1.0000	1.0000	0.0486	0.0000	
									0.17	0.57	0.31

表 5 - 60　中部六省省会城乡镇之间群众单项体育活动开展配置公平性基尼系数（G）计算相关数据与计算过程表

六省省会城市乡镇	总人口（人）	群众单项体育活动（次数）	累计人口数（人）	累计单项体育活动（次数）	人口数/总人口数（X）	单项体育活动/总体育活动数量（Y）	累计人口数/总人口数	累计体育活动/总体育活动数（V）	$\sum$ XY	$\sum$ X（1 - V）	G
南昌乡镇	2504533	21	2504533	21	0.2064	0.0400	0.2064	0.0400	0.0083	0.1982	
合肥乡镇	2972000	50	5476533	71	0.2450	0.0952	0.4514	0.1352	0.0233	0.2118	
长沙乡镇	2147721	66	7624254	137	0.1770	0.1257	0.6284	0.2610	0.0223	0.1308	
太原乡镇	657477	77	8281731	214	0.0542	0.1467	0.6826	0.4076	0.0079	0.0321	
武汉乡镇	1711528	83	9993259	297	0.1411	0.1581	0.8237	0.5657	0.0223	0.0613	
郑州乡镇	2139052	228	12133211	525	0.1763	0.4343	1.0000	1.0000	0.0766	0.0000	
									0.1607	0.6342	0.43

表5—61　中部六省省会城市城乡群众单项体育活动开展配置公平性泰尔指数（TI）计算相关数据与计算过程表

六省省会城市	总人口（人）	群众单项体育活动（次数）	人口数/六省市调查总人口数（P_i）	体育活动/六省市区或乡镇人口总数（P_{ij}）	体育活动/六省调查总体育活动数（Y_i）	体育活动数/六省市区或乡镇总体育活动数（Y_{ij}）	总泰尔指数（TI）			T组内			T组间	
							P_i/Y_i	log $(P_i/Y_i,10)$	$P_i×$log $(P_i/Y_i,10)$	P_{ij}/Y_{ij}	log $(P_{ij}/Y_{ij},10)$	$P_g×$log $(P_{ij}/Y_{ij},10)$	P_g 和 Y_g	log (P_g/Y_g)
南昌市区	1977652	90	0.0760	0.0502	0.0710	0.1425	8.22	0.91	0.0881	5.1609	0.7127	0.1471	市区 $P_g=0.5336$ $Y_g=0.7072$	-0.1223
合肥市区	2329755	92	0.0896	0.0513	0.0726	0.1678	4.10	0.61	0.0700	2.5721	0.4103	0.1005		
武汉市区	2363453	127	0.0909	0.0708	0.1002	0.1703	2.24	0.35	0.0290	1.4082	0.1486	0.0263		
长沙市区	2002877	210	0.0770	0.1171	0.1656	0.1443	0.59	-0.23	-0.0058	0.3695	-0.4324	-0.0234		
郑州市区	3228395	317	0.1241	0.1768	0.2500	0.2326	1.42	0.15	0.0100	0.8923	-0.0495	-0.0070		
太原市区	1979386	432	0.0761	0.2409	0.3407	0.1426	0.65	-0.19	-0.0156	0.4060	-0.3915	-0.0690		
											市区合计: 0.0736			
南昌乡镇	2504533	21	0.0963	0.0117	0.0400	0.2064	5.91	0.77	0.0637	2.8450	0.4541	0.0804	乡镇 $P_g=0.4664$ $Y_g=0.2928$	0.2022
合肥乡镇	2972000	50	0.1142	0.0279	0.0952	0.2450	3.47	0.54	0.0617	1.6702	0.2228	0.0546		
长沙乡镇	2147721	66	0.0826	0.0368	0.1257	0.1770	1.61	0.21	0.0136	0.7742	-0.1112	-0.0157		
太原乡镇	657477	77	0.0253	0.0429	0.1467	0.0542	2.19	0.34	0.0328	1.0556	0.0235	0.0049		
武汉乡镇	1711528	83	0.0658	0.0463	0.1581	0.1411	0.55	-0.26	-0.0066	0.2651	-0.5766	-0.0312		
郑州乡镇	2139052	228	0.0822	0.1272	0.4343	0.1763	1.75	0.24	0.0200	0.8440	-0.0736	-0.0130		
											乡镇合计: 0.1745			
									T＝0.1497		T组内＝0.1207		T组间＝0.0290	
									组内贡献率＝0.8061				T组间贡献率＝0.1939	

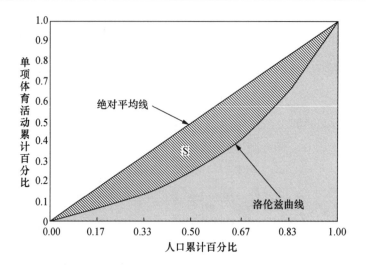

图 5 - 66　中部六省省会城市市区群众单项体育活动开展洛伦兹曲线图

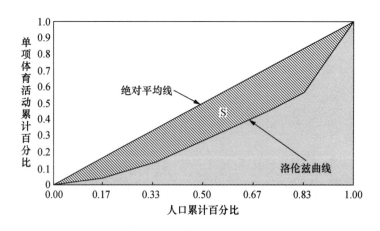

图 5 - 67　中部六省省会城市乡镇群众单项体育活动开展洛伦兹曲线图

第六节　中部六省省会城市城乡群众体育信息 资源配置水平与公平性现状

一　中部六省省会城市城乡群众体育信息资源配置的基本指标描述

群众体育信息资源主要从两大类 4 项指标具体反映：一是群众体育信息设施建设。主要由"每万人享有体育宣传报栏的个数"和"每万人享有体育宣传电子屏的个数"反映。二是体育信息服务。主要由"每年制作体育健身知识宣传栏的次数"和"每年开展体育科普与健身知识讲座的次数"两个指标反映。

但在本次调查过程中，由于其他指标非常不便于统计，许多体育部门也很少有详细的统计，仅有过去一年中"开展体育宣传活动"的统计数据。因此，本研究组仅能比较"每年开展体育宣传活动次数"作为中部六省省会城市城乡群众体育信息资源配置的基本指标，本部分的"开展体育宣传活动"主要包括体育科普、宣传报栏制作、健身讲座等，包含了开展体育信息配置的主要绩效内容，因此，在某种意义上有较好的代表性。

每年体育宣传活动开展情况：

表5-62统计结果显示，中部六省省会城市城乡均开展了面向全区或全县的体育相关宣传活动，说明体育文化宣传工作已经成为所调查省会城市城乡体育工作的重要内容。从具体数据看，山西太原、湖北武汉整体城乡体育相关宣传活动处于其他四省会城市之前，两市体育宣传活动开展的总次数占到六省省会城市城乡开展相关宣传活动总数的58.3%，占一半还要多。而南昌市城乡体育活动宣传次数仅占总数的5.22%，显然偏低。初步显示，中部六省省会城市城乡群众体育宣传活动的开展存在明显的省份差异。

表5-62　　中部六省省会城市调研地区群众体育宣传活动开展情况一览表

调查地区			人口（人）	市区或乡镇人口合计（人）	每年体育宣传活动开展次数（次）	城乡体育宣传活动开展次数（次）	占总体育宣传活动的比例（%）
郑州	市区	中原区	911413	3228395	6	19	9.00
		二七区	714983		4		
		金水区	1601999		9		
	乡镇	荥阳市	613857	2139052	3	10	4.74
		新密市	797378		3		
		中牟县	727817		4		
太原	市区	小店区	808467	1979386	21	53	25.12
		尖草坪区	417449		14		
		万柏林区	753470		18		
	乡镇	清徐县	345000	657477	5	17	8.06
		娄烦县	106297		4		
		古交市	206180		8		

续表

调查地区			人口（人）	市区或乡镇人口合计（人）	每年体育宣传活动开展次数（次）	城乡体育宣传活动开展次数（次）	占总体育宣传活动的比例（%）
武汉	市区	硚口区	828644	2363453	9	28	13.27
		青山区	485375		7		
		洪山区	1049434		12		
	乡镇	东西湖区	451880	1711528	5	25	11.85
		蔡甸区	410888		17		
		新洲区	848760		3		
长沙	市区	天心区	475663	2002877	6	15	7.11
		岳麓区	801861		4		
		雨花区	725353		5		
	乡镇	长沙县	979665	2147721	3	9	4.26
		宁乡县	1168056		6		
南昌	市区	西湖区	503822	1977652	3	7	3.32
		东湖区	575989		2		
		青山湖区	897841		2		
	乡镇	南昌县	1018675	2504533	2	4	1.90
		新建县	795412		1		
		进贤县	690446		1		
合肥	市区	庐阳区	609239	2329755	7	16	7.58
		包河区	817686		4		
		瑶海区	902830		5		
	乡镇	肥西县	889000	2972000	2	8	3.79
		肥东县	1109000		3		
		庐江县	974000		3		

二　中部六省省会城市城乡群众体育信息资源配置公平性现状

如前所述，对中部六省省会城市城乡群众体育信息资源配置的公平性状况主要用"年体育宣传活动开展次数"的公平性状况表示。表5－63至表5－66计算数据显示，中部省省会城市城乡群众体育宣传活动总基尼系数（Gini）达到0.39，接近警戒线水平；六省省会市区之间基尼系数

（Gini）为0.32，而乡镇之间高达0.44，已超过0.40的警戒线水平。说明六省省会城市城乡之间、乡镇之间群众体育宣传活动的开展存在明显的城乡差异、地域差异。表5-66中，总泰尔指数、组内泰尔指数均达到较高值，而组内贡献率高达0.9019，说明目前中部六省省会城市所有市区、乡镇之间的差异主要是由不同的省市地域差异造成的，即由各地市发展水平和对体育工作的重视程度所影响的，而不是由于城乡二元结构所造成的。图5-68至图5-70的洛伦兹曲线图也直观地反映了城乡之间、市区之间及乡镇之间的配置公平性状况，显然，城乡之间、乡镇之间的阴影部分所占比重明显较高。

表5-63　中部六省省会城市城乡群众体育宣传活动开展配置公平性
基尼系数（G）计算相关数据与计算过程表

六省省会城市	总人口（人）	群众体育宣传活动（次数）	累计人口数（人）	累计体育宣传活动（次数）	人口数/总人口数（X）	体育宣传活动/总体育活动数量（Y）	累计人口数/总人口数	累计体育宣传活动/总体育活动数量（V）	$\sum XY$	$\sum X(1-V)$	G
南昌乡镇	2504533	4	2504533	4	0.0963	0.0190	0.0963	0.0190	0.0018	0.0945	
南昌市区	1977652	7	4482185	11	0.0760	0.0332	0.1723	0.0521	0.0025	0.0721	
合肥乡镇	2972000	8	7454185	19	0.1142	0.0379	0.2865	0.0900	0.0043	0.1040	
长沙乡镇	2147721	9	9601906	28	0.0826	0.0427	0.3691	0.1327	0.0035	0.0716	
郑州乡镇	2139052	10	11740958	38	0.0822	0.0474	0.4513	0.1801	0.0039	0.0674	
长沙市区	2002877	15	13743835	53	0.0770	0.0711	0.5283	0.2512	0.0055	0.0577	
合肥市区	2329755	16	16073590	69	0.0896	0.0758	0.6179	0.3270	0.0068	0.0603	
太原乡镇	657477	17	16731067	86	0.0253	0.0806	0.6432	0.4076	0.0020	0.0150	
郑州市区	3228395	19	19959462	105	0.1241	0.0900	0.7673	0.4976	0.0112	0.0623	
武汉乡镇	1711528	25	21670990	130	0.0658	0.1185	0.8331	0.6161	0.0078	0.0253	
武汉市区	2363453	28	24034443	158	0.0909	0.1327	0.9239	0.7488	0.0121	0.0228	
太原市区	1979386	53	26013829	211	0.0761	0.2512	1.0000	1.0000	0.0191	0.0000	
									0.08	0.65	0.39

表5-64 中部六省省会城市市区之间群众体育宣传活动开展配置
公平性基尼系数（G）计算相关数据与计算过程表

六省省会城市市区	总人口（人）	群众体育宣传活动（次数）	累计人口数（人）	累计体育宣传活动（次数）	人口数/总人口数（X）	体育宣传活动/总体育活动数量（Y）	累计人口数/总人口数	累计体育宣传活动/总体育活动数量(V)	$\sum XY$	$\sum X(1-V)$	G
南昌市区	1977652	7	1977652	7	0.1425	0.0507	0.1425	0.0507	0.0072	0.1352	
长沙市区	2002877	15	3980529	22	0.1443	0.1087	0.2868	0.1594	0.0157	0.1213	
合肥市区	2329755	16	6310284	38	0.1678	0.1159	0.4546	0.2754	0.0195	0.1216	
郑州市区	3228395	19	9538679	57	0.2326	0.1377	0.6871	0.4130	0.0320	0.1365	
武汉市区	2363453	28	11902132	85	0.1703	0.2029	0.8574	0.6159	0.0345	0.0654	
太原市区	1979386	53	13881518	138	0.1426	0.3841	1.0000	1.0000	0.0548	0.0000	
									0.16	0.58	0.32

表5-65 中部六省省会城市乡镇之间群众体育宣传活动开展配置
公平性基尼系数（G）计算相关数据与计算过程表

六省省会城市乡镇	总人口（人）	群众体育宣传活动（次数）	累计人口数（人）	累计体育宣传活动（次数）	人口数/总人口数（X）	体育宣传活动/总体育活动数量（Y）	累计人口数/总人口数	累计体育宣传活动/总体育活动数量(V)	$\sum XY$	$\sum X(1-V)$	G
南昌乡镇	2504533	4	2504533	4	0.2064	0.0548	0.2064	0.0548	0.0113	0.1951	
合肥乡镇	2972000	8	5476533	12	0.2450	0.1096	0.4514	0.1644	0.0268	0.2047	
长沙乡镇	2147721	9	7624254	21	0.1770	0.1233	0.6284	0.2877	0.0218	0.1261	
郑州乡镇	2139052	10	9763306	31	0.1763	0.1370	0.8047	0.4247	0.0242	0.1014	
太原乡镇	657477	17	10420783	48	0.0542	0.2329	0.8589	0.6575	0.0126	0.0186	
武汉乡镇	1711528	25	12132311	73	0.1411	0.3425	1.0000	1.0000	0.0483	0.0000	
									0.1451	0.6459	0.44

表5-66 中部六省省会城市城乡群众体育宣传活动开展配置公平性泰尔指数（TI）计算相关数据与计算过程表

六省省会城市	群众体育宣传活动（次数）	总人口（人）	人口数/六省市调查总人口总数 (P_i)	人口数/六省市市区或乡镇人口总数 (P_{ij})	体育宣传活动/六省市调查总活动 (Y_i)	体育宣传数/六省市区或乡镇总体育宣传活动数 (Y_{ij})	总泰尔指数（TI） P_i/Y_i	$\log(P_i/Y_i,10)$	$P_i \times \log(P_i/Y_i,10)$	T组内 P_{ij}/Y_{ij}	$\log(P_{ij}/Y_{ij},10)$	$P_{ij} \times \log(P_{ij}/Y_{ij},10)$	T组间 P_g和Y_g	$\log(P_g/Y_g)$
南昌市区	7	1977652	0.076	0.1425	0.0332	0.0507	2.29	0.36	0.0274	2.8086	0.4485	0.0639		
长沙市区	15	2002877	0.077	0.1443	0.0711	0.1087	1.08	0.03	0.0027	1.3274	0.123	0.0177		
合肥市区	16	2329755	0.0896	0.1678	0.0758	0.1159	1.18	0.07	0.0065	1.4475	0.1606	0.027	市区 $P_g=0.5336$ $Y_g=0.6540$	-0.0884
郑州市区	19	3228395	0.1241	0.2326	0.09	0.1377	1.38	0.14	0.0173	1.6892	0.2277	0.0529		
武汉市区	28	2363453	0.0909	0.1703	0.1327	0.2029	0.68	-0.16	-0.0149	0.8391	-0.0762	-0.013		
太原市区	53	1979386	0.0761	0.1426	0.2512	0.3841	0.3	-0.52	-0.0395	0.3713	-0.4303	-0.0614		
											市区合计：0.0872			
南昌乡镇	4	2504533	0.0963	0.2064	0.019	0.0548	5.08	0.71	0.0679	3.7674	0.576	0.1189		
合肥乡镇	8	2972000	0.1142	0.245	0.0379	0.1096	3.01	0.48	0.0547	2.2353	0.3493	0.0856	乡镇 $P_g=0.4664$ $Y_g=0.3460$	0.1297
长沙乡镇	9	2147721	0.0826	0.177	0.0427	0.1233	1.94	0.29	0.0237	1.4359	0.1571	0.0278		
郑州乡镇	10	2139052	0.0822	0.1763	0.0474	0.137	1.74	0.24	0.0197	1.2871	0.1096	0.0193		
太原乡镇	17	657477	0.0253	0.0542	0.0806	0.2329	0.31	-0.5	-0.0127	0.2327	-0.6332	-0.0343		
武汉乡镇	25	1711528	0.0658	0.1411	0.1185	0.3425	0.56	-0.26	-0.0168	0.4119	-0.3852	-0.0543		
											乡镇合计：0.1630			
									T=0.1359			T组内=0.1226		T组间=0.0133
											T组内贡献率=0.9019			T组间贡献率=0.0981

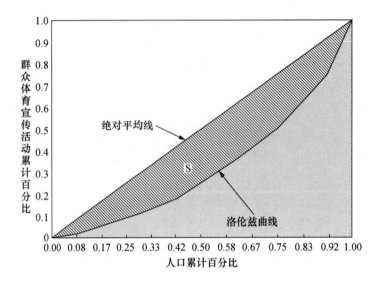

图 5－68　中部六省省会城市城乡群众体育宣传活动开展洛伦兹曲线图

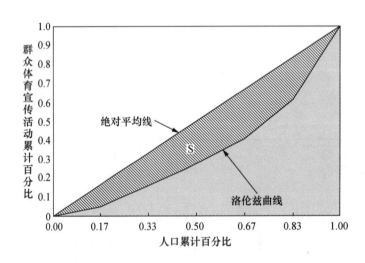

图 5－69　中部六省省会城市市区群众体育宣传活动开展洛伦兹曲线图

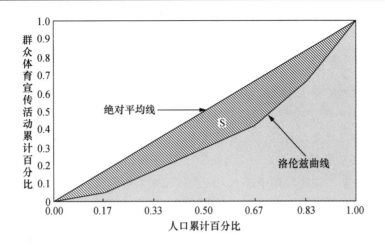

图5-70　中部六省省会城市乡镇群众体育宣传活动开展洛伦兹曲线图

第七节　中部六省省会城市城乡群众公共
体育资源配置综合公平指数

　　根据表3-28"城乡群众公共体育资源水平与公平性评估指标体系权重一览表",本研究计算了中部六省省会城市城乡群众公共体育资源配置的综合公平指数,综合公平指数主要由城乡群众公共体育各类资源城乡配置的基尼系数乘以其对应的权重系数的加权和计算而得。具体计算公式如下:

$$G_{综合} = G_1 \times f_1 + G_2 \times f_2 + G_3 \times f_3 + \cdots + G_n \times f_n$$

　　式中:G代表基尼系数;f代表权重系数。

　　在本书中,基于数据收集及计算的具体要求,共有12项指标计算入公式,这些指标更主要是反映中部地区公共体育资源配置的数量公平性状况,而对公共体育资源配置质量公平性由于数据难以收集而未计算。具体结果如下:

$$G_{综合} = G_{行政管理人员} \times f_{行政管理人员} + G_{社会体育指导员} \times f_{社会体育指导员} + G_{体育辅助人员} \times$$
$$f_{体育辅助人员} + G_{室内面积} \times f_{室内面积} + G_{室外面积} \times f_{室外面积} + G_{体育场馆数量} \times f_{体育场馆数量} +$$
$$G_{健身路径} \times f_{健身路径} + G_{健身站点} \times f_{健身站点} + G_{财力资源} \times f_{财力资源} + G_{体育社团} \times f_{体育社团} +$$
$$G_{体育活动} \times f_{体育活动} + G_{体育信息资源} \times f_{体育信息资源}$$

$$= 0.22 \times 0.0877 + 0.39 \times 0.0732 + 0.60 \times 0.0289 + 0.40 \times 0.0743 +$$
$$0.13 \times 0.1112 + 0.40 \times 0.0813 + 0.09 \times 0.0616 + 0.36 \times 0.0690 + 0.49 \times$$

$0.2595 + 0.32 \times 0.0524 + 0.39 \times 0.0310 + 0.39 \times 0.0699$

$$= 0.3555$$

$$\approx 0.36$$

根据基尼系数标准：基尼系数在 0.3 以下为最佳的平均状态，在 0.3—0.4 为正常状态，超过 0.4 为警戒状态，达到 0.6 以上则属高度不公平的危险状态。目前，我国中部六省省会城市城乡群众公共体育资源配置的综合基尼系数（$G_{综合}$）为 0.36，处于正常状态，并且比较接近 0.4 的警戒状态。说明我国中部六省省会城市城乡群众公共体育资源配置公平性尚在合理范围，但需要引起重视，防止进一步加剧。

第六章　中部六省省会城市城乡基础教育阶段(初中)学校体育资源配置水平与公平性现状分析

　　基于时间及研究经费所限，本部分主要选取中部六省省会城市城乡中的基础教育阶段中的"初级中学"阶段的学校体育资源配置为调研对象。"初级中学"阶段是基础教育承上启下的阶段，也是我国义务教育阶段的"最高年级阶段"，具有较好的代表性。城乡学校体育资源配置公平性仍主要用洛伦兹（Lorenz）曲线、基尼（Gini）系数与泰尔（Theil）指数三个指标来具体绘制与计算，分别绘制城乡之间、市区之间、乡镇之间的洛伦兹曲线，计算它们之间的基尼系数和泰尔指数。

　　主要指标见第四章中表 4 - 27 "最终确立的城乡学校体育资源评价指标体系"。本章分别计算与绘制了中部六省省会城市城乡学校体育人力资源、体育物力资源、体育信息资源的配置的公平性指数与相关洛伦兹曲线图。而财力资源由于多数学校无法统计而未能计算。

第一节　中部六省省会城市城乡学校体育人力资源配置水平与公平性现状

一　中部六省省会城市城乡学校体育人力资源配置的基本指标描述

　　2013 年通过对武汉、长沙、郑州、南昌、合肥、太原六省省会城市城乡学校体育资源配置的分层抽样调研，获取了其各自相关数据（各个学校具体数据见附录 11 各表）。

　　（一）所调研中部六省省会城市城乡初级中学学生、班级数量状况

　　按照分层整群抽样，依据前面按人均 GDP 对中部省会城市分别抽取其下辖的市区三个区、农村三个县（县级市），课题组分别调研了这些地

表 6 - 1　　　中部六省省会城市调研初中学校学生数量分布一览表

调查地区		学校数（所）	学生数（人）	各市城乡合计数（人）	占调研总学生数的比（%）	累计学生百分比（%）
郑州	市区					
		中原区 8	11083	38122	14.25	14.25
		二七区 8	10784			
		金水区 10	16255			
	乡镇	荥阳市 7	12815	35005	13.08	27.33
		新密市 8	11190			
		中牟县 7	11000			
太原	市区	小店区 8	7013	17182	6.42	33.75
		尖草坪区 10	6179			
		万柏林区 4	3990			
	乡镇	清徐县 5	5929	14728	5.50	39.25
		娄烦县 5	4600			
		古交市 5	4199			
武汉	市区	硚口区 8	5279	22329	8.34	47.59
		青山区 15	10059			
		洪山区 8	6991			
	乡镇	东西湖区 5	3399	19550	7.31	54.90
		蔡甸区 16	6724			
		新洲区 6	9427			
长沙	市区	天心区 6	5180	17078	6.38	61.28
		岳麓区 4	7884			
		雨花区 3	4014			
	乡镇	长沙县 6	9007	22940	8.57	69.85
		宁乡县 7	13933			
南昌	市区	西湖区 3	2510	12456	4.65	74.50
		东湖区 4	9946			
		青山湖区 —	—			
	乡镇	南昌县 8	13564	26953	10.07	84.57
		新建县 5	11086			
		进贤县 3	2303			

续表

调查地区		学校数（所）	学生数（人）	各市城乡合计数（人）	占调研总学生数的比（%）	累计学生百分比（%）
合肥	市区					
		庐阳区	4	4430		
		包河区	5	9300	16680	6.23	90.80
		瑶海区	4	2950			
	乡镇	肥西县	7	6549			
		肥东县	8	7295	24591	9.20	100.00
		庐江县	9	10747			
合计		229	267614	其中：市区乡镇		

表6-2　中部六省省会城市调研初中学校班级、教师数量分布一览表

调查地区			班级数（个）	各市城乡班级合计数（个）	体育教师数（人）	城乡体育教师分别合计数（人）
郑州	市区	中原区	195		40	
		二七区	182	673	38	140
		金水区	296		62	
	乡镇	荥阳市	208		36	
		新密市	175	560	32	119
		中牟县	177		51	
太原	市区	小店区	107		29	
		尖草坪区	132	317	31	80
		万柏林区	78		20	
	乡镇	清徐县	104		18	
		娄烦县	76	252	17	49
		古交市	72		14	
武汉	市区	硚口区	178		41	
		青山区	259	594	70	143
		洪山区	157		32	
	乡镇	东西湖区	78		19	
		蔡甸区	164	422	48	102
		新洲区	180		35	

续表

调查地区		班级数（个）	各市城乡班级合计数（个）	体育教师数（人）	城乡体育教师分别合计数（人）
长沙	市区 天心区	92	307	18	66
	岳麓区	140		33	
	雨花区	75		15	
	乡镇 长沙县	166	406	33	72
	宁乡县	240		39	
南昌	市区 西湖区	60	211	11	40
	东湖区	151		29	
	青山湖区	—		—	
	乡镇 南昌县	201	432	42	68
	新建县	176		20	
	进贤县	55		6	
合肥	市区 庐阳区	87	308	15	62
	包河区	164		30	
	瑶海区	57		17	
	乡镇 肥西县	111	438	19	65
	肥东县	161		26	
	庐江县	166		20	
合计		4920		1006	

区的所有初中的学生数量、班级数及体育教师数量的基本数据（见表6-1和表6-2）。这些数据是后面中部六省省会城市城乡学校体育资源配置的主要基本参数。

表6-1和表6-2的数据反映，本次调研共调查了中部六省省会城市18个市区、17个县市的229所初级中学，涉及267614名学生，4920个班级和1006名体育教师。各个省会城市各个区或县之间学生的差距是比较大的，如郑州市区初中学生数高达调查学生总数的14.25%，而南昌市区学生数占总学生的比例不足5%。另外，班级数也有同样的差别，郑州市区高达673个初中班级，而南昌市区仅有初中班级211个。

（二）所调研中部六省省会城市城乡学校体育人力资源数量配置情况

根据表4-27已确立的评价指标体系，城乡学校体育人力资源主要包

括两大类：体育教师和体育教辅人员。而体育教师是学校体育人力资源中
最为核心的资源。

1. 体育教师配置水平状况

通过对表6-1和表6-2数据的进一步计算与分析，本书主要从两个
指标反映中部六省省会城市城乡初中体育教师配置的数量情况：一是体育
教师师生比；二是体育教师班级比。其中，"体育教师班级比"是在表
4-27指标体系的基础上进一步增加的指标，因为该指标又能从侧面反映
学校体育师资的配置状况。表6-3显示了中部六省省会城市城乡初中班
级人数配置差别总体计算结果，平均每个班级为54.39人，但地区、城乡
之间差别却很大。如武汉市区初中平均每个班级学生仅37.59人，而郑州
市乡镇的初级中学每个班级平均高达62.51人。按照教育部的规定，"原
则上普通中学每班学生45—50人，城市小学40—45人，农村小学酌
减"①，中部六省省会城市城乡初中学校班级平均人数仅有武汉市区
（37.59）、武汉乡镇（46.33）低于国家标准，其他五个省会城市城乡均
超过了国家规定的45—50人的标准。按照教育部中小学体育教师配备标
准看，教育部规定②："小学1—2年级每5—6个班配备1名体育教师，
3—6年级每6—7个班配备1名体育教师；初中每6—7个班配备1名体育
教师；高中（含中等职业学校）每8—9个班配备1名体育教师。"表6-
3所调研的六个省省会城市城乡初中的"体育教师班级比"都在正常范围
内，配置水平最高的为太原市区，其为3.96个班级配备1名体育教师；
而配置最低的为合肥乡镇，其为6.74个班级配备1名体育教师。在所调
研的24所初中学校中，还有4个学校没有专职的体育教师（四所学校学
生人数分别为706人、600人、500人和300人）。而从"体育教师师生
比"看，目前国家虽没有专门针对学科的师生比，但中小学体育教师在体
育界有比较一致的倾向标准③：中学为每300名学生应配备专职体育教师1
名；小学为每400名学生应配备专职体育教师1名。从表6-3的"体育教
师师生比"统计结果看，六个省会城市的市区、乡镇统计中有5个市区、2

①　《教育部关于贯彻〈国务院办公厅转发中央编办、教育部、财政部关于制定中小学教职
工编制标准意见的通知〉的实施意见》（教人〔2002〕8号）。

②　包莺、刘海元：《我国体育教师队伍现状及加强建设对策》，《体育学刊》2009年第5期。

③　陈德林：《湖南省侗族地区中小学体育教师现状与发展对策研究》，《北京体育大学学报》
2006年第4期。

表6-3　　中部六省省会城市调研初中学校学生数量分布一览表

调查地区			学生数（人）	城乡合计（人）	体育教师（人）	城乡体育教师合计（人）	班级（个）	城乡班级合计（个）	平均班级人数（人）	体育教师师生比	体育教师班级比
郑州	市区	中原区	11083	38122	40	140	195	673	56.64	272	4.81
		二七区	10784		38		182				
		金水区	16255		62		296				
	乡镇	荥阳市	12815	35005	36	119	208	560	62.51	294	4.71
		新密市	11190		32		175				
		中牟县	11000		51		177				
太原	市区	小店区	7013	17182	29	80	107	317	54.20	215	3.96
		尖草坪区	6179		31		132				
		万柏林区	3990		20		78				
	乡镇	清徐县	5929	14728	18	49	104	252	58.44	301	5.14
		娄烦县	4600		17		76				
		古交市	4199		14		72				
武汉	市区	硚口区	5279	22329	41	143	178	594	37.59	156	4.15
		青山区	10059		70		259				
		洪山区	6991		32		157				
	乡镇	东西湖区	3399	19550	19	102	78	422	46.33	192	4.14
		蔡甸区	6724		48		164				
		新洲区	9427		35		180				
长沙	市区	天心区	5180	17078	18	66	92	307	55.63	259	4.65
		岳麓区	7884		33		140				
		雨花区	4014		15		75				
	乡镇	长沙县	9007	22940	33	72	166	406	56.50	319	5.64
		宁乡县	13933		39		240				
南昌	市区	西湖区	2510	12456	11	40	60	211	59.03	311	5.28
		东湖区	9946		29		151				
		青山湖区	—		—		—				
	乡镇	南昌县	13564	26953	42	68	201	432	62.39	396	6.35
		新建县	11086		20		176				
		进贤县	2303		6		55				

续表

调查地区			学生数（人）	城乡合计（人）	体育教师（人）	城乡体育教师合计（人）	班级（个）	城乡班级合计（个）	平均班级人数（人）	体育教师师生比	体育教师班级比
合肥	市区	庐阳区	4430	16680	15	62	87	308	54.16	269	4.97
		包河区	9300		30		164				
		瑶海区	2950		17		57				
	乡镇	肥西县	6549	24591	19	65	111	438	56.14	378	6.74
		肥东县	7295		26		161				
		庐江县	10747		20		166				
合计			267614		1006		4920		54.39	266	4.89

个乡镇的学校体育教师师生比超过1∶300。其中，武汉市市区、乡镇学校体育教师配置水平最高，师生比分别达到1∶156和1∶192；而南昌市市区、乡镇配置水平最低，师生比分别达到1∶311和1∶396。

进一步计算显示，所调研学校平均每个班级人数为54.39人，体育教师与学生师生比为1∶266，按照班级看，每4.89个班配备1名体育教师。所以，从体育教师配置的数量看，中部六省省会城市城乡配置水平整体处于较高水平。

2. 体育教辅人员配置数量情况

在所调研中部六省省会城市城乡229所初级中学中，仅有21所学校配置23名体育教辅人员（见表6-4），即仅有9.17%的学校配置了体育教辅人员。表6-4直观显示，武汉和长沙两个省会城市比较重视体育教辅人员的配置。而90.83%的学校没有配置体育教辅人员，说明这些地区学校对体育工作与教学还不够全面重视，有待规范。

表6-4 中部六省省会城市调研初中学校体育教辅人员数量分布一览表

调查地区			配置有体育教辅人员的学校及人数
郑州	市区	中原区	
		二七区	
		金水区	
	乡镇	荥阳市	
		新密市	岳村一中（2人）
		中牟县	

调查地区			配置有体育教辅人员的学校及人数
太原	市区	小店区	
		尖草坪区	
		万柏林区	
	乡镇	清徐县	
		娄烦县	
		古交市	
武汉	市区	硚口区	
		青山区	钢铁五中、钢铁八中、钢铁十二中、钢铁十三中、任家路中学、武东中学、青山中学（各1人，共7人）
		洪山区	鲁巷中学、洪山中学（2人）
	乡镇	东西湖区	
		蔡甸区	大集中学（2人）
		新洲区	区一初中（1人）
长沙	市区	天心区	蓝天学校、明德天心、天心一中（3人）
		岳麓区	湘仪中学（1人）
		雨花区	
	乡镇	长沙县	星河中学、松雅湖中学（2人）
		宁乡县	玉潭中学、实验中学（2人）
南昌	市区	西湖区	
		东湖区	
		青山湖区	
	乡镇	南昌县	塘南中学（1人）
		新建县	
		进贤县	
合肥	市区	庐阳区	
		包河区	
		瑶海区	
	乡镇	肥西县	
		肥东县	
		庐江县	
合计			市区：13人；乡镇：10人

（三）所调研中部六省省会城市城乡学校体育人力资源质量配置情况

表4-27显示，反映学校体育人力资源质量的核心指标是"体育教师"，而反映"体育教师"配置质量高低的主要指标则包括学历结构、职称结构、专业结构、接受培训机会、月收入等。体育教辅人员则没有质量方面的特殊要求。因此，下面逐一统计分析中部六省省会城市城乡初级中学"体育教师"配置的质量水平状况。

1. 学历情况

表6-5、图6-1至图6-3调研数据显示：总体来看，目前我国中部六省省会城市城乡初级中学体育配置具有较高的学历水平，城乡总体、市区、乡镇分别有86.48%、87.95%、84.84%的体育教师具有本科及以上学历，高出全国初中教师总体学历水平近15个百分点。教育部发布消息称："教师学历结构总体上不断改善，高学历教师比例增加。2012年，幼儿园专任教师学历合格率为96.96%，具有专科以上学历的比例为65.13%。义务教育阶段，普通小学专任教师学历合格率为99.81%，具有专科以上学历的比例为84.91%；普通初中专任教师学历合格率为99.12%，具有本科及以上学历的比例为71.63%。普通高中专任教师学历合格率为96.44%，具有研究生学历的比例为5.01%。"① 尤其值得指出的是，中部六省省会城市城乡总体、市区、乡镇分别有3.48%、4.33%和2.53%的体育教师拥有研究生学历，基本达到了高中教师的学历水平结构。说明近年来，我国学校体育师资的配备工作得到了加强，体育教师学历结构明显得到大幅度改善。

图6-2和图6-3的数据也显示，中部六省省会城市城乡之间学校体育教师学历结构水平存在稍微差距，市区较乡镇略好些。

表6-5　　中部六省省会城市调研地区学校体育教师学历配置一览表

调查地区			总数（人）	研究生（人）	本科（人）	大专（人）	其他（人）
郑州	市区	中原区	40	2	33	5	0
		二七区	38	1	37	0	0
		金水区	62	3	59	0	0

① 《教育部：教师学历结构总体改善　高学历教师比例增加》，http://www.chinanews.com/edu/2013/09-03/5240537.shtml，2013年9月3日。

调查地区			总数（人）	研究生（人）	本科（人）	大专（人）	其他（人）
郑州	乡镇	荥阳市	36	0	33	3	0
		新密市	32	0	29	3	0
		中牟县	51	0	48	3	0
太原	市区	小店区	29	1	25	3	0
		尖草坪区	31	0	28	3	0
		万柏林区	20	0	11	9	0
	乡镇	清徐县	18	0	18	0	0
		娄烦县	17	0	13	4	0
		古交市	14	0	13	1	0
武汉	市区	硚口区	41	3	31	7	0
		青山区	70	1	55	14	0
		洪山区	32	1	28	3	0
	乡镇	东西湖区	19	0	12	7	0
		蔡甸区	48	0	35	13	0
		新洲区	35	1	26	8	0
长沙	市区	天心区	18	0	14	4	0
		岳麓区	33	3	24	6	0
		雨花区	15	3	7	5	0
	乡镇	长沙县	33	2	26	5	0
		宁乡县	39	0	38	1	0
南昌	市区	西湖区	11	0	7	4	0
		东湖区	29	1	27	1	0
		青山湖区	—	—	—	—	—
	乡镇	南昌县	42	6	27	9	0
		新建县	20	1	14	5	0
		进贤县	6	0	4	2	0
合肥	市区	庐阳区	15	0	15	0	0
		包河区	30	4	26	0	0
		瑶海区	17	0	17	0	0
	乡镇	肥西县	19	1	15	3	0
		肥东县	26	1	23	2	0
		庐江县	20	0	17	3	0

续表

调查地区	总数（人）	研究生（人）	本科（人）	大专（人）	其他（人）
城乡总计	1006 （100%）	35 （3.48%）	835 （83.00%）	136 （13.52%）	0 （0%）
市区总计	531 （100%）	23 （4.33%）	444 （83.62%）	64 （12.05%）	0 （0%）
乡镇总计	475 （100%）	12 （2.53%）	391 （82.31%）	72 （15.16%）	0 （0%）

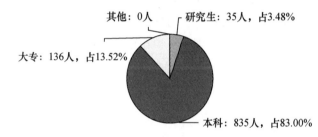

图6-1　中部六省省会城市城乡总体（初中）学校体育教师学历构成图

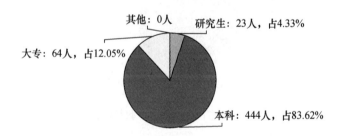

图6-2　中部六省省会城市市区总体（初中）学校体育教师学历构成图

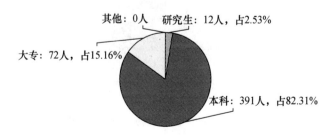

图6-3　中部六省省会城市乡镇总体（初中）学校体育教师学历构成图

中部六省省会城市城乡分省调研结果（图6-4至图6-15）显示，合肥市市区初中所有体育教师均达到了本科及以上学历，并有6.45%的人员达到了硕士研究生学历，郑州市市区也高达96.43%的体育老师达到本科及以上学历；而从乡镇看，郑州市乡镇、长沙市乡镇初中体育教师学历配置水平是中部六省省会城市中最高的乡镇地区，分别达到了92.44%和91.67%，远远高于全国71.63%的初中师资学历平均水平。而武汉市乡镇、南昌市乡镇长沙市市区则处于较低的水平，分别仅为72.55%、76.47%和77.27%，但也均超过全国平均水平。综合城乡总体情况看，郑州市城乡、合肥市城乡初中体育教师学历水平总体较高，而武汉市城乡初中体育教师学历水平相对较低。另外，从城乡差异大小看，长沙市市区与乡镇、太原市市区与乡镇出现了乡镇比市区体育教师学历水平整体较高的现象，它们分别有77.27%（长沙市区）和91.67%（长沙乡镇）、81.25%（太原市区）和89.80%（太原乡镇）的体育教师达到了本科及以上学历。

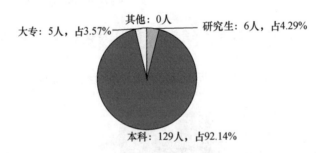

图6-4　郑州市市区初中体育教师学历构成图

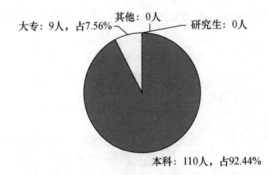

图6-5　郑州市乡镇初中体育教师学历构成图

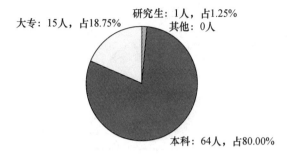

图 6 - 6 太原市市区初中体育教师学历构成图

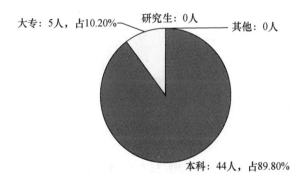

图 6 - 7 太原市乡镇初中体育教师学历构成图

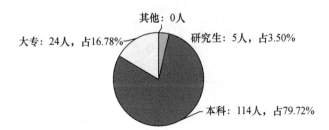

图 6 - 8 武汉市市区初中体育教师学历构成图

图 6 - 9 　武汉市乡镇初中体育教师学历构成图

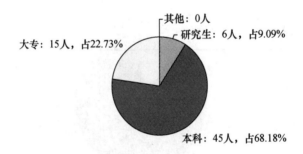

图 6 - 10 　长沙市市区初中体育教师学历构成图

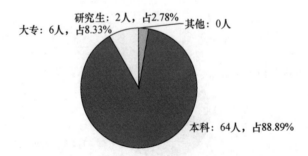

图 6 - 11 　长沙市乡镇初中体育教师学历构成图

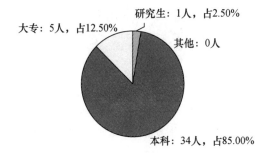

图 6 – 12　南昌市市区初中体育教师学历构成图

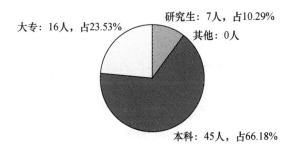

图 6 – 13　南昌市乡镇初中体育教师学历构成图

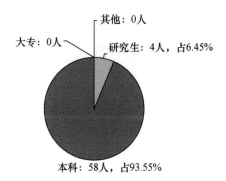

图 6 – 14　合肥市市区初中体育教师学历构成图

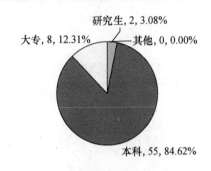

图 6 - 15　合肥市乡镇初中体育教师学历构成图

2. 职称结构状况

近年来，我国中小学教师职务职称进行了改革。为贯彻落实《国家中长期人才发展规划纲要（2010—2020）》和《国家中长期教育改革和发展规划纲要（2010—2020）》要求，建设高素质专业化的中小学教师队伍，2011 年 9 月 8 日，人力资源和社会保障部、教育部共同颁发了《关于印发深化中小学教师职称制度改革扩大试点指导意见的通知》（人社部发〔2011〕98 号），对我国中小学教师职称职务的设置进行了调整，教师职务调整为初级职务、中级职务和高级职务。其中，初级设员级和助理级；高级设副高级和正高级。员级、助理级、中级、副高级和正高级职称（职务）名称依次为三级教师、二级教师、一级教师、高级教师和正高级教师。① 因此，本书相应地对中部六省省会城市城乡初中体育教师的职称结构按照新的标准进行调整，而由于中小学正高级教师评审有些省份仅为试点，因此本次调研不包括"正高级教师"职称，具体为：高级教师、一级教师、二级教师和三级教师，分别对应中学原中学高级教师、中学一级教师、中学二级教师和中学三级教师。

表 6 - 6 和图 6 - 16 至图 6 - 18 的调查统计结果表明，中部六省省会城市城乡初级中学体育教师的职称结构配置处于较好的水平，城乡、市区、乡镇初中达到中高级以上的体育教师比例分别达到了 58.84%、63.65% 和 53.47%。而我国全国初中教师整体职称结构水平，城乡整体

---

① 《人力资源和社会保障部、教育部关于印发深化中小学教师职称制度改革扩大试点指导意见的通知》（人社部发〔2011〕98 号），http：//www.qzljjy.com/rsg/ShowArticle.asp？ArticleID = 7865。

表6－6　中部六省省会城市调研地区初中体育教师职称配置一览表

调查地区			总数（人）	高级教师（人）	一级教师（人）	二级教师（人）	三级教师（人）
郑州	市区	中原区	40	9	14	9	8
		二七区	38	9	12	17	0
		金水区	62	11	18	29	4
	乡镇	荥阳市	36	3	13	19	1
		新密市	32	1	11	19	1
		中牟县	51	4	20	27	0
太原	市区	小店区	29	1	14	10	4
		尖草坪区	31	1	6	24	0
		万柏林区	20	3	13	4	0
	乡镇	清徐县	18	2	1	11	4
		娄烦县	17	0	7	10	0
		古交市	14	0	5	9	0
武汉	市区	硚口区	41	13	21	6	1
		青山区	70	27	35	8	0
		洪山区	32	12	15	5	0
	乡镇	东西湖区	19	1	11	7	0
		蔡甸区	48	4	26	18	0
		新洲区	35	3	16	15	1
长沙	市区	天心区	18	2	8	8	0
		岳麓区	33	6	16	3	8
		雨花区	15	1	9	5	0
	乡镇	长沙县	33	6	22	2	3
		宁乡县	39	3	23	12	1
南昌	市区	西湖区	11	1	6	4	0
		东湖区	29	5	12	9	3
		青山湖区	—	—	—	—	—
	乡镇	南昌县	42	8	14	17	3
		新建县	20	4	9	7	0
		进贤县	6	0	2	3	1

续表

调查地区			总数（人）	高级教师（人）	一级教师（人）	二级教师（人）	三级教师（人）
合肥	市区	庐阳区	15	4	8	3	0
		包河区	30	4	9	17	0
		瑶海区	17	5	8	4	0
	乡镇	肥西县	19	2	8	9	0
		肥东县	26	4	14	7	1
		庐江县	20	1	6	13	0
城乡总计			1006（100%）	160（15.90%）	432（42.95%）	370（36.78%）	44（4.37%）
市区总计			531（100%）	114（21.47%）	224（42.19%）	165（31.07%）	28（5.27%）
乡镇总计			475（100%）	46（9.68%）	208（43.79%）	205（43.16%）	16（3.37%）

和农村中高级教师的比例分别为 54.8% 和 48.9%。[①] 所以，总体来说我国中部六省省会城市城乡体育学科教师的职称结构水平中高级比例高于全国水平，说明体育学科教师的发展得到了学校和教育主管部门的重视，同时，也反映出我国体育教师在工作中具有较好的工作与育人业绩，取得了良好成效。

但从图 6 - 17 和图 6 - 18 的对比结果可以看出，中部六省省会城市市区与乡镇之间的体育师资职称配置还存在明显的差距。市区 63.65% 的体育教师达到了中高级职称，而乡镇仅为 53.47%，低于市区 10 个百分点，差距主要在高级职称的教师比例，市区高级职称教师比例为 21.47%，而乡镇仅为 9.68%。说明城乡中学体育教师在职称评定时有明显的"城乡差异"。

---

① 《教育部召开发布会介绍我国教师队伍建设进展情况》，http://www.gov.cn/xwfb/2011 - 09/06/content_ 1941360.htm。

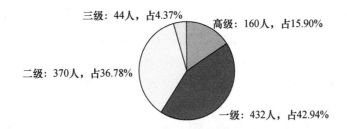

图6-16　中部六省省会城市城乡总体体育教师职称结构构成图

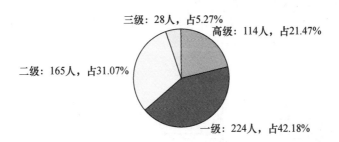

图6-17　中部六省省会城市市区总体体育教师职称结构构成图

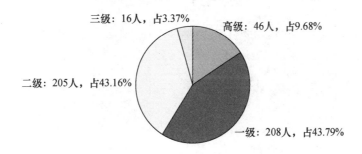

图6-18　中部六省省会城市乡镇总体体育教师职称结构构成图

数据统计结果显示（见图6-19至图6-24），中部六省省会城市之间初中体育教师的职称结构存在很大差距。武汉市市区与乡镇总体水平最高，分别有86.01%和60%的体育教师职称在中高级以上；长沙市市区与乡镇总体水平紧跟在武汉市城乡之后，分别达到了63.64%和75.00%。

武汉市市区和长沙市乡镇的体育教师职称配置水平分别排在其他省会城市市区和乡镇之首,其86.01%和75.00%的配置水平远高于全国初中教师整体职称结构水平(城乡整体和农村中高级教师的比例分别为54.8%和48.9%[①])。太原市、郑州市城乡初中体育教师职称总体水平较低,其市区、乡镇中高级及以上教师比例分别仅为47.50%和30.61%、52.14%和43.70%,均低于全国初中教师职称总体水平。

从市区与乡镇对比分析看,除长沙市城乡外,其余五个省省会城市城乡均存在市区优于乡镇情况,武汉市、太原市区分别高于乡镇26.21个和16.89个百分点,最低的南昌市区高于乡镇5.59个百分点。而长沙市城乡之间则出现"翻转"情况,乡镇却高于市区11.36个百分点。说明我国城乡体育教师职称配置上仍存在明显的城乡差异,市区明显优于市区,但部分地区发展有其特殊情况。

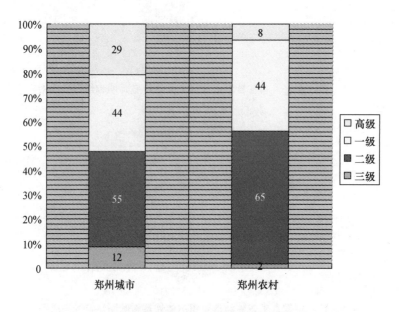

图6-19 郑州市城乡初中体育教师职称结构构成对比图

---

① 《教育部召开发布会介绍我国教师队伍建设进展情况》,http://www.gov.cn/xwfb/2011-09/06/content_ 1941360. htm。

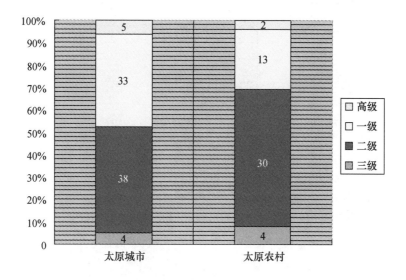

图6-20　太原市城乡初中体育教师职称结构构成对比图

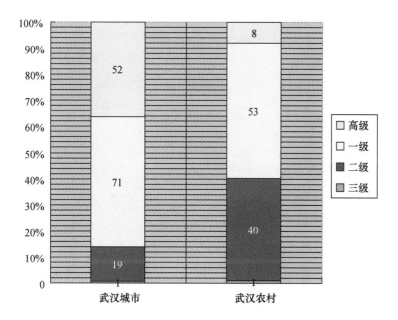

图6-21　武汉市城乡初中体育教师职称结构构成对比图

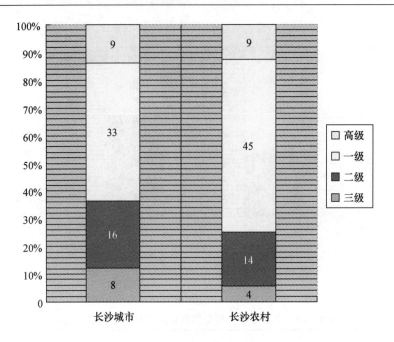

图 6 – 22　长沙市城乡初中体育教师职称结构构成对比图

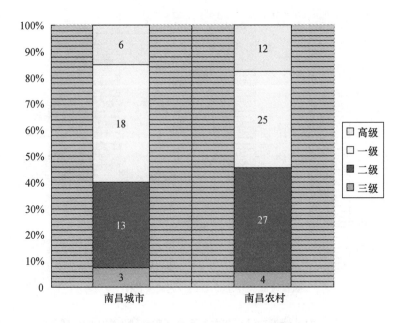

图 6 – 23　南昌市城乡初中体育教师职称结构构成对比图

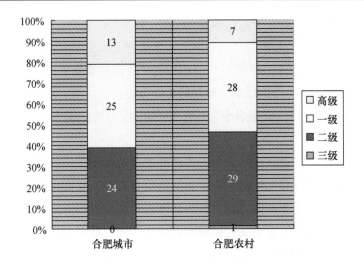

图 6 - 24　合肥市城乡初中体育教师职称结构构成对比图

3. 专业结构情况

本书中，专业结构是指从事初中体育教学的教师是否是体育院校毕业。通过调研，在六省省会城市城乡 229 所学校 1006 名体育教师中仅有 9 所学校的 9 名教师（0.89%）为非体育专业毕业生担任。但进一步的回访也发现，虽然他们不是体育专业院校毕业，但他们也多次参加体育教师的继续教育培训。因此，总体看，中部六省省会城市具有很好的专业结构。

4. 接受培训机会情况

《国家学校体育卫生条件试行基本标准》规定："中小学体育教师必须经过体育专业学习或培训，获得教师资格证书，并且每学年接受继续教育应不少于 48 个学时"。①

教师不断接受培训是确保教师知识更新、紧跟国家教育政策、提高专业教学能力等的重要途径。表 6 - 7 对中部六省省会城市城乡学校的调查显示，体育教师参加校外机构和校内机构组织的培训总体上远低于国家全年 48 个学时的要求。结果表明：市区中，长沙市市区和武汉市市区初中体育教师全学年参加培训的学时在六省省会城市中最高，分别为 13.45 个和 10.95 个学时；乡镇中，南昌市乡镇和太原市乡镇为最高，分别为 10.95 个和 10.65 个学时。另外，郑州、太原和南昌还出现乡镇中学体育

① 《国家学校体育卫生条件试行基本标准》（教体艺〔2008〕8 号）。

教师参加培训的学时高于市区学校的现象。

分析上述情况，出现总体达不到国家要求情况的主要原因可能有三个方面：一是国家规定的培训要求，没有引起各个省市的高度重视；二是国家确立的学时总体太高，可能增加了教师的工作负担；三是国家要求的学时缺乏详尽界定与计算细则，造成各个学校有不同的计算方法，其结果也不同。

5. 体育教师的工资待遇情况

合理的工资待遇是教师工作、生活和发展的基础保障和前提条件，也直接影响着体育教师工作的积极性和队伍稳定程度。往往由于经济、社会发展程度不同，各个地区之间、城乡之间及不同职称职务之间均存在明显差异。但这些差异的大小又直接影响着地区之间、城乡之间体育教师待遇的公平性，进而影响师资队伍的稳定情况。因此，本书把"工资待遇"作为体育教师的"质量指标"。

表6-8调查显示，中部六省省会城市城乡初中体育教师的工资待遇总体在全国同类初中稍偏低，据职友集对全国初中老师32568份样本调查显示，初中教师人均月工资为3681元。[①] 表6-8中六省省会城市市区初中高级教师月工资人均仅为3529元，乡镇初中高级教师人均为3087元，高级以下职称的工资更低。因此，体育教师的工资待遇明显低于全国平均水平。

表6-7 中部六省省会城市调研地区学校体育教师接受培训情况一览表

调查地区		学校数（个）	培训次数（次）	市区、乡镇培训次数合计(次)	平均培训次数（次）	全年培训次数（次）	累积每年接受培训学时（个）
郑州	市区 中原区	8	13	43	1.65	3.30	8.25
	市区 二七区	8	13				
	市区 金水区	10	17				
	乡镇 荥阳市	7	13	39	1.77	3.54	8.85
	乡镇 新密市	8	12				
	乡镇 中牟县	7	14				
太原	市区 小店区	8	12	42	1.90	3.8	9.5
	市区 尖草坪区	10	22				
	市区 万柏林区	4	8				

---

① 《初中教师的工资待遇》，www.jobui.com/salary，2013年9月11日。

续表

调查地区			学校数（个）	培训次数（次）	市区、乡镇培训次数合计(次)	平均培训次数（次）	全年培训次数（次）	累积每年接受培训学时（个）
太原	乡镇	清徐县	5	9	32	2.13	4.26	10.65
		娄烦县	5	16				
		古交市	5	7				
武汉	市区	硚口区	8	30	68	2.19	4.38	10.95
		青山区	15	33				
		洪山区	8	5				
	乡镇	东西湖区	5	7	39	1.44	2.88	7.2
		蔡甸区	16	24				
		新洲区	6	8				
长沙	市区	天心区	6	17	35	2.69	5.38	13.45
		岳麓区	4	10				
		雨花区	3	8				
	乡镇	长沙县	6	6	7	0.54	1.08	2.7
		宁乡县	7	1				
南昌	市区	西湖区	3	6	12	1.71	3.42	8.55
		东湖区	4	6				
		青山湖区	—					
	乡镇	南昌县	8	8	19	2.19	4.38	10.95
		新建县	5	8				
		进贤县	3	3				
合肥	市区	庐阳区	3	6	22	2	4	10
		包河区	5	10				
		瑶海区	3	6				
	乡镇	肥西县	7	5	20	0.83	1.66	4.15
		肥东县	8	8				
		庐江县	9	7				

　　注：①表中数据是体育教师的每学期接受培训次数，全年两个学期按照加倍处理。另据走访调研，通常每次培训时间为2—3个学时，本书采用每次平均2.5个学时计算。②在各个地区或学校有不同的计算继续教育培训学时数，本部分计算的仅是教师参加校外机构和校内机构组织开展的培训活动。

表6-8   中部六省省会城市调研地区学校体育
教师工资待遇情况一览表

单位：元

调查地区			高级	一级	二级	三级
郑州	市区	中原区	3137.5	2750	2337.5	1737.5
		二七区	3087.5	2500	2037.5	1600
		金水区	3460	2690	2777	1980
	乡镇	荥阳市	2414	2029	1800	—
		新密市	2400	2000	1800	1200
		中牟县	2400	2000	1800	—
太原	市区	小店区	—	2367	2000	1700
		尖草坪区	3100	2250	1950	—
		万柏林区	3200	2430	1800	—
	乡镇	清徐县	3000	—	1840	—
		娄烦县	—	2000	1800	—
		古交市	—	2000	1766	—
武汉	市区	硚口区	3700	3180	2667	—
		青山区	4094	3292	2725	—
		洪山区	3600	3033	2300	—
	乡镇	东西湖区	3400	3062	1880	—
		蔡甸区	3900	3243	2863	—
		新洲区	3400	2800	2500	2300
长沙	市区	天心区	4109	3363	2966	—
		岳麓区	3766	3200	3100	—
		雨花区	—	3330	2800	—
	乡镇	长沙县	3050	2500	2300	2000
		宁乡县	3880	3116	3066	3000
南昌	市区	西湖区	3200	2850	2350	—
		东湖区	3350	3025	2350	—
		青山湖区	—	—	—	—
	乡镇	南昌县	3375	2583	2560	2300
		新建县	2500	2200	2000	1800
		进贤县	2500	2200	2000	1800

续表

调查地区			高级	一级	二级	三级
合肥	市区	庐阳区	3900	3450	—	—
		包河区	3700	3300	2500	—
		瑶海区	—	—	—	—
	乡镇	肥西县	3400	3050	2300	—
		肥东县	3600	3200	2800	1900
		庐江县	—	—	—	—
城乡总计平均			3308	2742	2314	1943
市区总计平均			3529	2938	2444	1754
乡镇总计平均			3087	2532	2192	2037

　　从图6-25至图6-28的统计数据对比可以看出，中部六省省会城市城乡初级中学体育教师工资水平存在两大特征：一是存在明显的城乡差异。从四个图的四级职称对比看，同一职称每个省会城市市区明显比同市的乡镇体育教师工资水平高。二是总体看，中部六省省会城市之间存在明显的区域差异。长沙、武汉、合肥三市总体水平要略高于郑州、太原和南昌市。①高级职称。市区最高的是长沙市体育教师，达到了人均月工资3938元，而最低的是太原市，人均仅为3150元，相差近800元；乡镇最高的为武汉市，人均为3567元，最低的为郑州市人均2404元，相差1163元。②一级职称。市区最高的为合肥市，人均达到了3375元，最低的为太原市2349元，相差1000多元；乡镇最高的为合肥市3125元，最低的为太原市，仅为2000元，相差1125元。③二级职称。市区最高的为长沙市，其人均月工资达到2955元，而最低的为太原市，仅为1917元，相差1000多元；乡镇长沙市最高，达到2683元，而郑州市最低为1800元，相差800多元。④三级职称。在调研过程中，由于许多学校没有三级职称教师，因此很多学校没有此职级的工资数据。图6-28是仅有该职称的学校的统计，从此图也可以看出两个明显差别：一是三级职称主要分布在乡镇，而市区该职级教师很少，进一步印证了前面的结论，乡镇体育教师的职称等级总体低于市区。二是存在明显的区域差异，武汉、长沙、南昌、合肥的乡镇三级职称教师的人均月工资均高于郑州、太原市区的体育教师的月工资。

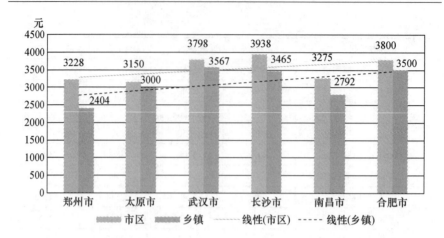

图 6 - 25　中部六省省会城市城乡初级中学高级职称体育教师人均月工资水平对比图

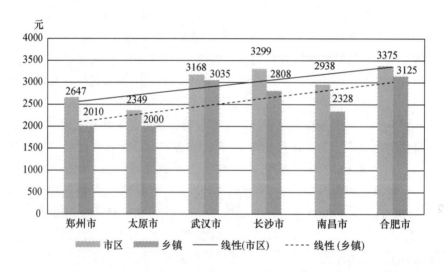

图 6 - 26　中部六省省会城市城乡初级中学一级职称体育教师人均月工资水平对比图

二　中部六省省会城市城乡学校体育人力资源配置公平性现状

根据基尼系数标准，对中部六省省会城市城乡所调研初级中学体育教师配置公平性进行计算分析，表 6 - 9 至表 6 - 11 的计算结果显示，我国中部六省省会城市城乡之间、市区之间和乡镇之间配置公平性基尼系数分别达到 0.09、0.10 和 0.07，达到了最佳公平状态。虽然前面计算的体育教师师生比、体育教师班级比，市区明显都优于乡镇（见表 6 - 3），但这

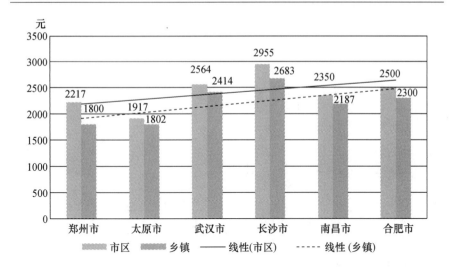

图6－27　中部六省省会城市城乡初级中学二级职称体育教师人均月工资水平对比图

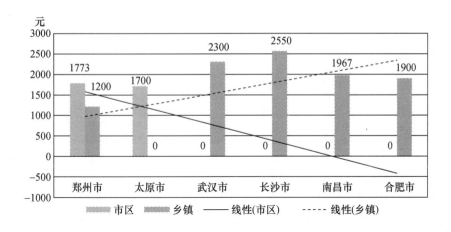

图6－28　中部六省省会城市城乡初级中学三级职称体育教师人均月工资水平对比图

种乡镇之间的差距是相对合理的。表6－12的总泰尔指数、组间泰尔指数
和组内泰尔指数分别为0.0154、0.0037和0.0117，均处于较低水平，而
T组内贡献率和T组间贡献率分别为0.7601和0.2399，说明目前所调研
的六省省会城市城乡学校体育教师配置的公平性差异主要是由不同地区的
差异水平所造成的，城乡二元结构虽存在明显差异，但六省省会城市之间
本身的差异影响却更大。图6－29至图6－31的洛伦兹曲线更直观地表现
了城乡之间、市区之间及乡镇之间初级中学体育教师配置公平性状况。

表6-9 中部六省省会城市城乡初级中学体育教师配置公平性基尼系数（G）计算相关数据与计算过程表

六省省会城市	学生数量（人）	体育教师数量（人）	体育教师师生比	累计学生数（人）	累计体育教师数（人）	学生数/总学生数（X）	体育教师数/总体育教师数（Y）	累计学生数/总学生数	累计体育教师数/总体育教师数（V）	ΣXY	ΣX(1-V)	G
南昌市区	12456	40	311	12456	40	0.0465	0.0398	0.0465	0.0398	0.0019	0.0447	
太原乡镇	14728	49	301	27184	89	0.0550	0.0487	0.1016	0.0885	0.0027	0.0502	
合肥市区	16680	62	269	43864	151	0.0623	0.0616	0.1639	0.1501	0.0038	0.0530	
合肥乡镇	24591	65	378	68455	216	0.0919	0.0646	0.2558	0.2147	0.0059	0.0722	
长沙市区	17078	66	259	85533	282	0.0638	0.0656	0.3196	0.2803	0.0042	0.0459	
南昌乡镇	26953	68	396	112486	350	0.1007	0.0676	0.4203	0.3479	0.0068	0.0657	
长沙乡镇	22940	72	319	135426	422	0.0857	0.0716	0.5060	0.4195	0.0061	0.0498	
太原市区	17182	80	215	152608	502	0.0642	0.0795	0.5703	0.4990	0.0051	0.0322	
武汉乡镇	19550	102	192	172158	604	0.0731	0.1014	0.6433	0.6004	0.0074	0.0292	
郑州乡镇	35005	119	294	207163	723	0.1308	0.1183	0.7741	0.7187	0.0155	0.0368	
郑州市区	38122	140	272	245285	863	0.1425	0.1392	0.9166	0.8579	0.0198	0.0202	
武汉市区	22329	143	156	267614	1006	0.0834	0.1421	1.0000	1.0000	0.0119	0.0000	
										0.09	0.50	0.09

表6-10　中部六省省会城市市区之间初级中学体育教师配置公平性基尼系数（G）计算相关数据与计算过程表

六省省会城市市区	学生数量（人）	体育教师数量（人）	体育教师师生比	累计学生数（人）	累计体育教师数（人）	学生数/总学生数（X）	体育教师数/总体育教师数（Y）	累计学生数/总学生数	累计体育教师/总体育教师数（V）	ΣXY	ΣX(1－V)	G
南昌市区	12456	40	311	12456	40	0.1006	0.0753	0.1006	0.075329567	0.0076	0.0930	
合肥市区	16680	62	269	29136	102	0.1347	0.1168	0.2353	0.1921	0.0157	0.1088	
长沙市区	17078	66	259	46214	168	0.1379	0.1243	0.3732	0.3164	0.0171	0.0943	
太原市区	17182	80	215	63396	248	0.1387	0.1507	0.5119	0.4670	0.0209	0.0739	
郑州市区	38122	140	272	101518	388	0.3078	0.2637	0.8197	0.7307	0.0812	0.0829	
武汉市区	22329	143	156	123847	531	0.1803	0.2693	1.0000	1.0000	0.0486	0.0000	
										0.1911	0.4529	0.10

表6-11 中部六省省会城市乡镇之间初级中学体育教师配置公平性基尼系数（G）计算相关数据与计算过程表

六省省会城市乡镇	学生数量（人）	体育教师数量（人）	体育教师师生比	累计学生数（人）	累计体育教师数（人）	学生数/总学生数（X）	体育教师数/总体育教师数（Y）	累计学生数/总学生数	累计体育教师数/总体育教师数（V）	∑XY	∑X(1−V)	G
太原乡镇	14728	49	301	14728	49	0.1024	0.1032	0.1024	0.1032	0.0106	0.0919	
合肥乡镇	24591	65	378	39319	114	0.1710	0.1368	0.2735	0.2400	0.0234	0.1300	
南昌乡镇	26953	68	396	66272	182	0.1875	0.1432	0.4610	0.3832	0.0268	0.1156	
长沙乡镇	22940	72	319	89212	254	0.1596	0.1516	0.6205	0.5347	0.0242	0.0742	
武汉乡镇	19550	102	192	108762	356	0.1360	0.2147	0.7565	0.7495	0.0292	0.0341	
郑州乡镇	35005	119	294	143767	475	0.2435	0.2505	1.0000	1.0000	0.0610	0.0000	
										0.1752	0.4458	0.07

表6－12　中部六省省会城市城乡初级中学体育教师配置公平性泰尔指数（TI）计算相关数据与计算过程表

六省省会城市	学生数（人）	体育教师数（人）	学生数/六省市调查总学生数 (P_i)	学生数/六省市市区或乡镇学生总数 (P_{ij})	体育教师数/六省市调查总体育教师人数 (Y_i)	体育教师数/六省市市区或乡镇总体育教师人数 (Y_{ij})	总泰尔指数（TI） P_i/Y_i	$\log(P_i/Y_i, 10)$	$P_i \times \log(P_i/Y_i, 10)$	T组内 P_{ij}/Y_{ij}	$\log(P_{ij}/Y_{ij}, 10)$	$P_g \times \log(P_{ij}/Y_{ij}, 10)$	T组间 P_g 和 Y_g	$\log(P_g/Y_g)$
南昌市区	12456	40	0.0465	0.1006	0.0398	0.0753	1.17	0.07	0.0032	1.3351	0.1255	0.0126		
合肥市区	16680	62	0.0623	0.1347	0.0616	0.1168	1.01	0.00	0.0003	1.1535	0.0620	0.0084		
长沙市区	17078	66	0.0638	0.1379	0.0656	0.1243	0.97	-0.01	-0.0008	1.1094	0.0451	0.0062		-0.0571
太原市区	17182	80	0.0642	0.1387	0.0795	0.1507	0.81	-0.09	-0.0060	0.9209	-0.0358	-0.0050	市区 P_g=0.4628 Y_g=0.5278	
郑州市区	38122	140	0.1425	0.3078	0.1392	0.2637	1.02	0.01	0.0014	1.1675	0.0673	0.0207		
武汉市区	22329	143	0.0834	0.1803	0.1421	0.2693	0.59	-0.23	-0.0193	0.6695	-0.1743	-0.0314		
市区合计												0.0115		
太原乡镇	14728	49	0.0550	0.1024	0.0487	0.1032	1.13	0.05	0.0029	0.9931	-0.0030	-0.0003		
合肥乡镇	24591	65	0.0919	0.1710	0.0646	0.1368	1.42	0.15	0.0141	1.2500	0.0969	0.0166		
南昌乡镇	26953	68	0.1007	0.1875	0.0676	0.1432	1.49	0.17	0.0174	1.3096	0.1171	0.0220	乡镇 P_g=0.5372 Y_g=0.4722	0.0561
长沙乡镇	22940	72	0.0857	0.1596	0.0716	0.1516	1.20	0.08	0.0067	1.0527	0.0223	0.0036		
武汉乡镇	19550	102	0.0731	0.1360	0.1014	0.2147	0.72	-0.14	-0.0104	0.6333	-0.1984	-0.0270		
郑州乡镇	35005	119	0.1308	0.2435	0.1183	0.2505	1.11	0.04	0.0057	0.9719	-0.0124	-0.0030		
乡镇合计												0.0117		
									T = 0.0154			T组内 = 0.0117	T组间 = 0.0037	
									组内贡献率 = 0.7601				T组间贡献率 = 0.2399	

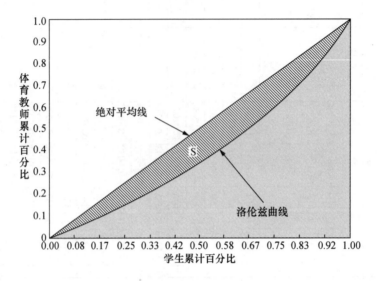

图 6 – 29　中部六省省会城市城乡初级中学体育教师配置洛伦兹曲线图

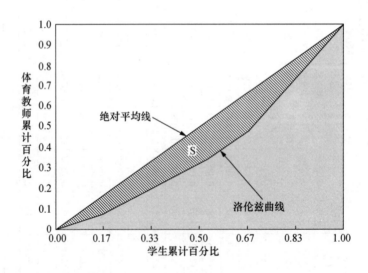

图 6 – 30　中部六省省会城市市区初级中学体育教师配置洛伦兹曲线图

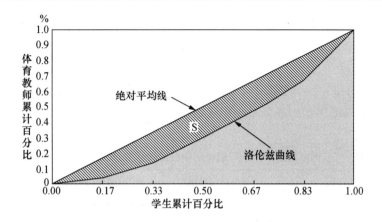

图 6－31　中部六省省会城市乡镇初级中学体育教师配置洛伦兹曲线图

第二节　中部六省省会城市城乡学校体育物力资源配置水平与公平性现状

一　中部六省省会城市城乡学校体育物力资源配置的基本指标描述

根据表 4－27 构建的学校体育资源评估指标体系，学校体育物力资源主要由两大类指标代表：一是体育场地；二是体育设备。"体育场地"主要由"生均室外体育场地面积"、"生均室内体育场地面积"、"生均标准场地面积"和"生均非标准场地面积"四项指标具体反映。"体育设备"主要由"每千人体育设备数量（篮球架、乒乓球台和排球网等）"反映。在分析总体情况时，本书又把"生均室外体育场地面积"、"生均室内场地面积"合在一起计算了"生均体育场地面积"。

国家对中小学室内外体育场地建设面积有明确的规定（见表 6－13），按照表 6－13 国家规定的标准，对中部六省省会城市城乡初级中学生均体育场地面积情况进行了分析。调查结果显示，中部六省省会城市城乡初级中学的学生体育运动场地配置面积远没有达到国家规定的最低标准。

表 6－14 的统计结果显示，中部六省省会城市城乡初级中学的"生均体育场地面积"、"生均室外体育场地面积"和"生均室内体育场地面积"分别为：城乡室内外合计，分别为 4.76 平方米、4.70 平方米和 0.06 平方米；市区分别为 4.56 平方米、4.47 平方米和 0.09 平方米；乡镇分

别为 4.93 平方米、4.90 平方米和 0.03 平方米。总体来看，市区、乡镇均低于国家规定的最低标准。且出现乡镇初级中学生均体育场地总面积高于市区 0.37 平方米，而市区学校生均室内体育场地面积却是乡镇初中的 3 倍。这说明，乡镇学校比市区学校拥有更大的体育运动场地面积，但从室内体育场地面积的多少看，市区学校体育场地在质量上更优于乡镇。

表 6-13　　　国家颁布的关于普通中小学校建设相关标准一览表

标准名称	颁布部门与时间	对体育运动场地建设标准相关规定
《中小学校建筑设计规范》（GBJ 99—86）现调整为《中小学校设计规范》（GB 50099—2011）	原中华人民共和国计划委员会于 1986 年颁布；2012 年中华人民共和国住房和城乡建设部重新修订并调整颁布国家标准	原规定："中小学运动场地应能容纳全校学生同时做课间操之用。小学每学生不宜小于 2.3 平方米，中学每学生不宜小于 3.3 平方米。"现标准大大提高：仅室内体操房就规定生均不少于 3.15 平方米。还包括田径场、篮球场和其他风雨球场。但没有具体计算结果
《城市普通中小学校建设标准》（征求意见稿）	中华人民共和国教育部组织编制，中华人民共和国住房和城乡建设部和中华人民共和国国家发展和改革委员会批准颁布。2002 年第一次颁布，2011 年完成征求意见稿	生均体育场地面积：生均总体育场地面积，24 个班生均 10.41 平方米，30 个班生均 8.77 平方米，36 个班生均 12.70 平方米；生均室外体育场地面积，24 个班级生均 9.38 平方米，30 个班生均 7.90 平方米，36 个班生均 11.86 平方米；生均室内体育场地面积，24 个班级生均 1.08 平方米，30 个班生均 0.87 平方米，36 个班生均 0.83 平方米
《农村普通中小学校建设标准》（建标〔2008〕159 号）	中华人民共和国教育部组织编制，中华人民共和国住房和城乡建设部和中华人民共和国国家发展和改革委员会批准颁布。2006 年第一次颁布试行，2008 年正式颁布	生均体育场地面积：生均总体育场地面积，12 个班生均 9.49 平方米，18 个班生均 10.62 平方米，24 个班生均 8.09 平方米；生均室外体育场地面积，12 个班生均 8.99 平方米，18 个班生均 10.12 平方米，24 个班生均 7.59 平方米；生均室内体育场地面积，12 个班级生均 0.50 平方米，18 个班生均 0.50 平方米，24 个班生均 0.51 平方米

注：表中数据是根据其对应标准计算所得，本部分仅计算了城乡初级中学的数据。

（一）生均总体育场地面积

该指标是生均室外体育场地面积和生均室内体育场地面积的和。从表
6-14的统计数据看，城乡"生均体育场地面积"最高的均是武汉市的市
区和乡镇，分别达到生均8.20平方米和8.53平方米，乡镇还超过了国家
乡镇最低8.09平方米的配置标准。最低的市区为南昌市区学校，生均
1.31平方米，仅为国家规定最低标准的14.94%；乡镇为合肥乡镇，生均
3.64平方米，不及国家规定标准的50%（见图6-32和图6-33）。另外，
除郑州市区初中生均体育场地面积略高于郑州乡镇中学外，其他五个省会
城市均出现了乡镇学校生均体育场地面积高于其所在市的市区学校。

在表6-14中，市区和乡镇学校室外、室内体育场地面积的百分比分
别为98.01%和1.99%、99.48%和0.52%，显示市区学校与乡镇学校一
样，均缺乏室内体育场地。

表6-14　　　　中部六省省会城市调研地区学校室内外体育场
地资源配置情况汇总一览表

调查地区			学生数（人）	市区或乡镇学生数合计（人）	室外体育场地面积及百分比（平方米）	室内体育场地面积及百分比（平方米）	室内外体育场地面积和（平方米）	生均体育场地面积（平方米/人）
郑州	市区	中原区	11083	38122	168254（99.21%）	1340（0.79%）	169594	4.45
		二七区	10784					
		金水区	16255					
	乡镇	荥阳市	12815	35005	151498（99.80%）	300（0.20%）	151798	4.34
		新密市	11190					
		中牟县	11000					
太原	市区	小店区	7013	17182	96170（98.88%）	1090（1.12%）	97260	5.66
		尖草坪区	6179					
		万柏林区	3990					
	乡镇	清徐县	5929	14728	88580（100.00%）	0（0.00%）	88580	6.01
		娄烦县	4600					
		古交市	4199					

续表

调查地区			学生数（人）	市区或乡镇学生数合计(人)	室外体育场地面积及百分比（平方米）	室内体育场地面积及百分比（平方米）	室内外体育场地面积和（平方米）	生均体育场地面积（平方米/人）
武汉	市区	硚口区	5279	22329	182565 (99.71%)	530 (0.29%)	183095	8.20
		青山区	10059					
		洪山区	6991					
	乡镇	东西湖区	3399	19550	166356 (99.71%)	480 (0.29%)	166836	8.53
		蔡甸区	6724					
		新洲区	9427					
长沙	市区	天心区	5180	17078	40260 (97.86%)	880 (2.14%)	41140	2.41
		岳麓区	7884					
		雨花区	4014					
	乡镇	长沙县	9007	22940	109900 (97.95%)	2300 (2.05%)	112200	4.89
		宁乡县	13933					
南昌	市区	西湖区	2510	12456	16280 (100.00%)	0 (0.00%)	16280	1.31
		东湖区	9946					
		青山湖区	—					
	乡镇	南昌县	13564	26953	98379 (99.55%)	441 (0.45%)	98820	3.67
		新建县	11086					
		进贤县	2303					
合肥	市区	庐阳区	4430	16680	49900 (87.09%)	7400 (12.91%)	57300	3.44
		包河区	9300					
		瑶海区	2950					
	乡镇	肥西县	6549	24591	89440 (99.82%)	160 (0.18%)	89600	3.64
		肥东县	7295					
		庐江县	10747					
城乡总计			267614		1257582 (98.83%)	14921 (1.17%)	1272503	4.76 (4.70,0.06)
市区总计			123847		553429 (98.01%)	11240 (1.99%)	564669	4.56 (4.47,0.09)
乡镇总计			143747		704153 (99.48%)	3681 (0.52%)	707834	4.93 (4.90,0.03)

注：表中"生均体育场地面积"列的总计（）中，前面为生均室外面积，后面为生均室内面积。

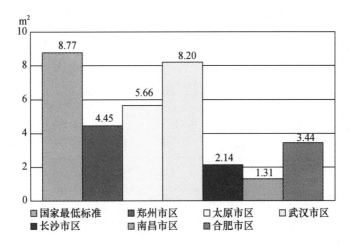

图6-32　中部六省省会城市市区初级中学生均体育场地面积与国家标准对比图

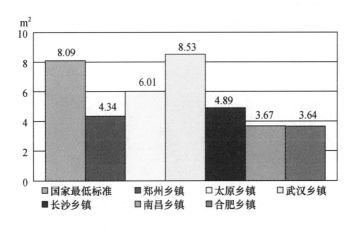

图6-33　中部六省省会城市乡镇初级中学生均体育场地面积与国家标准对比图

（二）生均室外体育场地面积

由表6-13可知，国家规定的市区、乡镇初级中学"生均室外体育
场地面积"分别为7.90平方米和7.59平方米。从六省省会城市市区学校
调查结果看（见表6-15、图6-34和图6-35），仅有武汉市市区初中达
到国家规定的最低标准，其生均室外体育场地面积为8.18平方米，而其
他五省会城市市区均未达到，并有较大的差距，其中南昌、长沙和合肥市
三市区的初中生均室外体育场地面积还达不到国家规定的50%。从乡镇
看，与市区具有相同情况，仅武汉乡镇超过国家规定标准，其他均未达
标，合肥、南昌乡镇学校不及国家标准的一半，但总体情况比市区稍好。

表 6 – 15　中部六省省会城市调研地区学校室外体育场地资源配置一览表

调查地区			学生数（人）	市区或乡镇学生数合计（人）	室外体育场地面积（平方米）	市区或乡镇室外体育场地面积合计（平方米）	生均室外体育场地面积（平方米/人）
郑州	市区	中原区	11083	38122	43889	168254	4.41
		二七区	10784		52529		
		金水区	16255		71836		
	乡镇	荥阳市	12815	35005	44821	151498	4.33
		新密市	11190		54411		
		中牟县	11000		52266		
太原	市区	小店区	7013	17182	36808	96170	5.60
		尖草坪区	6179		34067		
		万柏林区	3990		25295		
	乡镇	清徐县	5929	14728	27532	88580	6.01
		娄烦县	4600		26868		
		古交市	4199		34180		
武汉	市区	硚口区	5279	22329	31263	182565	8.18
		青山区	10059		94587		
		洪山区	6991		56715		
	乡镇	东西湖区	3399	19550	56015	166356	8.51
		蔡甸区	6724		77781		
		新洲区	9427		32560		
长沙	市区	天心区	5180	17078	20300	40260	2.36
		岳麓区	7884		9280		
		雨花区	4014		10680		
	乡镇	长沙县	9007	22940	70760	109900	4.79
		宁乡县	13933		39140		
南昌	市区	西湖区	2510	12456	2980	16280	1.31
		东湖区	9946		13300		
		青山湖区	—		—		
	乡镇	南昌县	13564	26953	49277	98379	3.65
		新建县	11086		37986		
		进贤县	2303		11116		

续表

调查地区		学生数（人）	市区或乡镇学生数合计（人）	室外体育场地面积（平方米）	市区或乡镇室外体育场地面积合计（平方米）	生均室外体育场地面积（平方米/人）
合肥	市区 庐阳区	4430	16680	15150	49900	2.99
	市区 包河区	9300		20650		
	市区 瑶海区	2950		14100		
	乡镇 肥西县	6549	24591	31300	89440	3.64
	乡镇 肥东县	7295		34100		
	乡镇 庐江县	10747		24040		
城乡总计			267614		1257582	4.70
市区总计			123847		553429	4.47
乡镇总计			143747		704153	4.90

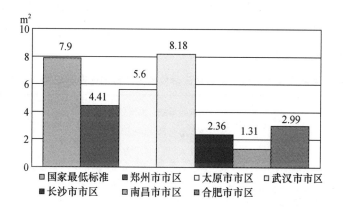

图6-34　中部六省省会城市市区初级中学生均室外体育场地面积与国家标准对比图

（三）生均室内体育场地面积

从表6-16、图6-36和图6-37的统计数据看，室内体育场地建设严重缺乏是我国城市和乡镇学校共同面临的难题。从表6-16调查结果可以看出，在调查的17个城市市区中有4个区的14所学校没有室内体育场馆，17个县或县级市中有9个县（50%以上），即117所乡镇中学中51所学校没有室内体育场馆。

由图6-36和图6-37可以看出，在拥有室内体育场馆的市区和乡镇学校中，其生均室内体育场地面积均远低于国家规定的标准。从市区看，合肥市区初中生均室内体育场地面积远高于其他市区，略高于国家标准

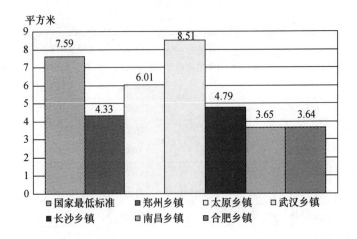

图 6 - 35　中部六省省会城市乡镇初级中学生均室外体育场地面积与国家标准对比图

的一半，而南昌市市区初级中学竟没有室内体育场馆；从乡镇看，长沙乡镇略好，达到生均 0.1 平方米室内体育场地，其他均较低，太原市所调查三个县均没有室内体育设施，郑州、南昌所调查的三个县中分别均有两个县初中没有室内体育设施。

表 6 - 16　中部六省省会城市调研地区学校室内体育场地资源配置一览表

调查地区			学生数（人）	市区或乡镇学生数合计（人）	室内体育场地面积（平方米）	市区或乡镇室内体育场地面积合计（平方米）	生均室内体育场地面积（平方米/人）
郑州	市区	中原区	11083	38122	140	1340	0.04
		二七区	10784		960		
		金水区	16255		240		
	乡镇	荥阳市	12815	35005	300	300	0.01
		新密市	11190		0		
		中牟县	11000		0		
太原	市区	小店区	7013	17182	420	1090	0.06
		尖草坪区	6179		570		
		万柏林区	3990		100		
	乡镇	清徐县	5929	14728	0	0	0.00
		娄烦县	4600		0		
		古交市	4199		0		

续表

调查地区			学生数 （人）	市区或乡镇 学生数合计 （人）	室内体育 场地面积 （平方米）	市区或乡镇室 内体育场地面 积合计 （平方米）	生均室内 体育场地 面积 （平方米/人）
武汉	市区	硚口区	5279	22329	80	530	0.02
		青山区	10059		300		
		洪山区	6991		150		
	乡镇	东西湖区	3399	19550	0	480	0.02
		蔡甸区	6724		140		
		新洲区	9427		340		
长沙	市区	天心区	5180	17078	800	880	0.05
		岳麓区	7884		80		
		雨花区	4014		0		
	乡镇	长沙县	9007	22940	640	2300	0.10
		宁乡县	13933		1660		
南昌	市区	西湖区	2510	12456	0	0	0.00
		东湖区	9946		0		
		青山湖区	—		—		
	乡镇	南昌县	13564	26953	441	441	0.02
		新建县	11086		0		
		进贤县	2303		0		
合肥	市区	庐阳区	4430	16680	150	7400	0.44
		包河区	9300		7250		
		瑶海区	2950		0		
	乡镇	肥西县	6549	24591	100	160	0.01
		肥东县	7295		0		
		庐江县	10747		60		
城乡总计				267614		14921	0.06
市区总计				123847		11240	0.09
乡镇总计				143747		3681	0.03

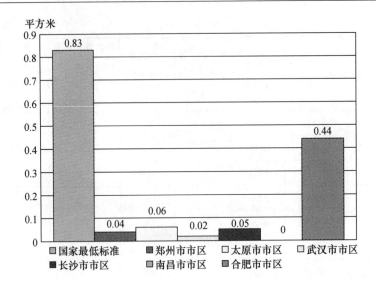

图6-36 中部六省省会城市市区初级中学生均室内体育场地面积与国家标准对比图

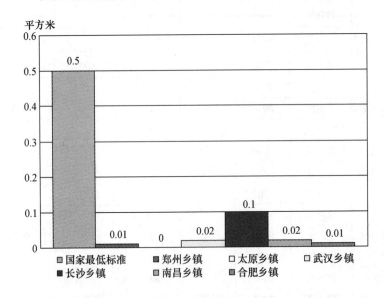

图6-37 中部六省省会城市乡镇初级中学生均室内体育场地面积与国家标准对比图

（四）生均标准和非标准体育场地面积

标准与非标准体育场地是主要反映体育场地的质量的指标，目前国家没有统一的评价标准，我国仅在全国体育场地普查时对全国所有体育场馆的标准场地情况进行了调查，而缺乏对学校部分的单独分析。从表6-17

和表 6-18 的调研结果看，"生均标准体育场地面积"和"生均非标准体
育场地面积"在六省省会城市市区与乡镇之间存在明显差异，表 6-19
和图 6-38 更直观表明，市区学校以标准场地为主，其标准场地总体比例
达到了 75.12%，而乡镇则远低于市区，其标准场地面积仅占总面积
的 25.57%。

　　从图 6-39 至图 6-44 可以看出，六省省会城市中，武汉、长沙市区
学校与乡镇学校标准体育场地的配置比率相对比较接近，其城乡差异较
小；南昌、合肥、郑州则有明显的城乡差异，其市区的标准化体育场地分
别高达 100%、96.68% 和 75.48%，而其对应的乡镇学校标准化场地则仅
为 5.09%、16.96% 和 7.43%，远低于市区标准场地的配置比率。太原则
是六省省会城市中城乡标准化体育场地配置整体较低的城市，其市区与乡
镇分别为 28.53% 和 13.73%。

表 6-17　　　　　中部六省省会城市调研地区学校
标准体育场地资源配置一览表

调查地区			学生数（人）	市区或乡镇学生数合计（人）	标准体育场地面积（平方米）	市区或乡镇标准体育场地面积合计（平方米）	生均标准体育场地面积（平方米/人）
郑州	市区	中原区	11083	38122	33252	128017	3.36
		二七区	10784		36780		
		金水区	16255		57985		
	乡镇	荥阳市	12815	35005	2280	11280	0.32
		新密市	11190		0		
		中牟县	11000		9000		
太原	市区	小店区	7013	17182	11240	27749	1.62
		尖草坪区	6179		5931		
		万柏林区	3990		10578		
	乡镇	清徐县	5929	14728	5000	12160	0.83
		娄烦县	4600		0		
		古交市	4199		7160		
武汉	市区	硚口区	5279	22329	22393	161703	7.24
		青山区	10059		82445		
		洪山区	6991		56865		

续表

调查地区			学生数 （人）	市区或乡镇 学生数合计 （人）	标准体育 场地面积 （平方米）	市区或乡镇 标准体育场地 面积合计 （平方米）	生均标准 体育场地 面积 （平方米/人）
武汉	乡镇	东西湖区	3399	19550	38249	76303	3.90
		蔡甸区	6724		22854		
		新洲区	9427		15200		
长沙	市区	天心区	5180	17078	18500	35050	2.05
		岳麓区	7884		9160		
		雨花区	4014		7390		
	乡镇	长沙县	9007	22940	37400	61000	2.66
		宁乡县	13933		23600		
南昌	市区	西湖区	2510	12456	2980	16280	1.31
		东湖区	9946		13300		
		青山湖区	—		—		
	乡镇	南昌县	13564	26953	5028	5028	0.19
		新建县	11086		0		
		进贤县	2303		0		
合肥	市区	庐阳区	4430	16680	15300	55400	3.22
		包河区	9300		26000		
		瑶海区	2950		14100		
	乡镇	肥西县	6549	24591	11100	15200	0.618
		肥东县	7295		4100		
		庐江县	10747		0		
城乡总计				267614		605170	2.26
市区总计				123847		424199	3.43
乡镇总计				143747		180971	1.26

表6-18　中部六省省会城市调研地区学校非标准体育场地资源配置一览表

调查地区			学生数（人）	市区或乡镇学生数合计（人）	非标准体育场地面积（平方米）	市区或乡镇非标准体育场地面积合计（平方米）	生均非标准体育场地面积（平方米/人）
郑州	市区	中原区	11083	38122	10777	41577	1.09
		二七区	10784		16709		
		金水区	16255		14091		
	乡镇	荥阳市	12815	35005	42841	140518	4.01
		新密市	11190		54411		
		中牟县	11000		43266		
太原	市区	小店区	7013	17182	25988	69511	4.05
		尖草坪区	6179		28706		
		万柏林区	3990		14817		
	乡镇	清徐县	5929	14728	22532	76420	5.19
		娄烦县	4600		26868		
		古交市	4199		27020		
武汉	市区	硚口区	5279	22329	8950	21392	0.96
		青山区	10059		12442		
		洪山区	6991		0		
	乡镇	东西湖区	3399	19550	17766	90533	4.63
		蔡甸区	6724		55067		
		新洲区	9427		17700		
长沙	市区	天心区	5180	17078	2600	6090	0.36
		岳麓区	7884		200		
		雨花区	4014		3290		
	乡镇	长沙县	9007	22940	34000	51200	2.23
		宁乡县	13933		17200		
南昌	市区	西湖区	2510	12456	0	0	0.00
		东湖区	9946		0		
		青山湖区	—		—		
	乡镇	南昌县	13564	26953	44690	93792	3.48
		新建县	11086		37986		
		进贤县	2303		11116		

调查地区			学生数（人）	市区或乡镇学生数合计（人）	非标准体育场地面积（平方米）	市区或乡镇非标准体育场地面积合计（平方米）	生均非标准体育场地面积（平方米/人）
合肥	市区	庐阳区	4430	16680	0	1900	0.11
		包河区	9300		1900		
		瑶海区	2950		0		
	乡镇	肥西县	6549	24591	20300	74400	3.03
		肥东县	7295		30000		
		庐江县	10747		24100		
城乡总计				267614		667333	2.49
市区总计				123847		140470	1.13
乡镇总计				143747		526863	3.67

表6-19　　　中部六省省会城市调研地区学校标准与非标准
体育场地资源配置汇总一览表

调查地区			学生数（人）	市区或乡镇学生数合计（人）	标准体育场地面积及百分比（平方米）	非标准体育场地面积及百分比（平方米）	标准与非标准体育场地面积和（平方米）
郑州	市区	中原区	11083	38122	128017（75.48%）	41577（24.52%）	169594
		二七区	10784				
		金水区	16255				
	乡镇	荥阳市	12815	35005	11280（7.43%）	140518（92.57%）	151798
		新密市	11190				
		中牟县	11000				
太原	市区	小店区	7013	17182	27749（28.53%）	69511（71.47%）	97260
		尖草坪区	6179				
		万柏林区	3990				
	乡镇	清徐县	5929	14728	12160（13.73%）	76420（86.27%）	88580
		娄烦县	4600				
		古交市	4199				

续表

调查地区			学生数（人）	市区或乡镇学生数合计（人）	标准体育场地面积及百分比（平方米）	非标准体育场地面积及百分比（平方米）	标准与非标准体育场地面积和（平方米）
武汉	市区	硚口区	5279	22329	161703（88.32%）	21392（11.68%）	183095
		青山区	10059				
		洪山区	6991				
	乡镇	东西湖区	3399	19550	76303（45.74%）	90533（54.26%）	166836
		蔡甸区	6724				
		新洲区	9427				
长沙	市区	天心区	5180	17078	35050（85.20%）	6090（14.80%）	41140
		岳麓区	7884				
		雨花区	4014				
	乡镇	长沙县	9007	22940	61000（54.37%）	51200（45.63%）	112200
		宁乡县	13933				
南昌	市区	西湖区	2510	12456	16280（100%）	0（0.00%）	16280
		东湖区	9946				
		青山湖区	/				
	乡镇	南昌县	13564	26953	5028（5.09%）	93792（94.91%）	98820
		新建县	11086				
		进贤县	2303				
合肥	市区	庐阳区	4430	16680	55400（96.68%）	1900（3.32%）	57300
		包河区	9300				
		瑶海区	2950				
	乡镇	肥西县	6549	24591	15200（16.96%）	74400（83.04%）	89600
		肥东县	7295				
		庐江县	10747				
城乡总计			267614		605170（47.56%）	667333（52.44%）	1272503
市区总计			123847		424199（75.12%）	140470（24.88%）	564669
乡镇总计			143747		180971（25.57%）	526863（74.43%）	707834

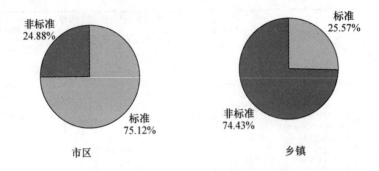

图 6 – 38 中部六省省会城市城乡调研地区学校总体标准与
非标准体育场地面积百分比图

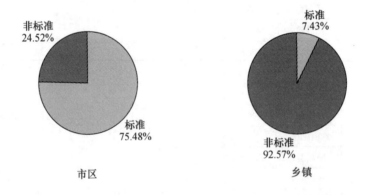

图 6 – 39 郑州市城乡调研学校总体标准与非标准体育场地面积百分比图

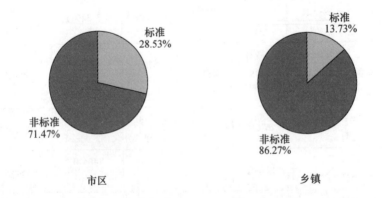

图 6 – 40 太原市城乡调研学校总体标准与非标准体育场地面积百分比图

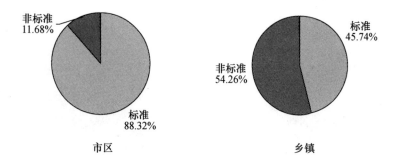

图 6－41　武汉市城乡调研学校总体标准与非标准体育场地面积百分比图

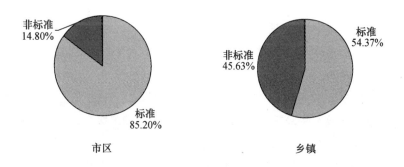

图 6－42　长沙市城乡调研学校总体标准与非标准体育场地面积百分比图

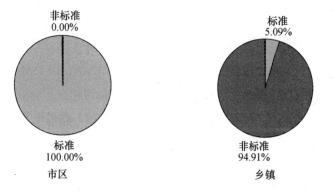

图 6－43　南昌市城乡调研学校总体标准与非标准体育场地面积百分比图

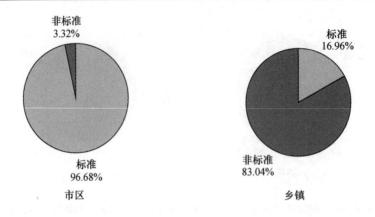

图 6 - 44　合肥市城乡调研学校总体标准与非标准体育场地面积百分比图

（五）"每千人体育设备数量"配置情况

对于中小学体育场地设备的配置国家教育部有明确的标准，在 2002 年教育部印发的《关于〈中学体育器材设施配备目录〉、〈小学体育器材设施配备目录〉的通知》（教体艺〔2002〕11 号）中分别对城乡中小学体育场地器材做了明确规定，并按照城镇、乡村和班级数，对近 150 项体育场地器材从必配类、选配类做了详尽规定。[①] 本书对其中规定最常规、学生乐用的篮球架、乒乓球台、排球网情况进行抽项调研。根据标准，本书计算了这几个体育设备的综合最低配备标准：市区学校为每千人 8.89 个，乡镇学校为每千人 6.67 个。

表 6 - 20 统计结果显示，中部六省省会城市城乡初级中学在体育设备配置上总体处于良好状态，市区"每千人体育设备数量"为 10.89 个，乡镇为 11.40 个，均超过国家规定的最低标准，且乡镇水平高于市区。从各省会城市看，除南昌、合肥市区学校不足每千人 8.89 个外，其他市区及乡镇全部超过国家规定的标准。武汉城乡配备均较好，分别达到每千人 17.11 个和 14.63 个，均超过国家标准一倍，合肥、南昌、太原和郑州的乡镇配置水平高于市区情况。

---

　　① 《河南省教育厅转发教育部关于印发〈中学体育器材设施配备目录〉〈小学体育器材设施配备目录〉和〈九年义务教育阶段学校音乐、美术教学器材配备目录〉的通知》，http：// fxzg. id666. com/mod3/show_ article. asp？ id =740716。

表6-20　中部六省省会城市调研地区学校体育设备资源配置一览表

调查地区			学生数（人）	市区或乡镇学生数合计（人）	体育设备数量（个）	市区或乡镇体育设备数量合计（个）	每千人体育设备数量（个/千人）
郑州	市区	中原区	11083	38122	105	399	10.47
		二七区	10784		128		
		金水区	16255		166		
	乡镇	荥阳市	12815	35005	101	480	13.71
		新密市	11190		208		
		中牟县	11000		171		
太原	市区	小店区	7013	17182	48	163	9.49
		尖草坪区	6179		78		
		万柏林区	3990		37		
	乡镇	清徐县	5929	14728	59	177	12.02
		娄烦县	4600		57		
		古交市	4199		61		
武汉	市区	硚口区	5279	22329	59	382	17.11
		青山区	10059		194		
		洪山区	6991		129		
	乡镇	东西湖区	3399	19550	70	286	14.63
		蔡甸区	6724		131		
		新洲区	9427		85		
长沙	市区	天心区	5180	17078	98	205	12.00
		岳麓区	7884		40		
		雨花区	4014		67		
	乡镇	长沙县	9007	22940	82	181	7.89
		宁乡县	13933		99		
南昌	市区	西湖区	2510	12456	15	67	5.38
		东湖区	9946		52		
		青山湖区	—		—		
	乡镇	南昌县	13564	26953	112	238	8.83
		新建县	11086		88		
		进贤县	2303		38		

调查地区			学生数（人）	市区或乡镇学生数合计（人）	体育设备数量（个）	市区或乡镇体育设备数量合计（个）	每千人体育设备数量（个/千人）
合肥	市区	庐阳区	4430	16680	33	133	7.97
		包河区	9300		83		
		瑶海区	2950		17		
	乡镇	肥西县	6549	24591	100	277	11.26
		肥东县	7295		84		
		庐江县	10747		93		
市区总计				123847		1349	10.89
乡镇总计				143747		1639	11.40

二　中部六省省会城市城乡学校体育物力资源配置公平性现状

根据研究需要与指标自身内涵，本书对城乡学校体育物力资源配置公平性现状调研，主要计算四个具体指标：体育场地总面积、室内体育场地面积、标准体育场地面积、体育设备数量。其中，"体育场地总面积"和"体育设备数量"主要反映学校体育物力资源配置的"量"公平性状况，而"室内体育场地面积"和"标准体育场地面积"主要反映学校体育物力资源配置的"质"公平性状况。

（一）学校体育场地总面积配置公平性状况

表6－21的中部六省省会城市城乡初中体育场地面积的基尼系数计算结果（G＝0.15）表明，其城乡学校之间在体育场地面积配置上具有最佳公平性，图6－45的洛伦兹曲线的阴影面积比例也与该系数一致。

表6－22、表6－23进一步对市区之间、乡镇之间的基尼系数进行计算，其基尼系数分别0.24和0.09，均处于较低值，说明六省市市区之间、乡镇之间学校体育场地总面积配置具有较好的公平性。图6－46和图7－47的相关洛伦兹曲线也进一步支撑这一结果。

表6－24的总泰尔指数、组间泰尔指数和组内泰尔指数均小于0.10，也进一步印证了前面计算的公平性状况。从表6－24可以看出，组内贡献率和组间贡献率分别为0.9910和0.0090，说明目前六省省会城市城乡学校之间存在的差别主要是由地区发展水平不同而造成的，而不是城乡二元结构的结果。

表6-21 中部六省省会城市城乡学校体育场地总面积配置公平性
基尼系数（G）计算相关数据与计算过程表

六省省会城市	总学生数（人）	体育场地面积（平方米）	生均体育场地面积（平方米/人）	累计学生数（人）	累计体育场地面积（平方米）	学生数/总学生数（X）	体育场地面积/总体育场地面积（Y）	累计学生数/总学生数	累计体育场地面积/总体育场地面积（V）	∑XY	∑X(1-V)	G
南昌市区	12456	16280	1.31	12456	16280	0.0465	0.0128	0.0465	0.0128	0.0006	0.0459	
长沙市区	17078	41140	2.41	29534	57420	0.0638	0.0323	0.1104	0.0451	0.0021	0.0609	
合肥市区	16680	57300	3.44	46214	114720	0.0623	0.045	0.1727	0.0902	0.0028	0.0567	
太原乡镇	14728	88580	6.01	60942	203300	0.055	0.0696	0.2277	0.1598	0.0038	0.0462	
合肥乡镇	24591	89600	3.64	85533	292900	0.0919	0.0704	0.3196	0.2302	0.0065	0.0707	
太原市区	17182	97260	5.66	102715	390160	0.0642	0.0764	0.3838	0.3066	0.0049	0.0445	
南昌乡镇	26953	98820	3.67	129668	488980	0.1007	0.0777	0.4845	0.3843	0.0078	0.062	
长沙乡镇	22940	112200	4.89	152608	601180	0.0857	0.0882	0.5703	0.4724	0.0076	0.0452	
郑州乡镇	35005	151798	4.34	187613	752978	0.1308	0.1193	0.7011	0.5917	0.0156	0.0534	
武汉乡镇	19550	166836	8.53	207163	919814	0.0731	0.1311	0.7741	0.7228	0.0096	0.0202	
郑州市区	38122	169594	4.45	245285	1089408	0.1425	0.1333	0.9166	0.8561	0.019	0.0205	
武汉市区	22329	183095	8.20	267614	1272503	0.0834	0.1439	1.0000	1.0000	0.012	0.0000	
										0.09	0.53	0.15

表6-22 中部六省省会城市市区之间学校体育场地总面积配置
公平性基尼系数（G）计算相关数据与计算过程表

六省省会城市市区	总学生数（人）	体育场地面积（平方米）	生均体育场地面积（平方米/人）	累计学生数（人）	累计体育场地面积（平方米）	学生数/总学生数（X）	体育场地面积/总体育场地面积（Y）	累计学生数/总学生数	累计体育场地面积/总体育场地面积（V）	∑XY	∑X(1-V)	G
南昌市区	12456	16280	3.67	12456	16280	0.1006	0.0288	0.1006	0.0288	0.0029	0.0977	
长沙市区	17078	41140	4.89	29534	57420	0.1379	0.0729	0.2385	0.1017	0.01	0.1239	

续表

六省省会城市市区	总学生数（人）	体育场地面积（平方米）	生均体育场地面积（平方米/人）	累计学生数（人）	累计体育场地面积（平方米）	学生数/总学生数（X）	体育场地面积/总体育场地面积（Y）	累计学生数/总学生数	累计体育场地面积/总体育场地面积（V）	∑XY	∑X(1-V)	G
合肥市区	16680	57300	4.34	46214	114720	0.1347	0.1015	0.3732	0.2032	0.0137	0.1073	
太原市区	17182	97260	8.53	63396	211980	0.1387	0.1722	0.5119	0.3754	0.0239	0.0867	
郑州市区	38122	169594	4.45	101518	381574	0.3078	0.3003	0.8197	0.6757	0.0924	0.0998	
武汉市区	22329	183095	8.20	123847	564669	0.1803	0.3243	1.0000	1.0000	0.0585	0.0000	
										0.2	0.52	0.24

表6-23　　中部六省省会城市乡镇之间学校体育场地总面积配置公平性基尼系数（G）计算相关数据与计算过程表

六省省会城市乡镇	总学生数（人）	体育场地面积（平方米）	生均体育场地面积（平方米/人）	累计学生数（人）	累计体育场地面积（平方米）	学生数/总学生数（X）	体育场地面积/总体育场地面积（Y）	累计学生数/总学生数	累计体育场地面积/总体育场地面积（V）	∑XY	∑X(1-V)	G
太原乡镇	14728	88580	1.31	14728	88580	0.1024	0.1251	0.1024	0.1251	0.0128	0.0896	
合肥乡镇	24591	89600	2.41	39319	178180	0.171	0.1266	0.2735	0.2517	0.0217	0.128	
南昌乡镇	26953	98820	3.44	66272	277000	0.1875	0.1396	0.461	0.3913	0.0262	0.1141	
长沙乡镇	22940	112200	6.01	89212	389200	0.1596	0.1585	0.6205	0.5498	0.0253	0.0718	
郑州乡镇	35005	151798	3.64	124217	540998	0.2435	0.2145	0.864	0.7643	0.0522	0.0574	
武汉乡镇	19550	166836	5.66	143767	707834	0.136	0.2357	1.0000	1.0000	0.0321	0.0000	
										0.17	0.46	0.09

表6-24　中部六省省会城市城乡学校体育场地总面积配置公平性泰尔指数（TI）计算相关数据与计算过程表

六省省会城市		总学生数（人）	体育场地面积（平方米）	学生数/六省市调查学生总数（P_i）	学生数/六省市区或乡镇学生总数（P_{ij}）	体育场地面积/六省市调查总体育场地面积（Y_i）	体育场地面积/六省市区或乡镇总体育场地面积（Y_{ij}）	总泰尔指数（TI）				T组内			T组间	
								P_i/Y_i	$\log(P_i/Y_i,10)$	$P_i\times\log(P_i/Y_i,10)$	TI	P_{ij}/Y_{ij}	$\log(P_{ij}/Y_{ij},10)$	$P_g\times\log(P_{ij}/Y_{ij},10)$	P_g 和 Y_g	$\log(P_g/Y_g)$
市区	南昌市区	12456	16280	0.0465	0.1006	0.0128	0.0288	3.64	0.56	0.0261		3.4885	0.5426	0.0546		
	长沙市区	17078	41140	0.0638	0.1379	0.0323	0.0729	1.97	0.30	0.0188		1.8927	0.2771	0.0382		
	合肥市区	16680	57300	0.0623	0.1347	0.0450	0.1015	1.38	0.14	0.0088		1.3272	0.1229	0.0166	市区 $P_g=0.4628$ $Y_g=0.4437$	-0.0151
	太原市区	17182	97260	0.0642	0.1387	0.0764	0.1722	0.84	-0.08	-0.0049		0.8055	-0.0940	-0.0130		
	郑州市区	38122	169594	0.1425	0.3078	0.1333	0.3003	1.07	0.03	0.0041		1.0249	0.0107	0.0033		
	武汉市区	22329	183095	0.0834	0.1803	0.1439	0.3243	0.58	-0.24	-0.0197		0.5560	-0.2549	-0.0460		
													市区合计：0.0536			
乡镇	太原乡镇	14728	88580	0.0550	0.1024	0.0696	0.1251	0.79	-0.10	-0.0056		0.8186	-0.0869	-0.0089		
	合肥乡镇	24591	89600	0.0919	0.1710	0.0704	0.1266	1.31	0.12	0.0106		1.3513	0.1307	0.0224	乡镇 $P_g=0.5372$ $Y_g=0.5563$	0.0182
	南昌乡镇	26953	98820	0.1007	0.1875	0.0777	0.1396	1.30	0.11	0.0114		1.3429	0.1280	0.0240		
	长沙乡镇	22940	112200	0.0857	0.1596	0.0882	0.1585	0.97	-0.01	-0.0011		1.0066	0.0029	0.0005		
	郑州乡镇	35005	151798	0.1308	0.2435	0.1193	0.2145	1.10	0.04	0.0052		1.1354	0.0551	0.0134		
	武汉乡镇	19550	160836	0.0731	0.1360	0.1311	0.2357	0.56	-0.25	-0.0186		0.5769	-0.2389	-0.0325		
											T=0.0353		乡镇合计：0.0189			
													T组内=0.0350		T组间=0.0003	
													T组内贡献率=0.9910		T组间贡献率=0.0090	

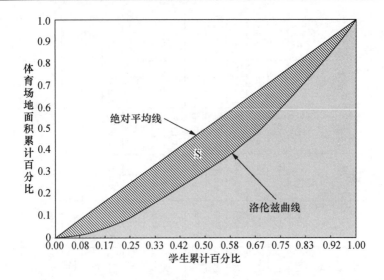

图 6 –45 中部六省省会城市城乡学校体育场地总面积配置洛伦兹曲线图

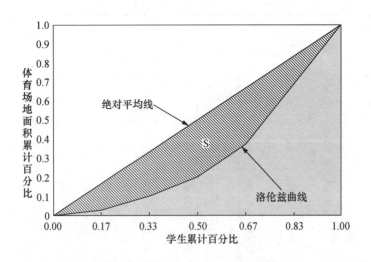

图 6 –46 中部六省省会城市市区学校体育场地总面积配置洛伦兹曲线图

（二）学校室内体育场地面积配置公平性状况

从表 6 – 25 至表 6 – 28 的统计计算结果和图 6 – 48 至图 6 – 50 的阴影面积比例可以看出，目前，中部六省省会城市城乡初中室内体育场地面积在城乡之间、市区之间及乡镇之间的基尼系数分别达到了 0.66、0.58 和 0.59，超过或接近 0.6 的高度不公平危险状态。表 6 – 28 的总泰尔指数也

表6－25　中部六省省会城市城乡学校室内体育场地面积配置公平性基尼系数（G）计算相关数据与计算过程表

六省省会城市	总学生数（人）	室内体育场地面积（平方米）	生均室内体育场地面积（平方米/人）	累计学生数（人）	累计室内体育场地面积（平方米）	学生数/总学生数（X）	室内体育场地面积/总室内体育场地面积（Y）	累计学生数/总学生数	累计室内体育场地面积/总室内体育场地面积（V）	∑XY	∑X(1－V)	G
南昌市区	12456	0	0.00	12456	0	0.0465	0.0000	0.0465	0.0000	0.0000	0.0465	
太原乡镇	14728	0	0.00	27184	0	0.0550	0.0000	0.1016	0.0000	0.0000	0.0550	
合肥乡镇	24591	160	0.01	51775	160	0.0919	0.0107	0.1935	0.0107	0.0010	0.0909	
郑州乡镇	35005	300	0.01	86780	460	0.1308	0.0201	0.3243	0.0308	0.0026	0.1268	
南昌乡镇	26953	441	0.02	113733	901	0.1007	0.0296	0.4250	0.0604	0.0030	0.0946	
武汉乡镇	19550	480	0.02	133283	1381	0.0731	0.0322	0.4980	0.0926	0.0024	0.0663	
武汉市区	22329	530	0.02	155612	1911	0.0834	0.0355	0.5815	0.1281	0.0030	0.0728	
长沙市区	17078	880	0.05	172690	2791	0.0638	0.0590	0.6453	0.1871	0.0038	0.0519	
太原市区	17182	1090	0.06	189872	3881	0.0642	0.0731	0.7095	0.2601	0.0047	0.0475	
郑州市区	38122	1340	0.04	227994	5221	0.1425	0.0898	0.8520	0.3499	0.0128	0.0926	
长沙乡镇	22940	2300	0.10	250934	7521	0.0857	0.1541	0.9377	0.5041	0.0132	0.0425	
合肥市区	16680	7400	0.44	267614	14921	0.0623	0.4959	1.0000	1.0000	0.0309	0.0000	
										0.08	0.79	0.66

表6-26 中部六省省会城市市区之间学校室内体育场地面积配置公平性基尼系数 (G) 计算相关数据与计算过程表

六省省会城市市区	总学生数(人)	室内体育场地面积(平方米)	生均室内体育场地面积(平方米/人)	累计学生数(人)	累计室内体育场地面积(平方米)	学生数/总学生数(X)	室内体育场地面积/总室内体育场地面积(Y)	累计学生数/总学生数	累计室内体育场地面积/总室内体育场地面积(V)	∑XY	∑X(1-V)	G
南昌市区	12456	0	0.02	12456	0	0.1006	0.0000	0.1006	0.0000	0.0000	0.1006	
武汉市区	22329	530	0.05	34785	530	0.1803	0.0472	0.2809	0.0472	0.0085	0.1718	
长沙市区	17078	880	0.06	51863	1410	0.1379	0.0783	0.4188	0.1254	0.0108	0.1206	
太原市区	17182	1090	0.04	69045	2500	0.1387	0.0970	0.5575	0.2224	0.0135	0.1079	
郑州市区	38122	1340	0.10	107167	3840	0.3078	0.1192	0.8653	0.3416	0.0367	0.2027	
合肥市区	16680	7400	0.44	123847	11240	0.1347	0.6584	1.0000	1.0000	0.0887	0.0000	
										0.16	0.71	0.58

表6－27　中部六省省会城市乡镇之间学校室内体育场地面积配置公平性基尼系数（G）计算相关数据与计算过程表

六省省会城市乡镇	总学生数（人）	室内体育场地面积（平方米）	生均室内体育场地面积（平方米/人）	累计学生数（人）	累计室内体育场地面积（平方米）	学生数/总学生数（X）	室内体育场地面积/总室内体育场地面积（Y）	累计学生数/总学生数	累计室内体育场地面积/总室内体育场地面积（V）	$\sum XY$	$\sum X(1-V)$	G
太原乡镇	14728	0	0.00	14728	0	0.1024	0.0000	0.1024	0.0000	0.0000	0.1024	
合肥乡镇	24591	160	0.00	39319	160	0.1710	0.0435	0.2735	0.0435	0.0074	0.1636	
郑州乡镇	35005	300	0.01	74324	460	0.2435	0.0815	0.5170	0.1250	0.0198	0.2131	
南昌乡镇	26953	441	0.01	101277	901	0.1875	0.1198	0.7045	0.2448	0.0225	0.1416	
武汉乡镇	19550	480	0.02	120827	1381	0.1360	0.1304	0.8404	0.3752	0.0177	0.0850	
长沙乡镇	22940	2300	0.02	143767	3681	0.1596	0.6248	1.0000	1.0000	0.0997	0.0000	
										0.17	0.71	0.59

表6-28　中部六省省会城市城乡学校室内体育场地面积配置公平性泰尔指数（TI）计算相关数据与计算过程表

六省省会城市	总学生数（人）	室内体育场地地面积（平方米）	学生数/六省市调查学生总数（P_i）	学生数/六省市区或乡镇学生总数（P_{ij}）	室内体育场地面积/六省市调查室内体育场地面积（Y_i）	室内体育场地面积/六省市区或乡镇室内体育场地面积（Y_{ij}）	总泰尔指数（TI）			$T_{组内}$			$T_{组间}$	
							P_i/Y_i	$\log(P_i/Y_i,10)$	$P_i\times\log(P_i/Y_i,10)$	P_{ij}/Y_{ij}	$\log(P_{ij}/Y_{ij},10)$	$P_{ij}\times\log(P_{ij}/Y_{ij},10)$	P_g 和 Y_g	$\log(P_g/Y_g)$
市区 南昌市区	12456	0	0.0465	0.1006	0.0000	0.0000	0.00	0.00	0.0000	0.0000	0.0000	0.0000		
武汉市区	22329	530	0.0834	0.1803	0.0355	0.0472	2.35	0.37	0.0309	3.8236	0.5825	0.1050		
长沙市区	17078	880	0.0638	0.1379	0.0590	0.0783	1.08	0.03	0.0022	1.7613	0.2458	0.0339	市区 $P_g=0.4628$ $Y_g=0.7533$	−0.2116
太原市区	17182	1090	0.0642	0.1387	0.0731	0.0970	0.88	−0.06	−0.0036	1.4306	0.1555	0.0216		
郑州市区	38122	1340	0.1425	0.3078	0.0898	0.1192	1.59	0.20	0.0285	2.5820	0.4120	0.1268		
合肥市区	16680	7400	0.0623	0.1347	0.4959	0.6584	0.13	−0.90	−0.0561	0.2046	−0.6892	−0.0928		
										市区合计：0.1945				
乡镇 太原乡镇	14728	0	0.0550	0.1024	0.0000	0.0000	0.00	0.00	0.0000	0.0000	0.0000	0.0000		
合肥乡镇	24591	160	0.0919	0.1710	0.0107	0.0435	8.57	0.93	0.0857	3.9352	0.5950	0.1018		
郑州乡镇	35005	300	0.1308	0.2435	0.0201	0.0815	6.51	0.81	0.1064	2.9876	0.4753	0.1157	乡镇 $P_g=0.5372$ $Y_g=0.2467$	0.3380
南昌乡镇	26953	441	0.1007	0.1875	0.0296	0.1198	3.41	0.53	0.0536	1.5649	0.1945	0.0365		
武汉乡镇	19550	480	0.0731	0.1360	0.0322	0.1304	2.27	0.36	0.0260	1.0428	0.0182	0.0025		
长沙乡镇	22940	2300	0.0857	0.1596	0.1541	0.6248	0.56	−0.25	−0.0218	0.2554	−0.5928	−0.0946		
										乡镇合计：0.1618				
									T=0.2518			$T_{组内}=0.1769$		$T_{组间}=0.0749$
										$T_{组内贡献率}=0.7026$				$T_{组间贡献率}=0.2974$

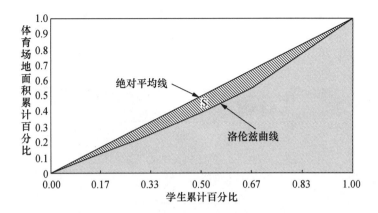

图 6 - 47　中部六省省会城市乡镇学校体育场地总面积配置洛伦兹曲线图

达到了 0.2518 的较高值，并且组内贡献率和组间贡献率分别达到 0.7026
和 0.2974，说明造成城乡之间、市区之间和乡镇之间高度不公平的因素
既有区域发展水平差异，也有城乡二元结构的差异，但区域差异是主要
原因。

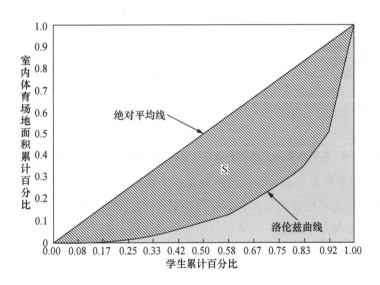

图 6 - 48　中部六省省会城市城乡学校室内体育场地总面积配置洛伦兹曲线图

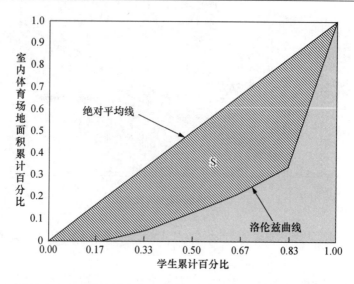

图 6-49　中部六省省会城市市区学校室内体育场地面积配置洛伦兹曲线图

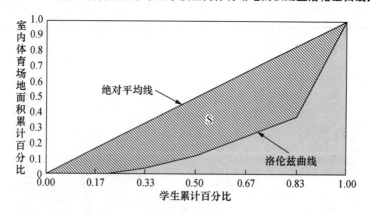

图 6-50　中部六省省会城市乡镇学校室内体育场地面积配置洛伦兹曲线图

（三）学校标准体育场地面积配置公平性状况

标准体育场地面积的多少主要反映城乡学生占有体育场地的质量，标准体育场地越多，其享有的体育物力资源越优质。表 6-29 计算的六省省会城市城乡学校标准体育场地面积的基尼系数达到 0.45，已经超过 0.40 的公平性警戒状态，说明中部六省省会城市城乡之间存在明显的城乡差别。表 6-30 和表 6-31 对六省省会城市市区之间、乡镇之间的配置公平性进一步计算结果表明，市区之间基尼系数为 0.29，其公平性处于最佳状态，而乡镇之间基尼系数则高达 0.53，已远超过 0.40 的警戒状态，说明中部六省省会城市不但城乡之间配置缺乏公平，乡镇之间也存在明显不公。

表6-29　中部六省省会城市城乡学校标准体育场地面积配置公平性基尼系数（G）计算相关数据与计算过程表

六省省会城市	总学生数（人）	标准体育场地面积（平方米）	生均标准体育场地面积（平方米/人）	累计学生数（人）	累计标准体育场地面积（平方米）	学生数/总学生数（X）	标准体育场地面积/总标准体育场地面积（Y）	累计学生数/总学生数	累计标准体育场地面积/总标准体育场地面积（V）	∑XY	∑X(1-V)	G
南昌乡镇	26953	5028	0.19	26953	5028	0.1007	0.0083	0.1007	0.0083	0.0008	0.0999	
郑州乡镇	35005	11280	0.32	61958	16308	0.1308	0.0186	0.2315	0.0269	0.0024	0.1273	
太原乡镇	14728	12160	0.83	76686	28468	0.0550	0.0201	0.2866	0.0470	0.0011	0.0524	
合肥乡镇	24591	15200	0.62	101277	43668	0.0919	0.0251	0.3784	0.0722	0.0023	0.0853	
南昌市区	12456	16280	1.31	113733	59948	0.0465	0.0269	0.4250	0.0991	0.0013	0.0419	
太原市区	17182	27749	1.62	130915	87697	0.0642	0.0459	0.4892	0.1449	0.0029	0.0549	
长沙市区	17078	35050	2.05	147993	122747	0.0638	0.0579	0.5530	0.2028	0.0037	0.0509	
合肥市区	16680	55400	3.32	164673	178147	0.0623	0.0915	0.6153	0.2944	0.0057	0.0440	
长沙乡镇	22940	61000	2.66	187613	239147	0.0857	0.1008	0.7011	0.3952	0.0086	0.0518	
武汉乡镇	19550	76303	3.90	207163	315450	0.0731	0.1261	0.7741	0.5213	0.0092	0.0350	
郑州市区	38122	128017	3.36	245285	443467	0.1425	0.2115	0.9166	0.7328	0.0301	0.0381	
武汉市区	22329	161708	7.24	267614	605175	0.0834	0.2672	1.0000	1.0000	0.0223	0.0000	
										0.09	0.68	0.45

表6-30　中部六省省会城市市区之间学校标准体育场地面积配置公平性基尼系数（G）计算相关数据与计算过程表

六省省会城市市区	总学生数（人）	标准体育场地面积（平方米）	生均标准体育场地面积（平方米/人）	累计学生数（人）	累计标准体育场地面积（平方米）	学生数/总学生数（X）	标准体育场地面积/总标准体育场地面积（Y）	累计学生数/总学生数	累计标准体育场地面积/总标准体育场地面积（V）	$\sum$ XY	$\sum$ X(1−V)	G
南昌市区	12456	16280	2.05	12456	16280	0.1006	0.0384	0.1006	0.0384	0.0039	0.0967	
太原市区	17182	27749	3.32	29638	44029	0.1387	0.0654	0.2393	0.1038	0.0091	0.1243	
长沙市区	17078	35050	2.66	46716	79079	0.1379	0.0826	0.3772	0.1864	0.0114	0.1122	
合肥市区	16680	55400	3.90	63396	134479	0.1347	0.1306	0.5119	0.3170	0.0176	0.0920	
郑州市区	38122	128017	3.36	101518	262496	0.3078	0.3018	0.8197	0.6188	0.0929	0.1173	
武汉市区	22329	161708	7.24	123847	424204	0.1803	0.3812	1.0000	1.0000	0.0687	0.0000	
										0.20	0.54	0.29

表 6 - 31　中部六省省会城市乡镇之间学校标准体育场面积配置公平性基尼系数（G）计算相关数据与计算过程表

六省省会城市乡镇	总学生数（人）	标准体育场地面积（平方米）	生均标准体育场地面积（平方米/人）	累计学生数（人）	累计标准体育场地面积（平方米）	学生数/总学生数（X）	标准体育场地面积/总标准体育场地面积（Y）	累计学生数/总学生数	累计标准体育场地面积/总标准体育场地面积（V）	$\sum XY$	$\sum X(1-V)$	G
南昌乡镇	26953	5028	0.19	26953	5028	0.1875	0.0278	0.1875	0.0278	0.0052	0.1823	
郑州乡镇	35005	11280	0.32	61958	16308	0.2435	0.0623	0.4310	0.0901	0.0152	0.2215	
太原乡镇	14728	12160	0.83	76686	28468	0.1024	0.0672	0.5334	0.1573	0.0069	0.0863	
合肥乡镇	24591	15200	0.62	101277	43668	0.1710	0.0840	0.7045	0.2413	0.0144	0.1298	
长沙乡镇	22940	61000	1.31	124217	104668	0.1596	0.3371	0.8640	0.5784	0.0538	0.0673	
武汉乡镇	19550	76303	1.62	143767	180971	0.1360	0.4216	1.0000	1.0000	0.0573	0.0000	
										0.15	0.69	0.53

表6-32　中部六省省会城市城乡学校标准体育场地面积配置公平性泰尔指数（TI）计算相关数据与计算过程表

六省省会城市	总学生数（人）	标准体育场地面积（平方米）	学生数/六省市调查学生总数（P_i）	学生数/六省市区或乡镇学生总数（P_{ij}）	标准体育场地面积/六省市区或乡镇总标准面积（Y_i）	标准体育场地面积/六省市区或乡镇总标准面积（Y_{ij}）	总泰尔指数（TI） P_i/Y_i	$\log(P_i/Y_i, 10)$	$P_i \times \log(P_i/Y_i, 10)$	T组内 P_{ij}/Y_{ij}	$\log(P_{ij}/Y_{ij}, 10)$	$P_{ij} \times \log(P_{ij}/Y_{ij}, 10)$	T组间 P_g 和 Y_g	$\log(P_g/Y_g)$
南昌市区	12456	16280	0.0465	0.1006	0.0269	0.0384	1.73	0.24	0.0111	2.6207	0.4184	0.0421		
太原市区	17182	27749	0.0642	0.1387	0.0459	0.0654	1.40	0.15	0.0094	2.1209	0.3265	0.0453		
长沙市区	17078	35050	0.0638	0.1379	0.0579	0.0826	1.10	0.04	0.0027	1.6689	0.2224	0.0307	市区 P_g=0.4628 Y_g=0.2990	−0.1803
合肥市区	16680	55400	0.0623	0.1347	0.0915	0.1306	0.68	−0.17	−0.0104	1.0313	0.0134	0.0018		
郑州市区	38122	128017	0.1425	0.3078	0.2115	0.3018	0.67	−0.17	−0.0245	1.0200	0.0086	0.0026		
武汉市区	22329	161708	0.0834	0.1803	0.2672	0.3812	0.31	−0.51	−0.0422	0.4730	−0.3252	−0.0586		
											市区合计:	0.0639		
南昌乡镇	26953	5028	0.1007	0.1875	0.0083	0.0278	12.12	1.08	0.1091	6.7478	0.8292	0.1554		
郑州乡镇	35005	11280	0.1308	0.2435	0.0186	0.0623	7.02	0.85	0.1107	3.9063	0.5918	0.1441		
太原乡镇	14728	12160	0.0550	0.1024	0.0201	0.0672	2.74	0.44	0.0241	1.5246	0.1832	0.0188	乡镇 P_g=0.5372 Y_g=0.7010	0.2544
合肥乡镇	24591	15200	0.0919	0.1710	0.0251	0.0840	3.66	0.56	0.0518	2.0365	0.3089	0.0528		
长沙乡镇	22940	61000	0.0857	0.1596	0.1008	0.3371	0.85	−0.07	−0.0060	0.4734	−0.3248	−0.0518		
武汉乡镇	19550	76303	0.0731	0.1360	0.1261	0.4216	0.58	−0.24	−0.0173	0.3225	−0.4914	−0.0668		
											乡镇合计:	0.2525		
									T=0.2184		T组内=0.1652		T组间=0.0532	
									T组内贡献率=0.7563		T组内贡献率=0.2525		T组间贡献率=0.2437	

表6-32的总泰尔指数、组内贡献率和组间贡献率分别为0.2184、0.7563
和0.2437，说明城乡之间存在明显不公，这种配置不公平主要由两个原
因造成：一是城乡二元结构；二是区域发展水平差异。其中，区域差异在
某种程度上为主要原因。图6-51至图6-53洛伦兹曲线中阴影部分的面
积大小直观反映了上述计算结果，进一步支撑上述结论。

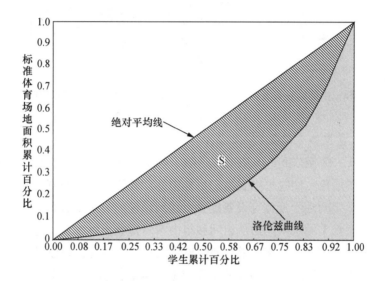

图6-51　中部六省省会城市城乡学校标准体育场地总面积配置洛伦兹曲线图

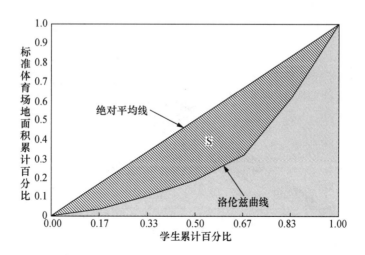

图6-52　中部六省省会城市市区学校标准体育场地面积配置洛伦兹曲线图

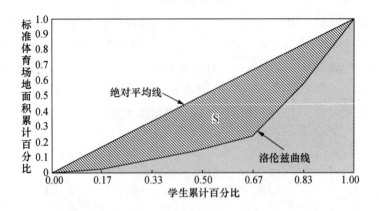

图 6 – 53　中部六省省会城市乡镇学校标准体育场地面积配置洛伦兹曲线图

（四）学校体育设备数量配置公平性状况

从表 6 – 33 至表 6 – 36 的基尼系数、泰尔指数、贡献率及图 6 – 54 至图 6 – 56 的洛伦兹曲线可以看出，目前中部六省省会城市城乡之间、市区之间、乡镇之间在学校体育设备配置上达到最佳的公平性状态，其基尼系数均未超过 0.1 的水平。而从组间和组内泰尔指数贡献率看，组内贡献率高达 0.9929，近乎 100%，说明即使城乡之间学校体育设备数量配置有差异，也主要是由区域差异造成的，而与是不是城乡学校没有关系。

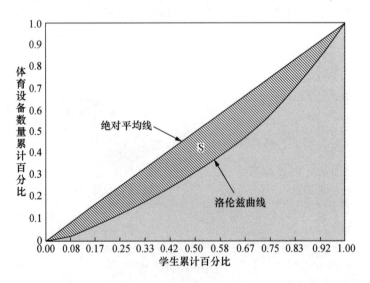

图 6 – 54　中部六省省会城市城乡学校体育设备数量配置洛伦兹曲线图

表6-33　中部六省省会城市城乡学校体育设备数量配置公平性基尼系数（G）计算相关数据与计算过程表

六省省会城市	总学生数（人）	体育设备数量（个）	千人体育设备数量（个/千人）	累计学生数（人）	累计体育设备数（个）	学生数/总学生数（X）	体育设备数/总设备数（Y）	累计学生数/总学生数	累计体育设备数/总设备数（V）	∑XY	∑X(1-V)	G
南昌市区	12456	67	5.38	12456	67	0.0465	0.0224	0.0465	0.0224	0.0010	0.0455	
合肥市区	16680	133	7.97	29136	200	0.0623	0.0445	0.1089	0.0669	0.0028	0.0582	
太原市区	17182	163	9.49	46318	363	0.0642	0.0546	0.1731	0.1215	0.0035	0.0564	
太原乡镇	14728	177	12.02	61046	540	0.0550	0.0592	0.2281	0.1807	0.0033	0.0451	
长沙乡镇	22940	181	7.89	83986	721	0.0857	0.0606	0.3138	0.2413	0.0052	0.0650	
长沙市区	17078	205	12.00	101064	926	0.0638	0.0686	0.3776	0.3099	0.0044	0.0440	
南昌乡镇	26953	238	8.83	128017	1164	0.1007	0.0797	0.4784	0.3896	0.0080	0.0615	
合肥乡镇	24591	277	11.26	152608	1441	0.0919	0.0927	0.5703	0.4823	0.0085	0.0476	
武汉乡镇	19550	286	14.63	172158	1727	0.0731	0.0957	0.6433	0.5780	0.0070	0.0308	
武汉市区	22329	382	17.11	194487	2109	0.0834	0.1278	0.7267	0.7058	0.0107	0.0245	
郑州市区	38122	399	10.47	232609	2508	0.1425	0.1335	0.8692	0.8394	0.0190	0.0229	
郑州乡镇	35005	480	13.71	267614	2988	0.1308	0.1606	1.0000	1.0000	0.0210	0.0000	
										0.09	0.50	0.10

表 6 - 34　中部六省省会城市市区之间学校体育设备数量配置公平性基尼系数 (G) 计算相关数据与计算过程表

六省省会城市市区	总学生数 (人)	体育设备数量 (个)	千人体育设备数量 (个/千人)	累计学生数 (人)	累计体育设备数 (个)	学生数/总学生数 (X)	体育设备数/总设备数 (Y)	累计学生数/总学生数	累计体育设备数/总设备数 (V)	$\sum$ XY	$\sum$ X(1−V)	G
南昌市区	12456	67	5.38	12456	67	0.1006	0.0497	0.1006	0.0497	0.0050	0.0956	
合肥市区	16680	133	7.97	29136	200	0.1347	0.0986	0.2353	0.1483	0.0133	0.1147	
太原市区	17182	163	9.49	46318	363	0.1387	0.1208	0.3740	0.2691	0.0168	0.1014	
长沙市区	17078	205	12.00	63396	568	0.1379	0.1520	0.5119	0.4211	0.0210	0.0798	
武汉市区	22329	382	17.11	85725	950	0.1803	0.2832	0.6922	0.7042	0.0511	0.0533	
郑州市区	38122	399	10.47	123847	1349	0.3078	0.2958	1.0000	1.0000	0.0910	0.0000	
										0.20	0.44	0.09

表6-35　中部六省省会城市乡镇之间学校体育设备数量配置公平性基尼系数（G）计算相关数据与计算过程表

六省省会城市乡镇	总学生数（人）	体育设备数量（个）	千人体育设备数量（个/千人）	累计学生数（人）	累计体育设备数（个）	学生数/总学生数（X）	体育设备数/总设备数（Y）	累计学生数/总学生数	累计体育设备数/总设备数（V）	$\sum XY$	$\sum X(1-V)$	G
太原乡镇	14728	177	12.02	14728	177	0.1024	0.1080	0.1024	0.1080	0.0111	0.0914	
长沙乡镇	22940	181	7.89	37668	358	0.1596	0.1104	0.2620	0.2184	0.0176	0.1247	
南昌乡镇	26953	238	8.83	64621	596	0.1875	0.1452	0.4495	0.3636	0.0272	0.1193	
合肥乡镇	24591	277	11.26	89212	873	0.1710	0.1690	0.6205	0.5326	0.0289	0.0799	
武汉乡镇	19550	286	14.63	108762	1159	0.1360	0.1745	0.7565	0.7071	0.0237	0.0398	
郑州乡镇	35005	480	13.71	143767	1639	0.2435	0.2929	1.0000	1.0000	0.0713	0.0000	
										0.18	0.46	0.10

表6－36　中部六省省会城市城乡学校体育设备数量配置公平性泰尔指数（TI）计算相关数据与计算过程表

	六省省会城市	总学生数（人）	体育设备数（个）	学生数/六省市调查总学生数（P_i）	学生数/六省市区或乡镇学生总数（P_{ij}）	体育设备数/六省市调查总设备数（Y_i）	体育设备数/六省市区或乡镇总设备数（Y_{ij}）	总泰尔指数（TI） P_i/Y_i	log(P_i/Y_i, 10)	$P_i×$log(P_i/Y_i, 10)	$T_{组内}$ P_{ij}/Y_{ij}	log(P_{ij}/Y_{ij}, 10)	$P_g×$log(P_{ij}/Y_{ij}, 10)	$T_{组间}$ P_g 和 Y_g	log(P_g/Y_g)
市区	南昌市区	12456	67	0.0465	0.1006	0.0224	0.0497	2.08	0.32	0.0148	2.0250	0.3064	0.0308		
	合肥市区	16680	133	0.0623	0.1347	0.0445	0.0986	1.40	0.15	0.0091	1.3661	0.1355	0.0182		
	太原市区	17182	163	0.0642	0.1387	0.0546	0.1208	1.18	0.07	0.0045	1.1482	0.0600	0.0083	市区 P_g=0.4628	−0.0091
	长沙市区	17078	205	0.0638	0.1379	0.0686	0.1520	0.93	−0.03	−0.0020	0.9074	−0.0422	−0.0058	Y_g=0.4515	
	武汉市区	22329	382	0.0834	0.1803	0.1278	0.2832	0.65	−0.19	−0.0155	0.6367	−0.1961	−0.0354		
	郑州市区	38122	399	0.1425	0.3078	0.1335	0.2958	1.07	0.03	0.0040	1.0407	0.0173	0.0053		
												市区合计: 0.0216			
乡镇	太原乡镇	14728	177	0.0550	0.1024	0.0592	0.1080	0.93	−0.03	−0.0018	0.9486	−0.0229	−0.0023		
	长沙乡镇	22940	181	0.0857	0.1596	0.0606	0.1104	1.42	0.15	0.0129	1.4449	0.1598	0.0255	乡镇 P_g=0.5372	0.0107
	南昌乡镇	26953	238	0.1007	0.1875	0.0797	0.1452	1.26	0.10	0.0103	1.2911	0.1109	0.0208	Y_g=0.5485	
	合肥乡镇	24591	277	0.0919	0.1710	0.0927	0.1690	0.99	0.00	−0.0004	1.0121	0.0052	0.0009		
	武汉乡镇	19550	286	0.0731	0.1360	0.0957	0.1745	0.76	−0.12	−0.0086	0.7793	−0.1083	−0.0147		
	郑州乡镇	35005	480	0.1308	0.2435	0.1606	0.2929	0.81	−0.09	−0.0117	0.8314	−0.0802	−0.0195		
												乡镇合计: 0.0106			
								T=0.0158		$T_{组内}$=0.0157			$T_{组间}$=0.0001		
									$T_{组内贡献率}$=0.9929			$T_{组间贡献率}$=0.0071			

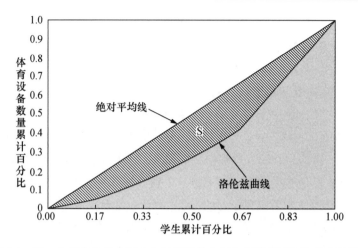

图 6 - 55　中部六省省会城市市区学校体育设备数量配置洛伦兹曲线图

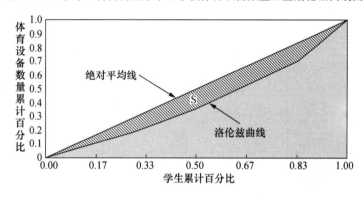

图 6 - 56　中部六省省会城市乡镇学校体育设备数量配置洛伦兹曲线图

第三节　中部六省省会城市城乡学校体育信息资源配置水平与公平性现状

一　中部六省省会城市城乡学校体育信息资源配置的基本指标描述

由表 4 - 27 可知，学校体育信息资源主要由两大类指标反映：一是体育类读物（体育图书、报纸、杂志等）；二是体育网络资源。"体育类读物"则主要由"体育教师体育读物均占有量"具体表示，而"体育网络资源"则主要由"体育教师计算机均占有量"表示。

目前，国家教育部门对中小学校在体育信息资源配置方面没有明确的规定，但在教育部 2002 年印发的《中学体育器材设施配备目录》、《小学体育器材设施配备目录》中则提到选配设备中有配置"多媒体"的建议。在这里，就以体育教师拥有计算机的数量作为相关指标。

（一）体育教师体育读物均占有量

表 6 - 37 的调查统计结果显示，总体来看，中部六省省会城市市区学校体育教师体育读物均占有量为 0. 32 册/人，乡镇为 0. 23 册/人，均达不到人均 1 册的水平。并且，在调查过程中我们发现，多数学校仅订购《中国学校体育》，而鲜有其他相关体育专业书籍，个别学校订有《中国体育报》。因此，可以看出中部学校体育教师学习的专业书籍比较匮乏。表 6 - 37 中，六个省省会城市城乡均处于较低水平，最高的长沙市区中学体育教师体育读物均占有量也仅 0. 42 册/人，而最低的为太原市区，仅 0. 16 册/人。

表 6 - 37　　中部六省省会城市调研地区学校体育读物数量资源配置一览表

调查地区			体育教师数（人）	市区或乡镇体育教师数合计(人)	体育读物数量（册）	市区或乡镇体育读物数量合计(册)	体育教师体育读物均占有量（册/人）
郑州	市区	中原区	40	140	14	51	0.36
		二七区	38		27		
		金水区	62		10		
	乡镇	荥阳市	36	119	5	22	0.18
		新密市	32		7		
		中牟县	51		10		
太原	市区	小店区	29	80	4	13	0.16
		尖草坪区	31		4		
		万柏林区	20		5		
	乡镇	清徐县	18	49	5	12	0.24
		娄烦县	17		2		
		古交市	14		5		
武汉	市区	硚口区	41	143		41	0.29
		青山区	70		26		
		洪山区	32		9		
	乡镇	东西湖区	19	102	6	26	0.25
		蔡甸区	48		15		
		新洲区	35		5		

续表

调查地区			体育教师数（人）	市区或乡镇体育教师数合计（人）	体育读物数量（册）	市区或乡镇体育读物数量合计（册）	体育教师体育读物均占有量（册/人）
长沙	市区	天心区	18	66	16	28	0.42
		岳麓区	33		11		
		雨花区	15		1		
	乡镇	长沙县	33	72	7	16	0.22
		宁乡县	39		9		
南昌	市区	西湖区	11	40	3	16	0.40
		东湖区	29		13		
		青山湖区	—		—		
	乡镇	南昌县	42	68	5	14	0.21
		新建县	20		1		
		进贤县	6		8		
合肥	市区	庐阳区	15	62	4	19	0.31
		包河区	30		9		
		瑶海区	17		6		
	乡镇	肥西县	19	65	8	18	0.28
		肥东县	26		5		
		庐江县	20		5		
市区总计				531		168	0.32
乡镇总计				475		108	0.23

（二）体育教师计算机均占有量

表6-38的调查数据显示，中部六省省会城市城乡学校体育教师计算机配备水平达到较高水平，市区学校体育教师每人平均拥有0.83台计算机，而乡镇也基本达到每2名体育教师拥有一台计算机，说明计算机在中部六省省会城市城乡学校体育教师中较为普遍，体育教师具有良好的网络学习环境。

二　中部六省省会城市城乡学校体育信息资源配置公平性现状

学校体育信息资源配置公平性状况主要用两个指标反映：一是体育读物资源配置公平性状况；二是体育教师计算机配置公平性状况。

表 6 - 38　　中部六省省会城市调研地区学校体育教师计算机数量资源配置一览表

调查地区			体育教师数（人）	市区或乡镇体育教师数合计(人)	体育用计算机数量（台）	市区或乡镇体育用计算机数量合计（台）	体育教师计算机均占有量（台/人）
郑州	市区	中原区	40	140	36	134	0.96
		二七区	38		35		
		金水区	62		63		
	乡镇	荥阳市	36	119	10	52	0.44
		新密市	32		28		
		中牟县	51		14		
太原	市区	小店区	29	80	13	45	0.56
		尖草坪区	31		27		
		万柏林区	20		5		
	乡镇	清徐县	18	49	4	28	0.57
		娄烦县	17		17		
		古交市	14		7		
武汉	市区	硚口区	41	143	20	116	0.81
		青山区	70		64		
		洪山区	32		32		
	乡镇	东西湖区	19	102	11	47	0.46
		蔡甸区	48		13		
		新洲区	35		23		
长沙	市区	天心区	18	66	8	48	0.73
		岳麓区	33		25		
		雨花区	15		15		
	乡镇	长沙县	33	72	31	63	0.88
		宁乡县	39		32		
南昌	市区	西湖区	11	40	6	35	0.88
		东湖区	29		29		
		青山湖区	—		—		
	乡镇	南昌县	42	68	25	34	0.50
		新建县	20		3		
		进贤县	6		6		

续表

调查地区			体育教师数（人）	市区或乡镇体育教师数合计(人)	体育用计算机数量（台）	市区或乡镇体育用计算机数量合计（台）	体育教师计算机均占有量（台/人）
合肥	市区	庐阳区	15	62	15	63	1.02
		包河区	30		31		
		瑶海区	17		17		
	乡镇	肥西县	19	65	3	8	0.12
		肥东县	26		4		
		庐江县	20		1		
市区总计				531		441	0.83
乡镇总计				475		232	0.49

（一）学校体育读物资源配置公平性状况

从表6-39至表6-42的基尼系数、泰尔指数、贡献率及图6-57至
图6-59的洛伦兹曲线可知，目前中部六省省会城市城乡之间、市区之
间、乡镇之间在学校体育读物资源配置上达到最佳的公平性状态，其基尼
系数均未超过0.1的水平。而从组间和组内泰尔指数贡献率看，组内贡献
率为0.6557，组间贡献率为0.3443，说明六省省会城市城乡学校体育读
物资源配置的差异，是由城市之间的区域差异、城乡二元结构共同导致
的，而区域之间差异影响相对较大。

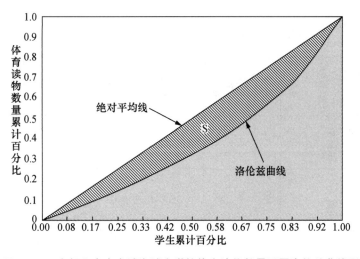

图6-57　中部六省省会城市城乡学校体育读物数量配置洛伦兹曲线图

表6-39 中部六省省会城市城乡学校体育读物数量配置公平性基尼系数（G）计算相关数据与计算过程表

六省省会城市	总体育教师数（人）	体育读物数量（册）	体育教师体育读物数量（册/人）	累计体育教师数（人）	累计体育读物数（册）	体育教师数/总体育教师数（X）	体育读物数/总读物数（Y）	累计体育教师数/总体育教师数	累计体育读物数/总体育读物数（V）	∑XY	∑X(1−V)	G
太原乡镇	49	12	0.24	49	12	0.0487	0.0435	0.0487	0.0435	0.0021	0.0466	
太原市区	80	13	0.16	129	25	0.0795	0.0471	0.1282	0.0906	0.0037	0.0723	
南昌乡镇	68	14	0.21	197	39	0.0676	0.0507	0.1958	0.1413	0.0034	0.0580	
长沙乡镇	72	16	0.22	269	55	0.0716	0.0580	0.2674	0.1993	0.0041	0.0573	
南昌市区	40	16	0.40	309	71	0.0398	0.0580	0.3072	0.2572	0.0023	0.0295	
合肥乡镇	65	18	0.28	374	89	0.0646	0.0652	0.3718	0.3225	0.0042	0.0438	
合肥市区	62	19	0.31	436	108	0.0616	0.0688	0.4334	0.3913	0.0042	0.0375	
郑州乡镇	119	22	0.18	555	130	0.1183	0.0797	0.5517	0.4710	0.0094	0.0626	
武汉乡镇	102	26	0.25	657	156	0.1014	0.0942	0.6531	0.5652	0.0096	0.0441	
长沙市区	66	28	0.42	723	184	0.0656	0.1014	0.7187	0.6667	0.0067	0.0219	
武汉市区	143	41	0.29	866	225	0.1421	0.1486	0.8608	0.8152	0.0211	0.0263	
郑州市区	140	51	0.36	1006	276	0.1392	0.1848	1.0000	1.0000	0.0257	0.0000	
										0.10	0.50	0.10

表6－40　中部六省省会城市市区之间学校体育读物数量配置公平性基尼系数（G）计算相关数据与计算过程表

六省省会 城市市区	总体育教 师数（人）	体育读物 数量（册）	体育教师 体育读物 数量 （册/人）	累计体育 教师数 （人）	累计体育 读物数（册）	体育教师数/ 总体育 教师数 （X）	体育读物 数/总体育 读物数 （Y）	累计体育教 师数/总 体育教师数	累计体育读 物数/总体 育读物数 （V）	∑ XY	∑ X (1−V)	G
太原市区	80	13	0.16	80	13	0.1507	0.0774	0.1507	0.0774	0.0117	0.1390	
南昌市区	40	16	0.40	120	29	0.0753	0.0952	0.2260	0.1726	0.0072	0.0623	
合肥市区	62	19	0.31	182	48	0.1168	0.1131	0.3427	0.2857	0.0132	0.0834	
长沙市区	66	28	0.42	248	76	0.1243	0.1667	0.4670	0.4524	0.0207	0.0681	
武汉市区	143	41	0.29	391	117	0.2693	0.2440	0.7363	0.6964	0.0657	0.0818	
郑州市区	140	51	0.36	531	168	0.2637	0.3036	1.0000	1.0000	0.0800	0.0000	
										0.20	0.43	0.07

表 6 - 41　　中部六省省会城市乡镇之间学校体育读物数量配置公平性基尼系数（G）计算相关数据与计算过程表

六省省会城市乡镇	总体育教师数（人）	体育读物数量（册）	体育教师体育读物数量（册/人）	累计体育教师数（人）	累计体育读物数（册）	体育教师数/总体育教师数（X）	体育读物数/总体育读物数（Y）	累计体育教师数/总体育教师数	累计体育读物数/总体育读物数（V）	$\sum XY$	$\sum X(1-V)$	G
太原乡镇	49	12	0.24	49	12	0.1032	0.1111	0.1032	0.1111	0.0015	0.0917	
南昌乡镇	68	14	0.21	117	26	0.1432	0.1296	0.2463	0.2407	0.0186	0.1087	
长沙乡镇	72	16	0.22	189	42	0.1516	0.1481	0.3979	0.3889	0.0225	0.0926	
合肥乡镇	65	18	0.28	254	60	0.1368	0.1667	0.5347	0.5556	0.0228	0.0608	
郑州乡镇	119	22	0.18	373	82	0.2505	0.2037	0.7853	0.7593	0.0510	0.0603	
武汉乡镇	102	26	0.25	475	108	0.2147	0.2407	1.0000	1.0000	0.0517	0.0000	
										0.18	0.41	0.10

表6-42　中部六省省会城市城乡学校体育读物数量配置公平性泰尔指数（TI）计算相关数据与计算过程表

六省省会城市	总体育教师数（人）	体育读物数量（册）	体育教师数/六省市调查总师数(P_i)	体育读物数/六省市调查总读物数(Y_i)	体育教师数/六省市区或乡镇师总数(P_{ij})	体育读物数/六省市区或乡镇总读物数(Y_{ij})	总泰尔指数（TI）			T组内			T组间	
							P_i/Y_i	$\log(P_i/Y_i,10)$	$P_i\times\log(P_i/Y_i,10)$	P_{ij}/Y_{ij}	$\log(P_{ij}/Y_{ij},10)$	$P_{ij}\times\log(P_{ij}/Y_{ij},10)$	P_g和Y_g	$\log(P_g/Y_g)$
太原市区	80	13	0.0795	0.0471	0.1507	0.0774	1.69	0.23	0.0181	1.9470	0.2894	0.0436		
南昌市区	40	16	0.0398	0.0580	0.0753	0.0952	0.69	-0.16	-0.0065	0.7910	-0.1018	-0.0077		
合肥市区	62	19	0.0616	0.0688	0.1168	0.1131	0.90	-0.05	-0.0030	1.0324	0.0139	0.0016	市区 $P_g=0.5278$ $Y_g=0.6087$	-0.0619
长沙市区	66	28	0.0656	0.1014	0.1243	0.1667	0.65	-0.19	-0.0124	0.7458	-0.1274	-0.0158		
武汉市区	143	41	0.1421	0.1486	0.2693	0.2440	0.96	-0.02	-0.0027	1.1035	0.0428	0.0115		
郑州市区	140	51	0.1392	0.1848	0.2637	0.3036	0.75	-0.12	-0.0171	0.8685	-0.0612	-0.0161		
市区合计:												0.0171		
太原乡镇	49	12	0.0487	0.0435	0.1032	0.1111	1.12	0.05	0.0024	0.9284	-0.0323	-0.0033		
南昌乡镇	68	14	0.0676	0.0507	0.1432	0.1296	1.33	0.12	0.0084	1.1044	0.0431	0.0062	乡镇 $P_g=0.4722$ $Y_g=0.3913$	0.0814
长沙乡镇	72	16	0.0716	0.0580	0.1516	0.1481	1.23	0.09	0.0066	1.0232	0.0099	0.0015		
合肥乡镇	65	18	0.0646	0.0652	0.1368	0.1667	0.99	0.00	-0.0003	0.8211	-0.0856	-0.0117		
郑州乡镇	119	22	0.1183	0.0797	0.2505	0.2037	1.48	0.17	0.0203	1.2299	0.0899	0.0225		
武汉乡镇	102	26	0.1014	0.0942	0.2147	0.2407	1.08	0.03	0.0032	0.8920	-0.0496	-0.0107		
乡镇合计:												0.0045		
									T=0.0170			T组内=0.0111		T组间=0.0059
											组内贡献率=0.6557		组间贡献率=0.3443	

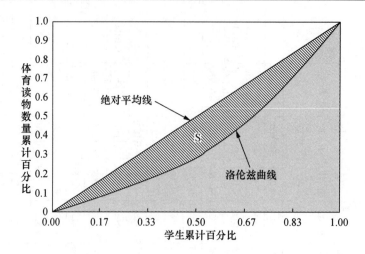

图 6 - 58　中部六省省会城市市区学校体育读物数量配置洛伦兹曲线图

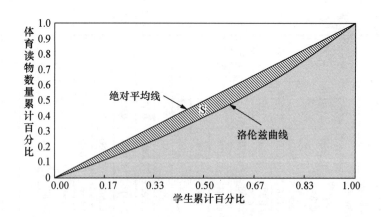

图 6 - 59　中部六省省会城市乡镇学校体育读物数量配置洛伦兹曲线图

（二）学校体育教师计算机配置公平性状况

从表 6 - 43 至表 6 - 46 的基尼系数、泰尔指数、贡献率及图 6 - 60 至图 6 - 62 的洛伦兹曲线可知，目前中部六省省会城市城乡之间、市区之间、乡镇之间在学校体育教师计算机配置上均达到最佳的公平性状态，其基尼系数分别为 0.16、0.07 和 0.17。而从组间和组内泰尔指数贡献率看，组内贡献率为 0.6574，组间贡献率为 0.3426，说明六省省会城市城乡学校体育教师计算机资源配置的差异，是由城市之间的区域差异、城乡二元结构共同导致的，而区域之间差异影响相对较大。

表 6-43　中部六省省会城市城乡学校体育教师计算机数量配置公平性基尼系数（G）计算相关数据与计算过程表

六省省会城市	总体育教师数（人）	计算机数（台）	体育教师计算机均占有量（台/人）	累计体育教师数（人）	累计计算机数（台）	体育教师数/总体育教师数(X)	计算机数/总计算机数(Y)	累计体育教师数/总体育教师数	累计计算机数/总计算机数(V)	$\sum$ XY	$\sum$ X(1-V)	G
合肥乡镇	65	8	0.12	65	8	0.0646	0.0119	0.0646	0.0119	0.0008	0.0638	
太原乡镇	49	28	0.57	114	36	0.0487	0.0416	0.1133	0.0535	0.0020	0.0461	
南昌乡镇	68	34	0.50	182	70	0.0676	0.0505	0.1809	0.1040	0.0034	0.0606	
南昌市区	40	35	0.88	222	105	0.0398	0.0520	0.2207	0.1560	0.0021	0.0336	
太原市区	80	45	0.56	302	150	0.0795	0.0669	0.3002	0.2229	0.0053	0.0618	
武汉乡镇	102	47	0.46	404	197	0.1014	0.0698	0.4016	0.2927	0.0071	0.0717	
长沙市区	66	48	0.73	470	245	0.0656	0.0713	0.4672	0.3640	0.0047	0.0417	
郑州乡镇	119	52	0.44	589	297	0.1183	0.0773	0.5855	0.4413	0.0091	0.0661	
长沙乡镇	72	63	0.88	661	360	0.0716	0.0936	0.6571	0.5349	0.0067	0.0333	
合肥市区	62	63	1.02	723	423	0.0616	0.0936	0.7187	0.6285	0.0058	0.0229	
武汉市区	143	116	0.81	866	539	0.1421	0.1724	0.8608	0.8009	0.0245	0.0283	
郑州市区	140	134	0.96	1006	673	0.1392	0.1991	1.0000	1.0000	0.0277	0.0000	
										0.10	0.53	0.16

表6-44 中部六省省会城市市区之间学校体育教师计算机数量配置公平性基尼系数（G）计算相关数据与计算过程表

六省省会城市市区	总体育教师数（人）	计算机数量（台）	体育教师计算机均占有量（台/人）	累计体育教师数（人）	累计计算机数（台）	体育教师数/总体育教师数(X)	计算机数/总计算机数(Y)	累计体育教师数/总体育教师数	累计计算机数/总计算机数(V)	$\sum XY$	$\sum X(1-V)$	G
南昌市区	40	35	0.88	40	35	0.0753	0.0794	0.0753	0.0794	0.0060	0.0694	
太原市区	80	45	0.56	120	80	0.1507	0.1020	0.2260	0.1814	0.0154	0.1233	
长沙市区	66	48	0.73	186	128	0.1243	0.1088	0.3503	0.2902	0.0135	0.0882	
合肥市区	62	63	1.02	248	191	0.1168	0.1429	0.4670	0.4331	0.0167	0.0662	
武汉市区	143	116	0.81	391	307	0.2693	0.2630	0.7363	0.6961	0.0708	0.0818	
郑州市区	140	134	0.96	531	441	0.2637	0.3039	1.0000	1.0000	0.0801	0.0000	
										0.20	0.43	0.07

表6-45 中部六省省会城市乡镇之间学校体育教师计算机数量配置公平性基尼系数（G）计算相关数据与计算过程表

六省省会城市乡镇	总体育教师数（人）	计算机数量（台）	体育教师计算机均占有量（台/人）	累计体育教师数（人）	累计计算机数（台）	体育教师数/总体育教师数(X)	计算机数/总计算机数(Y)	累计体育教师数/总体育教师数	累计计算机数/总计算机数(V)	∑XY	∑X(1-V)	G
合肥乡镇	65	8	0.12	65	8	0.1368	0.0345	0.1368	0.0345	0.0047	0.1321	
太原乡镇	49	28	0.57	114	36	0.1032	0.1207	0.2400	0.1552	0.0125	0.0872	
南昌乡镇	68	34	0.50	182	70	0.1432	0.1466	0.3832	0.3017	0.0210	0.1000	
武汉乡镇	102	47	0.46	284	117	0.2147	0.2026	0.5979	0.5043	0.0435	0.1064	
郑州乡镇	119	52	0.44	403	169	0.2505	0.2241	0.8484	0.7284	0.0562	0.0680	
长沙乡镇	72	63	0.88	475	232	0.1516	0.2716	1.0000	1.0000	0.0412	0.0000	
										0.19	0.49	0.17

表 6-46　中部六省省会城市城乡学校体育教师计算机数量配置公平性泰尔指数（TI）计算相关数据与计算过程表

六省省会城市	总体育教师数（人）	计算机数（台）	体育教师数/六省市调查总教师数（P_i）	体育教师数/六省市市区或乡镇教师总数（P_{ij}）	计算机数/六省市调查总计算机数（Y_i）	计算机数/六省市区或乡镇计算机总数（Y_{ij}）	总泰尔指数（TI） P_i/Y_i	log（P_i/Y_i,10）	$P_i \times$log（P_i/Y_i,10）	$T_{组内}$ P_{ij}/Y_{ij}	log（P_{ij}/Y_{ij},10）	$P_g \times$log（P_{ij}/Y_{ij},10）	$T_{组间}$ P_g 和 Y_g	log（P_g/Y_g）
南昌市区	40	35	0.0398	0.0753	0.0520	0.0794	0.76	-0.12	-0.0046	0.9492	-0.0227	-0.0017		
太原市区	80	45	0.0795	0.1507	0.0669	0.1020	1.19	0.08	0.0060	1.4765	0.1692	0.0255		
长沙市区	66	48	0.0656	0.1243	0.0713	0.1088	0.92	-0.04	-0.0024	1.1419	0.0576	0.0072	市区 P_g=0.5278 Y_g=0.6553	-0.0939
合肥市区	62	63	0.0616	0.1168	0.0936	0.1429	0.66	-0.18	-0.0112	0.8173	-0.0876	-0.0102		
武汉市区	143	116	0.1421	0.2693	0.1724	0.2630	0.82	-0.08	-0.0119	1.0238	0.0102	0.0028		
郑州市区	140	134	0.1392	0.2637	0.1991	0.3039	0.70	-0.16	-0.0216	0.8677	-0.0616	-0.0162		
											市区合计：0.0072			
合肥乡镇	65	8	0.0646	0.1368	0.0119	0.0345	5.44	0.74	0.0475	3.9684	0.5986	0.0819		
太原乡镇	49	28	0.0487	0.1032	0.0416	0.1207	1.17	0.07	0.0033	0.8547	-0.0682	-0.0070	乡镇 P_g=0.4722 Y_g=0.3447	0.1336
南昌乡镇	68	34	0.0676	0.1432	0.0505	0.1466	1.34	0.13	0.0085	0.9768	-0.0102	-0.0015		
武汉乡镇	102	47	0.1014	0.2147	0.0698	0.2026	1.45	0.16	0.0164	1.0600	0.0253	0.0054		
郑州乡镇	119	52	0.1183	0.2505	0.0773	0.2241	1.53	0.18	0.0219	1.1177	0.0483	0.0121		
长沙乡镇	72	63	0.0716	0.1516	0.0936	0.2716	0.76	-0.12	-0.0083	0.5582	-0.2552	-0.0384		
											乡镇合计：0.0526			
									T=0.0436		$T_{组内}$=0.0286		$T_{组间}$=0.0149	
										$T_{组内}$贡献率=0.6574			$T_{组间}$贡献率=0.3426	

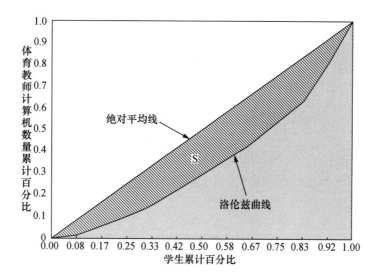

图 6 - 60　中部六省省会城市城乡学校体育教师计算机数量配置洛伦兹曲线图

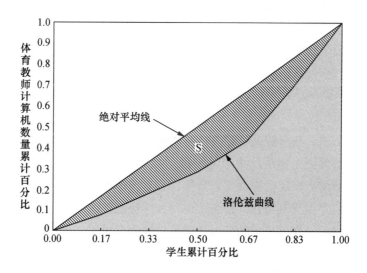

图 6 - 61　中部六省省会城市市区学校体育教师计算机数量配置洛伦兹曲线图

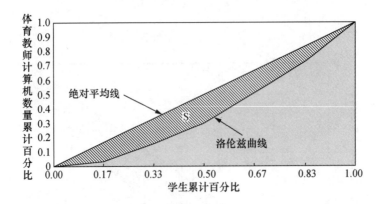

图 6 - 62   中部六省省会城市乡镇学校体育教师计算机数量配置洛伦兹曲线图

第四节   中部六省省会城市城乡初级中学 体育资源配置综合公平指数

根据表 4 - 27 城乡学校体育资源配置公平性评估指标体系权重系数，本书计算了中部六省省会城市城乡初级中学体育资源配置的综合公平指数，综合公平指数主要由城乡学校体育各类资源城乡配置的基尼系数乘以其对应的权重系数的加权和计算而得。具体计算公式如下：

$$G_{综合} = G_1 \times f_1 + G_2 \times f_2 + G_3 \times f_3 + \cdots + G_n \times f_n$$

式中：G 为基尼系数，f 为权重系数。

在本书中，基于数据收集及计算的具体要求，共有 7 项指标计算入公式，这些指标更主要是反映中部地区学校体育资源配置的数量公平性状况，我们把财力资源的权重主要转换到了学校体育物力资源，因为，学校财力资源最终主要落实到体育场馆建设和体育设备购买，不同于群众体育经费主要应用于场馆维护和工人工资及其他运行成本。具体结果如下：

$$G_{综合} = G_{体育教师} \times f_{体育教师} + G_{室外体育场地} \times f_{室外体育场地} + G_{室内体育场地} \times f_{室内体育场地}$$
$$+ G_{标准体育场地} \times f_{标准体育场地} + G_{体育设备} \times f_{体育设备} + G_{体育读物} \times f_{体育读物} +$$
$$G_{体育电脑} \times f_{体育电脑}$$
$$= 0.09 \times 0.338 + 0.15 \times 0.0962 + 0.66 \times 0.0853 + 0.45 \times 0.1609$$
$$+ 0.10 \times 0.1876 + 0.10 \times 0.0767 + 0.16 \times 0.0553$$

$$= 0.2088$$

$$\approx 0.21$$

从上述计算结果看，我国中部六省省会城市城乡初级中学体育资源配置的综合基尼系数（$G_{综合}$）为 0.21，处于最佳公平配置状态，说明近年来国家出台的《中共中央国务院关于加强青少年体育增强青少年体质的意见》、《关于制定中小学教职工编制标准的意见》、《国家学校体育卫生条件试行基本标准》、《中小学校设计规范》、《城市普通中小学校建设标准》和《农村普通中小学校建设标准》等标准、文件及对加强青少年体质健康所采取的一系列措施取得了显著成效。

第七章　城乡公共体育资源配置公平性状况的对比分析与正确"公平观"的建立

第一节　城乡群众公共体育资源配置公平性与城乡学校体育资源配置公平性的对比分析

对比中部六省省会城市城乡群众公共体育资源、城乡学校体育资源配置公平性综合基尼系数（Gini）（分别为 $G_{群体} = 0.36$ 和 $G_{学校} = 0.21$）可以看出，目前，我国城乡学校体育资源配置总体公平性状况明显好于城乡群众公共体育资源的配置公平性。根据目前我国还处于社会主义初级阶段的国情，从某种意义上说，城乡学校体育资源配置公平性优于群众公共体育资源配置公平性是合理的，是符合我国发展战略和社会发展需要的。"必须把教育摆在优先发展的战略地位"的思想是在1992年党的十四大报告中正式提出的。教育优先发展是党和国家提出并长期坚持的一项重大方针，在《国家中长期教育改革和发展规划纲要（2010—2020）》中，更进一步明确"教育摆在优先发展的战略地位"的教育工作方针。另外，党的十七大报告指出，"教育是民族振兴的基石，教育公平是社会公平的重要基础"。可见，教育公平是最大的社会公平，教育公平具有起点公平的意义，"追求教育公平须坚持教育优先发展"。[①] 因此，城乡学校体育资源配置水平及公平性状况优于其城乡群众体育资源配置是符合上述国家战略

---

① 龚克：《追求教育公平须坚持教育优先发展》，http://www.moe.gov.cn/publicfiles/business/htmlfiles/moe/s5148/201403/164975.html。

方针的，也进一步反映了国家战略方针得到了有效落实。

从不公平的具体指标看，城乡群众公共体育资源配置的不公平主要包括：社会体育指导员（$G=0.39$）、体育辅助人员（$G=0.60$）、室内体育场地面积（$G=0.40$）、公共体育场馆数量（$G=0.40$）、财力资源（$G=0.49$）、群体活动（$G=0.39$）和体育宣传活动（$G=0.39$），接近或超过公平系数警戒线水平。从这些指标看，主要涉及每类体育资源的核心与关键资源，如体育人力资源中核心资源社会体育指导员、体育辅助人员，反映体育设施质量的室内体育场地面积和公共体育场馆数量、关键体育资源财力资源等。

城乡学校体育资源配置的不公平指标主要包括：生均室内体育场地面积（$G=0.66$）和生均标准体育场地面积（$G=0.45$），这两项指标均是反映城乡学校体育场地面积的质量指标。而学校体育资源中的体育教师配置、体育场地总面积、体育设备数及体育信息等相关指标城乡之间均达到最佳公平状态，说明下一步在提高城乡学校体育资源配置时重点应加强体育资源质量的优先配置。

从上述城乡群众公共体育与学校体育资源配置的公平性状况对比看，可以发现三大特征：一是农村群众和学校体育场地面积从数量上不少于甚至多于市区，处于最佳公平状态；二是农村群众公共体育和学校体育资源配置在质量上明显低于市区，存在不公平或高度不公平状态；三是从体育活动的开展情况看，政府或体育协会在农村地区组织的体育活动明显少于市区。

另外，虽然上述计算结果显示，我国城乡之间在许多指标明显不平衡，但在计算人口基尼系数时却显示比较公平，并在现实中群众也明显感觉到城乡有很大的差别。分析主要原因显示，由于乡镇人口分布分散，而公共体育设施分布可能过于集中在某一乡镇地点，而其他大多数地方并不能看到体育设施。说明我国城乡间公共体育资源今后配置的重点不仅是城乡人均拥有量的问题，而且更要重视公共体育资源配置的地理位置公平性、公共体育资源类型结构及质量的配置公平性。

第二节 城乡群众公共体育资源、学校体育资源配置公平性与全国其他相关资源配置公平性的对比分析

我国城乡群众公共体育资源与学校体育资源配置公平性状况与全国其他公共资源配置相比,公平性水平状况如何?在哪些方面存在优势与不足?对今后发展有哪些经验可以借鉴?为此,本书主要与同一时期全国卫生公共资源配置、学校其他资源配置等做了横向对比。

一 城乡群众公共体育资源配置公平性与其他相关公共资源配置公平性的对比分析

教育、科学普及、医疗卫生、社会保障以及环境保护等是我国重要的社会公共服务资源领域。本书主要就我国城乡群众公共体育资源配置公平性与公共卫生资源配置的公平性进行对比。据研究显示,全国卫生资源配置的主要指标——卫生机构、床位、卫生技术人员在地理分布上,其基尼系数分别高达 0.76、0.85、0.86,均处于高度不公平状态。[1] 邹卉、胡万进等[2]通过对南京市不同区的公共卫生资源配置从人口分布和地理分布两个方面,分别计算了其相关基尼系数,结果显示:2012 年,南京市在公共卫生机构数、床位数、卫生技术人员数、执业医师、护士、财政拨款及大型设备数的地理分布公平性基尼系数分别高达 0.59、0.73、0.74、0.73、0.69、0.81 和 0.80,而以人口分布计算的对应基尼系数分别为 0.08、0.25、0.28、0.26、0.32、0.42、0.39。贺买宏、王林等[3]及郭海强、左天明等[4]的研究结果表明:全国各省份卫生资源的基尼系数均在 0.3 以内。

---

① 贺买宏、王林、贺加等:《我国卫生资源配置状况及公平性研究》,《中国卫生事业管理》2013 年第 3 期。
② 邹卉、胡万进、刘蕾等:《南京市 2012 年卫生资源配置现状及公平性研究》,《医学与社会》2014 年第 4 期。
③ 贺买宏、王林、贺加等:《我国卫生资源人口分布的公平性评价——基于洛伦兹曲线与基尼系数分析》,《西北人口》2013 年第 2 期。
④ 郭海强、左天明、丁海龙等:《基于基尼系数的全国卫生资源配置公平性研究》,《预防医学情报杂志》2011 年第 4 期。

在本次研究中，没有对关于地理分布的城乡群众体育资源配置公平性进行计算分析，但从城乡群众体育资源配置的数据本身看，存在明显差距，由于农村人口地理分布密度明显小于市区，因此其地理分布的城乡群众体育资源配置也显然要高于人口分布的基尼系数。就本书所进行的人口分布城乡体育资源配置公平性来看，综合基尼系数 G 达到了 0.36，且有几项指标达到或接近警戒或高度不公平状态，明显高于上述全国各省份各类卫生资源的基尼系数（G 低于 0.3），因此，可以说我国城乡群众公共体育资源配置总体的公平性状况在正常范围，但低于公共卫生资源配置的公平性。

二　城乡学校体育资源配置公平性与其他城乡学校教育资源配置公平性的对比分析

目前，对城乡中小学教育资源的配置与评价主要包括教育经费投入指标、生均专任教师、生均教学设备、生均校舍面积、地区人均受教育年限等指标。多数研究成果显示[1][2][3]：中国城乡总体教育及教育资源配置公平性系数（G）通常在 0.25—0.50 之间。本书在部分计算的城乡初级中学的基尼系数在 0.09—0.66 之间，综合基尼系数为 0.21，说明我国城乡学校体育资源配置与其所对应的学校教育资源配置公平性水平总体比较一致，总体城乡学校体育资源配置公平性要优于其对应的其他教育资源。说明，近年来国家和地方政府围绕学生体质健康状况下降出台的一系列政策与措施取得显著成效。

第三节　城乡公共体育资源配置应树立正确的"公平观"

简言之，公平观就是什么是公平的看法。公平观的不同，使人们对事物的看法千差万别。公平观是一个动态的、发展和不断变化的概念。不同

---

① 范小礼：《我国城乡义务教育公平问题研究》，硕士学位论文，湖南师范大学，2011 年。

② 段芳芳：《城乡义务教育资源配置不均衡及对策研究》，硕士学位论文，杭州电子科技大学，2011 年。

③ 张菀洺：《我国教育资源配置分析及政策选择——基于教育基尼系数的测算》，《中国人民大学学报》2013 年第 4 期。

的时代或时期，人们会形成不同的公平观。公平观念是从每个时代的社会关系中汲取的对该种社会关系的观念表现，它必然依社会关系的改变而改变，所以不同时期有着不同的占主导地位的公平观[1]；目前来看，收入差距的过分拉大，已经成了当前收入分配问题上的主要矛盾，要求收入差距合理、合法、适度，已成了现时占主导地位的公平观[2]。同样，目前我国城乡体育资源配置的公平观也主要是要求差距合理、合法、适度，避免过分拉大。具体来看，要树立以下正确的"公平观"：

一　要正确看待我国城乡公共体育资源配置的"差距"，"差别"并不都是"差距"

我国城乡二元结构的正式形成主要标志是 1958 年《中华人民共和国户口登记条例》的颁布，此《条例》以严格限制农村人口向城市流动为核心确立户口迁移制度，城乡二元体制具有三个主要特点[3]：一是城乡之间的户籍差别；二是城乡不同的资源配置制度；三是城乡不同的社会待遇。其中，"城乡不同的资源配置制度"直接影响着我国城乡之间在公共基础设施建设、交通、通信、水电及公共医疗、教育、文化等的巨大差异。我国自 1958 年以来，城乡之间在公共资源配置方面差距逐渐加大，这也与国外发达国家的历史经验发展一致，城乡差距和发展不平衡是各国工业化过程中共有的现象。因此，在由"城乡二元结构"向"城乡一体化"转变的过程中，目前所存在的这些"差距"是难以避免的。因此，只要我国还存在着城乡，这些差距就会存在。但是，虽然存在"差距"，但国家可以采取各项措施缩小"城乡差距"，把城乡的差距控制在合理、合法、适度的范围内。作为城乡公共体育资源的配置也显然因为市区和乡镇的存在而有"差距"，要正视这个现实，积极采取策略缩小差距，使差距控制在合理范围之内，而不应一味埋怨或批判这些所谓的"不公平"。

另外，城乡公共体育资源的配置由于城乡文化、习俗、人口素质特征及体育传统的差异，也会形成不同的体育文化氛围，对公共体育资源的配

① 王明彦、彭升：《"更加注重公平"的提出与当下公平观问题》，《东岳论丛》2009 年第 5 期。
② 同上。
③ 姜志燕：《城乡二元制结构：一段行将终结的历史》，《中华建筑报》2008 年 10 月 16 日头版。

置也会有明显"差别"，按照这些特殊需求而配置有"差别"的公共体育资源正是"公平性"的体现。因此，城乡之间为满足不同需求而配置的公共体育资源的"差别"显然不是"差距"。

二　综合公平指数并不代表各个方面的"公平"水平，公平也不是绝对的平均主义

在本书中，根据专家调研赋权，课题组构建了"我国城乡群众公共体育资源配置公平性评估指标体系"和"城乡学校体育资源配置公平性评估指标体系"，并到中部六省省市城乡采集数据。分别计算了各个主要核心指标的基尼系数、泰尔系数并绘制了洛伦兹曲线图，按照所构建指标体系各指标的权重系数，计算了两个领域的综合公平系数（G）。那么，所得到的综合公平系数是城乡群众公共体育资源和学校体育资源配置公平性的总体状况反映，而不代表每个相关指标均达到了这个公平性水平，有些指标处于最佳公平状态，而有些指标已超过非常不公平状态。因此，综合公平指数并不代表体育资源各个方面资源配置均达公平或不公平。

公平也不是绝对的平均主义。从城乡群众和学校体育资源配置公平性指数计算结果可以看出，除城乡二元结构是造成城乡之间资源配置不公平状况的原因外，各个省份之间的区域差异也是主要的致因。因此，城乡公共体育资源配置并不是根据人口平均配置，而是根据各地经济、体育文化等相对发展水平配置其相适应的公共体育资源。

三　城乡体育资源配置公平不仅包括人口分布公平，还包括地理分布均衡和经济发展水平分布公平

目前，国内外对公共资源配置的公平主要计算三类公平：一是人口分布公平；二是地理分布公平；三是经济发展水平分布公平。在现实中，对我国城乡公共体育资源配置来说，人口分布公平与地理分布公平均十分重要，人口分布公平主要反映总体人口占有公平状况，而地理分布公平主要反映的是公共体育资源配置的均衡性和可用性。而在本书中，由于城市社区与各县乡镇的地理面积难以统计计算。因此，本书仅计算了城乡公共体育资源配置的人口分布公平状况。因此，可能出现的情况是：人口分布公平性系数很低，而人们感觉总体上乡镇远低于市区。可能这就是地理分布公平性很差的情况，因为市区人口密度大，而乡镇人口密度远小于市区，而其相对公共体育资源数量也少于市区。

四　城乡体育资源配置公平不仅包括体育资源数量、质量、类型的公平，还包括其使用的权利公平、机会公平和规则公平等

城乡体育资源的配置主要包括两个步骤：一是体育资源规划设计与配置实施。具体主要包括各类体育资源的数量、质量、类型的配置。二是在体育资源配置后，如何使用问题。因此，城乡体育资源配置公平与否，也应包含这两个方面的内涵。一方面要公平地从数量、质量、类型上配置各类城乡体育资源，另一方面也应使每个居民能够有权利使用、地理布局与交通方面能够使用、各类人群（妇女、儿童、残疾人）机会均等使用等。因此，在建设类型、使用条件及管理等方面要考虑不同人群的需求与使用，确保公平。

五　城乡学校体育资源公平配置要优先于城乡群众公共体育资源的配置

这主要是前面讲到的国家"把教育摆在优先发展的战略地位"的方针的必然要求。在城乡体育资源配置时，若出现群众体育与学校体育资源配置冲突时，要首先考虑配置学校体育资源，而后再考虑群众体育资源配置，真正贯彻"教育公平"是"社会公平"基础。

六　城乡体育资源配置达到最佳公平状态并不代表城乡体育资源配置达到较高水平

基尼系数、泰尔指数等公平指数的计算是城乡之间对比的相对值，而不是绝对值。也就是说，公平系数只反映现有体育资源在城乡之间分配的均衡程度，而不代表体育资源在城乡配置的总体水平程度。若要反映水平程度，就要计算人均占有数量、质量和结构类型等。因此，当城乡体育资源配置公平性达到最佳状态时，并不能说城乡体育资源配置达到了很高水平。

第八章　城乡体育资源配置水平与公平性状况监测方案及运行机制

第一节　建立城乡体育资源配置水平与公平性状况监测制度的重要作用与价值

"公平正义"、"和谐发展"、"公共服务均等化"、"建成小康社会"等是我国发展的要求与发展目标，而"社会公平"是所有这些发展要求与目标的基本保障。因此，国家在促进经济等全面、快速发展的同时，要积极制定政策确保分配也相对公平，在关乎所有国民利益的公共资源配置方面做到公平、合理，并定期监测公共资源配置的公平性。公共体育资源是整个社会公共资源的重要组成部分，其价值与地位已得到国际和国内社会的高度认可。具体来说，对我国公共体育资源配置公平性状况进行监测具有以下价值：

第一，可以了解我国城乡及区域间公共体育资源配置水平与公平性的动态发展趋势，为实现国家"公共服务均等化"目标服务，并为国家调控公共体育资源配置提供依据与基准。

目前，我国还没有针对全国城乡公共体育资源配置的全面调研和系统分析，本书由于各方面局限也未能对全国进行调研，仅对具有重要代表性的中部六省省会城市城乡公共体育资源配置进行调研和城乡配置公平性状况分析。显然，这仅是一次性的调研，能初步反映城乡公共体育资源配置的公平性状况，但由于调研样本有限，还不能全部反映全国城乡情况，因此，十分有必要开展全国性的城乡调研。另外，一次调研也仅能反映一个时期的情况，而不能全面反映我国城乡公共体育资源配置公平性的动态过程，既不能反映整体公平性状况，也不能动态反映公平性状况的变化趋势，为政府配置和增添各类体育资源提供基本依据。因此，应该定期开展全国性调研，并固定相对应调研样本范围。就如同我国 2000 年开展的首次国民体质健康监测一样，已形成由国家组织的定期定样本地的系统调研。

第二，通过对全国城乡公共体育资源配置水平与公平性监测，可以对比分析全国国民体质健康变化，对居民其他社会影响提供基础数据。

党中央与国务院一直十分重视国民体质健康发展，尤其 2000 年以来更采取多种措施提升国民体质健康水平。国家配置公共体育资源与国民体质健康状况关系如何？加强城乡公共体育资源建设，真的能够促进国民体质健康水平？哪些方面体育资源配置更能影响国民体质健康水平？等等，这些问题目前我国并没有定量分析，并不清楚体育资源配置与国民体质健康的关系。另外，配置公共体育资源对居民社区的社会发展有何积极影响？如对社区人员的大病发病率、人均疾病花费、犯罪率、社区纠纷等。因此，可以通过定期监测城乡公共体育资源配置水平、公平性等，对比分析对上述因素的影响，可以科学了解体育活动开展对社区和社会发展带来的积极影响，为提出科学的体育干预策略提供参考。

第三，可以通过与其他社会公共资源配置水平与公平性状况的对比分析，为全面建设整体社会公共资源配置水平与公平性提供数据借鉴。

一个地区的公共资源不仅有体育公共资源，还主要包括医疗卫生资源、教育资源、公共交通、公共文化等资源。一个社会公共资源配置水平与公平性状况的整体水平取决于其所包含的各类公共资源的总体水平。体育作为社会公共资源的一部分也必然纳入整个社会公共资源建设的规划之中，必须与其他社会公共资源统筹协调规划、建设与管理。城乡公共体育资源不是孤立存在的社会资源，它需要同其他公共社会资源协调发展，因此，有必要详细调研城乡公共体育资源配置水平与公平性调研，为其他公共资源的统筹配置提供借鉴。

第二节　城乡体育资源配置公平性状况
监测方案构想与运行机制

一　监测方案构建指导思想

借鉴国外发达国家公共体育资源配置的基本理念，结合中国国情及我国实现全面建成小康社会的总目标，确立了我国城乡公共体育资源配置公平性监测方案的基本指导思想：

第一，对城乡社会公共资源包括公共体育资源配置公平性的监测分析与进一步调控，是国家实现"公共服务均等化"、"社会公平"的前提与基础。因此，对城乡公共体育资源配置水平与公平性监测是国家的职责。国家应明确负责主体机构与工作流程，具体委托相关部门或相关社会机构实施相关定期调研。

第二，积极、准确、按时上报本地区公共体育资源配置的各项指标具体数据是各级相关主管部门应承担的责任与工作。各级地方政府应在上级主管部门的指导下，负责本地区公共体育资源配置数据的上报工作。

第三，应提倡节省、便利和便于对比分析国家各类公共资源配置水平、国民体质健康发展影响因素相关调研活动综合开展、联合调查。对公共体育资源配置既可以单独开展定期调研活动，也可以与其他全国类似、相关调研活动联合开展。本书基于上述思路，建议与国家其他相关活动联合开展，如与每五年一次的国民体质监测联合。

二　监测方案基本思路

按照前面的基本指导思想，对我国城乡公共体育资源配置水平与公平性状况的监测，应同每五年一次的"国民体质监测"联合起来，这样既可以节省人力资源、财力资源与时间资源，也可以对比分析"国民体质健康水平"与"公共体育资源配置水平"之间的关系，为进一步共同开展好两项调研活动和政府进一步加强两方面工作提供参考。

全国国民体质监测是由国家体育总局、教育部、科技部、国家民委、民政部、财政部、农业部、卫生部、国家统计局、全国总工会10个部门联合主导的在全国31个省（区、市）开展的全国性调查工作，从工作方案论证、调研指标的筛选、调查机构与人员的配置、调查实施、数据上传、数据分析、调查结果公报等各个环节均是经过严格论证而实施的，因此，其能最有代表性地反映我国整体国民体质状况。其采用的是分层随机整群抽样的原则，从全国31个省（区、市）的2874个机关单位、事业、学校、幼儿园、行政村中每五年抽取一次，从2000年开始到目前已连续开展了三次全国性调研，为国家详细掌握全国国民体质健康状况提供最权威的数据。

而本书所提出的"城乡公共体育资源配置水平与公平性监测"与

"全国国民体质监测"联合调研，就是完全利用国民体质监测抽样省市的相关社区、学校、乡镇村，并在开展国民体质监测测量的同时，填报相关公共体育资源配置数据表，从而完成城乡公共体育资源配置数据收集，为后面的各类分析提供基础数据。

三 监测实施具体负责机构、监测内容与运行机制

负责机构：国家可以在"国民体质监测中心"设立相关工作小组，具体负责规划、设计、组织实施调研与数据分析、数据公报及发展建议等的工作。

监测内容：主要为本书所构建的相关"城乡群众公共体育资源配置水平与公平性评估指标体系"和"城乡学校体育资源配置水平与公平性评估指标体系"所构建的内容，这些指标体系是在调研全国各类相关管理者、相关领域专家及一线服务相关人员的基础上构建的，并在中部六省省会城市城乡调研论证基础上验证是有效、可行的。

运行机制：可以由国家体育总局具体领导，由国家"国民体质监测中心"组织专门小组具体负责实施的方式进行，仅需增加少量人员和经费，就可以完全按照国民体质监测的方案实施。

第九章　结论与展望

第一节　研究结论

第一，系统构建了城乡公共体育资源配置评估基本理论体系。从抽象定义与操作定义两个方面，重新阐释和界定了"体育资源"、"公共体育资源"、"群众体育资源"、"体育资源配置"、"公共体育资源配置"、"城乡"、"公共体育配置的公平性"、"公共体育资源配置的评估"、"学校体育资源配置评估"等城乡群众公共体育资源配置公平性评估的相关概念；基于本书为政府监测自身工作提供工具的视角与指导思想，依据公共体育资源是"公共资源"、新公共服务理论、公共资源配置的公平理论、公共资源配置公平性的评估理论，设立了城乡公共体育资源配置水平与公平性评估体系应遵循的基本原则。

第二，主要使用德尔菲专家调查法，构建了我国城乡群众公共体育资源配置水平与公平性评估指标体系。包括群众体育人力资源、群众体育物力资源、群众体育财力资源、群众体育组织资源、群众体育信息资源 5 个一级指标，群众体育行政管理工作人员、社会体育指导员、群众体育场馆设施、政府财政拨款、体育彩票投入、群众体育组织建设、群众体育信息服务等 12 个二级指标，人均室外公共体育场地面积、每万人体育健身站（点）数量等 23 个三级指标。并运用层次分析法，对所构建城乡群众公共体育资源配置公平性评估指标体系一、二、三级各个指标的重要程度进行赋权。

第三，主要使用德尔菲专家调查法，构建了我国城乡学校体育资源配置水平与公平性评估指标体系。包括学校体育人力资源、学校体育物力资源、学校体育财力资源、学校体育信息资源 4 个一级指标，体育教师、体育教辅人员、政府投入、社会捐助、体育场地、体育设备、体育类读物、体育网站资源 8 个二级指标，师生比、生均室内外体育场地面积、每千人体育设备数等 16 个三级指标。并运用层次分析法，对所构建城乡学校共体育资源配置公平性评估指标体系一、二、三级各个指标的重要程度进行赋权。

第四，通过对中部六省省会城市城乡群众公共体育资源配置水平与公平性状况调研显示：我国中部六省省会城市城乡群众公共体育资源配置的综合基尼系数（$G_{综合}$）为 0.36，处于正常状态，并比较接近 0.4 的警戒状态。其中：①群众体育人力资源：群众体育行政管理人员，从数量上总体达到国家标准，学历水平低于整个社会公务员学历水平 10 个百分点，且市区优于乡镇，城乡之间配置公平性指数（$G = 0.22$）达到最佳公平性状态；社会体育指导员，数量城乡均超过国家标准，乡镇社会体育指导员等级水平略低于市区，城乡之间配置公平性接近不公平的警戒线状态（$G = 0.39$）；体育辅助人员，数量城乡均比较少，市区配置远高于乡镇，城乡之间配置达到高度不公平状态（$G = 0.60$）。②群众体育物力资源：室外体育场地面积，市区除个别地区外多数超过国家标准，乡镇配置水平较低，而城乡之间配置公平性达到了最佳公平性水平（$G = 0.13$）；室内体育场地面积，城乡配置水平与国外发达国家相比均较低，且市区远高于乡镇，城乡之间公平系数达到 0.40 的警戒线状态；体育场馆数量，总体数量水平较高，市区每万人体育场馆数量明显高于乡镇，城乡之间公平指数也达到了 0.40 的警戒线状态；全民健身路径（农民体育健身）工程，数量上达到非常好的配置水平，城乡均达到较高水平，城乡之间配置公平性指数到达最佳水平（G 低于 0.10）；全民健身站（点），城乡之间均建有较为丰富的体育健身站点，市区稍高于乡镇，城乡之间公平性指数为 0.36，处于较为公平性状态。③群众体育财力资源：近年来群众体育经费有大幅度上涨，但总体看，城乡体育经费投入人均水平仍偏低，且城乡之间差别显著，公平性指数达到了 0.49，超过了公平性配置的警戒线水平。④群众体育组织资源：群众体育社会团体建设，城乡群众体育社团快速发展，数量明显增加，但地区间、城乡之间有一定差距，城乡之间配置公平性（$G = 0.32$）在正常范围之内；群众体育活动开展明显增加，城乡之间、市区之间、乡镇之间有较大差别，城乡之间开展的公平性水平（0.39）接近不公平的警戒线状态。⑤城乡群众公共体育信息资源：城乡

均有体育宣传活动开展，城乡之间差别大，城乡之间开展活动公平性
(0.39) 接近了警戒线水平。

第五，通过对中部六省省会城市城乡初级中学体育资源配置水平与公
平性状况调研显示：目前，我国中部六省省会城市城乡初级学校体育资源
配置的综合基尼系数（$G_{综合}$）为 0.21，处于最佳公平配置状态。其中：
①学校体育人力资源：城乡学校体育教师数量均达到国家规定的标准，市
区学校教师数量高于乡镇，而体育教师的学历水平、职称水平、专业结构
等均超过全国初中教师整体水平，其中体育教师学历水平高出全国初中教
师平均学历水平 15 个百分点，但城乡体育教师的接受继续教育水平、工
资待遇水平却低于整体初中教师水平。城乡体育教师配置数量公平性系数
仅为 0.09，达到最佳公平状态。②学校体育物力资源：生均体育场地面
积，除武汉达到了国家规定的最低 8.09m² 的配置标准，其他市区和乡镇
均没有达到国家标准，有近 50% 的市区和乡镇低于国家标准的 50%。另
外，除郑州市区初中生均体育场地面积略高于郑州乡镇中学外，其他五个
省会城市均出现了乡镇学校生均体育场地面积高于其所在市的市区学校。
而城乡学校之间在体育场地面积配置上具有最佳公平性（G = 0.15）。生
均标准和非标准体育场地面积，六省省会城市市区与乡镇之间存在明显差
异。市区学校以标准场地为主，其标准场地总体比例达到了 75.12%，而
乡镇则远低于市区，其标准场地面积仅占总面积的 25.57%。六省省会城
市城乡学校标准体育场地面积的基尼系数达到 0.45，已经超过 0.4 的公
平性警戒状态。学校体育设备情况，中部六省省会城市城乡初级中学在体
育设备配置上总体处于良好状态，市区"每千人体育设备数量"为
10.89，乡镇为 11.40，均超过国家规定的"市区每千人 8.89 个，乡镇为
每千人 6.67 个"最低标准，且乡镇水平高于市区。城乡之间配置公平性
水平达到最佳状态，基尼系数均不超过 0.10 水平。③学校体育信息资源：
城乡学校体育读物数量均较少，市区略好于乡镇，城乡之间配置公平性达
到了最佳状态（G 低于 0.10）；城乡体育用计算机配置数量较为充足，市
区略好于乡镇，城乡之间配置达到了最佳公平状态（G = 0.16）。

第六，城乡学校体育资源配置水平与公平性状态明显优于城乡群众公
共体育资源配置的水平及公平性水平；我国城乡群众公共体育资源配置总
体的公平性状况在正常范围，但低于国家其他公共资源（如公共卫生资
源）配置的公平性；我国城乡学校体育资源配置与其所对应的学校教育

资源配置公平性水平总体比较一致，总体城乡学校体育资源配置公平性要优于其对应的其他教育资源配置的公平性。

第七，我国城乡公共体育资源配置，要树立六大正确公平观：①要正确看待我国城乡公共体育资源配置的"差距"，"差别"并不都是"差距"；②综合公平指数并不代表各个方面的"公平"水平，公平也不是绝对的平均主义；③城乡体育资源配置公平不仅包括人口分布公平，还包括地理分布均衡和经济发展水平分布公平；④城乡体育资源配置公平不仅包括体育资源数量、质量、类型的公平，还包括其使用的权利公平、机会公平和规则公平等；⑤城乡学校体育资源公平配置要优先于城乡群众公共体育资源的配置；⑥城乡体育资源配置达到最佳公平状态并不代表城乡体育资源配置达到较高水平。

第八，建立公共体育资源配置水平与公平性监测制度，应同每五年一次的"国民体质监测"联合起来，这样既可以节省人力资源、财力资源与时间资源，也可以对比分析"国民体质健康水平"与"公共体育资源配置水平"之间的关系，为进一步共同开展好两项调研活动和政府进一步加强两方面工作提供参考。

第二节　政策建议

第一，建立全国"公共体育资源配置水平与公平性监测制度"与监测承担机构，建议"公共体育资源配置水平与公平性"监测同每五年一次的"国民体质监测"联合起来，在"国家国民体质监测中心"建立相关负责小组，各地市国民体质监测部门也设置相应负责小组和人员。

第二，地方政府应建立城乡公共体育资源配置数据统计与上报制度，在国民体质监测年把近五年公共体育资源配置的人力资源、物力资源、财力资源、信息资源、组织资源等具体情况统计上报。建议在统计财力资源时要把政府财政划拨、体育彩票基金、社会捐助或赞助款项分别统计。

第三，从本次调研看，城乡群众公共体育资源配置，应加强以下工作：增加乡镇地区社会体育指导员的数量，提高其等级水平，更好地为乡镇群众科学参与体育活动提供指导；增加城乡体育场馆辅助服务人员的数量，做好体育场馆设施的管理与维护；仍需加强体育场馆数量与体育场地面积建设，尤其需要加强城乡室内体育场馆建设，并大大加强乡镇室内体育场地建设力度；进一步加强城乡群众体育健身站点的管理与运行水平，提高工作效率，多开展体育健身与体育宣传活动等；加大城乡群众体育人均经费数量，尤其加强乡镇人均投入比例，缩小城乡居民差距。

第四，城乡学校体育资源配置，进一步相关工作：做好学校生均体育经费的统计工作，目前各个学校并没有把整个办学经费与学校体育工作经费单独统计分析；提高体育教师的待遇水平，向其他学科教师待遇水平看齐；进一步增加生均体育场地面积，尤其提高城乡室内体育场地面、乡镇标准体育场地面积的比例，在数量与质量两个方面均达到国家规定标准，缩小城乡差距；进一步加强对城乡学校体育读物的配置水平，为体育教师提供进一步学习的外部条件。

第五，从调研结果看，城乡公共体育资源配置水平与公平性整体处于较好状态，但调研结果与人们感觉有明显差异，可能是由于体育资源配置存在地理分布上的不公平，人口分布公平掩盖了地理分布的不公平。因此，建议城乡公共体育资源配置在做好人口分布公平的基础上，应重点做好地理分布的公平性，这是真正实现公共服务均等化的核心要求。

第六，总体来看，今后一段时期，市区公共体育资源配置应以数量配置为主，向以公共体育资源配置的质量为主转变；乡镇公共体育资源配置仍主要以数量与质量并重发展，并尽可能缩小与市区的差距。

第三节　研究展望

本书通过对我国城乡公共体育资源配置水平与公平性评估理论的探索及在中部六省省会城市城乡的具体调研与评估分析，系统构建了城乡公共体育资源配置评估的理论与实践体系，提出了应树立正确的"公平观"，并提出建立全国"公共体育资源配置水平与公平性监测制度"与运行机制，取得了较为丰硕的成果。但在研究过程中，由于课题组时间、经费及协调全国范围调研能力的局限，本书主要存在以下几个局限，这些局限也是今后需要深入研究的问题：

第一，未能做全国性范围的调查研究，仅选取中部六省中的省会城市城乡为调研对象。从研究范围看，应该对全国所有省市按照人均 GDP 高、中、低分别选取三个市，然后每市再按照人均 GDP 高、中、低分别选取三个县或县级市，而市区同样选取三个区；最后，在每个县中分别选取三个乡镇进行调研。然而，要实施这样大范围的全国调查一个课题组的能力显然是不够的，因此，建议由国家相关部门统一组织调研。

第二，由于所调研地区以往没有相关统计要求，致使一些指标未能统计或统计数据欠准确。在本次研究中，由于各个学校没有把体育经费与其他教育经费分开统计，所以就无法统计城乡学校体育财力资源，其接受的社会捐助或赞助也同样无法统计。另外，群众财力资源中，也有部分指标统计是主管部门的笼统指标，与实际也可能有出入。

第三，本书仅开展了城乡公共体育资源配置的人口分布公平指数计算，而没有开展地理分布公平性、经济收入水平分别公平性指标的计算。对公共社会资源配置公平性的调研，通常包括人口分布、地理分布和经济分布三个方面的公平性计算，而其中人口分布公平是最基础的调研。然而，对于公共体育资源配置的公平性，不仅取决于人均公共体育资源的拥有量，更重要的是体现公共体育资源在地理位置配置的公平性，因为，体育资源配置的具体位置直接影响着人们的体育参与。另外，公共体育资源配置公平性也应与当地经济水平发展相适应，因此，按照人均 GDP 对体育资源配置公平性进行相对性分析可能也具有重要意义。但对体育资源分别进行地理位置数据统计十分复杂，工作量巨大，非一个课题组能够完成。

第四，对建立全国"公共体育资源配置水平与公平性监测制度"与运行机制的构建，仅是理论分析，还缺乏实践检验。应该在广泛调研与初步实践的基础上，具体构建出"公共体育资源配置水平与公平性的监测方案"，明确具体的责任机构、具体监测内容、具体实施步骤，并设计相关数据调研表格、数据统计与填写细则、数据处理办法及调研公报发布、下一步工作建议方案等，在此基础上进行全面、系统的研究。

附　录

附录1 《城乡群众体育资源评估体系》专家访谈提纲

尊敬的专家：

您好！

随着城乡二元化的不断发展，城乡差距越来越大；在构建和谐社会的今天，社会公平日益显得重要。城乡公共体育资源的公平性配置是衡量我国城乡、区域间公共服务均等化供给的前提与基础。本研究欲通过构建城乡公共体育资源配置评估体系，进而调研城乡公共体育资源配置公平性状况。因此，城乡公共体育资源配置评估体系的科学、合理、有效构建是调研开展的前提条件，本次访谈主要就这些方面的问题咨询您，请您提供大力的支持和帮助，非常感谢！

1. 您认为当今城乡群众体育资源存在差别吗？若有，都在哪些方面存在差别？

2. 您认为这些差别都是由哪些因素造成的？

3. 您认为我们应该如何来检验城乡群众体育资源存在的差别？（主要从哪些方面来检验）

4. 您认为在评价城乡群众体育资源的过程中，体育人力资源是一个重要评价指标吗？若是，体育人力资源应该从哪些人员来评价？

5. 您认为在评价城乡群众体育资源的过程中，体育财力资源是一个重要评价指标吗？若是，体育财力资源应该从哪些方面来评价？

6. 您认为在评价城乡群众体育资源的过程中，体育物力资源是一个重要评价指标吗？若是，体育物力资源应该从哪些方面来评价？

7. 您认为在评价城乡群众体育资源的过程中，体育信息资源是一个重要评价指标吗？若是，体育信息资源应该从哪些方面来评价？

8. 您认为在评价城乡群众体育资源的过程中，群众体育组织机构是一个重要评价指标吗？若是，群众体育组织机构应该从哪些方面来评价？

9. 您认为在评价城乡群众体育资源的过程中，群众体育时间资源是一个重要评价指标吗？若是，群众体育时间资源应该从哪些方面来评价？

10. 您认为，目前我国城乡群众体育资源在配置上最大的差距是在哪个方面？

11. 您认为，若评估我国城乡群众体育资源配置的公平性，最应该设计的评估指标是什么？

12. 您认为，若党和国家改善我国城乡群众体育资源配置的公平性，可以通过哪些策略或途径来改善？您有什么建议？

最后，对您的参与再次表示感谢！

附录2 《城乡学校体育资源评估体系》专家访谈提纲

尊敬的专家：

您好！

随着城乡二元化的不断发展，城乡差距越来越大；在构建和谐社会的今天，社会公平日益显得重要。百年大计，教育为本，教育公平作为社会公平的基础，教育资源的不公会引起社会各方面的不良反应。教育资源的配置是衡量教育公平的基础。本人正在做《城乡中小学体育资源评价体系构建及实证研究》，准备从教育资源方面来研究一下学校体育资源配置现状，构建城乡学校体育资源评价指标体系。以此来对各级各类学校体育资源配置情况进行检验，为政府及教育部门对各级学校体育资源的合理配置提供现实可靠的依据。您的参与将会为城乡学校体育资源评价体系的构建提供大力的支持和帮助，非常感谢您积极地参与本次访谈。

1. 您认为当今城乡学校体育资源存在差别吗？若有，都在哪些方面存在差别？

2. 您认为这些差别都是由哪些因素造成的？

3. 您认为我们应该如何来检验学校体育资源存在的差别？（主要从哪些方面来检验）

4. 您认为在评价学校体育资源的过程中，学校体育人力资源是一个重要评价指标吗？若是，学校体育人力资源应该从哪些人员来评价？

5. 您认为在评价学校体育资源的过程中，学校体育财力资源是一个重要评价指标吗？若是，学校体育财力资源应该从哪些方面来评价？

6. 您认为在评价学校体育资源的过程中，学校体育物力资源是一个重要评价指标吗？若是，学校体育物力资源应该从哪些方面来评价？

7. 您认为在评价学校体育资源的过程中，学校体育信息资源是一个重要评价指标吗？若是，学校体育信息资源应该从哪些方面来评价？

8. 您认为在评价学校体育资源的过程中，学校体育组织机构是一个重要评价指标吗？若是，学校体育组织机构应该从哪些方面来评价？

9. 您认为在评价学校体育资源的过程中，学校体育时间资源是一个重要评价指标吗？若是，学校体育时间资源应该从哪些方面来评价？

10. 您认为，目前我国城乡学校体育资源在配置上最大的差距是在哪个方面？

11. 您认为，若评估我国城乡学校体育资源配置的公平性，最应该设计的评估指标是什么？

12. 您认为，若党和国家改善我国城乡学校体育资源配置的公平性，可以通过哪些策略或途径来改善？您有什么建议？

最后，对您的参与再次表示感谢！

附录3 《城乡群众体育资源评估体系构建研究》第一轮专家调查表

尊敬的专家：

您好！首先，非常感谢您能参加本研究的专家调查，感谢您在百忙之中抽出时间来完成问卷填写工作，对您所付出的辛勤劳动表示最诚挚的谢意！

群众体育资源是群众体育发展的必要条件和基础，而我国城乡群众体育资源在人力、物力、财力等方面的资源配置上都存在明显的不公平现象，这种差距需要被量化地表现出来才能显现公平缺失的程度。为了能够客观、可靠、有效地评价我国城乡群众体育资源的现状，为我国城乡群众体育资源的合理发展提出相应规划，有利于我国对群众体育资源配置的宏观调控，本研究提出城乡群众体育资源评估体系及经验性指标供专家选择，对于不恰当部分专家可提出自己的意见。本次问卷调查的目的主要是为科学制定出我国城乡群众体育资源评估体系提供重要的参考依据。

本次专家咨询共需要进行两轮。首次的咨询表收齐后，我们将迅速进行统计，并争取在最短的时间内，将各位专家的综合意见反馈给您。再次向付出辛勤劳动的您表示万分的感谢！并真诚期待您对本书的任何意见和建议。

课题组

一 专家基本情况

1. 您的姓名：_____   职称：_____

您的工作单位：_____   工作年限：_____

您的工作职务：_____   E – mail：_____

2. 您的年龄：

（1） < 30 岁　　（2） 30—39 岁　　（3） 40—49 岁　　（4） 50—59 岁

（5） ≥60 岁

3. 您的文化程度：

（1）专科　　（2）本科　　（3）硕士研究生　　（4）博士研究生
（5）其他

4. 您目前主要担任什么工作？

（1）行政管理　　（2）教学科研　　（3）其他（请注明）：

5. 您目前从事专业领域的工作年限（如果是多个领域，请注明两个主要领域的年限）：

（1）专业_____　　　年限_____

（2）专业_____　　　年限_____

6. 您对目前我国群众体育公共资源体系的熟悉程度：

（1）很熟悉　　（2）熟悉　　（3）较熟悉　　（4）一般　　（5）较不熟悉　　（6）很不熟悉

二　对城乡体育资源评估体系一级指标主要含义的介绍

一级指标名称	指标说明
群众体育人力资源	主要指对群众体育的发展起到直接推动作用的人员的总和，包括群众体育管理工作人员、社会体育指导员以及群众体育辅助工作人员（如器材维修工作人员、群众体育信息传播者、志愿者等）。
群众体育物力资源	主要群众体育物力资源要素是指以物质形态为主要表现形式的各类群众体育物质资源，主要包括公共体育场地及设施、全民健身路径等。
群众体育财力资源	主要指发展群众体育事业所需的经费，经费来源包括：国家财政拨款、社会赞助与集资、体育彩票投入等。（作为体育场馆设施建设投入的经费不计入在内）
群众体育组织资源	主要指政府或社会力量为群众体育服务所建立的一切组织机构的总和以及组织的体育活动等。主要包括群众体育管理机构或部门、群众体育协会、群众体育运动会等。
群众体育信息资源	主要指为群众了解体育基本常识与基本技能、体育文化及健身知识等的各种文字、数字、音像、图表、语言等一切信息的总称。群众体育信息资源要素包括各种有关群众体育的宣传、报刊、讲座等。
群众体育制度资源	主要指各级政府及群众体育行政部门为了推动群众体育的发展，颁布制定的制度政策，包括国家颁布的各种政策法规和措施、群众体育组织的各类规章和制度等。

三 群众体育资源评估指标筛选统计

填表说明：本次专家问卷调查仅用于本书的统计分析，请您根据实际情况和个人见解对问题进行回答。请在同意的指标对应处画"√"，不同意的画"×"，如果有不同意见和建议则请在相应位置填写意见和建议。

一级指标	同意画"√"否画"×"	二级指标	同意画"√"否画"×"	三级指标	同意画"√"否画"×"	修改意见及建议
A1 群众体育人力资源		B11 体育管理工作人员		群众体育管理人员总数占本地区总人口的比例		
				群众体育管理人员的学历		
				群众体育管理人员的行政级别		
		B12 社会体育指导员		社会体育指导员人数（个/万人）		
				社会体育指导员的学历结构		
				社会体育指导员的等级		
		B13 群众体育辅助人员		群众体育辅助人员总数占本地区总人口的比例		
	需要补充的指标					
A2 群众体育物力资源		B21 群众体育场地面积		人均室内公共体育场地的面积（平方米/人）		
				人均室外公共体育场地的面积（平方米/人）		
		B22 体育场馆设施		体育场馆数量（个/万人）		
				健身公园、晨练点数量（个/万人）		
				全民健身路径工程套数（套/万人）		
	需要补充的指标					

续表

一级指标	同意画"√"否画"✕"	二级指标	同意画"√"否画"✕"	三级指标	同意画"√"否画"✕"	修改意见及建议
A3 群众体育财力资源		B31 政府财政拨款		近三年人均政府财政拨款群众体育专项资金数（元/人）		
		B32 社会赞助与集资		近三年人均拥有（群众体育）社会赞助与集资金额数（元/人）		
		B33 体育彩票投入		近三年人均吸纳（群众体育）体育彩票资金数（元/人）		
	需要补充的指标					
A4 群众体育组织资源		B41 群众体育组织建设		体育社会团体协会数量（个/万人）		
				群众体育指导站数（个/万人）		
				群众体育行政组织机构个数（个/万人）		
		B42 群众体育组织活动开展情况		群众体育活动开展次数（次/年）		
				群众体育综合性运动会举办次数（次/年）		
	需要补充的指标					
A5 群众体育信息资源		B51 体育信息设施建设		享有体育宣传报栏的个数（个/万人）		
				享有体育宣传电子屏的个数（个/万人）		
				群众体育行政组织机构个数（个/万人）		
		B52 体育信息服务		每年制作体育健身知识宣传栏的次数（次/万人）		
				每年开展体育科普与健身知识讲座次数（次/万人）		
	需要补充的指标					

续表

一级指标	同意画"√" 否画"╳"	二级指标	同意画"√" 否画"╳"	三级指标	同意画"√" 否画"╳"	修改意见及建议
A6 群众体育制度资源		B61 群众体育政策法规建设		群众体育相关政策内容数量		
				群众体育相关法规、条例数量		
		B62 群众体育组织规章建设		群众体育组织规章制度数量		
				群众体育组织条例数量		
		需要补充的指标				

附：专家调查问卷评价意见（选项请画"√"）

1. 您认为本问卷总体设计如何？若选择"不合理"与"很不合理"，请提出不足与修改意见。

很合理（　　）　合理（　　）　一般（　　）　不合理（　　）
很不合理（　　）

意见：＿＿＿＿＿＿＿＿＿＿＿＿＿＿＿＿＿＿＿＿＿＿＿＿＿＿＿＿＿

＿＿＿＿＿＿＿＿＿＿＿＿＿＿＿＿＿＿＿＿＿＿＿＿＿＿＿＿＿＿＿＿＿

2. 您认为本问卷结构安排与比例设置如何？若选择"不合理"与"很不合理"，请提出不足与修改意见。

很合理（　　）　合理（　　）　一般（　　）　不合理（　　）
很不合理（　　）

意见：＿＿＿＿＿＿＿＿＿＿＿＿＿＿＿＿＿＿＿＿＿＿＿＿＿＿＿＿＿

＿＿＿＿＿＿＿＿＿＿＿＿＿＿＿＿＿＿＿＿＿＿＿＿＿＿＿＿＿＿＿＿＿

3. 您认为本问卷各项指标内容的设定如何？若选择"不合理"与"很不合理"，请提出不足与修改意见。

很合理（　　）　合理（　　）　一般（　　）　不合理（　　）
很不合理（　　）

意见：＿＿＿＿＿＿＿＿＿＿＿＿＿＿＿＿＿＿＿＿＿＿＿＿＿＿＿＿＿

＿＿＿＿＿＿＿＿＿＿＿＿＿＿＿＿＿＿＿＿＿＿＿＿＿＿＿＿＿＿＿＿＿

4. 您认为本问卷各项指标的可操作性如何？若选择"不合理"与"很不合理"，请提出不足与修改意见。

很合理（　　）　合理（　　）　一般（　　）　不合理（　　）
很不合理（　　）

意见：_____

_____

附录4 《城乡群众体育资源评估体系构建研究》第二轮专家调查表

尊敬的＿＿＿＿＿＿专家：

您好！

首先，对您能为我们作答第一轮专家问卷表示深深的谢意。

通过对第一轮专家问卷调查进行统计分析，综合各个专家的具体意见，设计了第二轮专家调查表。本轮问卷主要是为了获得各指标对应上一级指标影响的重要程度，重要程度分为五个等级：非常重要、比较重要、一般重要、比较不重要、非常不重要。如您认为对群众体育人力资源的评估对城乡群众体育资源评估的影响很重要，则在相对应的"很重要"一栏中打"√"，二级和三级指标的填写与此类似。

请您根据实际情况和想法对问卷进行作答。再次向付出辛勤劳动的您表示万分的感谢！并真诚期待您对本书的任何意见和建议。

课题组

填表说明：本次专家问卷调查仅用于本研究的统计分析，请您根据实际情况和个人见解对问题进行回答。请在您认为的重要程度下画"√"。

1. 我国城乡群众体育资源评估一级评价指标

总目标层	一级指标	重要程度				
		非常重要	比较重要	一般重要	比较不重要	非常不重要
城乡群众体育资源评估体系	群众体育人力资源					

总目标层	一级指标	重要程度				
		非常重要	比较重要	一般重要	比较不重要	非常不重要
城乡群众体育资源评估体系	群众体育物力资源					
	群众体育财力资源					
	群众体育组织资源					
	群众体育信息资源					

2. 我国城乡群众体育资源评估二级评价指标

一级指标	二级指标	重要程度				
		非常重要	比较重要	一般重要	比较不重要	非常不重要
群众体育人力资源	群众体育行政管理工作人员					
	社会体育指导员					
	群众体育辅助人员					
群众体育物力资源	群众体育场地面积					
	群众体育场馆设施					
群众体育财力资源	政府财政拨款					
	社会赞助与集资					
	体育彩票投入					
群众体育组织资源	群众体育组织建设					
	群众体育组织活动开展情况					
群众体育信息资源	群众体育信息设施建设					
	群众体育信息服务					

3. 我国城乡群众体育资源评估三级评价指标

二级指标	三级指标	重要程度				
		非常重要	比较重要	一般重要	比较不重要	非常不重要
群众体育行政管理工作人员	群众体育行政管理人员总数占本地区总人口的比例					
	群众体育行政管理人员的学历					
	群众体育行政管理人员的行政级别					
社会体育指导员	社会体育指导员人数（个/万人）					
	社会体育指导员的学历结构					
	社会体育指导员的等级					
群众体育辅助人员	群众体育辅助人员总数占本地区总人口的比例					
群众体育场地面积	人均室内公共体育场地的面积（平方米/人）					
	人均室外公共体育场地的面积（平方米/人）					
群众体育场馆设施	群众体育场馆数量（个/万人）					
	体育健身点数量（个/万人）					
	全民健身路径工程套数（套/万人）					
政府财政拨款	近三年人均政府财政拨款群众体育专项资金数占人均GDP（%）					
社会赞助与集资	近三年人均拥有群众体育社会赞助与集资金额数占本区域公共服务获取社会赞助与集资人均总金额（%）					
体育彩票投入	近三年体育彩票投入群众体育人均资金占体育彩票总人均收益（%）					
群众体育组织建设	群众体育社会团体数量（个/万人）					
	群众体育指导站数（个/万人）					
群众体育组织活动开展情况	群众体育单项活动开展次数（次/年）					
	群众体育综合性运动会举办次数（次/年）					

续表

二级指标	三级指标	重要程度				
		非常重要	比较重要	一般重要	比较不重要	非常不重要
群众体育信息设施建设	享有体育宣传报栏的个数（个/万人）					
	享有体育宣传电子屏的个数（个/万人）					
群众体育服务信息	每年制作体育健身知识宣传栏的次数（次/年）					
	每年开展体育科普与健身知识讲座次数（次/年）					

附录5 《城乡群众体育资源评估体系》指标权重专家调查表

尊敬的＿＿＿＿＿＿＿＿专家：

您好！

为了能够客观、可靠、有效地构建我国城乡群众体育资源评估体系，本研究前期做了大量相关资料的收集、整理，提出了城乡群众体育资源评估体系及经验性指标，并对部分专家进行了访问和问卷调查，根据专家的具体意见计算调整了相应的指标，确定了城乡群众体育资源评估体系。本轮问卷主要是为了获得各级指标的权重，采用的是矩阵两两比较的层次分析法（AHP）。请您根据实际情况和想法对问卷进行作答。

衷心感谢您的大力支持与帮助！

课题组

我国城乡群众体育资源评估指标体系

一级指标	二级指标	三级指标
人力资源	1. 群众体育行政管理工作人员	1.1 每万人群众体育行政管理人员数（个/万人）
		1.2 群众体育行政管理人员的学历
		1.3 群众体育行政管理人员的行政级别
	2. 社会体育指导员	2.1 每万人社会体育指导员人数（个/万人）
		2.2 社会体育指导员的学历结构
		2.3 社会体育指导员的等级
	3. 群众体育辅助人员	3.1 每万人群众体育辅助人员数（个/万人）
物力资源	1. 群众体育场地面积	1.1 人均室内公共体育场地的面积（平方米/人）
		1.2 人均室外公共体育场地的面积（平方米/人）

续表

一级指标	二级指标	三级指标
物力资源	2. 群众体育场馆设施	2.1 每万人群众体育场馆数量（个/万人）
		2.2 每万人体育健身点数量（个/万人）
		2.3 每万人全民健身路径工程套数（套/万人）
财力资源	1. 政府财政拨款	1.1 近三年人均政府财政拨款群众体育专项资金数占人均GDP（%）
	2. 社会赞助与集资	2.1 近三年人均拥有群众体育社会赞助与集资金额数占本区域公共服务获取社会赞助与集资人均总金额（%）
	3. 体育彩票投入	3.1 近三年体育彩票投入群众体育人均资金占体育彩票总人均收益（%）
组织资源	1. 群众体育组织建设	1.1 每万人群众体育社会团体数量（个/万人）
		1.2 每万人群众体育指导站数（个/万人）
	2. 群众体育组织活动开展情况	2.1 群众体育单项活动开展次数（次/年）
		2.2 群众体育综合性运动会举办次数（次/年）
信息资源	1. 群众体育信息设施建设	1.1 每万人享有体育宣传报栏的个数（个/万人）
		1.2 每万人享有体育宣传电子屏的个数（个/万人）
	2. 群众体育信息服务	2.1 每年制作体育健身知识宣传栏的次数（次/年）
		2.2 每年开展体育科普与健身知识讲座次数（次/年）

层次分析法确定各指标的权重

下面是我们构筑的两两比较判断矩阵，请您用 1—9 标度法填写各指标的相对重要性。

判断矩阵标度及其含义

标度	重要性含义
1	表示两指标相比，具有"同样重要性"
3	表示两指标相比，一个元素比另一个元素"稍微重要"
5	表示两指标相比，一个元素比另一个元素"明显重要"
7	表示两指标相比，一个元素比另一个元素"强烈重要"
9	表示两指标相比，一个元素比另一个元素"极端重要"
2、4、6、8	表示两指标相比，界于两相邻判断的中值
上述数值的倒数	指标 i 与 j 比较得判断 C_{ij}，则指标 j 与 i 比较得判断 $C_{ji} = 1/C_{ij}$

示例（只作示范，填写时不要受此干扰）

两者关系	人力资源	物力资源	财力资源	信息资源	组织资源
人力资源	1	1/4	1/3	5	5
物力资源		1	1	7	5
财力资源			1	7	7
信息资源				1	1/4

第一行中，表示人力资源与物力资源相比，其相对重要性为 1/4，即人力资源处于"稍微不重要"与"明显不重要"之间；5 表示人力资源与信息资源相比，人力资源处于"明显重要"地位。

第二行中，物力资源与财力资源相比，重要性为 1，表示物力资源与财力资源相比处于"同等重要"地位。

对角线上的值均为 1，表示每个指标与自身相比，处于"同等重要"地位。

以下内容需要填写：

一　一级指标权重系数确定

判断矩阵 A1—A（人力资源、物力资源、财力资源、信息资源、组织资源各子系统对于城乡群众体育资源评估的相对重要性）

（纵列项比横列项同等重要为 1，两者之间为 2，稍重要为 3，两者之间为 4，明显重要为 5，两者之间为 6，强烈重要为 7，两者之间为 8，极其重要为 9；横列项比纵列项则为对应关系的倒数）

两者关系	A1 人力资源	A2 物力资源	A3 财力资源	A4 信息资源	A5 组织资源
A1 人力资源	1				
A2 物力资源		1			
A3 财力资源			1		
A4 信息资源				1	

二　二级指标权重系数确定

1. 判断矩阵 A1—B（群众体育行政管理工作人员、社会体育指导员、群众体育辅助人员对于城乡群众体育人力资源评估的相对重要性）

（纵列项比横列项同等重要为1，两者之间为2，稍重要为3，两者之间为4，明显重要为5，两者之间为6，强烈重要为7，两者之间为8，极其重要为9；横列项比纵列项则为对应关系的倒数）

A1	B11 群众体育行政管理工作人员	B12 社会体育指导员	B13 群众体育辅助人员
B11 群众体育行政管理工作人员	1		
B12 社会体育指导员		1	

2. 判断矩阵 A2—B（群众体育场地面积、群众体育场馆设施对于城乡群众体育物力资源评估的相对重要性）

（纵列项比横列项同等重要为1，两者之间为2，稍重要为3，两者之间为4，明显重要为5，两者之间为6，强烈重要为7，两者之间为8，极其重要为9；横列项比纵列项则为对应关系的倒数）

A2	B21 群众体育场地面积	B22 群众体育场馆设施
B21 群众体育场地面积	1	

3. 判断矩阵 A3—B（政府财政拨款、社会赞助与集资、体育彩票投入对于城乡群众体育财力资源评估的相对重要性）

（纵列项比横列项同等重要为1，两者之间为2，稍重要为3，两者之间为4，明显重要为5，两者之间为6，强烈重要为7，两者之间为8，极其重要为9；横列项比纵列项则为对应关系的倒数）

A3	B31 政府财政拨款	B32 社会赞助与集资	B33 体育彩票投入
B31 政府财政拨款	1		
B32 社会赞助与集资		1	

4. 判断矩阵 A4—B（群众体育组织建设、群众体育组织活动开展情况对于城乡群众体育组织资源评估的相对重要性）

（纵列项比横列项同等重要为1，两者之间为2，稍重要为3，两者之间为 4，明显重要为 5，两者之间为 6，强烈重要为 7，两者之间为 8，极其重要为 9；横列项比纵列项则为对应关系的倒数）

A4	B41 群众体育组织建设	B42 群众体育组织活动开展情况
B41 群众体育组织建设	1	

5. 判断矩阵 A5—B（群众体育信息设施建设、群众体育信息服务对于城乡群众体育信息资源评估的相对重要性）

（纵列项比横列项同等重要为 1，两者之间为 2，稍重要为 3，两者之间为 4，明显重要为 5，两者之间为 6，强烈重要为 7，两者之间为 8，极其重要为 9；横列项比纵列项则为对应关系的倒数）

A5	B51 群众体育信息设施建设	B52 群众体育信息服务
B51 群众体育信息设施建设	1	

三　三级指标权重系数确定

1. 判断矩阵 B11—C

（纵列项比横列项同等重要为 1，两者之间为 2，稍重要为 3，两者之间为 4，明显重要为 5，两者之间为 6，强烈重要为 7，两者之间为 8，极其重要为 9；横列项比纵列项则为对应关系的倒数）

B11	C11 每万人群众体育行政管理人员数（个/万人）	C12 群众体育行政管理人员的学历	C13 群众体育行政管理人员的行政级别
C11 每万人群众体育行政管理人员数（个/万人）	1		
C12 群众体育行政管理人员的学历		1	

2. 判断矩阵 B12—C

（纵列项比横列项同等重要为 1，两者之间为 2，稍重要为 3，两者之间为 4，明显重要为 5，两者之间为 6，强烈重要为 7，两者之间为 8，极其重要为 9；横列项比纵列项则为对应关系的倒数）

B12	C21 每万人社会体育指导员人数（个/万人）	C22 社会体育指导员的学历结构	C23 社会体育指导员的等级
C21 每万人社会体育指导员人数（个/万人）	1		
C22 社会体育指导员的学历结构		1	

3. 判断矩阵 B21—C

（纵列项比横列项同等重要为1，两者之间为2，稍重要为3，两者之间为4，明显重要为5，两者之间为6，强烈重要为7，两者之间为8，极其重要为9；横列项比纵列项则为对应关系的倒数）

B21	C31 人均室内公共体育场地的面积（平方米/人）	C32 人均室外公共体育场地的面积（平方米/人）
C31 人均室内公共体育场地的面积（m²/人）	1	

4. 判断矩阵 B22—C

（纵列项比横列项同等重要为1，两者之间为2，稍重要为3，两者之间为4，明显重要为5，两者之间为6，强烈重要为7，两者之间为8，极其重要为9；横列项比纵列项则为对应关系的倒数）

B22	C41 每万人群众体育场馆数量（个/万人）	C42 每万人体育健身点数量（个/万人）	C43 每万人全民健身路径工程套数（套/万人）
C41 每万人群众体育场馆数量（个/万人）	1		
C42 每万人体育健身点数量（个/万人）		1	

5. 判断矩阵 B41—C

（纵列项比横列项同等重要为1，两者之间为2，稍重要为3，两者之间为4，明显重要为5，两者之间为6，强烈重要为7，两者之间为8，极其重要为9；横列项比纵列项则为对应关系的倒数）

B41	C51 每万人群众体育社会团体数量（个/万人）	C52 每万人群众体育指导站数（个/万人）
C51 每万人群众体育社会团体数量（个/万人）	1	

6. 判断矩阵 B42—C

（纵列项比横列项同等重要为 1，两者之间为 2，稍重要为 3，两者之间为 4，明显重要为 5，两者之间为 6，强烈重要为 7，两者之间为 8，极其重要为 9；横列项比纵列项则为对应关系的倒数）

B42	C61 群众体育单项活动开展次数（次/年）	C62 群众体育综合性运动会举办次数（次/年）
C61 群众体育单项活动开展次数（次/年）	1	

7. 判断矩阵 B51—C

（纵列项比横列项同等重要为 1，两者之间为 2，稍重要为 3，两者之间为 4，明显重要为 5，两者之间为 6，强烈重要为 7，两者之间为 8，极其重要为 9；横列项比纵列项则为对应关系的倒数）

B51	C71 每万人享有体育宣传报栏的个数（个/万人）	C72 每万人享有体育宣传电子屏的个数（次/万人）
C71 每万人享有体育宣传报栏的个数（个/万人）	1	

8. 判断矩阵 B52—C

（纵列项比横列项同等重要为 1，两者之间为 2，稍重要为 3，两者之间为 4，明显重要为 5，两者之间为 6，强烈重要为 7，两者之间为 8，极其重要为 9；横列项比纵列项则为对应关系的倒数）

B52	C81 每年制作体育健身知识宣传栏的次数（次/年）	C82 每年开展体育科普与健身知识讲座次数（次/年）
C81 每年制作体育健身知识宣传栏的次数（次/年）	1	

附录6 《城乡学校体育资源评估体系》预选性指标专家、一线教师调查问卷

尊敬的＿＿＿＿＿＿专家：

您好！首先感谢您参与本次调查！

"教育公平"是社会公平的基础。在社会和谐发展的今天，"教育公平"越发显得重要。目前，城乡二元化的发展，已经严重影响到"社会公平"前进的步伐。为倡导"社会公平"原则，推进"教育公平"在全国范围的快速实施；为了提高体育资源薄弱区域的教师、学生享受相对公平的教育资源和权利，推进城乡体育资源相对公平化，构建对学校体育资源的评价体系显得尤为重要。现我们正在做关于《城乡学校体育评估体系构建及实证研究》的研究课题，该体系的建立能为教育部门制定相应方案提供客观现实依据。为了研究的需要，特设计本调查问卷，您是这方面的知名专家，恳请您在百忙之中抽出时间对问卷内容提出宝贵意见。您精辟、独到的见解将直接为本研究提供现实的客观依据，对体育资源薄弱的区域将是有力的支持和帮助。最后，再次诚挚感谢您的热情参与！

课题组

您的基本情况（请在以下选项"□"内画"√"）

1. 职业：（1）体育卫生管理人员□　（2）高校教师□　（3）中小学校长（①中学□②小学□）

2. 职称：（1）高校系列：教授□　副教授□　讲师□　助教□　其他□

（2）中学系列：高级□　中级□　初级□　其他□

3. 学历：（1）研究生□　（2）本科□　（3）专科□　（4）其

他□

　　4. 年龄：（1）30 岁以下□　　（2）30—39 岁□　　（3）40—49 岁□
（4）50—59 岁□　　（5）60 岁以上□

　　说明：

　　1. 本问卷的填答方式如下：请您在选择答案的"□"内画"√"；
同时，也请您在相应空白处上填写您自己的观点、意见和建议。

　　2. 以下是学校体育资源评估体系拟定的 6 项一级指标的简要介绍

一级指标	概念	功能
学校体育人力资源	指在学校体育系统内具有教育教学、科研和管理能力全部人口的总和，主要由管理人员、教学科研人员、教辅人员三部分组成	1. 能够很好地完成学校日常的教学、训练科研工作 2. 还能够承担体育理论培训、技术辅导、健康、康复咨询等为社会提供优质服务方面的工作
学校体育财力资源	指政府、社会为学校体育发展提供必要的经济支持，是开展学校体育各项工作的基础	1. 是保证学校体育事业顺利发展的重要因素之一 2. 学校体育资源的经济支柱
学校体育物力资源	指比较正规的体育场地、健身体育活动场馆、体育器材等设施，是实现学校体育目的和任务的物质基础	1. 为运动健身提供锻炼场所 2. 为运动健身提供锻炼器材
学校体育信息资源	体育信息，是指反映体育事业这个特定事物特征及其发展变化情况的各种消息的总和。从广义上讲，又指一切可以向体育事业提供信息的消息和资料。体育信息包括体育及其有关的消息、情报、指令、决策、图纸、数据、信号、资料等	1. 体育信息是体育决策和规划的基础 2. 体育信息是发展体育事业的依据 3. 体育系统与社会的沟通必须借助体育信息
学校体育组织机构	组织机构是为保证学校体育工作的顺利开展和实施独立的办公机构	1. 是学校体育管理者的办公场所 2. 是体育教师组织上课、备课的场所
学校体育时间资源	学校体育时间资源是学校师生进行体育技能学习、身体锻炼、体育活动最基本的时间保证	1. 为学校体育活动开展提供空间 2. 是学校体育活动顺利进行的保证

一　对学校体育资源评价体系一级指标的选择

我们拟把以下指标作为一级指标进行评价，您认为合适吗？请在您认为合适选项后面"□"内画"√"；您还有哪些需要修改或补充建议？

（1）体育人力资源□　（2）体育财力资源□　（3）体育物力资源□

（4）体育信息资源□　（5）体育组织机构□　（6）体育时间资源□

您认为从这6项指标对学校体育资源进行评价合适吗？

a. 完全合适□　　b. 比较合适□　　c. 一般□　　d. 不太合适□

e. 不合适□

若您选择 c、d、e 选项，您认为应该如何修改或有哪些补充？

二　对学校体育资源评价体系的二、三级评价指标的选择

（一）学校体育人力资源评价的二、三级指标

1. 对于学校体育人力资源，我们拟对以下人员进行评价，您认为合适吗？请在您认为合适选项后面"□"内画"√"；您还有哪些需要修改或补充建议？

（1）体育教师□　　　（2）体育管理者□　　　（3）体育教辅人员□

您认为从这3项指标对学校体育人力资源进行评价合适吗？

a. 完全合适□　　b. 比较合适□　　c. 一般□　　d. 不太合适□

e. 不合适□

若您选择 c、d、e 选项，您认为应该如何修改或有哪些补充？

2. 对于学校体育教师，我们拟从以下指标进行评价，您认为合适吗？请在您认为合适选项后面"□"内画"√"；您还有哪些需要修改或补充建议？

（1）年龄结构□　（2）性别结构□　（3）学历结构□

（4）专业结构□　（5）职称结构□　（6）师生比□

（7）工作量□　（8）定期培训□　（9）服装配备□

（10）月收入□

您认为从这10项指标对学校体育教师进行评价合适吗？

a. 完全合适□　　b. 比较合适□　　c. 一般□　　d. 不太合适□

e. 不合适□

若您选择 c、d、e 选项，您认为应该如何修改或有哪些补充？

3. 对于学校体育管理者，我们拟从以下指标进行评价，您认为合适吗？请在您认为合适选项后面"□"内画"√"；您还有哪些需要修改或补充建议？

（1）年龄结构□　　（2）性别结构□　　（3）学历结构□

（4）专业结构□　　（5）职称结构□

您认为从这5项指标对学校体育管理者进行评价合适吗？

a. 完全合适□　　b. 比较合适□　　c. 一般□　　d. 不太合适□
e. 不合适□

若您选择 c、d、e 选项，您认为应该如何修改或有哪些补充？

4. 对于体育教辅人员，我们拟从以下指标进行评价，您认为合适吗？请在您认为合适选项后面"□"内画"√"；您还有哪些需要修改或补充建议？

（1）年龄结构□　　（2）性别结构□　　（3）学历结构□

（4）专业结构□　　（5）职称结构□

您认为从这5项指标对学校体育教辅人员进行评价合适吗？

a. 完全合适□　　b. 比较合适□　　c. 一般□　　d. 不太合适□
e. 不合适□

若您选择 c、d、e 选项，您认为应该如何修改或有哪些补充？

（二）学校体育财力资源评价的二、三级指标

1. 对于学校体育财力资源，我们拟从以下指标进行评价，您认为合适吗？请在您认为合适选项后面"□"内画"√"；您还有哪些需要修改或补充建议？

（1）政府投入□　　　（2）社会捐助□　　　（3）学校创收□

您认为从这3项指标对学校体育财力资源进行评价合适吗？

a. 完全合适□　　b. 比较合适□　　c. 一般□　　d. 不太合适□
e. 不合适□

若您选择 c、d、e 选项，您认为应该如何修改或有哪些补充？

2. 对于财力资源中政府投入方面，我们拟从以下指标进行评价，您认为合适吗？请在您认为合适选项后面"□"内画"√"；您还有哪些需

要修改或补充建议？

（1）投入总金额□　　（2）用于体育方面的比例□

（3）学生人均金额□

您认为从这3项指标对政府投入进行评价合适吗？

a. 完全合适□　　b. 比较合适□　　c. 一般□　　d. 不太合适□

e. 不合适□

若您选择 c、d、e 选项，您认为应该如何修改或有哪些补充？

3. 对于财力资源中社会捐助方面，我们拟从以下指标进行评价，您认为合适吗？请在您认为合适选项后面"□"内画"√"；您还有哪些需要修改或补充建议？

（1）投入总金额□　　（2）用于体育方面的比例□

（3）学生人均金额□

您认为从这3项指标对社会捐助进行评价合适吗？

a. 完全合适□　　b. 比较合适□　　c. 一般□　　d. 不太合适□

e. 不合适□

若您选择 c、d、e 选项，您认为应该如何修改或有哪些补充？

4. 对于财力资源中学校创收方面，我们拟从以下指标进行评价，您认为合适吗？请在您认为合适选项后面"□"内画"√"；您还有哪些需要修改或补充建议？

（1）创收总金额□　　（2）用于体育方面的比例□

（3）学生人均金额□

您认为从这3项指标对社会捐助进行评价合适吗？

a. 完全合适□　　b. 比较合适□　　c. 一般□　　d. 不太合适□

e. 不合适□

若您选择 c、d、e 选项，您认为应该如何修改或有哪些补充？

（三）学校体育物力资源评价的二、三级指标

1. 对于学校体育物力资源，我们拟从以下指标进行评价，您认为合适吗？请在您认为合适选项后面"□"内画"√"；您还有哪些需要修改或补充建议？

（1）体育场地□　　　　（2）体育器材□

您认为从这2项指标对学校体育物力资源进行评价合适吗？

a. 完全合适□　　　b. 比较合适□　　　c. 一般□　　　d. 不太合适□
e. 不合适□

若您选择c、d、e选项，您认为应该如何修改或有哪些补充？

2. 对于学校体育场地，我们拟从以下指标进行评价，您认为合适吗？请在您认为合适选项后面"□"内画"√"；您还有哪些需要修改或补充建议？

（1）室内场地□　　（2）室外场地□　　（3）场地面积□

（4）场地质地□　　（5）人均面积□

您认为从这5项指标对学校体育场地进行评价合适吗？

a. 完全合适□　　　b. 比较合适□　　　c. 一般□　　　d. 不太合适□
e. 不合适□

若您选择c、d、e选项，您认为应该如何修改或有哪些补充？

3. 对于学校体育器材，我们拟从以下指标进行评价，您认为合适吗？请在您认为合适选项后面"□"内画"√"；您还有哪些需要修改或补充建议？

（1）器材种类□　　（2）器材数量□　　（3）人均占有量□

您认为从这3项指标对学校体育器材进行评价合适吗？

a. 完全合适□　　　b. 比较合适□　　　c. 一般□　　　d. 不太合适□
e. 不合适□

若您选择c、d、e选项，您认为应该如何修改或有哪些补充？

（四）学校体育信息资源评价的二、三级指标

1. 对于学校体育信息资源，我们拟从以下指标进行评价，您认为合适吗？请在您认为合适选项后面"□"内画"√"；您还有哪些需要修改或补充建议？

（1）体育报纸□　　（2）体育杂志□　　（3）体育图书□

（4）网络资源□

您认为从这4项指标对学校体育信息资源进行评价合适吗？

a. 完全合适□　　b. 比较合适□　　c. 一般□　　d. 不太合适□
e. 不合适□

若您选择 c、d、e 选项，您认为应该如何修改或有哪些补充？

2. 对于学校体育杂志、报纸、图书，我们拟从以下指标进行评价，您认为合适吗？请在您认为合适选项后面"□"内画"√"；您还有哪些需要修改或补充建议？

（1）种类□　　（2）数量□

您认为从这 2 项指标对学校体育报纸、杂志、图书进行评价合适吗？

a. 完全合适□　　b. 比较合适□　　c. 一般□　　d. 不太合适□
e. 不合适□

若您选择 c、d、e 选项，您认为应该如何修改或有哪些补充？

3. 对于学校体育信息资源中的网络资源，我们拟从以下指标进行评价，您认为合适吗？请在您认为合适选项后面"□"内画"√"；您还有哪些需要修改或补充建议？

（1）网络一般查询资源□（2）单位购买的文献数据库□

您认为从这 2 项指标对学校体育信息资源中的网络资源进行评价合适吗？

a. 完全合适□　　b. 比较合适□　　c. 一般□　　d. 不太合适□
e. 不合适□

若您选择 c、d、e 选项，您认为应该如何修改或有哪些补充？

（五）学校体育组织机构评价的二、三级指标

1. 对于学校体育管理者办公机构，我们拟从以下指标进行评价，您认为合适吗？请在您认为合适选项后面"□"内画"√"；您还有哪些需要修改或补充建议？

（1）是否存在□　　（2）人员配置是否到位□

您认为从这 2 项指标对学校体育管理者办公机构进行评价合适吗？

a. 完全合适□　　b. 比较合适□　　c. 一般□　　d. 不太合适□
e. 不合适□

若您选择 c、d、e 选项，您认为应该如何修改或有哪些补充？

2. 对于学校体育教师办公机构，我们拟从以下指标进行评价，您认为合适吗？请在您认为合适选项后面"□"内画"√"；您还有哪些需要修改或补充建议？

（1）存在□　　（2）未设置□

您认为从这 2 项指标对学校体育教师办公机构进行评价合适吗？

a. 完全合适□　　b. 比较合适□　　c. 一般□　　d. 不太合适□ e. 不合适□

若您选择 c、d、e 选项，您认为应该如何修改或有哪些补充？

3. 对于学校体育教师办公机构人员配置情况，我们拟从以下指标进行评价，您认为合适吗？请在您认为合适选项后面"□"内画"√"；您还有哪些需要修改或补充建议？

（1）充分□　　（2）不充分□

您认为从这 2 项指标对学校体育教师办公机构人员配置情况进行评价合适吗？

a. 完全合适□　　b. 比较合适□　　c. 一般□　　d. 不太合适□ e. 不合适□

若您选择 c、d、e 选项，您认为应该如何修改或有哪些补充？

（六）学校体育时间资源评价的二、三级指标

1. 对于学校体育时间资源，我们拟从以下指标进行评价，您认为合适吗？请在您认为合适选项后面"□"内画"√"；您还有哪些需要修改或补充建议？

（1）体育课□　　（2）早操□　　　（3）课间操□

（4）课外活动□　　（5）课余训练□　　（6）体育竞赛□

您认为从这 6 项指标对学校体育时间资源进行评价合适吗？

a. 完全合适□　　b. 比较合适□　　c. 一般□　　d. 不太合适□ e. 不合适□

若您选择 c、d、e 选项，您认为应该如何修改或有哪些补充？

2. 对于学校体育课，我们拟从以下指标进行评价，您认为合适吗？请在您认为合适选项后面"□"内画"√"；您还有哪些需要修改或补充

建议?

（1）课时量是否达标□　　（2）有无被占用情况□

您认为从这2项指标对学校体育课进行评价合适吗？

a. 完全合适□　　b. 比较合适□　　c. 一般□　　d. 不太合适□
e. 不合适□

若您选择 c、d、e 选项，您认为应该如何修改或有哪些补充？

3. 对于学校早操，我们拟从以下指标进行评价，您认为合适吗？请在您认为合适选项后面"□"内画"√"；您还有哪些需要修改或补充建议？（注：中央7号文件规定：寄宿学校学生必须有早操）

（1）是否存在□　　（2）是否坚持□

您认为从这2项指标对学校早操进行评价合适吗？

a. 完全合适□　　b. 比较合适□　　c. 一般□　　d. 不太合适□
e. 不合适□

若您选择 c、d、e 选项，您认为应该如何修改或有哪些补充？

4. 对于学校课间操，我们拟从以下指标进行评价，您认为合适吗？请在您认为合适选项后面"□"内画"√"；您还有哪些需要修改或补充建议？

（1）是否存在□　　（2）长期坚持□

您认为从这2项指标对学校课间操进行评价合适吗？

a. 完全合适□　　b. 比较合适□　　c. 一般□　　d. 不太合适□
e. 不合适□

若您选择 c、d、e 选项，您认为应该如何修改或有哪些补充？

5. 对于学校课外活动、课余训练，我们拟从以下指标进行评价，您认为合适吗？请在您认为合适选项后面"□"内画"√"；您还有哪些需要修改或补充建议？

（1）是否存在□　　（2）是否坚持□　　（3）偶尔坚持□

您认为从这3项指标对学校课外活动、课余训练进行评价合适吗？

a. 完全合适□　　b. 比较合适□　　c. 一般□　　d. 不太合适□
e. 不合适□

若您选择 c、d、e 选项，您认为应该如何修改或有哪些补充？

6. 对于学校体育竞赛，我们拟从以下指标进行评价，您认为合适吗？请在您认为合适选项后面"□"内画"√"；您还有哪些需要修改或补充建议？

（1）校内体育竞赛□　　（2）校外体育竞赛□

您认为从这 2 项指标对学校体育竞赛进行评价合适吗？

a. 完全合适□　　b. 比较合适□　　c. 一般□　　d. 不太合适□
e. 不合适□

若您选择 c、d、e 选项，您认为应该如何修改或有哪些补充？

三　您对本问卷设计和本书还有哪些建议与意见？

最后，再次诚挚地感谢您在百忙之中不吝赐教。谢谢！

附录7 《城乡学校体育资源评估体系》正式第一轮专家咨询调查表

尊敬的_____专家：

您好！首先非常感谢您参与本次调查！

目前我们正在做有关我国城乡学校体育资源评估体系的研究课题。在构建社会主义和谐社会和全面落实科学发展观的今天，国家推行"社会公平"的背景下，"社会公平"问题日益引起党、政府和国民的高度重视，而教育公平是社会公平的基础，而我国城乡学校体育资源在资源配置方面明显存在不公平现象，为具体了解城乡学校体育资源配置的不公平性体现在哪些方面，本研究提出城乡学校体育资源评价指标供专家选择，对于不妥的地方请您提出宝贵意见和建议。敬请您在百忙之中抽出宝贵时间阅读本问卷内容，并按要求填写相关调查内容。

本次专家咨询调查问卷共需要进行两轮。第一轮的调查表收齐后，我们将迅速进行统计，并争取在最短的时间内，将各位专家的综合意见反馈给您。再次对您给予本研究的帮助和建议表示真挚的感谢！您辛苦了！

课题组

一 专家基本情况

1. 您目前的工作职务：_____；

2. 您的专业技术职称：_____；

3. 您的年龄：

（1）＜30岁 （2）30—39岁 （3）40—49岁 （4）50—59岁 （5）≥60岁

4. 您的文化程度：

（1）专科 （2）本科 （3）硕士研究生 （4）博士研究生 （5）其他□

5. 您的工作年限：_____年

6. 您目前主要担任什么工作？

（1）行政管理（2）教学科研（3）体育教辅人员（4）其他（请注明）：_____

7. 您目前主要从事的专业领域（可多选）：

（1）学校体育（2）运动训练（3）运动人体科学（4）运动心理

（5）运动竞赛（6）民族传统体育（7）体育社会学（8）体育管理

（9）体育产业（10）其他_____

8. 您目前从事专业领域的工作年限（如果是多个领域，请注明两个主要领域年限）：

（1）专业_____年限_____年

（2）专业_____年限_____年

9. 您对目前我国城乡体育资源配置的熟悉程度：

（1）很熟悉　（2）熟悉　（3）较熟悉　（4）一般　（5）较不熟悉　（6）很不熟

二　学校体育资源评估体系拟定的 5 项一级指标的简要介绍

一级指标	概念	功能
学校体育人力资源	指在学校体育系统内具有教育教学、科研和管理能力全部人口的总和，主要由管理人员、教学科研人员、教辅人员三部分组成	1. 能够很好地完成学校日常的教学、训练科研工作 2. 能够承担体育理论培训、技术辅导、健康、康复咨询等为社会提供优质服务方面的工作
学校体育财力资源	指政府、社会为学校体育发展提供必要的经济支持，是开展学校体育各项工作的基础	1. 保证学校体育事业顺利发展的重要因素之一 2. 学校体育资源的经济支柱
学校体育物力资源	指学生在体育活动中能够利用的体育场地、健身体育活动场馆、体育器材等设施，是实现学校体育目的和任务的物质基础	1. 为运动健身提供锻炼场所 2. 为运动健身提供锻炼器材
学校体育信息资源	体育信息，是指反映体育事业这个特定事物特征及其发展变化情况的各种消息的总和。从广义上讲，又指一切可以向体育事业提供信息的消息和资料。包括体育及其有关的消息、情报、指令、决策、图纸、数据、信号、资料等	1. 体育信息是体育决策和规划的基础 2. 体育信息是发展体育事业的依据 3. 体育系统与社会的沟通必须借助体育信息

续表

一级指标	概念	功能
学校体育 时间资源	学校体育时间资源是学校师生进行体育技能学习、身体锻炼、体育活动最基本的时间保证	1. 为学校体育活动开展提供空间 2. 是学校体育活动顺利进行的保证

三 学校体育资源评估指标筛选统计

填表说明：本次专家问卷调查仅用于本研究的统计分析，请您根据实际情况和个人见解对问题进行回答。请在同意的指标对应处画"√"，不同意的画"×"，如果有不同意见和建议则请在相应位置填写意见和建议。如若画"√"，请在后面的重要程度一栏中用"√"选出您认为的选项。

1. 您对给出的一级指标的意见及您对其重要程度的选择

一级指标 （A×5）	同意画"√" 不同意画"×"	修改意见 和建议	重要程度				
			非常 重要	比较重要	一般重要	比较 不重要	非常 不重要
A 学校体育 人力资源							
B 学校体育 财力资源							
C 学校体育 物力资源							
D 学校体育 信息资源							
E 学校体育 时间资源							
您认为，需要 补充的指标							

2. 您对给出的二级指标的意见及您对其重要程度的选择

一级指标（A×5）	二级指标（B×14）	同意画"√"不同意画"×"	修改意见和建议	重要程度				
				非常重要	比较重要	一般重要	比较不重要	非常不重要
A 学校体育人力资源	A1 体育教师							
	A2 体育管理者							
	A3 体育教辅人员							
	您认为，需要补充的指标							
B 学校体育财力资源	B1 政府投入							
	B2 社会捐助							
	您认为，需要补充的指标							
C 学校体育物力资源	C1 体育场地							
	C2 体育设备							
	您认为，需要补充的指标							
D 学校体育信息资源	D1 体育信息宣传设施建设							
	D2 体育类读物体育（图书、报纸杂志等）							
	D3 体育网络资源							
	您认为，需要补充的指标							
E 学校体育时间资源	E1 体育课时间							
	E2 早操时间							
	E3 课间操时间							
	E4 课外体育活动时间							
	您认为，需要补充的指标							

3. 您对给出的三级指标的意见及您对其重要程度的选择

二级指标 （B×14）	三级指标 （C×25）	同意画"√" 不同意画"×"	修改意见和建议	重要程度				
				非常重要	比较重要	一般重要	比较不重要	非常不重要
A1 体育教师	A11 年龄结构							
	A12 学历结构							
	A13 职称结构							
	A14 专业结构							
	A15 接受培训机会							
	A16 服装配备							
	A17 月收入							
	A18 师生比							
	您认为，需要补充的指标							
A2 体育管理者	A21 数量							
	您认为，需要补充的指标							
A3 体育教辅人员	A31 教辅人员与学生比							
	A32 年龄结构							
	您认为，需要补充的指标							
B1 政府投入	B11 近三年政府投入生均体育经费金额							
	您认为，需要补充的指标							
B2 社会捐助	B21 近三年社会捐助生均体育经费金额							
	您认为，需要补充的指标							
C1 体育场地	C11 生均室内场地面积							
	C12 生均室外场地面积							
	C13 生均标准场地面积							
	C14 生均非标准场地面积							
	您认为，需要补充的指标							
C2 体育设备	C21 每千人体育设备数量（篮球架、乒乓球台、排球网等）							
	您认为，需要补充的指标							

二级指标 （B×14）	三级指标 （C×25）	同意画 "√" 不同意 画"×"	修改意 见和建 议	重要程度				
				非常 重要	比较 重要	一般 重要	比较 不重 要	非常 不重 要
D1 体育 信息宣传 设施建设	D11 每千人体育宣传栏、 电子屏等数量							
	您认为，需要补充的指标							
D2 体育类读 物（体育图 书、报纸 杂志等）	D21 每千人体育读物数量							
	您认为，需要补充的指标							
D3 体育网络 资源	D31 体育教师计算机均 占有量							
	您认为，需要补充的指标							
E1 体育课 时间	E11 每周体育课总时间							
	您认为，需要补充的指标							
E2 早操时间	E21 每周早操总时间							
	您认为，需要补充的指标							
E3 课间操 时间	E31 每周课间操总时间							
	您认为，需要补充的指标							
E4 课外体育 活动时间	E41 每周组织的课外 体育活动总时间							
	您认为，需要补充的指标							

附录8 《城乡学校体育资源评估体系》 正式第二轮专家调查表(权重)

尊敬的_____专家:

您好!

谢谢您为本研究提供宝贵意见和建议!通过第一轮专家问卷调查,根据专家不同的具体意见,重新调整了相应的指标,确定了城乡学校体育资源评价体系,并设计了第二轮调查问卷。本份问卷目的是建立各指标的权重系数,获得相应的判断信息,采用的是两两指标之间相比较的层次分析法(AHP)。请您按下面研究填写问卷内容。您辛苦了!最后,再次对您的大力支持表示衷心的感谢!

课题组

学校体育资源评价体系表

一级指标	二级指标	三级指标
A1 体育 人力资源	B1 体育教师	C1 学历;C2 职称;C3 专业;C4 培训;C5 月收入;C6 师生比
	B2 体育教辅人员	C7 人员比
A2 体育 财力资源	B3 政府投入	C8 体育投入总金额;C9 学生人均体育经费
	B4 社会捐助	C10 体育捐助总金额;C11 学生人均体育经费
A3 体育 物力资源	B5 体育场地	C12 人均室内场地面积;C13 人均室外场地面积;C14 人均标准场地面积;C15 人均非标准场地面积
	B6 体育设备	C16 每千人体育设备数量(篮球架、乒乓球台、排球网等)
A4 体育 信息资源	B7 体育类读物(体育图书、报纸杂志等)	C17 每千人体育读物数量

一 层次分析法确定各指标的权重

举例如下：假如行指标"A1 人力资源"分别与"A2 财力资源"、"A3 物力资源"、"A4 信息资源"相比较，得出：人力资源（A1）与财力资源（A2）相比，后者比前者"略微重要"数值是 1/3，人力资源与物力资源（A3）相比，前者比后者"强烈重要"数值是 7，人力资源与信息资源（A4）"同等重要"数值是 1；财力资源与物力资源（A3）相比，前者比后者"明显重要"数值是 5，财力资源与信息资源（A4）相比，前者比后者"强烈重要"数值是 7，物力资源与信息资源（A4）相比，后者比前者的重要性介于"略微重要"和"明显重要"之间则数值是 4。

那么填写在表格相应位置的数据应分别是：

第一行填 1/3、7、1；第二行填 5、7；第三行填 4。体现在表格中为：

指标	A1 人力资源	A2 财力资源	A3 物力资源	A4 信息资源
A1	1	1/3	7	1
A2		1	5	7
A3			1	4

（以上仅作为例子，希望专家不要受此干扰）

附注：具体数值含义表

数值	含义
1	"同等重要"
3	前者比后者"稍微重要"
5	前者比后者"明显重要"
7	前者比后者"强烈重要"
9	前者比后者"极其重要"
2、4、6、8	两指标相比的重要程度居于两相邻等级之间

二 下面内容需要各位专家按照示例中的格式进行填写（只需在空白表格上填写数值）

1. 判断矩阵一级指标权重系数的确定（人力资源、财力资源、物力资源、信息资源对于城乡体育资源评估的相对重要性的比较）

两者关系	A1 人力资源	A2 财力资源	A3 物力资源	A4 信息资源
A1 人力资源	1			
A2 财力资源		1		
A3 物力资源			1	

注：此表中的两者关系仅是指前者比后者的重要性，如果您认为后者比前者重要则用其对应数值的倒数，例如财力资源比人力资源略微重要则在表格中应填 1/3。下同。

2. 判断矩阵二级指标权重系数的确定

（1）体育教师、体育教辅人员对于体育人力资源评估的相对重要性的比较（只需在空白表格上填写数值）

两者关系	B1 体育教师	B2 体育教辅人员
B1 体育教师	1	

（2）政府投入、社会捐助对于体育财力资源评估的相对重要性的比较（只需在空白表格上填写数值）

两者关系	B3 政府投入	B4 社会捐助
B3 政府投入	1	

（3）体育场地、体育设备对于体育物力资源评估的相对重要性的比较（只需在空白表格上填写数值）

两者关系	B5 体育场地	B6 体育设备
B5 体育场地	1	

（4）体育信息宣传设施建设和体育类读物对于体育信息资源评估的相对重要性的比较（只需在空白表格上填写数值）

两者关系	B7 体育信息宣传设施建设	B8 体育类读物
B7 体育信息宣传设施建设	1	

3. 判断矩阵三级指标权重系数的确定

（1）学历、职称、专业、培训、月收入、师生比对于体育教师评估

的相对重要性的比较（只需在空白表格上填写数值）

两者关系	C1 学历	C2 职称	C3 专业	C4 培训	C5 月收入（元）	C6 师生比
C1 学历	1					
C2 职称		1				
C3 专业			1			
C4 培训				1		
C5 月收入(元)					1	

（2）体育投入总金额和学生人均体育经费对于政府投入评价中的相对重要性的比较（只需在空白表格上填写数值）

两者关系	C8 体育投入总金额（元）	C9 学生人均体育经费（元/人）
C8 体育投入总金额（元）	1	

（3）体育捐助总金额和学生人均体育经费对于社会捐助评价中的相对重要性的比较（只需在空白表格上填写数值）

两者关系	C10 体育捐助总金额（元）	C11 学生人均体育经费（元/人）
C10 体育捐助总金额（元）	1	

（4）人均室内场地面积、人均室外场地面积、人均标准场地面积和人均非标准场地面积对于体育场地设施评价中的相对重要性的比较（只需在空白表格上填写数值）

两者关系	C12 人均室内场地面积（平方米/人）	C13 人均室外场地面积（平方米/人）	C14 人均标准场地面积（平方米/人）	C15 人均非标准场地面积（平方米/人）
C12 人均室内场地面积(平方米/人)	1			
C13 人均室外场地面积(平方米/人)		1		
C14 人均标准场地面积(平方米/人)			1	

附录9 城乡群众体育资源实地调查内容

_____省_____市_____区（县）_____居委会（乡镇）

调查内容		
	单位	
地域面积（平方公里）		
总人口（万人）		
群众体育管理人员数（人）		
学历与行政级别		
社会体育指导员人数（人）		
国家级社会体育指导员人数（人）		
一级社会体育指导员人数（人）		
二级社会体育指导员人数（人）		
三级社会体育指导员人数（人）		
社会体育指导员学历结构		
群众体育辅助人员数（人）		
室内公共体育场地面积（平方米）		
室外公共体育场地面积（平方米）		
体育场馆数量（个）		
健身公园及晨练点数量（个）		
全民健身路径工程套数（套）		
近三年政府财政拨款金额总数（万元）		
近三年社会赞助与集资金额总数（万元）		
近三年体育彩票投入金额总数（万元）		

续表

调查内容	单位	
体育宣传报栏数量（个）		
体育宣传电子屏数量（块）		
每年制作体育健身知识宣传栏总次数（次）		
每年开展体育科普与健身知识讲座总次数（次）		
群众体育行政组织机构数量（个）		
体育社会团体协会数量（个）		
群众体育指导站数量（个）		
每年群众体育活动开展次数（次）		
群众体育综合性运动会举办次数（次）		

调研人员：＿＿＿＿＿＿＿＿

调研时间：＿＿＿＿＿＿＿＿

附录10 城乡学校体育资源实地调查统计表

_____省_____市_____区（县）_____乡（镇）_____学校

学生总人数_____人

学校情况	学校体育资源指标		数量	其他
教学班 （共_____班）	七年级		_____班	课时_____节
	八年级		_____班	课时_____节
	九年级		_____班	课时_____节
体育教师 共_____人 （其中，体育院校 毕业教师_____人）	学历	中专	_____人	
		大专	_____人	
		本科	_____人	
		硕士	_____人	
	职称	中高	_____人	月收入_____元
		中一	_____人	月收入_____元
		中二	_____人	月收入_____元
		中三	_____人	月收入_____元
经费情况	过去一年政府财政体育 投入总金额		_____万元	
	过去一年接受社会捐助 体育总金额		_____万元	
培训	每学年人均/次		_____次	
室外	标准场地（塑胶）	面积	_____平方米	_____米田径场 _____道
	非标准场地（非塑胶）	面积	_____平方米	_____米田径场 _____道
室内体育馆	室内可用面积		_____平方米	

续表

学校情况	学校体育资源指标	数量	其他
体育设备	篮球架	共_____个	场地位置_____
	乒乓球台	共_____台	场地位置_____
	排球网	共_____张	场地位置_____
	其他体育设备	_____	场地位置_____
图书信息	报刊、图书	_____套（份）	
	电脑	_____台	
其他	体育教辅人员_____人；健身器材_____件（占用面积_____平方米）		

调研人员：_____

调研时间：_____

附录11　所调研中部六省省会城市城乡学校体育资源配置一览表

郑州市：

A. 市区

郑州市市区二七区下辖初级中学体育资源配置状况一览表

二七区（8所）		74中	62中	81中	89中	13中	22中	57中	82中	总数
学生总人数		2400	600	600	900	1298	1100	2500	1386	10784
班数	七年级	10	5	6	6	8	6	12	8	61
	八年级	12	5	6	6	8	6	12	8	63
	九年级	12	5	6	6	3	6	12	8	58
课时/周		2	2/3	2	2	2/3	3	2/3	2/3	
总课时		68	35	36	36	41	54	84	56	410
课时/周/人		8.5	8.75	9	12	13.67	18	10.5	11.2	10.79
体育教师数		8	4	4	3	3	3	8	5	38
学历	大专	0	0	0	0	0	0	0	0	0
	本科	8	3	4	3	3	3	8	5	37
	硕士	0	1	0	0	0	0	0	0	1
职称	中高	2	2	1	1	0	0	2	1	9
	中一	3	2	2	0	0	0	3	2	12
	中二	3	0	1	2	3	3	3	2	17
	中三	0	0	0	0	0	0	0	0	0
月收入	中高	3200	2900	2800	2800	3000	3000	4000	3000	3087.5
	中一	2800	2400	2100	2200	2500	2500	3000	2500	2500

续表

二七区（8所）		74中	62中	81中	89中	13中	22中	57中	82中	总数
月收入	中二	2200	1800	1700	2000	1800	2000	2800	2000	2037.5
	中三	1800	1500	1500	1500	1500	1500	2000	1500	1600
培训		2	3	1	1	2	2	1	1	1.625
塑胶场地面积（平方米）		7200	0	0	0	6800	4100	2080	7200	36780（27380＋9400）
非塑胶场地面积（平方米）		0	420	4100	4100	0	328	0	0	16709（8948＋7656＋105）
室内可用面积（平方米）		840	0	0	0	0	0	0	120	960
篮球架		4	5	3	2	8	10	8	0	40
乒乓球台		10	8	4	0	12	14	12	5	65
排球网		3	0	0	0	0	3	1	16	23
报刊、图书		1	1	1	1	4	3	16	2	27
电脑		8	4	4	3	3	2	8	8	35
体育教辅人员		0	0	0	0	0	0	0	0	0
政府投入（万元）										
社会捐助（万元）										
健身面积（平方米）		0	0	10	0	45	0	50	0	105
其他		体育教师全部为体育院校毕业								

注：在塑胶和非塑胶体育场地中，有的是增加了篮球、乒乓球和排球场地后的面积，根据统计与计算，平均每个场地面积为：篮球一个篮架平均235平方米，乒乓球一个球台平均60平方米，排球一个网平均162平方米。下同。

郑州市市区中原区下辖初级中学体育资源配置状况一览表

中原区（8所）		52中	80中	66中	70中	69中	73中	42中	68中	总数
学生总人数		1400	1600	923	810	1400	3000	1460	490	11083
班数	七年级	8	10	6	6	8	18	8	4	68
	八年级	8	10	6	6	8	15	8	4	65
	九年级	8	8	6	6	8	14	8	4	62
课时/周		2	2/3	2	2	2/4	3	2	2/3	

续表

中原区（8所）		52中	80中	66中	70中	69中	73中	42中	68中	总数
总课时		72	84	36	36	56	141	72	28	525
课时/周/人		12	14	12	12	9.33	15.67	18	9.33	13.12
体育教师数		6	6	3	3	6	9	4	3	40
学历	大专	1	0	0	0	1	0	0	3	5
	本科	5	5	3	3	5	8	4	0	33
	硕士	0	1	0	0	0	1	0	0	2
职称	中高	1	1	1	3	1	1	1	0	9
	中一	2	1	1	0	4	2	2	2	14
	中二	2	2	1	0	1	1	1	1	9
	中三	1	2	0	0	0	5	0	0	8
月收入	中高	3500	3000	3000	3000	2600	3000	3500	3500	3137.5
	中一	3000	2900	2500	2500	2500	2400	3000	3200	2750
	中二	2500	2100	2000	2200	2200	2100	2800	2800	2337.5
	中三	1800	1600	1500	1800	1800	1800	1800	1800	1737.5
培训		2	2	2	1	1	2	1	2	1.4
塑胶场地面积（平方米）		4200	0	0	0	5000	7200	4100	4200	33252（24700 + 162 + 2280 + 6110）
非塑胶场地面积（平方米）		0	200	300	1680	0	0	0	0	10777（2180 + 1782 + 6815）
室内可用面积（平方米）		100	40	0	0	0	0	0		140
篮球架		4	4	4	8	9	16	8	2	55
乒乓球台		7	2	7	0	5	6	6	5	38
排球网		1	0	0	0	6	2	2	1	12
报刊、图书		2	1	1	2	2	3	2	1	14
电脑		5	6	3	1	6	6	6	3	36
体育教辅人员		0	0	0	0	0	0	0	0	0
政府投入（万元）										
社会捐助（万元）										
健身面积（平方米）										
其他		体育教师全部为体育院校毕业								

郑州市市区金水区下辖初级中学体育资源配置状况一览表

金水区 （10 所）	75 中	60 中	26 中	77 中	61 中	71 中	76 中	郑州 八中 23	郑州 八中	金水 一中	总数
总学生数	934	1440	1750	2230	1800	1231	2450	1500	1720	1200	16255
班数 七年级	6	8	10	16	10	8	16	10	12	8	104
八年级	6	8	10	14	10	8	14	10	12	8	100
九年级	6	8	10	12	10	6	10	10	12	8	92
课时/周	2	2	2	2	3	3	2	3	3	3	
总课时	36	48	60	84	90	66	80	90	108	72	734
课时/周/人	9	9.6	12	16.8	18	11	13.3	11.3	9	12	12.2
体育教师数	4	5	5	5	5	6	6	8	12	6	62
大专	0	0	0	0	0	0	0	0	0	0	0
本科	4	5	4	5	5	6	6	8	10	6	59
硕士	0	0	1	0	0	0	0	0	2	0	3
中高	0	0	1	1	1	2	2	1	2	1	11
中一	0	1	2	1	1	2	1	2	3	5	18
中二	4	4	1	3	4	2	3	1	7		29
中三	0	0	0	0	0	0	0	4	0		4
月收入 中高	3300	3500	3500	3500	4000	3800	3500	3500	3500	2500	3460
中一	2800	2400	2400	2200	3500	2800	2800	2800	2900	2300	2690
中二	2470	2200	2200	2000	3000	2000	2400	2500	2000	2000	2277
中三	2000	2000	2000	1800	2300	1800	2000	2300	1800	1800	1980
培训	2	0	2	4	2	1	1	2	2	1	1.70
塑胶场地面积 （平方米）	4100	4100	4100	5000		4100	4100	4000	7200	14000	57985 (50700 + 7285)
非塑胶场地面积 （平方米）				0			840	0			14091 (840 + 6816 + 6435)
室内可用面积 （平方米）		在建	0				0	240			240
篮球架	6	6	4	4	6	6	4	6	12	8	58
乒乓球台	5	4	8	20	10	10	9	18	8	6	98
排球网	0	3	0	0	0	0	0	2	2	2	10

续表

金水区 (10所)	75中	60中	26中	77中	61中	71中	76中	郑州 八中23	郑州 八中	金水 一中	总数
报刊、图书	2		1	0	2	1	1	无	2	1	10
电脑	4	6	5	5	5	6	6	8	12	6	63
体育教辅人员											
政府投入(万元)											
社会捐助(万元)											
健身面积(平方米)										20	
其他	体育教师全部为体育院校毕业										

B. 乡镇

郑州市乡镇荥阳市下辖初级中学体育资源配置状况一览表

荥阳市(7所)	市直 一中	市直 二中	市直 三中	高山镇 一中	乔楼镇 初级	刘河镇 初级	荥阳 四中	总数
总人数	2400	3200	2500	257	1158	300	3000	12815
七年级	14	16	16	2	6	2	17	73
八年级	16	16	12	2	6	2	16	70
九年级	13	14	12	2	6	2	16	65
课时/周	3	2(后 期4)	2	2	2	2	3	
总课时	43	106	80	12	36	12	147	436
课时/周/人	5.38	13.25	13.33	12	12	12	16.33	12.11
体育教师数	8	8	6	1	3	1	9	36
大专	1	0	0	1	0	0	1	3
本科	7	8	6	0	2+1 非专业	1	8	33
硕士	0	0	0	0	0	0	0	0
中高	0	0	1	0	0	0	2	3
中一	1		1		2		3	13
中二	7	4	3	0	1		4	19
中三						1(特岗)		1

续表

荥阳市（7所）		市直一中	市直二中	市直三中	高山镇一中	乔楼镇初级	刘河镇初级	荥阳四中	总数
月收入	中高	2400	2400	2400	2400	2400	2400	2500	2414
	中一	2000	2000	2000	2000	2000	2000	2200	2029
	中二	1800	1800	1800	1800	1800	1800	1800	1800
	中三								
培训		1	1.5	1	1.5	3.4	2	2	1.771
塑胶场地面积（平方米）		0	0	0	0	0	0	2250	2280（2250+30）
非塑胶场地面积（平方米）		5900	5900	5900	6800	6800	6800	0	42841（38100+2520+1860+314+47）
室内可用面积（平方米）		300	0	0	0	0	0		300
篮球架		12	10	10	6	4	2	10	44
乒乓球台		在建	10	20	4	10	7	16	51
排球网		0	0	1	0	2	1	2	6
报刊、图书		1—2	个人订	0	1—2	1—2	有（不清楚）	2	5
电脑		1	1	6	1	共用	0	9	10
体育教辅人员									
政府投入（万元）									
社会捐助（万元）									
健身面积（平方米）		35					12	30	77
其他		有3名体育教师为非体育专业院校毕业							

郑州市乡镇新密市下辖初级中学体育资源配置状况一览表

新密市（8所）	市一初中	市二初中	实验初中	苟堂中学	曲良一中	曲良二中	岳村一中	岳村二中	总数
总人数	2200	2810	2300	1100	1100	770	690	220	11190
七年级	11	12	12	5	6	5	4	2	57
八年级	12	14	12	5	6	5	4	2	60
九年级	10	10	12	6	6	5	7	2	58

续表

新密市（8所）		市一初中	市二初中	实验初中	苟堂中学	曲良一中	曲良二中	岳村一中	岳村二中	总数
课时/周		2	2	2	2	2	2	2	2	
总课时		66	72	72	32	36	30	30	12	350
课时/周/人		16.5	14.4	7.2	8	12	10	15	12	11.89
体育教师数		4	5	10	4	3	3	2	1	32
大专		0	0	0	0	0	0	2	1	3
本科		4	5	10	4	3	3	0	0	29
硕士		0	0	0	0	0	0	0	0	0
中高		0	0	1	0	0	0	0	0	1
中一		0	1	3	3	2	2	0	0	11
中二		4	4	6	1	1	1	2	0	19
中三									1（工人职称）	1
月收入	中高	2400	2400	2400	2400	2400	2400	2400	2400	2400
	中一	2000	2000	2000	2000	2000	2000	2000	2000	2000
	中二	1800	1800	1800	1800	1800	1800	1800	1800	1800
	中三	1200	1200	1200	1200	1200	1200	1200	1200	1200
培训		1	2	1	1	1	2	2	2	1.5
塑胶场地面积（平方米）		0	0	0	0	0	0	0	0	0
非塑胶场地面积（平方米）		4100	5900	4100	8000	6800	7200	7200	4100	54411（47400+2520+3180+1296+15）
室内可用面积（平方米）		0	0	0	0	0	0	0	0	0
篮球架		8	6	8	10	8	4	8	2	54
乒乓球台		15	25	25	8	10	10	38	15	146
排球网		1	2	1	0	1	1土场地	2张含	0	8
报刊、图书		1	0	2	0	0	0	2	2	7
电脑		4	5	10	0	3	3	2	1	28
体育教辅人员								2		
政府投入（万元）										
社会捐助（万元）										
健身面积（平方米）				15						
其他		有1名体育教师为非体育专业院校毕业								

郑州市乡镇中牟县下辖初级中学体育资源配置状况一览表

中牟县 (7所)		县一初	县二初	县三初	县四初	白沙一中	黄培乡	大孟镇	总数
总人数		1900	1900	1900	1900	1700	900	800	11000
七年级		10	10	10	10	8	6	4	58
八年级		10	10	10	10	10	6	4	60
九年级		10	10	10	10	9	5	5	59
课时/周		3	3	3	3	3	3	3	
总课时		90	90	90	90	81	17	27	485
课时/周/人		11.3	6.43	15	12.9	11.6	2.83	9	9.85
体育教师数		8	14	6	7	7	6	3	51
大专		0	0	0	0	0	3	0	3
本科		8	14	6	7	7	3	3	48
硕士		0	0	0	0	0	0	0	0
中高		2	2	0	0	0	0	0	4
中一		4	9	0	4	2	0	1	20
中二		2	3	6	3	5	6	2	27
中三									0
月收入	中高	2400	2400	2400	2400	2400	2400	2400	2400
	中一	2000	2000	2000	2000	2000	2000	2000	2000
	中二	1800	1800	1800	1800	1800	1800	1800	1800
	中三								
培训		2	2	2	2	1.5	2	2	1.93
塑胶场地面积(平方米)		0	0	0	0	3000	6000	0	9000
非塑胶场地面积 (平方米)		5900	7200	7200	5900	0	0	7200	43266(33400+ 9240+140+486)
室内可用面积(平方米)		0	0	0	0	0	0	0	0
篮球架		8	8	12	8	6	12	8	62
乒乓球台		4	15	10	10	26	10	16	91
排球网		2	2	6	2	2	2	2	18
报刊、图书		1	1—2	1—2	1—2	1	6	1	10
电脑		1	3	1	1	8			14
体育教辅人员		0	0	0	0				0
政府投入(万元)									
社会捐助(万元)									
健身面积(平方米)									
其他		有1名体育教师为非体育专业院校毕业							

太原市：

A. 市区

太原市市区小店区下辖初级中学体育资源配置状况一览表

小店区 （8 所）		51 中	47 中	32 中	小店 三中	刘家堡 一中	刘家堡 二中	黄陵 中学	晋阳街 中学	总数
总人数		300	1500	600	2600	853	600	360	200	7013
七年级		1	6	6	12	4	3	3	1	36
八年级		2	6	3	12	4	3	3	1	34
九年级		2	6	3	12	5	4	3	2	37
课时/周		3	2	4	3	2	3	2	3	
总课时		15	36	48	108	18	30	18	12	285
课时/周/人		7.5	9	16	12	6	10	4.5	12	9.83
体育教师数		2	4	3	9	3	3	4	1	29
大专		0	0	1	0	0	0	2	0	3
本科		2	4	2	8	3	3	2	1	25
硕士		0	0	0	1	0	0	0		1
中高					1	0	0			1
中一			4	1	5	1	1	2		14
中二		2		2	2	0	小高 1	2	1	10
中三					1	2	小一 1			4
月收入	中高									
	中一		2200	2500		2500	2500	2500	2000	
	中二	2000		2000				2000		
	中三				1700					
培训		3			1	2	2	2 次	2—3 次	
塑胶场地面积 （平方米）				在建	7200			3200		11240 （10400＋840）
非塑胶场地面积 （平方米）		4100		600	0	7200	5900		3200	25988 （21000＋3150＋ 1352＋486）
室内可用面积 （平方米）		0		0	420		0			420

续表

小店区 (8所)	51中	47中	32中	小店三中	刘家堡一中	刘家堡二中	黄陵中学	晋阳街中学	总数
篮球架	4个	2个		3		4个塑胶	4个含	2个	19
乒乓球台	5台	4台		12		待建	2台	3台	26
排球网	0			3		待建			3
报刊、图书				0		2套	1套	1套	4
电脑		1台	1台	9台		1台	1台		13
其他	体育教师全部为体育专业院校毕业								

太原市市区尖草坪区下辖初级中学体育资源配置状况一览表

尖草坪区 (10所)	傅山中学	区五中	柏板乡中学	上兰街办初中	汇丰学校	实验中学	区二中	区六中	阳曲镇初中	区三中	总数
总人数	200	220	270	230	720	1089	720	480	550	1700	6179
七年级	1	2	2	2	6	6	6	4	4	10	43
八年级	1	2	2	2	6	6	6	2	4	12	43
九年级	2	2	2	2	6	6	6	4	4	12	46
课时/周	3	3	3	3	3	2	2	3	3	2	
总课时	12	18	18	18	54	36	36	30	36	34	292
课时/周/人	12	9	9	9	18	7.2	9	15	12	4.86	9.4
体育教师数	1	2	2	2	3	5	4	2	3	7	31
大专	0	1	0	0	0	1	0	1	0	0	3
本科	1	1	2	2	3	4	4	1	3	7	28
硕士	0	0	0	0	0	0		0		0	0
中高							1				1
中一					2	2	1			1	6
中二	1	2	2	2	2	2	2	2	2	6	24
中三											
月收入 中高							3100				3100
月收入 中一					2000	2100	2300	2000	2500	2300	2250
月收入 中二	2000余	2000	2000	2000	1800	1900	1900			1900	1950
月收入 中三											

续表

尖草坪区（10所）	傅山中学	区五中	柏板乡中学	上兰街办初中	汇丰学校	实验中学	区二中	区六中	阳曲镇初中	区三中	总数
培训	4	1	1	2	1—2	4—5	1—2	3	1	2—3	2.2
塑胶场地面积（平方米）			0			4100					5931（4100+840+780+211）
非塑胶场地面积（平方米）	4100	0	2500	4100		0		4100	4200		28706（19000+8610+610+486）
室内可用面积（平方米）	0		0	0		70				500	570
篮球架	4个	4个（土地）	4个	4个含	4个	4个含塑胶	8个	3个含	4个含	6个	45
乒乓球台	4台		4台	1台	0	3台		3台	4台含	4台	23
排球网	0		1张	2张缺场地	0	0		1张	2张	4张	10
报刊、图书	0		0	1套	0	2套	2套	0	1套学校体育	0	4
电脑	1		2台	2台	3台	5台	4台	2台	1台	7台	27
其他	健身器材30件	健身器材15件	健身器材20件	健身器材14件	健身器材2件	健身器材3件	健身器材15件	健身器材5件	健身器材15件	健身器材23件	
健身面积（平方米）	45	20	25	18	5	8	20	10	20	40	211

太原市市区万柏林区下辖初级中学体育资源配置状况一览表

万柏林区（4所）	十中	七中	一中	三中	总数
总人数	510	900	1200	1380	3990
七年级	3	8	6	8	25
八年级	4	7	7	8	26

续表

万柏林区 （4所）		十中	七中	一中	三中	总数
九年级		4	8	7	7	26
课时/周		2	3	3	3	
总课时		22	69	60	69	220
课时/周/人		5.5	13.8	10	13.8	11
体育教师数		4	5	6	5	20
大专		4	4	0	1	9
本科		0	1	6	4	11
硕士		0	0	0	0	0
中高		0	0	1	2	3
中一		4	3	4	2	13
中二		0	2	1	1	4
中三		0	0	0	0	0
月收入	中高			3000	3300	3200
	中一		2600	2400	2300	2430
	中二		1600	2000	1800	1800
	中三					
培训			1次	6—8	0	2
塑胶场地面积 （平方米）		4100	4200			10578 （8300＋1890＋372＋16）
非塑胶场地面积 （平方米）				4100	8000	14817 （12100＋1890＋468＋359）
室内可用面积（平方米）		100			0	100
篮球架		2个	4个含	8个	4个	18
乒乓球台		1个室内		12台	2台	15
排球网				2张		2
报刊、图书		3套		2套		5
电脑		2台		1台	2台	5
其他		健身器材	健身器材6件	健身器材20件		
健身面积（平方米）		10	16	25		51

B. 乡镇

太原市乡镇古交市下辖初级中学体育资源配置状况一览表

古交市 (5所)		二中	九中	俊峪乡 八中	原相乡 中学	常安乡 中学	总数
总人数		1500	990	374	735	600	4199
七年级		9	5	2	4	3	23
八年级		9	5	2	4	3	23
九年级		9	5	2	5	4	26
课时/周		3	3	3	2	2	
总课时		81	45	21	18	20	185
课时/周/人		20.25	15	10.5	6	10	13.21
体育教师数		4	3	2	3	2	14
大专		1	0	0	0	0	1
本科		3	3	2	3	2	13
硕士		0	0	0	0	0	0
中高							0
中一		1	1		1	2	5
中二		3	2	2	2		9
中三							
月收入	中高						
	中一	2000	2000		2000	2000	2000
	中二	1800	1800	1700			1766
	中三						
培训		2—3次		2—3次	2—3次	2次	
塑胶场地面积(平方米)		5900					7160 (5900+1260)
非塑胶场地面积 (平方米)			5900	2000	7200	5900	27020 (21000+4200 +1750+70)
室内可用面积(平方米)							
篮球架		8个含	4个含	6个含	4个	4个含	26
乒乓球台		6台	5台	9台	9台	6台	35
排球网							0

续表

古交市 (5所)	二中	九中	俊峪乡 八中	原相乡 中学	常安乡 中学	总数
报刊、图书	2套			2套	1套	5
电脑		3台	3台		1台	7
其他	健身器材 20件	健身器材 15件				35
健身面积(平方米)	40	30				70

太原市乡镇清徐县下辖初级中学体育资源配置状况一览表

清徐县 (5所)		县二中	县一中	集义乡 中学	徐沟乡 初中	王答二中	总数
总人数		1600	1800	989	1200	340	5929
七年级		9	10	6	6	2	33
八年级		10	10	6	6	3	35
九年级		10	10	6	8	2	36
课时/周		3	3	3	2	3	
总课时		87	90	54	20	21	272
课时/周/人		21.75	15	18	6.67	10.5	15.11
体育教师数		4	6	3	3	2	18
大专		0	0	0	0	0	0
本科		4	6	3	3	2	18
硕士				0	0		0
中高			2				2
中一						1	1
中二		4	0	3	3	1	11
中三			4				4
月收入	中高		3000				3000
	中一						
	中二	1800	2000	1800	1800	1800	1840
	中三						
培训		3次	3次	3次	5—6次	1次	3
塑胶场地面积(平方米)		5000					5000

续表

清徐县 （5 所）	县二中	县一中	集义乡 中学	徐沟乡 初中	王答二中	总数
非塑胶场地面积 （平方米）	0	5900	5900	5900	4100	22532（21800 + 320 + 324 + 88）
室内可用面积(平方米)	0	0	0	0		0
篮球架	8 个含	6 个	4 个含	8 个含	4 个含	30
乒乓球台	3 台	6 台	10 台	6 台含	2 台	23
排球网	1 张含	2 张	0	3 张含		6
报刊、图书	1 套	1 套	0	1 套	2 套	5
电脑		2 台	1 台	1 台		4
其他	健身器材 5 件	健身器材 9 件	健身器材 9 件	健身器材 15 件	健身器材 6 件	
健身面积（平方米）	10	16	30	20	12	88

太原市乡镇娄烦县下辖初级中学体育资源配置状况一览表

娄烦县 （5 所）	米峪镇 初中	天池店 初中	县二中	马家庄 初中	第二初中	总数
总人数	710	490	2200	810	390	4600
七年级	4	2	12	5	3	26
八年级	4	3	12	5	3	27
九年级	4	3	10	4	2	23
课时/周	3	3	3	3	3	
总课时	36	24	102	42	24	228
课时/周/人	12	12	14.57	14	12	13.41
体育教师数	3	2	7	3	2	17
大专	1	0	1	1	1	4
本科	2	2	6	2	1	13
硕士	0	0	0	0	0	0
中高						0
中一	1	2	2	1	1	7
中二	2	0	5	2	1	10
中三						

续表

娄烦县 (5所)		米峪镇 初中	天池店 初中	县二中	马家庄 初中	第二初中	总数
月收入	中高						
	中一	2000	2000	2000	2000	2000	2000
	中二	1800		1800	1800	1800	1800
	中三						
培训		1~2次	1次	2次	1次	1次	1.4
塑胶场地面积(平方米)							0
非塑胶场地面积 (平方米)		5900	4100	6000	5000	4100	26868（25100＋ 1680＋88）
室内可用面积(平方米)							0
篮球架		4个含	4个含	8个 (4个含)	6个 (4个含)	4个含	26
乒乓球台		5台	3台	12台	4台	5台	29
排球网				2张与 篮共用			2
报刊、图书				1套 (体育教学)	1套		2
电脑		3台	2台	7台	3台	2台	17
其他		健身器材 10件	健身器材 6件	健身器材 18件	健身器材 8件	健身器材 8件	50
健身面积(平方米)		18	10	30	15	15	88

武汉市：

A. 市区

武汉市市区硚口区下辖初级中学体育资源配置状况一览表

硚口区 (8所)	62中	79中	十一 滨江	17中	59中	64中	27中	博学 中学	总数
总人数	491	700	1400	588	300	235	930	635	5279
七年级	4	6	11	5	2	15	10	6	59
八年级	5	6	11	5	2	15	10	5	59
九年级	6	5	11	5	2	15	10	6	60

续表

硚口区 （8 所）		62 中	79 中	十一 滨江	17 中	59 中	64 中	27 中	博学 中学	总数
课时/周		2	3、2	3、2	2	3、2	2	2	3、2	
总课时		30	46	88	30	16	90	60	45	405
课时/周/人		10	11.5	12.57	10	8	12.86	6	9	10
体育教师数		3	4	7	3	2	7	10	5	41
大专		0	1	0	0	1	3	2	0	7
本科		3	2	7	3	1	3	7	5	31
硕士		0	1	0	0	0	1	1	0	3
中高		1	1	2	0	1	2	3	3	13
中一		1	2	4	3	0	4	5	2	21
中二		1	1	1	0	1	1	1	0	6
中三		0	0	0	0	0	0	1	0	1
月收入	中高	3700		国家标准		3300	4800	3500	3200	3700
	中一	3200		国家标准	3000		3800	3000	2900	3180
	中二	2500		国家标准		2700	2800			2667
	中三									
培训		1	15—20				5	1	5	3.75
塑胶场地面积 （平方米）		5100	1500	4000			3000	3200		22393（16800 + 4700 + 648 + 245）
非塑胶场地面积 （平方米）					1000	700	400		4500	8950（6600 + 2350）
室内可用面积 （平方米）									80	80
篮球架		4	4	10	2	2	4	6 含	4	30
乒乓球台		4	2	4	2	1	6	5	1 室内	25
排、羽球网		1	1	2		1	0			4
报刊、图书			2	1		1			2	6
电脑		3	5	7					5	20
体育教辅人员		1		1			1			3
政府投入（万元）										
社会捐助（万元）										
健身器材（件）		20	22	5			6	18	20	91
健身面积（平方米）		60	70	10			15	40	50	245
其他										

武汉市市区青山区下辖初级中学体育资源配置状况一览表

青山区（15所）	钢城二中	钢铁五中	钢铁六中	钢铁七中	钢铁八中	钢铁十中	十一中	十二中	十三中	49中	任家路中学	武东中学	红钢城中学	青山中学	钢花中学	总数
总人数	261	404	1082	289	635	234	1302	592	286	1128	1608	340	794	514	590	10059
七年级	2	4	8	3	6	3	8	5	3	9	10	8	6	5	4	84
八年级	3	4	9	3	6	2	8	5	4	8	10	8	6	5	5	86
九年级	3	6	9	3	6	2	9	5	4	8	9	9	6	4	6	89
课时/周	3	3	3	3	3	3	3	3、2	3	3	2	3	3	3	3	
总课时	24	42	78	27	54	21	75	25	33	75	58	75	54	42	45	728
课时/周·人	12	8.4	11.1	9	10.8	21	12.5	6.25	4.71	12.5	8.29	18.8	13.5	10.5	9	11.22
体育教师数	2	5	7	3	5	1	6	4	7	6	7	4	4	4	5	70
大专	1	0	4	0	2	0	0	2	2	0	0	1	0	1	1	14
本科	1	5	2	3	3	1	6	2	5	6	7	3	4	3	4	55
硕士	0	0	1	0	0	0	0	0	0	0	0	0	0	0	0	1
中高	1	1	2	0	3	0	3	1	1	2	5	2	1	2	3	27
中一	0	4	3	2	2	1	2	2	6	4	2	1	2	2	2	35
中二	1	0	2	1	0	0	1	1	0	0	0	1	1	0	0	8
中三	0	0	0	0	0	0	0	0	0	0	0	0	0	0	0	0
月收入　中高	4000	3500	4200		4500		4000	4100	4100	4000	4000	4423	4200	4300	3900	4094
月收入　中一		3000	3600	3100	3500		3000	3100	3600	3200	3000	3690	3600	3600	2800	3292
月收入　中二	2600		2600	2600		2700	2700	2800				3203	2600			2725

续表

青山区(15所)		钢城二中	钢铁五中	钢铁六中	钢铁七中	钢铁八中	钢铁十中	十一中	十二中	十三中	49中	任家路中学	武东中学	红钢城中学	青山中学	钢花中学	总数
月收入	中三																
	培训	3	3	3	3	3	3	3	2	2	2—3	1	1		3	2	2.2
塑胶场地面积（平方米）		6600	6016	5400	2800	3912		5800	5000	5000	3490	3000	3500	5200	5500	4520	82445 (65738＋16707)
非塑胶场地面积（平方米）						0	4512	0	0	0	0	1000	0	0		0	12442 (5512＋6930)
室内可用面积							0	0		300	0	0	0	0	0	0	300
篮球架		2	5	6	4	6	4	9	4	4	6	8	6	6	4	12	86
乒乓球台		5	7	10	5	5	1	15	3	3	3	2	8	10	3	8	88
排、羽球网		2	2	2	0	1	0	1	1	2	1	1	1	1	2	3	20
报刊、图书		1	0	0	1	1	4	4	2	2	2	1	2	4	2	0	26
电脑		2	5	7	3	5	1	6	4	7	6	7	1	1	4	5	64
体育教辅人员			1	0	0	1			1	1	0	1	1	0	1	0	7
政府投入（万元）																	
社会捐助（万元）																	
健身器材（件）		0	0		0	2	2	0	0	7	6	0	0	0	15	0	32
健身面积（平方米）		0	0		0	45	45	0	0	25	22	0	0	0	40	0	177
其他																	

武汉市市区洪山区下辖初级中学体育资源配置状况一览表

洪山区 （8所）	卓刀泉 中学	和平 中学	梨园 中学	张家湾 中学	珞珈山 中学	鲁巷 中学	洪山中 学	英格 中学	总数
总人数	2100	471	280	420	290	1560	1200	670	6991
七年级	13	5	3	3	2	10	10	5	51
八年级	13	4	2	4	3	10	10	7	53
九年级	14	5	2	4	3	10	9	6	53
课时/周	3、2	3	3、2	2	3、2	2	2	2	
总课时	106	42	19	22	24	60	58	36	367
课时/周/人	15.14	10.5	9.5	11	24	10	8.29	12	12.55
体育教师数	7	4	2	2	1	6	7	3	32
大专	1	1	0	1	0	0	0	0	3
本科	6	2	2	1	1	6	7	3	28
硕士		1							1
中高	5	1				2	3	1	12
中一	2	1	1	1	1	4	4	1	15
中二		2	1		1			1	5
中三									
月收入 中高	3200						4000	3600	3600
月收入 中一	2700		3000	3200	3000		3500	2800	3033
月收入 中二			2400	2300				2200	2300
月收入 中三									
培训					1	1	1	2	1.25
塑胶场地面积 （平方米）	5000	5000	4100	5900	4100	5500	4100	5000	56865 （38700＋18165）
非塑胶场地面积 （平方米）									0
室内可用面积 （平方米）								150	150
篮球架	6	10 （4单）	4	6	6	6	8	4	50
乒乓球台	8	10	6	6	6	6	10	12	64
排、羽球网	2	3	1	2	2	2		3	15

续表

洪山区 （8 所）	卓刀泉 中学	和平 中学	梨园 中学	张家湾 中学	珞珈山 中学	鲁巷 中学	洪山中 学	英格 中学	总数
报刊、图书				4		2		3	9
电脑	7	4	2	2	1	6	7	3	32
体育教辅人员						1	1		2
政府投入(万元)									
社会捐助(万元)									
健身器材(件)	16		12	0	10	7		12	57
健身面积 （平方米）	40		30	0	30	15		30	145
其他							形体房 1 间		

B. 乡镇

武汉市乡镇东西湖区下辖初级中学体育资源配置状况一览表

东西湖区 （5 所）	东方红 中学	吴家山 二中	柏泉中学	泾河中学	吴家山 第五中学	总数
总人数	273	1862	207	269	788	3399
七年级	2	13	2	2	6	25
八年级	2	12	2	3	6	25
九年级	3	14	2	3	6	28
课时/周	3	2	3	2	2	
总课时	21	78	24	16	36	175
课时/周/人	10.5	8.67	12	5.33	12	9.7
体育教师数	2	9	2	3	3	19
大专	1	1	2（中专）	1 中专	2	7
本科	1	8	0	2	1	12
硕士	0	0	0	0	0	0
中高	0	1	0	0	0	1

续表

东西湖区 （5 所）		东方红 中学	吴家山 二中	柏泉中学	泾河中学	吴家山 第五中学	总数
中一		1	4	2	2	2	11
中二		1	4	0	1	1	7
中三		0	0	0	0	0	0
月收入	中高		3400		0		
	中一	2800	2300	3608	3000	3600	3062
	中二	2000	2100	0	2600	2700	1880
	中三						
培训		1	2	2	1	1	1.4
塑胶场地面积 （平方米）		0	10800 （400m²）	0	7200	18735 （400m²）	38249 （36735 + 1514）
非塑胶场地面积 （平方米）		7800 （300m²）	0	3770	0	0	17766 （11663 + 6103）
室内可用面积 （平方米）		0	0	0	0	0	0
篮球架		2	12	4	3	4	25
乒乓球台		6	12	4	6	13	41
排、羽球网		0	3	0	1	0	4
报刊、图书		0	2	1	1	2	6
电脑		0	4	1	3	3	11
体育教辅人员		0	0	0	0	0	0
政府投入（万元）			50				
社会捐助（万元）							
健身器材（件）		0	12	10	0	15	37
健身面积 （平方米）		0	30	28	0	35	93
其他							

武汉市乡镇蔡甸区下辖初级中学体育资源配置状况一览表

蔡甸区（16所）	3541学校	柏林中学	成功中学	大集中学	高庙中学	横龙中学	莲花湖中学	索河中学	桐湖学校	五公中学	小集中学	新农中学	幸福路	永安中学	张湾中学	侏儒中学	总数
总人数	257	230	275	382	73	188	1157	372	60	109	139	489	1500	709	278	506	6724
七年级	2	2	3	4	2	1	7	4	1	1	2	4	10	5	3	4	55
八年级	2	3	3	4	1	2	8	3	1	1	2	4	10	5	3	4	56
九年级	2	3	2	4	1	2	7	3	1	1	1	4	10	5	3	4	53
课时/周	3	3	3	3	3	3	3	3	3	3	3	3	3	3	3	3	
总课时	18	21	24	36	12	15	66	30	9	9	15	36	90	45	27	36	489
课时/周/人	18	7	8	12	6	7.5	13.2	15	9	9	5	9	15	11.3	13.5	6	10.28
体育教师数	1	3	3	3	2	2	5	2	1	1	3	4	6	4	2	6	48
大专	1		1	3	1	0	0	0	1	1	1	1	0	1	1	1	13
本科		3	2	3	1	2	5	2		1	2	3	6	3		5	35
硕士																	0
中高												3				1	4
中一			2	2	1	2		1	1		3	1	2	3	1	2	26
中二	1	3	1	1	1		5	1		1			4	1	1	3	18
中三																	
月收入 中高												3900					3900

续表

		蔡甸区(16所)学校	柏林中学	成功中学	大集中学	高庙中学	横龙中学	莲花湖中学	索河中学	桐湖学校	五公中学	小集中学	新农中学	幸福路	永安中学	张湾中学	侏儒中学	总数
月收入	中一	3541	3000	3000	3200	3400	3800		2800	3265		3628	3200		2980	3400	3000	3243
	中二	2900		2800	2700	3000			2700						2870	3300	2500	2863
	中三																	
培训		1	2	2	1	2	2	1	2	1	2	2	1	1		2	2	1.6
塑胶场地面积（平方米）		4000			2800			3600	3600				3354	5500				22854
非塑胶场地面积（平方米）			8000	1000	2400	6667	5000		600	9000	5000	5400			4000	2500	5500	55067
室内可用面积					80											60		140
篮球架		4	2	2	2	1	2	4	4	1		2	4	3	3	2	2	38
乒乓球台		4	3	5	12	4	4	2	12	5		5	3	3	6	4	6	78
排、羽球网			1	2	2		1		4	1		1			1		2	15
报刊、图书		10		1	2											1	1	15
电脑		1		3	3	1		1	1	1		1	1					13
体育教辅人员					2													2
政府投入（万元）					10		5								2			17
社会捐助（万元）					5													5
健身面积（平方米）					20		12					15			16		20	83
其他																		

武汉市乡镇新洲区下辖初级中学体育资源配置状况一览表

新洲区（乡）(6所)		区一初	实验中学	邾城二中	挖沟中学	旧街中学	阳逻一中	总数
总人数		2300	2583	1600	434	730	1780	9427
七年级		15	17	10	3	6	10	61
八年级		14	16	10	3	6	10	59
九年级		13	16	10	3	6	12	60
课时/周		3	3	3	3	3	3	
总课时		126	147	90	27	54	96	540
课时/周/人		18	16.33	12.86	9	18	16	15.03
体育教师数		7	9	7	3	3	6	35
大专		4	0	2	2	0	0	8
本科		3	9	5	0	3	6	26
硕士		0	0	0	1	0	0	1
中高		0	1	1	0	0	1	3
中一		3	2	5	2	1	3	16
中二		4	5	1	1	2	2	15
中三		0	1	0	0	0	0	1
月收入	中高		3500	3700			3000	3400
	中一	2800	2800	2900	3000	2800	2500	2800
	中二	2600	2500	2500	2500	2500	2400	2500
	中三		2300					2300
培训		2	1	1	2	0	2	1.33
塑胶场地面积（平方米）		5200	5900	4100	0	0	0	15200
非塑胶场地面积（平方米）		0	0	0	5900	6800	5000	17700
室内可用面积(平方米)		260	0	0	80	0	0	340
篮球架		6	8	4	4	6	2	30
乒乓球台		3	23	8	3	6	4	47
排、羽球网		1	2	1	1	2	1	8
报刊、图书		0	2	0	3	0	0	5
电脑		7	9	7	0	0	0	23
体育教辅人员		1	0	0				1
政府投入(万元)				150				150
社会捐助(万元)				0				0
健身器材(件)		6	0	10	0	8	0	24
健身面积(平方米)		100	0	25	0	20	0	145
其他								

长沙市：

A. 市区

长沙市市区天心区下辖初级中学体育资源配置状况一览表

天心区（6所）		长征学校	建业学校	蓝天学校	明德天心	天心一中	铁道中学	总数
总人数		254	390	102	1464	1850	1120	5180
七年级		1	3	1	12	11	6	34
八年级		3	3	1	10	11	6	34
九年级		2	3	1	2	10	6	24
课时/周		2	2	2	2	2	2	
总课时		12	18	6	48	64	36	184
课时/周/人		6	9	6	12	10.67	12	9.28
体育教师数		2	2	1	4	6	3	18
大专		2	0	0	0	2	0	4
本科		0	2	1	4	4	3	14
硕士		0	0	0	0	0	0	0
中高		1	0	0	0	1	0	2
中一		1	1	0	1	4	1	8
中二		0	1	1	3	1	2	8
中三		0	0	0	0	0	0	0
月收入	中高	4218				4000		4109
	中一	3653	3799		3000	3000		3363
	中二		3483	2450				2966
	中三							
培训		1	10	0	3	1	2	2.83
塑胶场地面积（平方米）		4100	0	0	7200	7200	0	18500
非塑胶场地面积（平方米）		0	1920	0	0	0	680	2600
室内可用面积（平方米）		0		0	800	0	0	800
篮球架		4	4	4	28	12	4	56
乒乓球台		2	4	5	6	17	3	37
排、羽球网		1	1	1	2	0	0	5
报刊、图书		0	2	2	10	2	0	16
电脑		0	1	1	4	1	1	8
体育教辅人员		0	0	1	1	1	0	3
政府投入（万元）								
社会捐助（万元）								
健身面积（平方米）		40	48	200	20	8	0	316
健身器材（件）		4	6	20	10	4	0	44
其他							区政府财政全额拨款	

长沙市市区岳麓区下辖初级中学体育资源配置状况一览表

岳麓区（4所）		19中	28中	湖南师大附中博才	湘仪中学	总数
总人数		784	920	4000	2180	7884
七年级		6	9	33	6	54
八年级		6	9	24	5	44
九年级		6	9	21	6	42
课时/周		3	2	3、2	3	
总课时		54	54	213	51	372
课时/周/人		10.8	9	13.31	8.5	10.4
体育教师数		5	6	16	6	33
大专		1	3	0	2	6
本科		4	3	14	3	24
硕士				2	1	3
中高		3	2		1	6
中一		2	3	7	4	16
中二			1	1	1	3
中三				8		8
月收入	中高	3500	4600		3200	3766
	中一	3000	3900		2700	3200
	中二		3100			
	中三					
培训		1	4	4	1	2.5
塑胶场地面积（平方米）		260	3000	1800	4100	9160
非塑胶场地面积（平方米）					200	200
室内可用面积（平方米）					80	80
篮球架		7	6	5		18
乒乓球台		5	0	6	4	15
排、羽球网		3	1	1	2	7
报刊、图书		1	3	2	5	11
电脑		1	6	16	2	25
体育教辅人员					1	
政府投入（万元）						
社会捐助（万元）						
健身面积（平方米）						
其他						

长沙市市区雨花区下辖初级中学体育资源配置状况一览表

雨花区（3 所）		雅礼雨花	明德洞井	井湾子中学	总数
总人数		1820	1200	994	4014
七年级		12	10	6	28
八年级		10	6	6	22
九年级		11	7	7	25
课时/周		2	2	2	
总课时		66	46	19	131
课时/周/人		11	9.2	4.75	8.32
体育教师数		6	5	4	15
大专		2	3	0	5
本科		2	2	3	7
硕士		2		1	3
中高		1			1
中一		4	3	2	9
中二		1	2	2	5
中三					
月收入	中高				
	中一	3600	3000	3400	3333
	中二	3100	2200	2900	2800
	中三				
培训		3	3	2	2.67
塑胶场地面积（平方米）		250m6 道	940	1410	7390（7350＋40）
非塑胶场地面积(平方米)		2004	782	504	3290
室内可用面积(平方米)					
篮球架		12	4	6	22
乒乓球台		28	6	3	37
排、羽球网		4	2	2	8
报刊、图书		1			1
电脑		6	5	4	15
体育教辅人员					
政府投入(万元)					
社会捐助(万元)					
健身器材(件)		15			15
健身面积(平方米)		40			40
其他					

B. 乡镇

长沙市乡镇长沙县下辖初级中学体育资源配置状况一览表

长沙县（6所）		星河中学	杨梓中学	松雅湖中学	石常中学	梨江中学	于杉中学	总数
总人数		2800	700	3000	650	1300	557	9007
七年级		19	5	21	4	8	3	60
八年级		18	5	17	4	8	4	56
九年级		13	5	16	4	8	4	50
课时/周		2	2	2	3、2	3、2	3、2	
总课时		80	30	54	32	64	44	304
课时/周/人		10	15	4.5	8	16	11.33	10.81
体育教师数		8	2	12	4	4	3	33
大专		1	0	0		1	3	5
本科		7	2	10	4	3		26
硕士				2				2
中高		2		4				6
中一		6	2	4	3	4	3	22
中二				2				2
中三				2	1			3
月收入	中高	3100		3000				3050
	中一	2500	2500	2500	2500	2500	2500	2500
	中二			2300				2300
	中三				2100			2100
培训		1	1	1	1	1	1	1
塑胶场地面积（平方米）		13200		13200			11000	37400
非塑胶场地面积（平方米）			12000		11000	11000		34000
室内可用面积（平方米）				640				640
篮球架		5	2	9	2	3	2	23
乒乓球台		20	4	10	5	6	8	53
排、羽球网		1		2		1	2	6
报刊、图书		2	1	1	1		2	7

续表

长沙县（6所）	星河中学	杨梓中学	松雅湖中学	石常中学	梨江中学	于杉中学	总数
电脑	8	2	10	4	4	3	31
体育教辅人员	1		1				2
政府投入（万元）			4000	0.1	0.1	3000	7000.2
社会捐助（万元）		1000	10				1010
健身器材	0	0	0	0	8	3	11
健身面积（平方米）					200	10	210
其他							

长沙市乡镇宁乡县下辖初级中学体育资源配置状况一览表

宁乡县（7所）		金海中学	沙田中学	城北中学	玉潭中学	城郊中学	桃林桥中学	实验中学	总数
总人数		2800	326	6361	1150	546	1127	1623	13933
七年级		13	2	38	6	3	9	11	82
八年级		15	2	38	6	4	6	10	81
九年级		16	3	34	6	4	5	9	77
课时/周		2	2	2	2	2	2	2	
总课时		88	14	110	36	22	40	60	370
课时/周/人		8.8	7	7.86	12	22	10	12	11.38
体育教师数		10	2	14	3	1	4	5	39
大专		0	1	0	0	0	0	0	1
本科		10	1	14	3	1	4	5	38
硕士		0	0	0	0	0	0	0	0
中高		0	0	3	0	0	0	0	3
中一		3	0	11	1	1	4	3	23
中二		7	2	0	1	0	0	2	12
中三		0	0	0	0	0	0	0	1
月收入	中高			3880					3880
	中一	4000		2500	5000	2400	2400	2400	3116
	中二	3000			4000			2200	3066
	中三	0			3000				3000
培训		0	0	0	1	0	0	0	0

续表

宁乡县（7所）	金海中学	沙田中学	城北中学	玉潭中学	城郊中学	桃林桥中学	实验中学	总数
塑胶场地面积（平方米）	7200	0	4100	4100	4100	4100	0	23600
非塑胶场地面积（平方米）	0	4100	5900		0		7200	17200
室内可用面积（平方米）	480	0	0	480	0		700	1660
篮球架	6	2	9	0	4	0	8	29
乒乓球台	12	0	11	10	0	0	25	58
排、羽球网	1	0	3	0	0	0	8	12
报刊、图书	2	0	1	2	0	1	3	9
电脑	10	0	14	3	0	0	5	32
体育教辅人员	0	0		1	0	0	1	2
政府投入（万元）								
社会捐助（万元）								
健身器材	18	0	8	0	0	0	40	66
健身面积（平方米）	400		20	0	0	0	200	620
其他								

南昌市：

A. 市区

南昌市市区西湖区下辖初级中学体育资源配置状况一览表

西湖区（3所）	二十四中	二十七中	二十九中	总数
总人数	910	1300	300	2510
七年级	6	10	3	19
八年级	6	12	2	20
九年级	6	12	3	21
课时/周	2	2	2	
总课时	36	34	16	86
课时/周/人	12	6.8	5.33	7.82
体育教师数	3	5	3	11
大专	1	0	3	4
本科	2	5	0	7
硕士	0	0	0	0

续表

西湖区（3所）		二十四中	二十七中	二十九中	总数
中高		1			1
中一		2	2	2	6
中二			3	1	4
中三					
月收入	中高				3200
	中一				2850
	中二				2350
	中三				
培训		2次	2次	2次	2
塑胶场地面积（平方米）		420	840	1720	2980
非塑胶场地面积（平方米）		0	0	0	0
室内可用面积（平方米）		0	0	0	0
篮球架		2个	4个（塑胶）	2个（塑胶）	8
乒乓球台		2台	2台		4
排球网		1张		2块	3
报刊、图书		1套		2套	3
电脑		3台		3台	6
其他		健身在走廊里 2个跑步机	健身器材3件		18
健身面积（平方米）		20	10		30

南昌市市区东湖区下辖初级中学体育资源配置状况一览表

东湖区（4所）	二中（初中）	八一中学	二十八中	市三中	总数
总人数	2521	1655	2600	3170	9946
七年级	12	10	12	15	49
八年级	12	10	13	15	50
九年级	12	10	15	15	52
课时/周	2	2	2	2	
总课时	72	60	40	90	262
课时/周/人	12	8.57	4.44	12.86	9.03
体育教师数	6	7	9	7	29

续表

东湖区（4所）		二中（初中）	八一中学	二十八中	市三中	总数
大专		0	5	1	1	7
本科		6	2	7	6	21
硕士		0	0	1	0	1
中高		0	1	2	2	5
中一		2	5	2	3	12
中二		4	1	3	1	9
中三				2	1	3
月收入	中高		3200		3500	
	中一		2850		3200	
	中二		2350			
	中三					
培训		1	1	2	1—2 次	
塑胶场地面积（平方米）		4100	1000	4100	4100	13300
非塑胶场地面积（平方米）		0				0
室内可用面积（平方米）		0				0
篮球架		8个	4个	8个	4个	24
乒乓球台		6台	5台（塑胶）	7台单独	3台	21
排球网		2张		2张	1张羽2张排	7
报刊、图书		4套	4套	2套	3套	13
电脑		6台	1台	8台	14台(2台/人)	29
健身器材		4件	8件＝1个多篮球场	4件		
健身面积（平方米）			14	420	18	452

B. 乡镇

南昌市乡镇南昌县下辖初级中学体育资源配置状况一览表

南昌县（8所）	莲塘四中	莲塘五中	莲塘六中	莲塘七中	塘南二中	塘南中学	广福一中	广福二中	总数
总人数	600	3500	3980	1800	567	927	1020	1170	13564
七年级	5	17	20	10	3	5	4	6	70
八年级	3	16	18	10	4	5	4	5	65

续表

南昌县 （8所）	莲塘 四中	莲塘 五中	莲塘 六中	莲塘 七中	塘南 二中	塘南 中学	广福 一中	广福 二中	总数
九年级	3	16	18	10	4	5	5	5	66
课时/周	2	2	2	2	2	2	2、1	2、1	
总课时	22	98	112	60	22	30	21	27	392
课时/周/人	4.4	9.8	12.44	15	5.5	7.5	7	9	8.83
体育教师数	5	10	9	4	4	4	3	3	42
大专	0	0	0	4	1	0	3	1	9
本科	4	7	7		3	4		2	27
硕士	1	3	2						6
中高	2	2	3			1			8
中一	1	1	3	3		2	1	3	14
中二	2	6	1	1	4	1	2		17
中三		1	2						3
月收入 中高		3500	3500	2500		4000			3375
月收入 中一		3200	3200	2500		3000	2100	2500	2583
月收入 中二		3000	3000		1800	3000	2000		2560
月收入 中三			2300						2800
培训	1	1	1	1	1	1	1	1	1
塑胶场地面积（平方米）		4100	420（篮已损）	420					5028（4920＋108）
非塑胶场地面积（平方米）	7200	1300	3200	700	850	2600	3200	110	44690（19160＋25530）
室内可用面积（平方米）					110	200	68	63	441
篮球架	8	6单独	8（2个单独）	8	4	4	4	6	48
乒乓球台	6	5单独	8	10	2	12	4	2	49
排球网		7单独		2		2	2	2	15
报刊、图书			1套	1	1		2	2	5
电脑			集体办公室	4	4	4	3	3	25
健身器材	8件	8件	5件	12件	11件	10件			
体育教辅人员	县直学校	县直学校	县直学校			1			
健身面积（平方米）	16	16	10	24	22	20			108

南昌市乡镇进贤县下辖初级中学体育资源配置状况一览表

进贤县（3 所）		南台乡初级中学	文港镇初级中学	罗溪中学	总数
总人数		180	1600	523	2303
七年级		4	23	3	30
八年级		2	8	3	13
九年级		1	8	3	12
课时/周		2	2	3	7
总课时		14	39	27	80
课时/周/人		14	13	13.5	13.5
体育教师数		1	3	2	6
大专		1	1	0	2
本科		0	2	2	4
硕士		0	0	0	0
中高		0	0	0	0
中一		0	1	1	2
中二		0	2	1	3
中三		1		0	1
月收入	中高				2500
	中一		2200	2200	2200
	中二		2000	2000	2000
	中三	1800	0		1800
培训		1	1	1—2	
塑胶场地面积（平方米）		0	0	0	0
非塑胶场地面积（平方米）		150 米 3 道（3216）	1580	4100	11116（8896＋2184＋36）
室内可用面积（平方米）		0	0	0	0
篮球架		2	4	4	10
乒乓球台		4	12	10	26
排球网		2	0	0	2
报刊、图书			1	0	1
电脑		1	0	2	3
健身器材		8 件	10 件	0	18 件
健身面积(平方米)		16	20	0	36

南昌市乡镇新建县下辖初级中学体育资源配置状况一览表

新建县（5所）		新建六中	新建五中	西山中学	金桥中学	石岗中学	总数
总人数		2500	6000	1100	486	1000	11086
七年级		14	30	6	3	6	59
八年级		13	31	6	3	5	58
九年级		14	31	6	3	5	59
课时/周		1	2	2	2	2	
总课时		40	184	36	18	32	310
课时/周/人		13.33	18.4	18	9	10.67	13.88
体育教师数		3	10	2	2	3	20
大专		1	0	1	0	3	5
本科		2	9	1	2		14
硕士		0	1				1
中高		1	2		1		4
中一		1	4	1	1	2	9
中二		1	4	1		1	7
中三							
月收入	中高						2500
	中一						2200
	中二					2000	2000
	中三						1800
培训		1—2次	1—2次	2	1—2次	1	
塑胶场地面积(平方米)							0
非塑胶场地面积（平方米）		6800	5900	5000	4100	3000	37986（24800 + 13072 + 114）
室内可用面积(平方米)		0	0	0	0	0	0
篮球架		8	6	4	4	6	28
乒乓球台		8	17	16	3	10	54
排球网		1	1	2	1	1	6
报刊、图书		2	1—2套	2	1—2套	1	8
电脑		1	1	1	2	1	6
健身器材		22件			16件	12件	
健身面积(平方米)		46			38	30	114

合肥市：

A. 市区

合肥市市区庐阳区下辖初级中学体育资源配置状况一览表

庐阳区（3所）		四十二中	四十五中	十九中	四十七中	总数
总人数		2400	缺数据	1040	990	4430
七年级		14		8	6	28
八年级		14		9	7	30
九年级		14		9	6	29
课时/周		2、3		2	2、3	
总课时		98		50	44	192
课时/周/人		14		12.5	11	12.5
体育教师数		7		4	4	15
大专		0		0	0	0
本科		7		4	4	15
硕士		0		0	0	0
中高		2		0	2	4
中一		3		4	1	8
中二		2		0	1	3
中三						
月收入	中高					3900
	中一			国家标准		3450
	中二					
	中三					
培训		1/2		4/6		
塑胶场地面积（平方米）		4000		7200	4100	15300
非塑胶场地面积（平方米）		0		0		0
室内可用面积（平方米）		0		在建乒乓球	两台乒乓球	150
篮球架		4		6 水泥单独	6 含	16
乒乓球台		8 单独		8 单独	0	16
排球网		0		1	0	1
报刊、图书		1·2		1	阅览室	4
电脑		7		4	4	15
体育教辅人员						
政府投入（万元）						
社会捐助（万元）						
健身面积（平方米）				200	10	210
其他						

合肥市市区包河区下辖初级中学体育资源配置状况一览表

包河区（5所）		六十五中	四十八中滨湖校区	阳光中学	四十六中南校区	四十六中新校区	总数
总人数		900	1900	1000	1200	4300	9300
七年级		6	14	8	8	20	56
八年级		6	13	7	8	20	54
九年级		6	13	7	8	20	54
课时/周		2	3	2、3	3	2、3	
总课时		36	40	51	72	140	339
课时/周/人		9	8	8.5	1.29	17.5	8.86
体育教师数		4	5	6	7	8	30
大专		0	0	0	0	0	0
本科		4	4	4	6	8	26
硕士		0	1	2	1	0	4
中高		1	0	1	1	1	4
中一		3	0	1	3	2	9
中二			5	4	3	5	17
中三							
月收入	中高			3700			3700
	中一			3300			3300
	中二		3000	2100			2550
	中三						
培训		1/2	1/2	1	5/6	1/2	
塑胶场地面积（平方米）		4100	7200	3500	4000	7200	26000
非塑胶场地面积（平方米）		0	0	0	室内：1900		1900
室内可用面积（平方米）		0	800	0	4000 体育馆	35乘70 健舞房	7250
篮球架		2 独塑胶	6 单独	4(2独塑胶)	6 单独	20 单独	38
乒乓球台		6	3 单独	4 单独	8	乒馆1600平方米	25
排球网		0	6 与篮共用	0	4个羽塑胶	10 块	20
报刊、图书		2	3·4			1·2	9
电脑		5	5	6	7	8	31
体育教辅人员							
政府投入（万元）							
社会捐助（万元）							
健身面积（平方米）		72		10			82
其他							

合肥市市区瑶海区下辖初级中学体育资源配置状况一览表

瑶海区（3所）		四十一中	三十九中	五十五中	三十八中	总数
总人数		900	850	1200	两个校区	2950
七年级		5	5	8		18
八年级		5	6	8		19
九年级		6	6	8		20
课时/周		3	2、3	3		
总课时		48	40	72		160
课时/周/人		12	8	9		9.67
体育教师数		4	5	8		17
大专		0	0	0		0
本科		4	5	8		17
硕士		0	0	0		0
中高		1	1	3		5
中一		3	2	3		8
中二		0	2	2		4
中三						
月收入	中高					
	中一					
	中二					
	中三					
培训		1/2	1/2	1/2		
塑胶场地面积（平方米）		4100	4100	5900		14100
非塑胶场地面积（平方米）		0	0	0		
室内可用面积（平方米）		0	0	0		
篮球架		0	2 单独	6 单独		8
乒乓球台		4 单独	2 单独	2 单独		8
排球网		0	0	1 单独		1
报刊、图书		1·2	1·2	1·2		6
电脑		4	5	8		17
体育教辅人员						
政府投入（万元）						
社会捐助（万元）						
健身面积（平方米）						
其他						

B. 乡镇

合肥市乡镇肥东县下辖初级中学体育资源配置状况一览表

肥东县（8所）		肥东三中	店埠乡西山驿	响导乡初级中学	撮镇乡长乐初级	县城乡肥东四中	玉铁初级	龙城初级	马集中学	总数
总人数		2200	500	510	420	2400	350	400	515	7295
七年级		14	3	4	3	16	2	5	3	50
八年级		14	4	4	4	16	3	5	4	54
九年级		16	5	4	4	16	3	5	4	57
课时/周		2	3、2	3、2	2	2	3、2	2	2	
总课时		44	31	32	22	96	21	30	22	298
课时/周/人		6.29	10.33	16	11	13.71	21	10	22	11.46
体育教师数		7	3	2	2	7	1	3	1	26
大专		1	0	0	1	0	0	0	0	2
本科		6	3	2	1	6	1	3	1	23
硕士		0	0	0	0	1	0	0	0	1
中高		1	1	0	0	2	0	0	0	4
中一		3	2	1	0	5	1	1	1	14
中二		2		1	2		0	2	0	7
中三		1						0	0	1
月收入	中高	3800						0		3800
	中一	3200								3200
	中二	2800								2800
	中三	1900								1900
培训		1—2次	1—2次	1	1	1	1		1	1
塑胶场地面积（平方米）		4100	0							4100
非塑胶场地面积（平方米）			5900	4100	4100	5900	5900		4100	30000
室内可用面积（平方米）			0	0	0	0	0		0	0
篮球架		4个	4个	4个	2个	6个	4个	4个	8个	36
乒乓球台		2台	6台	10台	4台	8台	4台	6台	4台	44
排球网		0	0	2张	1与篮共用	0	0	0	1张与篮共用	4
报刊、图书		1	1—2套	1	1	0	1	0	1套	5

续表

肥东县 (8所)	肥东 三中	店埠乡 西山驿	响导乡初 级中学	撮镇乡长 乐初级	县城乡肥 东四中	玉铁 初级	龙城 初级	马集 中学	总数
电脑	0	3台	0	0	0	0	1	0	4
体育教辅人员									
政府投入(万元)									
社会捐助(万元)									
健身器材		羽毛 球场		单双 2套	健身 15件		单双 各1	单双 各1	
健身面积 (平方米)				8	30		5	5	48

合肥市乡镇肥西县下辖初级中学体育资源配置状况一览表

肥西县 (7所)		上派 初级	洪桥 初级	金牛 初级	桃花 初级	铭传 初级	花岗镇 孙集	董岗 初级	总数
总人数		4000	300	500	700	310	322	417	6549
七年级		20	2	3	4	2	2	3	36
八年级		20	2	3	4	2	2	3	36
九年级		21	2	4	4	2	3	3	39
课时/周		2	2、3	2	3、2	3、2	2	2	
总课时		122	14	20	32	16	14	24	242
课时/周/人		15.25			10.67	8	7	6	12.74
体育教师数		8	0	0	3	2	2	4	19
大专		0	0	0	1	1	0	1	3
本科		7	0	0	2	1	2	3	15
硕士		1	0	0	0	0		0	1
中高		2	0	0	0			0	2
中一		4	0	0	1		1	2	8
中二		2	0	0	2	2	1	2	9
中三									
月收入	中高								
	中一								
	中二								
	中三								
培训			0	0	1—2次	1	1—2次	1	
塑胶场地面积 (平方米)		7000			4100	0			11100
非塑胶场地面积 (平方米)		800		4100	0	4100	7200	4100	20300

续表

肥西县（7 所）	上派初级	洪桥初级	金牛初级	桃花初级	铭传初级	花岗镇孙集	董岗初级	总数
室内可用面积（平方米）	100		0	0	0	0	0	100
篮球架	12	2	4	8	2	4	6	38
总人数	4000	300	500	700	310	322	417	6549
乒乓球台	24	0	6	10	4	6	5	55
排球网	3	0	0	4	0	0	0	7
报刊、图书	3	0	0	2	1	1	1	8
电脑	0	0	0	3	0	0	0	3
体育教辅人员		0	0	0		0		
政府投入（万元）								
社会捐助（万元）								
健身面积（平方米）							8	8
其他								

合肥市乡镇庐江县下辖初级中学体育资源配置状况一览表

庐江县（9 所）	庐江四中	实验初中	金牛乡初中	白湖乡初级	白湖乡顺港初级	庐城乡迎松初中	盛桥乡许桥初	矾山乡天桥	砖桥初级	总数
总人数	3800	2100	908	1300	612	421	300	706	600	10747
七年级	16	14	5	6	4	3	2	4	3	57
八年级	16	8	5	6	4	3	2	4	3	51
九年级	16	8	6	12	4	2	2	4	4	58
课时/周	3、2	3	3	2	2	3、2	2	2	2	
总课时	128	90	48	48	24	22	12	24	20	416
课时/周/人	16	18	24	48	24	11	12			20.8
体育教师数	8	5	2	1	1	2	1	0		20
大专	0	0	1	1	0	0	1	0		3
本科	8	5	1	0	1	2	0	0	代课	17
硕士	0	0	0	0	0	0	0	代课		0
中高	1		0	0	0	0	0	0		1
中一	4		1	0	0	1	0	0		6
中二	3	5	1	1	1	1	1	0		13

续表

庐江县(9所)		庐江四中	实验初中	金牛乡初中	白湖乡初级	白湖乡顺港初级	庐城乡迎松初中	盛桥乡许桥初	矾山乡天桥	砖桥初级	总数
中三											
月收入	中高								0		
	中一								0		
	中二				2000				0		
	中三										
培训		1—2次		1	1	1	1	1	0		
塑胶场地面积(平方米)		0		0	0	0		0	0		0
非塑胶场地面积(平方米)		5900	5900	4100	4100	4100		0			24100
室内可用面积(平方米)		0	0	0	60	0		0			60
篮球架		8	6	4	2	2	4	2	2	4	34
乒乓球台		14	14	4	3	6	2	4	7	4	58
排球网		1	0	与篮共用	0	0	0	0		0	1
报刊、图书		1	0	1	0	1	1	1		0	5
电脑		1	0	0	0	0	0	0			1
体育教辅人员											
政府投入(万元)											
社会捐助(万元)											
健身器材			健身器材单双各3套		单双2套	单双2套					
健身面积(平方米)			16		10	10					36
其他											

参考文献

［1］ 张伟、董川：《我国体育资源配置公平与效率的实证分析》，《成都体育学院学报》2013 年第 12 期。

［2］ 董新光、晓敏、丁鹏等：《农村体育评价指标体系的研究》，《体育科学》2007 年第 10 期。

［3］ 骆秉全、郑飞：《首都城乡体育一体化发展指标体系与实证研究》，《体育科学》2010 年第 11 期。

［4］ 肖林鹏、袁玉涛、唐立慧：《我国群众体育场地设施资源现状及对策研究》，《山东体育学院学报》2005 年第 2 期。

［5］ 赵克、郑旭旭、兰自力等：《城建居民小区体育设施配套建设立法研究》，《体育科学》2001 年第 4 期。

［6］ 王凯珍、李骁天：《我国城市学校体育设施开放现状及影响因素研究》，《北京体育大学学报》2011 年第 7 期。

［7］ 李万来：《体育经营管理概论》，人民体育出版社 2006 年版。

［8］ 郑志强、陶长琪、冷毅：《大型体育设施供给 PPP 模式的合作博弈分析》，《体育科学》2011 年第 5 期。

［9］ 毕红星：《我国城市公共体育设施规划布局研究》，《成都体育学院学报》2012 年第 4 期。

［10］ 谢正阳：《全面建设小康社会目标中苏南地区全民健身体系研究》博士学位论文，苏州大学，2010 年。

［11］ 唐立成、唐立慧、王笛：《我国公共体育场馆服务管理绩效评估模式与对策研究》，《北京体育大学学报》2010 年第 1 期。

［12］ 姜芸：《大城市边缘社区公共服务设施发展研究》，硕士学位论文，西南交通大学，2007 年。

［13］ 汪一鸣、汤际澜、楚英兰：《英国地方公共体育设施管理发展现状及启示》，《西安体育学院学报》2012 年第 4 期。

［14］邓赞洲：《地方政府教育资源配置公众满意度测评研究》，硕士学位论文，湘潭大学，2010年。

［15］田雨普、杨小明、刘开运：《我国城乡群众体育统筹发展的战略》，《体育学刊》2008年第1期。

［16］王梦阳：《政府公共体育服务满意度绩效评估指标的构建——以上海市为例》，《体育科学》2013年第10期。

［17］肖林鹏、唐立慧、张欣等：《中国群众体育资源现状调查与研究》，《沈阳体育学院学报》2005年第3期。

［18］唐晓英：《论地方政府公共服务绩效评估的标准体系》，《学术交流》2011年第10期。

［19］王沂：《我国京津地区城市新建住宅区体育场地设施建设研究》，博士学位论文，北京体育大学，2011年。

［20］于军、姜玉泽、杨永明：《从农村体育发展的影响因素看社会主义新农村建设目标下山东省农村体育发展战略》，《山东体育学院学报》2008年第12期。

［21］于善旭：《论〈中华人民共和国体育法〉修改的基本路向》，《天津体育学院学报》2011年第5期。

［22］《第五次全国体育场地普查数据公报》，http：//www. chinasfa. net/lr. aspx？id＝2650。

［23］骆秉全：《北京体育设施发展研究》，《体育文化导刊》2011年第12期。

［24］胡振宇：《现代城市体育设施建设与城市发展研究》，博士学位论文，东南大学，2006年。

［25］余道明：《体育现代化理论及其指标体系研究——以首都体育现代化研究为例》，硕士学位论文，福建师范大学，2007年。

［26］张大超、李敏：《我国公共体育设施发展水平评价指标体系研究》，《体育科学》2013年第4期。

［27］余静、余涛：《我国群众体育发展评价指标体系的研究》，《沈阳体育学院学报》2011年第5期。

［28］张大超、苏妍欣、李敏：《我国城乡群众公共体育资源配置公平性评估指标体系研究》，《体育科学》2014年第6期。

［29］余涛：《群众体育资源配置系统构建的理论研究》，《北京体育大学

学报》2009 年第 12 期。

[30] 张大超、孟建斌:《我国城乡中小学体育资源评价指标体系研究》,《上海体育学院学报》2011 年第 5 期。

[31] 张莹、秦俭、董德龙等:《我国不同地区群众体育资源配置效率研究》,《山东体育学校学报》2011 年第 27 期。

[32] 张大超、彭金洲、张瑞江:《中外现代大型体育场馆管理体制的比较研究》,《体育学刊》2004 年第 3 期。

[33] 马志和、马志强、戴健等:《"中心地理论"与城市体育设施的空间布局研究》,《北京体育大学学报》2004 年第 4 期。

[34] 王广亮、侯斌:《国体育设施建设规划探索》,《体育文化导刊》2010 年第 5 期。

[35] 崔瑞华、王泽宇:《辽宁省公共体育设施建设与经济发展的协调性分析》,《武汉体育学院学报》2012 年第 4 期。

[36] [美] 珍妮·V. 登哈特(Janet V. Denhardt)、罗伯特·B. 登哈特(Robert B. Denhardt)著:《新公共服务——服务,而不是掌舵》,丁煌译,中国人民大学出版社 2004 年版。

[37] 常淑芳、王卫东:《近年来我国义务教育师资发展与均衡配置的回顾与发展》,《江苏教育研究》2012 年第 1 期。

[38] 胡红:《沈阳市大众体育设施发展规划研究》,博士学位论文,同济大学,2007 年。

[39] 张旋、陈璇、段培蓓等:《基于德尔菲法和层次分析法确立护理专业本科学生临床综合能力评价体系》,《解放军护理杂志》2012 年第 2A 期。

[40] 党磊:《保定城市社区公共体育设施发展现状与研究》,硕士学位论文,河北师范大学,2010 年。

[41] 张德利、尹维增、陈有忠等:《新农村建设进程中农村体育人口结构与分层发展特征》,《北京体育大学学报》2012 年第 3 期。

[42] 李艳茹:《"十一五"期间长江三角洲学校体育场地设施发展战略研究》,《北京体育大学学报》2007 年第 6 期。

[43] 胡锦涛:《在中国共产党第十八届代表大会上的报告》,《人民日报》2012 年 11 月 18 日第 1 版。

[44] 段禄峰、张鸿:《我国城乡一体化发展路径研究》,《广东农业科

学》2011年第15期。

[45] 李岩：《我国农村体育场地设施供给问题及对策研究》，http：//www. sport. gov. cn/n16/n1152/n2523/n377568/n377613/n377703/1656139. html。

[46] 吴建峰、周伟林：《公共资源均等化助推中国城市社会福利提高》，《中国社会科学报》2013年5月13日。

[47] 丁海亭：《昆明市四区（五华、官渡、西山、盘龙）城镇残疾人群众体育状况的调查研究》，硕士学位论文，云南师范大学，2008年。

[48] 姜世波：《国际体育法的未来发展趋向初探》，《武汉体育学院学报》2011年第3期。

[49] 钟武、王冬冬：《基于基尼系数的群众体育资源配置公平性研究》，《体育科学》2012年第12期。

[50] 季跃龙：《山西省公共体育场馆开发利用现状及影响因素的研究》，硕士学位论文，山西大学，2006年。

[51] 于永慧：《中国体育设施发展的制度分析》，北京体育大学出版社2010年版。

[52] 林琳、许红峰、邱冠寰：《厦门市公共体育场馆管理运营现状与对策研究》，《首都体育学院学报》2008年第5期。

[53] 宁波市纪委课题组：《公共资源配置市场化规范与监控问题研究》，http：//www. nbdx. cn/Knowledge/newview－11624－131. html。

[54] 杨洪涛：《基于DEA的科研机构科技资源配置效率评价》，《科技进步与对策》2009年第4期。

[55] 卢志成、郭惠平：《社会公平语境中我国城乡群众体育发展的差异与统筹》，《天津体育学院学报》2011年第2期。

[56] 傅晓、欧阳华生：《我国省际间医疗卫生资源配置的公平性分析》，《卫生经济研究》2008年第11期。

[57] 陆悦：《上海市普陀区公共体育设施资源现状调查与对策研究》，硕士学位论文，华东师范大学，2010年。

[58] 郭强：《农村公共体育设施现状与发展对策》，《浙江体育科学》2010年第6期。

[59] 潘小松：《内河海事站点资源配置评估》，《现代商贸工业》2011年第6期。

［60］卢志成、郭惠平：《社会公平语境中我国城乡群众体育发展的差异与统筹》，《天津体育学院学报》2011 年第 2 期。

［61］秦贺余、朱俊全：《对体育资源一些基本问题的探讨》，《首都体育学院学报》2004 年第 1 期。

［62］吴广宏、孔德银：《体育资源及基本理论问题的分析与研究》，《体育研究与教育》2011 年第 4 期。

［63］梁金辉：《公共体育资源优化配置问题研究》，《体育文化导刊》2008 年第 1 期。

［64］谢英：《区域体育资源研究》，博士学位论文，上海体育学院，2003 年。

［65］司荣贵：《论体育资源合理配置的目标和原则》，《西安体育学院学报》2004 年第 3 期。

［66］鲍明晓：《经济学视野中的群众体育》，《体育科研》2005 年第 3 期。

［67］刘可夫、张慧：《论体育资源的合理开发和配置》，《福建体育科技》1999 年第 5 期。

［68］隋路：《中国体育资源配置效率研究》，社会科学文献出版社 2011 年版。

［69］虞重干、刘志民、丁海勇等：《竞技体育可持续发展的评价指标及其人力资源研究》，《西安体育学院学报》2001 年第 1 期。

［70］韩春利：《学校体育人力资源优化配置研究》，《西安体育学院学报》2005 年第 35 期。

［71］赵峰、孙庆祝、刘红建：《城乡体育公共服务一体化评估指标体系的研究》，《吉林体育学院学报》2010 年第 6 期。

［72］王国红、张文慧：《城市社区体育评价指标体系的构建研究——以上海市为例》，《成都体育学院学报》2010 年第 2 期。

［73］骆秉全：《我国群众体育工作评估问题思考》，《体育文化导刊》2010 年第 1 期。

［74］潘丽英：《全面建设小康社会时期我国群众体育评估指标体系的构建研究》，《成都体育学院学报》2010 年第 2 期。

［75］安儒亮、张军、姜健：《中国群众体育事业统计指标体系研究》，《西安体育学院学报》2010 年第 6 期。

[76] 孙文琦：《我国群众体育投入评价指标体系的构建与评价模式研究》，《山东体育学院学报》2011年第5期。

[77] 唐晓辉、李洪波、孙庆祝：《城市社区公共体育资源配置的政府绩效评价体系研究》，《天津体育学院学报》2012年第5期。

[78] 许月云、许红峰、凌江等：《区域社会体育资源比较优势评价指标体系的构建与实证研究》，《成都体育学院学报》2012年第7期。

[79] 王良健、弓文：《省际体育资源配置的公平性及其与竞技体育水平的灰色关联分析》，《北京体育大学学报》2010年第11期。

[80] 张彦琦、唐贵立、王文昌等：《基尼系数和泰尔指数在卫生资源配置公平性研究中的应用》，《中国卫生统计》2008年第3期。

[81] 陈宪：《公共资源配置的效率与公平》，《文汇报》2009年11月2日。

[82] 夏锋：《推进基本公共服务均等化需关注公共资源配置均等化》，《中国经济导报》2011年6月18日。

[83] 刘佳、朱罗敬、谢飙：《我国体育资源配置中的政府行为研究》，《中南林业科技大学学报》（社会科学版）2010年第5期。

[84] 费瑛：《我国公共体育政策制定中"利益失衡"现象及其解决方案研究》，《吉林体育学院学报》2012年第1期。

[85] 武苗：《政府基础教育资源配置公平性与公众满意度研究》，硕士学位论文，山西师范大学，2013年。

[86] 王春晓、马林、何磅礴等：《2002—2006年广东省卫生资源配置公平性的趋势研究》，《中国卫生资源》2010年第6期。

[87] 闫亚玲：《我国乡镇卫生院人力资源配置公平性评价指标及实证研究》，硕士学位论文，天津财经大学，2012年。

[88] 俞丽萍：《我国体育公共服务均等化问题的研究》，《武汉体育学院学报》2011年第7期。

[89] 黄继珍：《资本视角下的农村公共体育资源配置研究》，《首都体育学院学报》2010年第5期。

[90] 孟建斌：《学校体育资源评估指标体系构建及验证研究》，硕士学位论文，河南大学，2010年。

[91] 苏妍欣：《我国城乡群众体育资源评估指标体系研究》，硕士学位论文，河南大学，2013年。

［92］陈海青：《郑州市城乡学校体育资源配置公平状况调研分析》，硕士学位论文，河南大学，2013 年。

［93］United Nations Office on Sport for Development and Peace（UNOSDP）. Annual Report 2011，http：//www. un. org/wcm/cont sport/home/resourcecenter/publications.

［94］Daniel Kaplan. Equity Fund will Shop for Farm Teams，Sports Business Journal，2013，16（31）：18 - 24.

［95］Huntingdonshire District Council. Sports Facilities Standards Report（2007 - 2020），http：//www. huntingdonshire. gov. uk/SiteCollection-Documents/HDCCMS/Documents/Planning.

［96］Nortoft Partnerships Ltd. Birmingham Sports Facilites Strategy，www. nortoft. co. uk.

［97］Aberdeenshire Council's Scrutiny and Audit Committee. An Audit of the Equity of Sports and Leisure Provision in Aberdeenshire，http：//www. aberdeenshire. gov. uk/about/auditofequityofsportsandleisureprovision. pdf.

［98］Georgia Department of Eeducation. Gender Equity in Sports Resource Manual，www. doe. k12. ga. us.

［99］Sport England. Planning for Sport and Active Recreation Facilities Strategy（2008 - 2021），http：//www. sportengland. org/facilities_ planning. aspx.

［100］UK SPORT. UK Sport Equality and Diversity Strategy 2010 - 2013，http：//www. uksport. gov. uk/pages/policies - and - strategies/.

［101］Pamela Wicker，Christoph Breuer. Scarcity of Resources in German Non - profit Sport Clubs，Sport Management Review，2011，14（2）：188 - 201.

［102］Paul A. Estabrooks，Rebecca E. LEE，Nancy C. Gyurcsik. Resources for Physical Activity Participation：Does Availability and Accessibility Differ by Neighborhood Socioeconomic Status? Annals of Behavioral Medicine，2003，Volume 25（2）：100 - 104.

［103］Jay Barney. Firm Resources and Sustained Competitive Aavantage，Journal of Management，1991，17（1）：99 - 120.

［104］Hall，M. H.，Andrukow，A.，BARR，C. The Capacity to Serve：A Qualitative Study of the Challenges Facing Canada's Nonprofit and Voluntary Organizations, Toronto, ON: Canadian Centre for Philanthropy, 2003.

[105] Okayasu, Isao; Nogawa, Haruo; Morais, Duarte B. Operationalization of the Resource Investments Construct of Recreational Sport Event, Event Management, Volume 12, Numbers 3 –4, 2008 , pp. 209 –223 (15) .

[106] Calgary Sport Council and The City of Calgary. Team Spirit: Advancing Amateur Sport for All Calgarians – A 10 Year Strategic Plan for Sport Facility Development and Enhancement, www. calgary. ca.

[107] Brent Council's Sports Service and Planning Service (Sport England). Planning for Sport and Active Recreation Facilities Strategy 2008 – 2021, www. brent. gov. uk/sports.

[108] Department of Sport and Recreation of Government of Western Australia. Needs Assessment Guide : A Guide for Sport and Recreation Facilities Owners and managers (2007, 2nd Edition), www. dsr. wa. gov. au.

[109] United States Anti – doping Agency. What Sport Means in America: A Survey of Sport's Role in Society, MD : U. S. Anti – Doping Agency, Prepared by Discovery Education, 2011.

[110] Horch, H. – D. Resource Composition and Oligarchization: Evidence from German Sport Clubs, European Journal for Sport Management, 1994, 1 (2): 52 –67.

[111] Stephen W. Dittmore. Examining Fairness Perceptions of Financial Resource Allocation in U. S. Olympic Sport, University of Louisville, Doctor Dissertation, 2007.

[112] Laker, Anthony. Sociology of Sport and Physical Education: An Introduction Equality, Equity and Inclusion in Physical Education and School Sport, NY: Routledge, 2002.

[113] R. B. Woods. Social Issues in Sport, IL: Human Kinetics, 2007.

[114] Sport England. Making English Sport Inclusive: Equity Guidelines for Governing Bodies, www. english. sports. gov. uk.

[115] Thomas H. Sawyer. Facility Planning Design for Health Physical Activity, Recreation, and Sports (12th editor), Urbana: Sagamore Publishing LLC, 2009.

[116] Role That Sport Plays in the Construction and Development of Australian

Society, http: //www. studymode. com/essays/ Role – That – Sport – Plays – In – The – 844501. html.

[117] Béla József Pavelka, Kimmo Suomi, Hanna Tietäväinen. Equal Opportunities in the Field of Sports – An Investigation of History, Environmental Factors, Facility Network and Organisational Circumstances in Cross – Country Skiing and Canoeing in Finland, Physical Culture and Sport, Studies and Research, 2009, (5): 220 –228.

[118] Yi – De liua, Peter Taylora & Simon Shiblia. Sport Equity: Benchmarking the Performance of English Public Sport Facilities, European Sport Management Quarterly, 2009, 9 (1): 3 –21.

[119] Hans Westerbeek, Aaron Smith, Paul Turner. Managing Sport Facilities and Major Events, New York: Routledge, 2006.

[120] Final Report on the Audit of Community, Sport and Arts Facilities (South Tipperary) 2009, www. tippinfo. ie.

[121] Beneforti, M. and Cunningham, J. Investigating Indicators for Measuring the Health and Social Impact of Sport and Recreation Programs in Indigenous Communities, Darwin: Cooperative Research Centre for Aboriginal and Tropical Health, 2002.

[122] Antonio J. Monroy Antón, Gema Sáez Rodríguez and Carlos Cordente Martínez. How Construction Trends of Universiti Lities will be Affected by Financial crisis: A Survey, Scientific Research and Essays, 2011, 6 (9): 1998 –2002.

[123] Maassoumeh Barghchi, Dasimah Omar and Mohd Salleh Aman. Sports Facilities in Urban Areas: Trends and Development Considerations, Pertanika J. Soc. Sci. & Hum, 2010, 18 (2): 427 –435.

[124] Leonor Gallardo, Pablo Burillo, Marta Garta – Tascon. The Ranking of the Regions with Regard to Their Sports Facilities to Improve Their Planning in Sport: The Case of Spain, Social Indicators Research, 2009, 94 (2): 297 –317.

[125] Clarence Valley Council. Clarence Valley Sports Facilities Plan (2011), www. tippinfo. ie.

[126] Joseph J. Bannon and Peter L. Bannon. Facility Design for Health, Fit-

ness, PhysicalActivity, Recreation, and Sports Facility Development (Twelfth Edition), Champaign: Sagamore Publishing, L. L. C, 2009.

[127] Mark S. Rosentraub. Sports Facilities and Urban Redevelopment: Private and Public Benefits and a Prescription for a Healthier Future, International Journal of Sport Finance, 2006, 1 (4): 212 – 226.

[128] Tim Pawlowskia, Christoph Breuera, Pamela Wickera & Sandrine Poupauxa. Travel Time Spending Behaviour in Recreational Sports: An Econometric Approach with Management Implications, European Sport Management Quarterly, 2009, 9 (3): 215 – 242.

[129] Syzygy Leisure. Sports Facilities Strategy for West Northamptonshire, www. daventrydc. gov. uk.

[130] Michael Siebold , Angela Klingmüller. Sports Facility Financing and Development Trendsin Europe and Germany 2003, http: // scholarship. law. marquette. edu/sportslaw/vol15/iss1/9.

[131] Bevans, Katherine B. ; Fitzpatrick, Leslie – Anne ; Sanchez, Betty M. Physical Education Resources, Class Management, and Student Physical Activity Levels: A Structure – Process – Outcome Approach to Evaluating Physical Education Effectiveness, Journal of School Health, 2010, Vol. 80 (12): 573 – 580.

[132] Miot, Carolee ; Ash, Lisa. Doing More with Less in New Hampshire: by Combining School, Park, and Recreation Resources, Three Small Towns Achieved Big – time Results. Parks & Recreation, March, 2011, Vol. 46 (3): 20 (2) .

[133] Amis, J. ; Pant, N. ; Slack, T. Achieving a Sustainable Competitive Advantage: A Resource – based View of sport Sponsorship, Journal of Sport Management, 1997, 11 (1) : 80 – 96.

[134] Dahmann, Nicholas ; Wolch, Jennifer; Joassart – Marcelli, Pascale. The Active City? Disparities in Provision of Urban Public Recreation Resources, Health and Place, 2010, Vol. 16 (3): 431 – 445.

[135] Dennis Coates, Brad R. Humphreys. Professional Sports Facilities, Franchises and Urban Economic Development, Public Finance and Management, 2003, 3 (3): 335 – 357.

[136] Kevin Cross. Use of Simulation Modeling in Sport Facility Resource Utilization, http://digitalcommons. brockport. edu/cgi/viewcontent. cgi? article = 1009&context = honors.

[137] Rottenberg, Simon. Resource Allocation and Income Distribution in Professional Team Sports, Journal of Sports Economics, 2000, Vol. 1 (1): 11 –20.

[138] Farmer, Amy ; Pecorino, Paul. Title IX and the Allocation of Resources to Women's and Men's Sports, American Law and Economics Review, 2012, Vol. 14 (1): 141 –164.

[139] Andrew, Damon P. S; Dittmore, Stephen; Hums, Mary A. Examining Fairness Perceptions of Financial Resource Allocations in U. S. Olympic Sport, Journal of Sport Management, 2009, Vol. 23 (4): 429 –456.

[140] Borghesi, Richard. Allocation of Scarce Resources: Insight from the NFL salary Cap, Journal of Economics and Business, 2008, Vol. 60 (6): 536 –550.

[141] Amis, J. ; Pant, N. ; Slack, T. Achieving a Sustainable Competitive Advantage: A Resource – based View of Sport Sponsorship, Journal of Sport Management, 1997, 11 (1) : 80 –96.

[142] Daniel Chirilă, Mariana Chirilă, Eduard Bianu, A Simple Method for The Evaluation of Hunam Resources in Sport Organization, Facultatea De Management Agricol, 2013, Vol. 15 (2): 18 –23.

[143] Caperchione, Cristina; Coulson, Fiona. The Welling Tonne Challenge Toolkit: Using the RE – AIM Framework to Evaluate a Health Promotion Resource, Medicine & Science in Sports & Exercise, 2007, Vol. 39 (Supplement), S192.

[144] Roeder, Melissa D. The Development and Evaluation of A Recreation Referral Service Protocol for Persons with Disabilities at the Inclusive Recreation Resource Center, State University of New York, 2007.

[145] MinKi, Bae. "An Evaluation on Use Suitability of Recreation Resource in Natural Parks". Korean Journal of Environment and Ecology 17. 3 (2003): 285 –294.

[146] William E. Hammitt, Gerard T. Kyle. Comparison of Place Bonding

Models in Recreation Resource Management, Journal of Leisure Research , 2009, Vol. 41 (1): 55 - 70.

[147] David W. Marcouiller, Jeff Prey, Ian Scott. The Regional Supply of Outdoor Recreation Resources: Demonstrating the Use of Location Quotients as a Management Tool, Journal of Park and Recreation Administration, 2009, 27 (4): 92 - 107.

[148] P. Chelladurai. Human Resource Management in Sport and Recreation (2ND), Champaign, IL : Human Kinetics c2006.

[149] Taylor & Francis Group. Youth Sport Studies. Health Education Resource. Middle - Age Obesity Risks, Journal of Physical Education, Recreation & Dance, 2006, Vol. 77 (6): 3 - 55.

[150] Helen Cunningham. A Review of the Policy Development Processes that Relate to the Inclusion of People with a Disability in Sport, Edith Cowan University, 2013.

[151] Corte, Ugo. A Refinement of Collaborative Circles Theory: Resource Mobilization and Innovation in an Emerging Sport, Social Psychology Quarterly, 2013, Vol. 76 (1): 25 - 51.

[152] Wicker, Pamela; Vos, Steven; Scheerder, Jeroen. The Link between Resource Problems and Interorganisational Relationships: A Quantitative Study of Western European Sport Clubs, Managing Leisure, 2013, Vol. 18 (1): 31 - 45.

[153] Bevans, Katherine B. ; Fitzpatrick, Leslie - Anne ; Sanchez, Betty M. Physical Education Resources, Class Management, and Student Physical Activity Levels: A Structure - Process - Outcome Approach to Evaluating Physical Education Effectiveness, Journal of School Health, 2010, Vol. 80 (12): 573 - 580.

[154] Gahimer, J ; Domholdt, E. Implementation of A Ccommunity - Based Patient Resource Group for Use in Physical Therapy Education, Physical Therapy, May, 2000, Vol. 80 (5): S42.

[155] DeBate, Rita ; Koby, Emily ; Looney, Tamara . Utility of the Physical Activity Resource Assessment for Child - centric Physical Activity Intervention Planning in Two Urban Neighborhoods, Journal of Community

Health, 2011, Vol. 36 (1): 132 –140.

[156] Adamus, Heather J. ; Mama, Scherezade K ; Sahnoune, Iman. Evaluating the Quality and Accessibility of Physical Activity Resources in Two Southern Cities, American Journal of Health Promotion: Ajhp, 2012, Vol. 27 (1): 52 –54.

后　记

　　时至今日，由本人担任课题负责人，全体课题组成员与相关研究生积极参与研究、调研的国家社科基金项目终于完成了。回想起从课题立项时的狂喜、激动，到做一段时间后的彷徨与茫然，再到后来的柳暗花明，我们感慨万千，科学研究绝不是一时冲动、一蹴而就，也不是仅靠灵光乍现、一气呵成，而是需要无数个日日夜夜的苦思冥想、查阅文献、走访专家、实地调研，再到各个社区与乡镇村庄数据采集，无不需要投入大量人力、物力、财力与时间。在这个漫长的过程中，课题组全体成员及参与的研究生均受益匪浅，均有说不尽的故事与感慨，尤其对学术研究的兴趣有更大促进。

　　首先，对于作为课题组负责人的我来说，随着本课题的完成，心情更是五味杂陈、难以表达。在这个过程中，既有学术研究较为丰硕的收获，更有从家庭来说，从一个"大男孩"向一个"大男人"蜕变经历的种种苦涩与煎熬。在这几年中，慈爱的、还很年轻的母亲不幸骤然离世，妻子连续两年两次手术，女儿刚满两周岁急需爸妈的关爱，我本人出国留学培训与一年的国家公派访学……每一事件对于还自认很年轻的我都是压垮脊梁的大事。在这个过程中，我伤心、沮丧过、唉声叹气过，甚至曾经想放弃过，最后都一一地挺了下来。这是伴随着整个课题完成过程所经历的一切。同样，与我一样，本课题组成员均是30—40岁的青年骨干，都是单位、家庭中的"顶梁柱"，他们与我一样都经历着不同的挑战与挫折，最终，在课题组全体成员的共同努力下，终于完成了课题，我们收获了成果，更收获了友谊、收获了成长、收获了青春。我真心地对课题组全体成员说："谢谢大家，大家辛苦了"；"谢谢我们的家人，他们是我们坚强的后盾！"课题组成员是：河南大学体育学院李敏博士、彭金洲博士、张凡涛博士和张慧清讲师，西华师范大学体育学院卢文云教授；我本人的研究生孟建斌、苏妍欣、陈海青同学。

其次，本课题能够得以顺利完成，是与众多给本课题提供无私帮助与大力支持的专家学者、行政部门管理者、课题组所在单位、城乡社区、参与调研的研究生等分不开的。

在城乡公共体育资源配置与评估基本理论与两个评估体系构建过程中，由众多可敬的专家与政府部门领导提出了宝贵意见，并直接参与研究调研，他们是：北京体育大学熊晓正教授、王莉教授；天津体育学院肖林鹏教授；苏州大学董新光教授；首都体育学院周登嵩教授；上海体育学院李海教授；武汉体育学院黄莉教授；山西大学石岩教授；厦门大学郑婕教授；沈阳体育学院程文广教授；辽宁师范大学苗治文教授等；河南大学王崇喜教授；郑州大学林克明教授；国家体育总局鲍明晓研究员；国家体育总局体育科学研究所群众体育研究中心主任江崇民；国家体育总局政法司李辉处长；上海市体育局李伟听副局长；河南省体育局蒋承顺副局长；河南省教育厅体卫艺处郭蔚蔚处长等60多位专家学者与主管领导。非常感谢他们提出的诸多建设性建议与奉献的智慧。

感谢在课题调研过程中参与调研与帮助调研的郑州市、太原市、武汉市、长沙市、南昌市与合肥市体育局及其下辖区、县教体局在数据采集过程中提供的极大支持与帮助。并特别感谢以下诸多人员的直接参与：郑州市体育局李青山局长；新密市一中刘建松段长；武汉市体育局少工处戴敏处长；武汉体育学院教务处副处长王郓教授；江汉大学体育学院蒋国勤教授；长沙市体育局社会体育处殷建军处长；长沙市体育局群体处张志峰处长；长沙市雨花区体校教导处易国兴主任；长沙市天心区教育局张川教研员；长沙市雅礼中学罗志能老师；长沙市明德中学刘毅老师；太原市体育局李永昌副局长；山西大学体育学院石岩副院长；南昌市体育局黄成军副局长；井冈山大学体育学院杜和平副院长；合肥市体育局贾伟副局长；安徽师范大学体育学院何斌教授等。同时还要感谢诸多没有留下名字的各个学校、社区的参与人员，你们的辛勤与汗水助推本课题的顺利完成！

感谢参与本课题调研的硕士研究生：孟建斌、苏妍欣、陈海青、王成彦、常璐艳、刘哲、张云凤、任菲菲，你们跟随课题组到各地进行长达数月的调研，勤勤恳恳、认认真真、毫无怨言，体现了当今体育学子的时代风采。尤其是孟建斌、苏妍欣、陈海青同学结合调研完成了学位论文的撰写，成果得到了专家学者的充分认可，也作为本书整体报告中的一部分，对你们的特殊贡献表示衷心感谢。

感谢所有本课题参考文献的作者，你们的研究成果为本课题提供了宝贵的借鉴。

同时，非常感谢课题组所在单位河南大学领导与老师的大力支持，你们为本课题的完成提供了时间保证、经费支持，帮助课题组成员调整课程安排，补发一定津贴，解决了课题组的后顾之忧。

特别感谢国家社科规划办对本课题组的充分信任与工作指导，贵单位的信任与宽容激励我们不断前行，完成既定研究任务。

最后，非常感谢参与本课题成果评审的各位专家，您的渊博学识、真知灼见，一定会使本课题研究增辉添彩、更上一层楼！谢谢您为本课题付出的汗水与心血！

再次感谢所有为本课题研究提供支持与帮助的所有专家、领导、老师、同学们！

课题组负责人　张大超（代笔）

2014 年 7 月